예 수 , 민 중 의 상 징

민 중 , 예 수 의 상 징

예수, 민중의 상징
민중, 예수의 상징

2009년 4월 2일 초판 1쇄 발행
2023년 9월 11일 초판 2쇄 발행

지은이 권진관
펴낸이 김영호 펴낸곳 도서출판 동연

등 록 제1-1383호(1992. 6. 12)
주 소 서울시 마포구 망원동 472-11
전 화 (02)335-2630
전 송 (02)335-2640
이메일 yh4321@gmail.com
인스타그램 www.instagram.com/dongyeon_press

ISBN 978-89-85467-78-0 03200

예수, 민중의 상징
민중, 예수의 상징

민중신학의 조직신학적 체계

권진관 지음

동연

들 어 가 며

....

민중이 메시아다

오늘날 대부분의 조직신학이나 구성신학들은 보편적인 인간학적 입장에서 신학을 논한다. 나는 사회적 약자인 민중의 입장에서 조직신학적 주제들을 토론하고 싶었다. 민중신학적 조직신학은 어떤 것일까 오래전부터 생각해 왔다. 약자인 민중의 입장에서 전통적인 신학 주제들인 신, 삼위일체, 계시, 창조, 역사, 사회, 그리스도, 죄, 구원, 교회, 성령 등을 다루면 매우 흥미로운 결과가 나올 것이라는 기대를 가지고 있었다. 이러한 신학은 서구의 중산층 시민들의 눈높이에 맞춘 신학이 아니다. 서구의 조직신학은 우리나라의 상황에 잘 맞지 않는다. 이것은 성서의 관점과도 맞지 않는다. 성서의 반 이상은 가난한 사람들의 관점에서 써진 텍스트들이다. 나는 이 책에서 서구의 보편적인 인간론적 조직신학이 아니라, 성서 계시적인 입장과 민중의 눈으로 신학을 재구성하려고 했다.

민중신학적 조직신학은 기독교의 전통적인 상징들을 고난받는 민중의 눈으로 읽고 이들의 해방에 공헌할 수 있는 방향으로 해석한다. 다시 말하면, 기독교의 전통적 상징들을 약자들의 눈과 그들의 해방을 해석의 열쇠로 하여 재해석한다. 민중신학적 조직신학은 전통적인 해석과 지금까지의 해석들, 특히 지금까지의 지도적 서구 신학자들이 도달한 해석들에 대해서 다중 혹은 민중 해방의 관점에서 의심하여 보고, 그 대안의 해석이 무엇인가를 추구한다.

벌써 16년 전의 일이다. 필자는 아시아기독교협의회(CCA)가 주최한 신학학술대회에서 논문을 발표하면서, 민중신학적 조직신학을 형성할 필요가 있다고 주장한 적이 있다. 그때 인도 신학자 한 사람이 민중신학이 현장의 소리를 대변하면 되지, 신학을 체계화하는 것은 사치스러운 일이 아니냐는 반응을 보였다. 실천적이어야 할 민중신학이 조직신학으로 나타난다면 상아탑에 머문 신학, 혹은 교회의 테두리에 갇힌 신학이 되어, 고난의 현장 소리에 충실하지 않게 될 것이 아닌가 하는 우려였다. 그의 말처럼 조직신학은 실천의 세계로부터 한 걸음 뒤로 물러나서 성찰하는 신학의 한 방법인 것은 분명하다. 그러나 그것은 한계이기도 하지만 가능성이기도 하다. 좋은 성찰은 좋은 실천을 낳을 수 있다.

본 필자는 다음과 같이 주장하고자 한다. 민중신학은 전통적인 조직신학적 주제들을 토론의 장으로 끌어들여야 하며, 신학의 조직적이며 구성적인 성찰은 민중의 실제적인 문제들을 신앙과 교회의 영역 안으로 들어오게 해야 한다. 조직신학적·구성신학적 작업은 기독교 신앙의 다양한 상징들을 종합적이고 체계적으로 연결시켜 이것들의 신학적 의미를 높이는 작업이므로 민중신학을 위해서도 도움이 된다고 본다. 이것을 통해 민중신학은 자신이 제시하고자 하는 기독교 신앙의 정체성을 체계적으로 밝힐 수 있다. 라틴 아메리카에서는 이미 1993년에 해방신학적 조직신학을 발간하였다.[1] 라틴 아메리카의 해방신학은 1970년대 이후에 크게 발전하여 20세기 말까지 그 전성을 이루다가 요즘 쇠퇴기를 맞이하고 있는 것으로 보인다. 그

런데 우리 민중신학은 다 피기도 전에 시드는 형세를 보이고 있다. 정말 안타
까운 일이다. 그러나 고백하건대, 민중신학은 서남동(1918~1984), 안병무
(1922~1996), 현영학(1921~2004), 문동환, 서광선, 김용복 그리고 문익환
(1918~1994) 등 1세대 민중신학자들에 의해서 그리고 한완상, 박현채
(1934~1995) 등 사회과학자들의 지원에 의해서 이미 단단한 토대가 만들어
졌고, 민중신학이 나아갈 수 있는 최대치의 모습을 이미 보여주었다. 나는
이들이 세운 기초 위에서 민중신학을 조직적으로 재구성하면 된다고 보았
다. 즉, 선배 민중신학자들의 창조적인 통찰들을 오늘의 상황에서 재해석
하면 된다고 보았다. 사실 이 책은 제1세대 민중신학자들의 작업을 오늘의
상황에서 재해석하고 재구성한 것이라고 말할 수 있다. 나는 선배 민중신
학자들이 기초를 잘 깔아 주었기에 보다 유리한 조건 속에서 민중신학을
할 수 있게 된 것을 감사하게 생각하고 있다.

외국에서는 한국, 아니 아시아를 대표하는 신학으로 단연 민중신학을
꼽고 있다. 그런데 요즘 민중신학적 저작이 나오지 않고 있는데 도대체 어
찌 된 일이냐고 물어오기도 한다. 그러나 우리 신학계와 교계는 민중신학
을 외면하고 있다. 이것은 진흙탕 속에 숨어 있는 진주를 보고도 취하지
않는 것과 같다. 우리에게 민중신학이라는 훌륭한 전통이 주어졌는데 그
것을 새롭게 살리지 않고 오히려 적극적으로 반대하거나 혹은 무관심하다

---

1) *Systematic Theology: Perspectives from Liberation Theology*, ed., Jon Sobrino and
Ignacio Ellacuria, (Maryknoll, N.Y.: Orbis Books, 1993)은 라틴 아메리카에서 그동안
발전되어 온 대표적인 신학적인 개념을 가지고 조직신학화한 문헌인데, 해방신학자들이 조직
신학적 주제들에 대해 연구했던 것들을 모아서 편집한 좋은 입문서이다.

면, 어디에서 "우리의 신학"을 찾을 수 있다는 말인가. 민중신학의 쇠퇴와 망각은 한국 신학계의 큰 손실이요, 세계에 대한 우리 자존심의 문제이며, 바로잡아야 할 일이다. 솔직히 말해서, 서양의 신학들에서 가끔 깊은 통찰력을 배울 수는 있어도 나의 신학적이고 실존적인 질문을 흡족하게 대답해 주지 못하고 있음을 자주 느끼고 있다. 민중신학은 나의 신학적 질문에 대해 대답을 줄 수 있는 가장 좋은 신학이라고 생각한다. 특히 민중해방을 위한 비전을 성서뿐만 아니라, 한국과 아시아의 종교적 전통 속에서 찾는 민중신학은 서구의 어떤 신학보다도 더 앞선 것이 될 수 있다고 믿고 있다.

민중신학은 민중해방의 신앙을 추구한다. 나아가서, 약자 민중의 사회적 해방운동을 추구하며 그것을 중요한 전거로 삼는다. 다시 말해서, 민중신학에서는 사회적 약자들의 개인적 움직임과 집단적 움직임 즉 사회 운동을 기독교의 각성된 신앙의 눈으로 성찰하며, 민중의 사회 운동은 다시 신앙을 각성시키는 상호관계를 갖는다. 이것을 성서와 연결하여 생각하면 다음과 같다. 민중신학은 민중해방의 사회 운동을 매개로 하는 신학으로서 사회 운동을 공통분모로 하여 성서와 오늘을 잇는다. 이러한 생각은 초기 민중신학자들인 서남동(성령론적 해석방법)과 안병무(화산맥)와 맥을 같이 한다. 성서의 시대에도 새로운 백성이 되려는 노력, 즉 새로운 집단적 의식을 확대하여 새로운 사회를 형성하려는 노력은 모두 사회적·집단적 운동의 성격을 가졌다. 출애굽, 가나안 정착 기간 동안 그리고 왕조시대 기간을 거치는 이스라엘 민족의 성립 과정은 야훼 신앙을 중심으로 한, 집단적 의식의 확립을 위한 운동의 과정이었다. 예수의 사회 운동은 하나님의 나라를 목표로 지배적 종교·정치 질서에 대항하는 운동이었다. 오늘날도 마찬가지이다. 우리 사회의 약자들이 지배계급의 힘에 의한 지배에서 해방되어 존엄성과 생명을 지키려면 지속적인 운동과 개혁을 필요로 한다.

민중신학은 1970년대의 한국 상황에서 태어났다. 그러나 21세기의 한국은 더 이상 민중신학이 태동했던 1970년대의 한국이 아니다. 수많은 외국인들이 한국에 들어와서 노동하거나 결혼하여 살고 있다. 노동자들도 정규직, 비정규직 등으로 나뉘고 있고, 노동자들 사이에 계층 분화가 심각히 일어나고 있다. 정치적인 상황도 크게 변하여 절차적 민주주의가 상당히 진전되었다. 한국의 기업들이 값싼 노동력을 찾아 외국에 나가 공장을 차리고 있다. 임금이 높은 선진국에 공장과 회사를 차리기도 한다. 한국은 더 이상 과거와 같이 가난한 나라가 아니다. 이렇게 변화된 상황에서 민중의 구성과 개념도 크게 변화되었다. 예전에 없었던 외국인 노동자들이 한국의 낮은 계층을 형성하고 있다. 많은 민중이 자가용 자동차를 가지고 있다. 한 마디로 예전의 민중의 풍경은 오늘날 볼 수 없게 되었다. 그럼에도 민중은 존재하며 민중운동은 지속되고 있으며, 지금도 생존을 위해 외침을 부르짖으며 싸우고 있다. 민중신학은 이들의 이러한 몸부림과 운동을 기독교 복음의 메시지에 비추어 성찰한다.

신학 특히 민중신학은 잘못된 신자유주의적 자본주의 구조 속에서 죽어가는 생명을 살리는 것이어야 한다. 신학은 인간과 모든 피조물이 함께 살도록 그 삶의 풍부함을 위한 모든 가능성을 높이는 것을 과제로 한다. 그것은 바로 생명의 법칙이기도 한다. 생명은 살기를 원하고, 잘 살 뿐 아니라, 더 좋은 삶을 사는 것을 추구한다. 그렇기 때문에 생명은 기존의 것을 변형시키는 창조적인 힘을 가진다. 전통적 기독교 교리들은 자주 약자(민중)의 창조적인 에너지를 억누르고 약화시켰다. 이것을 극복하고 생명을 살리는 신앙적 사상과 교의가 무엇인가를 찾는 것이 이 책의 과제이다. 신학적 사상은 생명을 살리는 것, 특히 죽어 있는 민중의 생명을 살리는 것을 목적으로 한다. 이것은 또한 사회정치적인 해방을 위한 제도적 사회적인 변혁에 공헌하는 것을 목적으로 한다.

이 책은 다음의 세 가지 관점을 가진다.

첫째, 민중신학은 아시아와 제3세계의 상황을 전제로 한다. 민중신학적 조직신학은 서양의 신학이 백인 중산층 지식인을 사유의 파트너로 삼는 것을 극복하고, 아시아의 민중을 대화의 파트너로 삼고 사유한다. 많은 서양의 신학자들이 선진국의 중산층 남성의 관점에서 신, 사회, 인간을 논하지만, 아시아의 민중신학자는 제3세계 민중의 눈으로 신, 사회, 인간을 이야기한다.

둘째, 민중신학은 기독교 전통 속에 있는 신학이므로, 성서를 가장 중요한 신학적 원천으로 사용한다. 서양의 조직적·구성적 신학도 성서를 가장 중요한 텍스트로 사용하고 있지만, 계시와 성서에 대한 해석을 서양의 상황과 전통 안에서 하고 있다. 그러나 아시아의 민중신학은 서양의 교회사적 전통과 신학적, 철학적 사상들을 깊이 있게 검토하고 비판적인 관점에서 선택하기도 하고, 극복하기도 한다.

셋째, 아시아 민중의 종교문화적 전통은 민중신학의 중요한 자료가 된

다. 그러므로 민중신학은 자연스럽게 종교다원주의적인 성격을 띠게 된
다. 한국과 아시아의 민중적 종교와 문화 속에 있는, 민중에게 희망을 주는
텍스트들과 이야기들은 민중신학의 중요한 자료가 된다. 서양신학은 고전
철학과 중세철학, 현대철학, 현대 이후의 철학을 배경으로 하지만, 민중신
학은 아시아 민중의 문화전통과 사상을 배경으로 한다. 민중의 전통 속에
만들어진 한국의 종교적 문화유산 중에서 특별히 불교, 천도교(동학), 유
교, 도교, 민중의 다양한 전통은 민중해방에 필요한 상징적·계시적 자료를
제공해 준다. 사실, 이 분야에 대해 몇 편의 논문을 발표했다. 이 논문들에
나타난 생각들을 이 책에 어느 정도는 반영하였다고 생각한다.

위에 제시된 세 가지의 관점은 "민중의 눈"이라고 하는 관점과 더불어
민중신학을 위해 필요한 것이다. 그러나 무엇보다도 성서는 가장 중요한
자료이다. 성서는 오늘날 가난한 나라들의 민중해방을 위해 가장 강력한
대안적 비전과 힘을 제공해 주는 유산이다. 특히 예수 그리스도는 이 세계
의 약자들을 위한 사랑과 해방의 화신이며 희망이다. 그를 말하는 것이 신
학의 가장 중요한 과제이며, 그를 말하는 것은 곧 약자의 해방과 희망을
말하는 것을 의미한다. 오늘날 약자들의 눈으로 현실을 들여다보면, 이 세
계는 약자들을 계속해서 희생양으로 몰아가는 기제를 갖고 있다고 판단된
다. 그러나 성서는 약자들이 해방되는 새로운 세계를 보여준다. 민중신학
은 성서와 아시아의 민중 전통이 보여주는 대안적인 세계를 부각시켜 약
자들의 자기 해방을 위한 노력에 공헌한다. 성서는 아시아의 민중해방 전
통의 일부가 되었고, 중심 깊숙이 들어와 있다. 아시아의 민중들은 그들의
고단한 삶의 역정 속에서 성서로부터 생명의 기운을 얻고 있다. 민중적 조

직신학은 이것을 증언해야 한다.

이 책의 제1부는 일반적인 조직신학의 서론 즉 프롤레고메나(Prolego-mena)에 해당하나, 그 형태와 내용에서 사뭇 다르다. 여기에서는 예수와 민중의 유기적 관계성을 상징이라는 범주적 개념을 활용하여 밝힌다. 제1부에서 필자는 1970년대 이후에 생긴 민중신학의 문제의식을 이어 나가고 있다. 이러한 배치를 통하여 필자는 민중과 예수가 민중신학의 가장 중요한 이슈이며 민중신학적 조직신학에서도 예외가 아님을 강조하였다.

제2부에서는 신학의 전통적인 주제들을 다룬다. 계시, 삼위일체, 성령, 피조 세계, 죄, 구원, 부활, 십자가, 속죄론 등 전통적인 조직신학적 주제들을 민중신학의 입장에서 재해석하여 보았다.

제3부에서는 보다 현대적인 주제들을 다루고 있다. 정치윤리, 제국의 문제, 타종교 경전, 종말과 희망 등이다. 민중신학에 많은 영향을 준 산업선교에 관한 논문은 부록에 넣었다. 산업선교는 1960년대 후반부터 1980년대 중반에 이르기까지 한국 기독교의 민중운동의 전형이라고 할 수 있다. 민중신학에 대해 전연 익숙하지 않은 독자는 17장 '민중신학이란 무엇인가?'를 먼저 읽어도 좋을 것이다.

이 책은 그동안 민중신학이 덜 체계적이었다는 문제의식을 가지고, 좀 더 방법론적인 측면에서 일관성이 있는 논술이 필요하다는 생각으로 집필되었다. 그리고 기존의 민중신학과 세계신학의 흐름을 종합하면서 오늘날 민중신학의 모습은 어떠할 수 있는가를 모색하여 보았다. 이 책에서는 상징이라는 개념을 방법론적으로 자주 사용하고 있다. 민중은 예수의 상징이며, 다시, 예수는 민중의 상징이라는 말로 민중 예수론, 혹은 민중 메시아론의 논쟁에 대한 대답을 시도하면서 그것이 신학적으로 가지는 긍정적인 의의를 밝혀 보이려고 하였다. 상징이라는 범주는 사고의 유연함을 가져다준다. 실체적인 의미를 지닌 언어들은 그 언어가 가리키는 실체로써 우리를 구속한다. 예를 들어, 그리스도의 피를 믿는다고 할 때, 우리는 그리스도의 피라고 하는 실체를 믿는 것보다, 그 피가 상징하는 어떤 현실을 신뢰한다고 하는 것이 더 정확할 것이다. 신학적 언어들은 상징적 언어들이다. 상징이라고 하는 이 범주적 개념을 예수와 민중에게도 적용하여 보았다.

이 책은 아시아 민중의 지평에서 썼음을 밝힌다. 이미 한국에는 아시아로부터 많은 이민 노동자들, 결혼 이주자들이 들어오고 있다. 한반도 평화와 통일의 문제, 경제문제 등 한국의 모든 문제들은 국제적으로 얽히고설켜 있다. 이미 한국은 한반도에만 국한된 나라가 아니다. 세계화의 흐름은 막을 수 없으며, 이 속에서 한국은 아시아의 일부이며 동시에 세계에 참여하고 있다. 세계의 문제가 우리의 문제가 되고 있다. 민중신학도 마찬가지로 한국적인 상황에만 관심을 기울일 수 없게 되었다. 민중신학이 한국의 콘텍스트가 아니라 아시아적인 콘텍스트의 관점을 갖게 된 것은 한국의 민중신학에 큰 기회요 도전이 아닐 수 없다. 최근에 민중(minjung)이라는 말 대신에 다중(multitude)이라는 말을 쓰고 있는 것을 본다. 사회과학계에서는 이미 다중이라는 말을 중요한 화두로 삼고 있다. 이 책은 다중의 문제에 대해서도 다루고 있다.

이 책을 마무리할 단계에 나는 여름방학을 이용하여 미국 캘리포니아의 버클리에 가 있었다. 이 프롤로그의 일부도 버클리대학의 도서관에서 썼다. 버클리에는 Graduate Theological Union의 신학도서관이 있어서 필요한 책들을 읽을 수 있었고, 따라서 다시 성찰할 수 있는 시간이 되어 매우 좋았다. 그리고 방학을 마치고 귀국하여 성공회대학에서 2008년 가을 학기 수업을 진행하면서 이 책의 내용을 다시 읽어보고 수정하였다. 이 책의 중심적인 주장이 어디에 있으며 그 주장을 중심으로 하여 각 장을 고쳐야겠다고 생각했다. 그런데 이 책의 중심주제를 한 마디로 잘라 말하기가 어렵다는 것을 깨달았다. 이 책의 중심주제는 다음 몇 가지로 볼 수 있다. 즉, 예수, 민중, 성령 그리고 사회 운동이 그것이다. 그리고 이 책의 모든 주장을 한 문장으로 줄여보라면 다음과 같이 쓸 수 있을 것 같다. 즉, "민중이 역사의 주인이며, 민중만이 역사를 해방할 수 있다." 좀 더 도전적으로 표현한다면, "민중이 메시아이다."

민중신학이 논의할 수 있는 주제들은 매우 다양하다. 그럴 수밖에 없는 것이 민중신학은 대화의 신학, 싸우는 신학이기 때문이다. 현실의 문제들과 씨름하고 싸우기 때문에 다양한 주제들과 문제들을 다룰 수밖에 없다. 민중신학은 성서의 주제들로부터, 교리들 그리고 오늘날의 다양한 신학적인 견해들, 특히 신에 대한 견해들, 타종교의 사상들, 나아가서 정치사회적인 거시담론들과 끊임없이 대화하며, 문제들을 확인하고, 민중해방의 관점에서 이것들을 비판하든가 수용하거나 수정한다. 그러므로 민중신학은 다양한 것들을 체계 있게 다룰 수 있어야 하며, 결국 일종의 조직신학적 형성신학 (systematic-constructive theology)으로 발전하지 않을 수 없다.

프롤로그를 쓰고 있는 동안에도 한국에서는 비정규 노동자들이 자신들의 인권과 생존을 위해 사활을 건 투쟁을 하고 있고, 미국발 금융위기로 서민들은 엄청난 시련을 겪고 있다. 이들이 마음 놓고 편안하게 살 수 있는 정의의 나라를 위해 민중운동은 필요한 것이며, 민중신학은 이것을 위해 공헌해야 한다. 한국교회가 이들을 외면하는 현실, 특히 교회 안의 민중(서민적인 평신도들)을 돌보지 않을 뿐 아니라 소외시키고 있는 현실을 개탄한다.

이 책은 노동자들이나 교인 대중이 읽기에는 전문적이고 난해할 것이라고 본다. 그러나 이 책은 민중의 고통에 동참하고 연대하는 마음에서 만들어졌다. 이 책은 민중신학에 관심을 가진 사람들, 기독교 민중운동에 동참하는 사람들, 특히 신학생들, 목회자들에게 신학적 자료를 제공할 수 있으면 좋겠다는 소망에서 발행되었다. 마지막으로, 민중신학 책을 꺼려하는 출판업계의 분위기에도 불구하고, 이 책의 출판을 흔쾌히 허락하여 주신 도서출판 동연의 김영호 사장께 깊은 감사를 드린다.

2009년 정월 초하루에
저자 권진관

차 례

제1장
역사 속의 예수

1. 예수를 보는 몇 가지 관점

예수를 보는 몇 가지 관점이 있을 수 있다. 첫째, 예수를 명상의 대상으로 볼 수 있다. 이것은 예수가 처해 있던 정치, 사회, 문화 등의 콘텍스트를 무시하고 예수를 관상적(觀想的)으로 보는 관점이다. 하나님 앞에 있는 고독한 개인으로서 성자 예수의 십자가와 고난을 바라보는 것을 말한다. 이러한 관점은 예수를 명상의 대상으로 만든다. 예수를 개인적인 영성의 차원에서 바라보는 시각이다. 둘째, 예수를 교리의 관점에서 볼 수 있다. 특히 부활 이후 교회가 고백한 예수 그리스도는 신이자 인간이며, 메시아, 구원자, 하나님의 아들, 주님, 우주적 그리스도, 새로운 대제사장, 하나님의 어린양, 새로운 인류의 머리 등등이다. 이러한 교리적 해석은 나름대로 가치가 있다. 그러나 이것은 역사적 예수에게 우리를 이끌어 주지는 못한다. 셋째, 예수를 역사적인 눈으로 보는 입장이 있다. 이것은 "역사적 예수"를 추구한다. 이 장에서는 세 번째 입장 즉 역사적인 관점에서 예수를 접근해 보려고 한다.

2. 사회적 예언자 예수

나사렛 출신 예수에 관한 자료는 네 개의 복음서, 즉 마태, 마가, 누가, 요한 복음서에 나와 있다. 그러나 이 복음서들은 신앙에 기초한 기록이므로 나사렛 예수의 순수한 역사적 자료가 아니다. 그럼에도 불구하고 이 복음서들 속에서 나사렛 예수에 대해 거의 분명한 그림(像)을 찾을 수 있다.

예수는 누구였는가? 예수는 어떠한 시대에 태어나서 활동했으며, 무엇을 주장하고 선포했는가? 그가 십자가형에 의해 죽게 된 이유는 무엇이었는가? 대부분의 학자들이 예수가 태어난 해를 기원전 4년경으로 계산하고 있다. 그는 베들레헴에서 태어났다고 성서가 증언하고 있다. 그의 유년시절은 나사렛에서 보내졌다. 『유대전쟁사』의 저자 요세푸스의 기록에 의하면, 예수가 태어난 기원전 4년에 갈릴리 호숫가의 도시 세포리스에서 유다가 반란을 일으켰다. 이것을 계기로 시리아에 주둔해 있던 로마군이 이 일대를 쑥대밭으로 만들어 놓았고, 수많은 유대인들을 죽였을 것이라고 추측된다. 왜냐하면 유대의 반란으로 로마 군대가 다시 쳐들어 왔던 기원후 67년에는 군대가 지나가는 곳마다 모든 유대인들을 죽이고, 노예로 삼고, 강간·약탈하고 집 등 모든 재산을 불태웠음을 요세푸스가 기록하고 있는데, 그와 똑같은 상황이 기원전 4년에도 세포리스와 인근의 나사렛 등지에서 벌어졌을 것을 쉽게 유추할 수 있기 때문이다.[1] 예수는 로마인들이 저지른 잔인한 폭력에 대한 얘기를 들으며 자랐을 것이고, 그의 공생애 기간

---

1) John Dominic Crossan, *God and Empire: Jesus against Rome, Then and Now* (New York: HarperCollins, 2007) pp. 109~110.

의 모든 활동과 말씀은 이 제국이 지닌 폭력성의 위험 하에서 이루어졌다. 예수는 로마제국의 대리인인 헤롯 안티파스가 지배하던 시기에 태어나고 활동하였으며, 예수는 로마와 헤롯 안티파스 왕 그리고 유대의 종교 지배자들의 탄압과 위협 속에서 하나님의 나라 운동을 벌였으며, 그로 인해서 로마, 헤롯당, 유대종교의 연합에 의해서 십자가형을 당했다.

예수의 공생애는 팍스 로마나를 배경으로 하여 시작한다.[2] 그는 갈릴리 지역의 나사렛에서 살았고 요한으로부터 세례를 받았다. 갈릴리 지역의 가버나움의 회당에서 가르쳤고 그 회당에서 귀신들린 광인을 치유하는 것으로 공생애를 시작하였다. 그는 많은 병자들을 치유하였다. 당시의 민중들은 영양부족과 힘든 노동 그리고 불결한 환경과 열악한 주거에서 비롯되는 질병들로 고통을 당하고 있었다. 당시에 의학적 지식도 어느 정도는 있었을 것이고 의사들도 있었겠지만 이들 민중들은 이들로부터 치료를 받을 수 있는 형편이 되지 못했다. 12년 동안 혈루병으로 고생하던 한 여인의 이야기(마가 5:25)에서 알 수 있듯이 이들은 병에 걸리면 적절한 치료를 받지 못하여, 치유 불가능한 만성적 고질병으로 발전되는 경우가 많았다. 가난과 질병이 동반되는 현실은 옛날이나 지금이나 마찬가지이다. 이들은 신의 힘에 의지할 수밖에 없었다. 왜냐하면 신은 의사처럼 돈을 받지 않기 때문이다. 예수는 신의 치유의 힘을 이들에게 매개해 주었다. 그리고 예수는 그의 제자들에게 그와 마찬가지로 배고픈 자들에게 음식을 주며, 병자들을 치유하고, 나쁜 영들을 쫓아내며, 죽은 자들을 살려내는 사역을 맡겨 행하게 하였다(마태 10:8). 이러한 치유가 자주 안식일에 일어났다. 예수는

---

2) 팍스 로마나(Pax Romana, 로마의 평화)는 아우구스투스 황제가 로마제국 안의 내분을 평정하고 대제국을 건설했던 BC 27년으로부터 시작하여 AD 180년까지의 로마 평화를 구가하던 전성기를 말한다. 예수는 BC 4년경에 태어났다고 보며 그는 팍스 로마나의 지배 기간 동안에 살았다.

안식일을 지키는 것을 우선으로 하는 회당장들, 서기관들, 바리새인들의 율법주의에 대항하여 질병의 치유를 통한 인간성의 회복이 더 중요하다고 가르쳤다. 예수는 가난한 자에게 복음을, 갇힌 자에게 해방을, 눈먼 자에게 보게 함을 선포하는 새로운 시대가 도래했음을 선포하였다. 바로 예수의 하나님의 나라가 도래했다는 것이다. 예수의 이러한 치유와 나눔의 행위는 하나님의 나라 운동으로 요약될 수 있다. 하나님의 나라는 기존의 지배질서를 대신하는, 하나님을 정점으로 하고 형제자매의 우애가 있는 새로운 질서를 제시하는 사회적 상징이었다. 이것은 정치적 메타포로서 시저의 왕국, 헤롯의 왕국에 대조되는 그러니까 신이 왕이 되는 새로운 질서를 상징하는 정치적 메타포였다. 이것은 사회 정의의 세계를 의미하며, 배고픈 자들이 배부르게 되고, 헐벗은 사람들에게 입을 것이 주어지며, 갇힌 사람들이 해방되는 세계를 의미했다. 이것은 기존의 지배질서 즉, 유대종교 체제뿐 아니라, 헤롯의 정치권력 그리고 로마제국에게 위협적인 것으로 보였다.

예수의 가르침의 정점은 마태복음 5~7장에 있는 산상수훈에서 찾을 수 있다. 산상수훈은 이웃 사랑뿐 아니라 원수 사랑을 주창한 평화주의의 최고점이라고 하겠다. 이것은 철저한 겸손과 사랑, 의에 대한 목마름에 기초한 평화주의이다. 이 평화는 힘에 의한 지배 위에 구축된 로마의 평화와는 질적으로 다르며 그것을 대체할 대안의 평화였다. 그리고 여기에는 폭력에 대응하는 적극적인 저항의 정신이 깃들어 있었다. 예수의 이러한 사상은 모세의 토라(율법서, 약자에 대한 정의와 관심, 평화를 옹호하는 내용으로 가득 차 있음)와 로마제국 시대를 콘텍스트로 하여 생명의 관점에서 새롭게 해석한 것이라고 이해해야 할 것이다. 그는 새로운 종교를 창시한 것이라기보다 새로운 해석을 시도했었다고 보는 것이 더 타당할 것이다.

유대 전통에서는 빵과 포도주를 나누는 식탁의 교제를 종교적 행위로 중시했다. 가장인 주인이 빵과 포도주를 축복한 후 가족이나 손님들에게 나누어 주었다. 예수는 유대의 전통적인 식탁을 더욱 민중적으로 바꾸어 놓았다. 그리하여 세리, 창녀, 병자, 온갖 더러운 일을 하는 사람들을 만찬에 초청하였다. 이것은 정결법을 존중하는 바리새인들의 공격의 표적이 되었다. 이러한 공동식사는 굶주린 5000여 명을 먹인 오병이어의 이야기로 확대된다. 이것은 한 가족단위 혹은 소수의 친구들의 공동식탁이 아니라, 사회적이고 집단적인 공동식사의 경험이었다. 공동식탁은 이처럼 하나님이 허락하신 풍부함을 모든 굶주리는 사람들과 나누는 사회적 운동으로 승화되었다. 오늘날 예수의 식탁에서 실제로 오고 갔던 음식은 상징적인 물질로 대체되었다. 더 이상 실질적인 음식을 나누는 것이 아니라 상징적이고 종교적인 행사로 변했다. 성찬식은 예수의 의로운 죽음을 기억하는 것으로 그리고 모든 이들의 인간적인 삶을 회복하는 사회 운동으로 이해되어야 한다.

예수가 당한 십자가형은 로마시대의 정치범들에게 주어진 형벌이었다. 그의 십자가에 새겨진 말이 "유대인의 왕"이었던 것에서 우리는 그의 행동과 말이 로마에 위협적이고 정치적이었던 것으로 비쳐졌음을 알 수 있다. 그는 하나님의 침묵 속에 십자가 위에서 고통으로 서서히 죽을 수밖에 없었는가? 그는 이것을 피할 수도 있었을 것이다. 개인적인 삶으로, 혹은 초월적 명상으로 도피하거나, 혹은 다른 도피처로 피하여 십자가로부터 벗어나서 자연적인 수명을 다할 수 있었을지도 모른다. 그러나 그는 자신이 믿는 선(善) 즉 하나님의 나라에 대한 신념과 사명에 충실하였다.

그 나라는 폭력으로 다스려지는 나라가 아니라 서로가 서로에게 사랑의 빚을 지는 나라이며 자유, 평등, 평화로운 나라이다. 그 나라는 가장 작은 자들이 대접을 받는 나라이다. 이 나라를 선포하고 몸으로 살았던 그는 비폭력으로 살았지만, 그러나 폭력으로부터 자신을 보호하지 않았다.[3]

이것은 그의 말씀에서 잘 나타난다.

여기에서 우리는 몇 가지 결론을 내릴 수 있다. 첫째, 예수는 유대의 전통에 충실했던 사람이다. 실제로 예수는 이스라엘 사람이었고 구약의 전통 특히 모세의 토라(Thora, 구약의 모세 5경) 전통에 충실했던 사람이었다. 그가 제사장들과 바리새인과 같은 율법학자들을 비판했던 것은 그들이 이 율법을 기득권자의 이익을 옹호하고, 약자들을 억압하는 방향으로 해석하였기 때문이다. 이들은 불결한 일을 하는 가난한 노동자들이나 여성들, 병자들을 정결법으로 정죄하고 소외시켰다. 예수는 율법의 취지가 인간들, 특히 약자를 보호하고 해방하는 하나님의 사랑에 있음을 확인하였고, 이들을 하나님의 나라의 잔치에 초청하였다. 예수의 이러한 행동은 당시의 종교체제에 위협이 되었다. 특히 예수의 성전정화 사건은 기득권의 지배체제에 대한 직접적인 도전이었다(마태 21:12~17과 병행구).

둘째로, 예수는 약자를 위한 사랑의 하나님을 선포하셨다. 십자가의 고난을 당한 예수 그리스도는 고난당한 하나님이며, 그분이 고난당하셨기 때문에 고난당하는 사람들을 도우실 수 있다.[4] 예수는 "굶주리는 자들, 목마른 자들, 이방인들, 헐벗은 자들, 병자들, 감옥에 갇힌 자들"과 자신을

---

3) Dorothee Soelle & Luise Schottroff, *Jesus of Nazareth* (Louisville, London: Westminster John Knox Press, 2002) p. 124. 이러한 예수의 입장은 마태복음 5장 38~42절에서 볼 수 있다. "'눈은 눈으로, 이는 이로 갚아라' 하고 이른 것을 너희가 들었다. 그러나 나는 너희에게 말한다. 악한 사람에게 맞서지 말아라. 누가 네 오른쪽 뺨을 치거든, 왼쪽 뺨마저 돌려 대어라. 너를 걸어 고소하여 네 속옷을 가지려는 사람에게는 겉옷까지도 내주어라. 누가 너더러 억지로 오 리를 가자고 하거든, 십 리를 같이 가주어라. 네게 달라는 사람에게는 주고, 네게 꾸려고 하는 사람을 물리치지 마라."

4) 제2차 세계대전 중에 히틀러에 저항하여 처형당했던 디트리히 본회퍼 목사는 게슈타포 감옥에서 "고난당하는 하나님만이 도울 수 있다"고 기술하였다. D. Bonhoeffer, *Wiederstand und Ergebung* (Muenchen, 1951), p. 242. Juergen Moltmann, *Im Ende—der Anfang—Eine kleine Hoffnungslehre* (Chr. Kaiser/Guetersloher Verlagshaus, 2003), 『절망의 끝에 숨어 있는 새로운 시작』, 곽미숙 역(기독교서회, 2006), 99쪽에서 재인용.

동일시했다(마태 25:34~36). 이어서 마태복음은 앞으로 심판자로 오실 주님은 "사람들 가운데서 지극히 보잘것없는 사람 하나에게 하지 않은 것이 곧 내게 하지 않은 것"(45절)이라고 전하고 있다. 하나님은 고난당하는 자들과 함께 하시며 그들 안에 계신다. 그리하여 우리가 고난당하고 있는 자들에게 한 것은 하나님에게 한 것이고, 그 반대로 그들에게 하지 않은 것은 하나님에게 하지 않은 것이 된다. 성서의 하나님은 정의를 향한 약자의 부르짖음을 들으신다. 예수 그리스도는 당시의 사회적 약자들이었던 죄인들(병자, 창녀, 불결한 일에 종사하는 노동자) 그리고 세리들과 함께 먹고 마셨다(누가 15:2).

예수는 구약의 모세율법 전통, 희년법의 전통, 예언자 전통에 충실하여 약자를 보호하는 하나님에 대한 신앙의 전통을 계승하였다. 십계명과 율법은 약자를 보호하는 법이었고, 시편과 욥기는 정의를 향한 약자의 외침과 하나님의 정의의 응답으로 채워져 있다. 예수는 이러한 전통을 계승하고 한 단계 더 높인 분이다. 그리하여 지극한 사랑의 하나님을 선포하였고 그 하나님이 주가 되어 다스리는 하나님의 나라를 사회적 비전으로 내걸고 자신의 사회 운동을 전개했다.

셋째로, 예수는 비폭력 저항운동을 통하여 로마제국의 지배질서를 대신할 하나님이 통치하는 평화와 평등의 질서를 실현하고자 하였다. 그가 가졌던 사회적 약자들에 대한 관심과 배려는 하나님의 통치를 현재화하는 일이었다. 그는 하나님의 나라를 미래의 약속으로 남겨두지 않았고 그의 삶 속에 현재화하였다. 이것은 로마의 지배질서와 유대의 성전 지배질서에 대한 강력한 도전이 되었다. 예수 당시에는 하나님의 통치를 회복하고자 하는 열망이 유대 민중들 사이에 널리 퍼져 있었다. 그러나 무력을 사용하여 로마에 저항했던 이른바 폭도 바라바(Barabbas)를 예수 대신 풀어달라고 했던 민중을 볼 때(마가 15:15), 이들은 예수의 운동방식에 일종의 실망감을 가졌었다고 판단할 수 있다. 그러나 예수는 철저하게 비폭력 운동을 전개하였다. 원수를 사랑하라는 그의 가르침을 민중들은 이해하지 못하였을 것이다. 그러나 원수 사랑과 악을 악으로 갚지 말고 선으로 갚으라는 가르침은 무저항을 의미하는 것이 아니라, 더 철저한 저항이었음에도 민중들은 바라바가 했던 직접적인 투쟁에 기울어졌던 것이 아닌가 생각된다. 예수의 길은 로마에의 투항도 아니고, 무력 투쟁의 노선도 아닌 제3의 길, 즉 평화와 비폭력 저항의 길이었다.5) 예수는 비폭력으로 무저항을 하자는 것이 아니라, 적극적인 저항을 하자는 것이었다. 그러나 폭력을 사용하면 악인을 닮게 되어 결국 폭력의 악순환이 일어난다는 것으로 보았다. 이 악순환을 끊으면서 약자를 보호하고 모든 생명을 지키는 정의의 나라를 건설할 수 있기 위해서는 다른 방식을 취해야 한다. 폭력적 지배의 사탄 체제에 대항하여 그 대안을 세우기 위해서는 철저히 다른 방식, 즉 비폭력, 평등, 평화, 상호존중과 배려, 서로 섬기는 종의 도를 지켜야 한다는 것을 가르쳤고, 실천하였다.

3. 예수가 죽음을 당한 이유

예수의 하나님의 나라 운동과 그에 관련된 비폭력적이고 적극적인 저항의 말씀과 행동은 기존 체제에 위협이 되었다. 처음에 많은 사람이 그를 따랐지만, 로마와 헤롯 왕가 그리고 유대종교 체제로부터 그가 목숨을 위협하는 탄압을 받기 시작하자 두려워 도망갔다. 도망간 자들 중 상당수는 예

---

5) 예수의 제3의 길에 대해서는 Walter Wink, *Engaging the Powers: Discernment and Resistance in a World of Domination* (Augsburg/Fortress, 1992), 한역 『사탄의 체제와 예수의 비폭력: 지배체제 속의 악령들에 대한 분별과 저항』, 한성수 역(한국기독교연구소, 2004), 277쪽 이후 참조.

수가 자신들의 기대, 즉 로마로부터의 이스라엘의 독립과 야훼 종교의 복원에 대한 기대를 채워줄 수 있는 능력을 갖지 못하였다고 생각했을 것이다. 가까운 제자들도 예수를 배척하고 도망갔다. 예수가 추구했던 하나님의 나라와 그것을 성취하기 위한 그의 방식은 예수를 추종하였던 당시의 사람들의 이해를 뛰어넘는 것이었다. 제자들 중에는 예수가 능력으로 일으킬 새로운 나라에서 높은 자리를 차지하려고 서로 다투기도 하였다(마태 18:15). 예수를 따르던 많은 사람은 예수가 이들을 이끌고, 놀라운 능력으로 로마와 헤롯지배체제를 무너뜨릴 혁명을 일으켜 새로운 나라를 건설할 것을 기대하였다.

그러나 예수의 방식은 힘없는 자의 자기희생이 뒤따르는 적극 투쟁의 방식이었다. 예수가 한 자기희생의 방식은 지배질서와의 대결 속에서 어쩔 수 없이 나타나게 된 것이기도 하지만, 그럴 수밖에 없었던 것이 예수는 약자였기 때문이었다. 그의 희생을 감수하는 적극 투쟁의 방식은 예수의 의도에서 비롯되었다. 약자 예수는 자신을 희생시킴으로써 지배질서를 사로잡고 있는 악한 영을 드러낼 수 있을 것이라고 판단했을 것이다. 그리하여 자신을 내놓았다. 이것이야말로 약자가 지배질서를 극복할 수 있는 유일한 방식이었다고 볼 수 있다.6) 큰 희생이 없이는 큰 구원을 이룰 수 없다. 자기희생을 감수하지 않는 운동은 성과를 얻을 수 없다. 십자가의 죽음

---

6) 권력(powers)에 대한 기독교의 대응에 대해 시리즈로 책들을 낸 월터 윙크는 고난과 순교가 적에 대한 강력한 공격이며 적으로부터 구원의 힘을 발휘한다고 하는 점을 잘 설명하고 있다. 그는 다음과 같이 적고 있다. "순교자들은 악에 의하여 압도된 희생자가 아니라, 악에게 몰래 접근하여 그들 자신의 몸들을 미끼로 바쳐서 악을 열린 장소로 끌어내는 사냥꾼들이다." 월터 윙크는 이어서 Daniel Berrigan을 다음과 같이 인용하고 있다. "아무것도 희생하지 못했거나, 혹은 했다 하더라도 아주 적은 것을 희생한 사람들은 역사에 아무것도 바치지 못하였거나, 혹은 아주 적은 것을 바친 것이다. 또한 말하고 싶은 것은 그들은 자기 자신의 영혼을 위해서도 아무것도 못 바치거나, 혹은 아주 적은 것을 바칠 뿐이다." 앞의 책, p. 259. Daniel Berrigan의 책, *No bars to Manhood* (Garden City, N.Y.: Doubleday, 1970), p. 115.

없이는 부활이 없듯이, 희생 없는 구원은 없다. 자기희생의 크기에 따라 그 구원의 범위가 결정된다. 자기희생을 전적으로 감수하는 모험이어야만 구원의 큰 성과를 얻을 수 있다. 예수가 지배체제에 대해 무기력하게 잡히고, 고문당하고, 십자가에 처형을 당하는 것이 오히려 지배체제를 무너뜨리는 약자의 효과적인 방식이었을 것이다. 사실, 그의 비폭력과 무력함, 그러나 자기희생을 감수하는 저항은 엄청난 힘을 발휘하였다. 우선 그를 십자가로 처형한 세상 권력자들의 잘못이 백일하에 드러나게 되었다. 십자가는 군사력에 기초한 국가 폭력과 그것을 정당화하거나 묵인하는 종교 지배질서의 죄악상을 드러내었다. 이것은 예수의 부활로 확인되었다. 그리고 예수의 민중이 이 부활을 확신하여 다시 일어나게 되었다. 약자 예수 운동의 커다란 성과였다. 예수의 부활은 로마로 상징되는 제국의 힘의 지배질서가 더 이상 정당화될 수 없음을 알리는 신호였다. 바울이 말한 것처럼, 세상의 통치자들이 예수를 통해 드러난 하나님의 정의를 인정하고 받아들였다면 예수를 십자가에 못 박지는 않았을 것이다(고전 2:8). 십자가는 그 자체로 크나큰 고난이었지만, 동시에 예수가 세상권세를 포로로 잡기 위한 기묘한 방법이기도 하였다. 여기에 '승리자 그리스도'(Christus Victor)의 이미지가 작동하고 있다.

위와 같이 본다면, 예수가 십자가형을 당한 것은, 그가 의도했건 안 했건 간에, 더 큰 목적을 향한 수단, 즉 로마제국과 그 지배질서를 넘어서기 위한 수단이 되었다. 이것을 하나님의 개입이 아니라고 누가 단정할 수 있겠나? 하나님의 개입에 의해 이미 십자가 속에 패배가 아니라 승리가 잠재해 있었다. 그 승리는 이미 십자가에 포함되어 있었고, 이것은 부활로 확실시되었다. 로마로 상징되는 세상권세의 지배가 이미 무너졌고, 하나님의 정의의 지배가 시작되었음이 선포되었다. 어리석은 자, 약자의 지혜가 세상의 지혜를 이겼다(고전 1:25). 이것이 하나님의 섭리이다. 세상의 지배자들은 예수를 십자가에 처형함으로써 세상의 힘의 질서가 예수의 하나님의 나라를 이긴 것으로 생각했겠지만, 그러나 그것은 결코 일방적인 승리는 될 수 없었다. 예수의 죽음과 부활로 말미암아 하나님의 나라의 운동은 이 제 더 넓게 확산되고 더 깊게 뿌리를 박게 되었다.

예수의 삶은 하나님의 나라의 모습을 육화한 것이었다. 그의 병자 치유, 온갖 약자들과의 공동식탁의 나눔, 그의 평화를 위한 말씀 등등은 곧 하나님의 나라를 이 땅에 구현하려는 것이었고, 그의 삶 전체가 하나님의 나라였다고 말할 수 있다. 그런데 예수는 이러한 하나님 나라의 정의를 위해 산다는 것은 항상 고난과 희생이 따른다는 것을 보여주었다. 예수의 십자가는 하나님 나라의 정의가 세상의 불의와 폭력성에 직면하게 된다는 일종의 법칙성을 보여준 패러다임적 사건이다. 이러한 하나님 나라를 위한 고난과 희생은 오늘날과 같이 제국과 시장만능적 체제가 군림하고 있는 상황 속에서 지속된다. 하나님의 나라의 정의가 우리를 구원하지만, 그 정의는 십자가 없이는 이루어지지 않는다. 즉, 이 정의는 관념적이며 이론 적인 입장만을 발표하는 것으로 끝나는 것이 아니라, 그것의 실현을 위한 구체적인 때와 장소 속에서의 실천을 요구하며, 이 실천은 지배질서의 저항을 야기하고 고난을 부른다. 이것이 하나님 나라 운동이 세상 안에서 구체화될 때 나타나는 법칙적 현상이다.

예수는 세상의 죄와 악에 의해서 죽었다. 예수의 십자가를 오늘 우리의 상황에서 말할 때, 우리 안에 있는 죄에 의해서 죽었다고 말할 수 있다. 그러므로 우리의 죄 때문(because of our sin)에 죽었다. 그런데 우리의 죄를 위해(for our sin), 우리의 죄를 사해 주기 위해 우리를 대신하여 죽었다고 한다면 이것은 잘못이다.

십자가의 고난과 죽음은 구원을 위한 준비이며 수단의 성격을 갖기 때문에 그것 자체가 구원을 가져오는 것은 아니다. 고난 자체가 치유의 힘을 갖는 것도 아니며, 고난을 미화해서도 안 된다. 대리적 고난도 성립할 수 없다. 타자의 죄로 인해 대신 당하는 고난은 정상적인 현실 속에서는 성립할 수 없다. 타자의 죄로 인해 대신 벌을 받는 것은 불의한 사회 속에서나 가능한 일이다. 정상적이고 정의로운 사회에서는 이러한 일이 있을 수 없다. 죄지은 자가 벌을 받는 것이지, 무죄한 자가 죄지은 자를 대신하여 벌받는다면, 이것은 불의한 것이고, 억울한 일이 된다.

우리는 이렇게 말해야 할 것이다. 십자가의 죽음은 고문, 폭력에 의해서 이루어진 것이고, 십자가에 의한 죽음에서 구원이 오는 것은 아니다. 고문과 폭력과 죽음이 구원을 가져 올 수 없다! 폭력적 죽음은 없어져야 할 것이고 피해야 할 것이다. 오늘날 세계 곳곳에 이러한 일들이 벌어지고 있다. 이것은 비극이요 근절되어야 한다.

그런데 왜 성서는 예수의 십자가와 흘린 피에 의해서 우리가 구원받은 것이라고 선포하는가? 그 이유는? 그 의미는 무엇인가? 그 이유를 묻기 전에 성서는 어떻게 증언하고 있는지 살펴보자.

바울서신들은 공관복음서들보다 먼저 기록되었다. 바울은 예수가 죽은 지 2~5년 후인 기원후 34년 혹은 35년에 회심했고 그 후 2~3년 후에 예루살렘으로 가서 베드로, 요한 등 예수의 원래 제자들과 만났다. 그의 가장 첫 서신이라고 알려진 데살로니가전서는 49~50년 사이에 써졌다. 학자들이 그의 저작일 것이라고 추정하고 있는 나머지 6개의 서신들(로마서, 고린도 전후서, 갈라디아서, 빌립보서, 빌레몬서)은 이후 10년 사이에 저작된 것이다.[7] 그렇다면 바울의 서신들은 복음서들보다 앞서 저작되었고 복음

---

[7] 신약 학자들이 바울이 직접 썼다고 보는 7개의 서신들 이외에, 많은 학자들이 골로새서와 에베소서의 저자도 바울이라고 보고 있다. 디모데 전후서, 디도서, 데살로니가 후서 등 목회서신들은 바울의 신학을 따르는 후대의 저자들에 의해서 쓰였다고 보고 있다. Veli-Matti Kärkkä- inen, *Christology A Global Introduction* (Grand Rapids, Mich.: Baker Academic, 2003), p. 44 참조.

서 기자들은 바울서신늘을 읽었거나 그것에 대해서 들었을 것이다.

바울의 예수에 대한 언급은 그리스도의 죽음과 그의 부활에 국한되어 있다. 바울은 역사적 예수 즉, 기원 초기에 팔레스타인에서 살았고 거기에서 하나님의 나라에 대한 확신을 가지고 활동하였고, 그를 따르는 사람들과 함께 일하였던 예수의 삶에 대해서는 무관심하였다(고후 5:16). 바울서신에 만인을 위한 그리스도의 피와 관련된 구절들은 다음과 같다. "그러므로 지금 우리가 그리스도의 피로 의롭게 되었으니, 그리스도로 말미암아 하나님의 진노에서 구원을 받으리라는 것은 더욱 확실합니다"(로마 5:9). "그리스도께서 우리 죄를 위해 죽으셨습니다"(고전 15:3). "예수는 우리의 범죄 때문에 죽임을 당하시고, 또한 우리를 의롭게 하시려고 살아나셨습니다"(로마 4:25). "그리스도께서 성경대로 우리 죄를 위하여 죽으셨다는 것과…"(고전 15:3). "우리는 하나님이 사랑하시는 아들 안에서, 하나님의 풍성한 은혜를 따라서, 그분의 피로 구속 곧 죄의 용서를 받게 되었습니다"(에베 1:7). "하나님께서 이 예수를 사람에게 속죄 제물로 주셨습니다. 누구든지 그 피를 믿으면 속죄함을 받습니다"(로마 3:25).

공관복음서들도 바울과 같은 신앙의 패턴을 따르고 있다. "인자는 섬김을 받으러 온 것이 아니라 섬기러 왔으며, 많은 사람을 위하여 자기 목숨을 대속물로 내주러 왔다"(마태 10:45, 마태 20:28). "이것은 많은 사람에게 죄를 사하여 주려고 흘리는 나의 피, 곧 언약의 피다"(마태 26:28).

이처럼 그리스도의 희생으로 인간들이 구원을 받게 되었다는 구절은 성서에 많이 나온다. 예수의 죽음은 우리의 구원을 위한 대속적 죽음으로 이해되었다. 왜 이렇게 가장 참혹하고 비극적인 죽음이 가장 고귀하고 긍정적인 구원 사건으로 전환되었을까? 이것은 구약의 전통에서 의로운 자의 피가 많은 이들의 죄를 씻어줄 수 있다는 믿음으로부터 비롯된 것이 아닌가 생각한다. 희생양의 피로써 인간의 죄를 먼저 깨끗하게 씻어야 하나님 앞에 나아갈 수 있다고 보는 구약의 전통에서 비롯되었다. 바울을 비롯한 최초의 크리스천들은 예수를 인류의 죄를 씻어주는 희생양이었다고 이해했던 것이다. 히브리서 기자는 예수가 인간의 죄를 없애기 위하여 자신을 희생 제물로 내어 놓은 대제사장이라고 하였다(히브리 9:28). 요한복음은 예수를 유월절의 어린양으로 보았다(요한 19:14~16). "세상 죄를 지고 가는 어린양을 보라"(요한 1:29). 베드로전서 1장 19절에서는 "흠이 없고 티가 없는, 어린양의 피와 같은 그리스도의 귀한 피"를 부각하고 있으며, 고린도전서 5장 7절에 "유월절의 어린양이신 그리스도께서 희생"하셨다고 한다.

이처럼 예수가 진 십자가의 피와 구원에 대한 이해는 바울이 처음 조직적으로 선포하였고, 신약성서 기자들은 바울의 입장을 따르고 있음을 볼 수 있다. 오늘날 가톨릭교회와 개신교회는 대체로 이러한 만인을 위한 십자가가 지닌 피의 대속론을 따르고 있다. 그리고 예수를 죽인 책임은 세상 권력(로마제국과 유대 종교권력)에 있지 않고, 우리들의 죄에 있다고 한다. 이제 다시 원래의 질문으로 돌아가자. 왜 성서 특히 바울서신은 예수가 하나님의 나라를 위한 행동 때문에 로마제국에 의해서 정치범으로 처형된 사실에 대해서는 언급을 자제하고 만인의 죄에 의한, 그 죄를 사하기 위한, 죽음으로 그리게 되었는가?

첫째로, 추측할 수 있는 것은 당시 로마제국의 권력 아래에서 예수를 따르는 교회들이 로마에서 살아남아 선교할 수 있기 위해서 취할 수밖에 없었던 선택이었을 것이란 대답이다. 신약성서 기록의 많은 부분에 의하면, 예수의 십자가 처형은 예수의 하나님 나라 메시지가 로마의 질서를 부정하는 정치적인 것이었기 때문이 아니라, 모든 이들의 잘못 때문이라는 것이었다. 예수를 십자가형에 처한 주체가 로마제국이었고, 매일의 삶 속에서 로마제국의 직접적인 영향권 아래에 있었던 이들에게 로마제국은 결정적인 위협이 아닐 수 없었다. 십자가는 반로마의 상징이었다. 왜냐하면 로마에 저항했던 사람들은 십자가 처형을 당했기 때문이다. 예수가 십자가에 달린 것을 보고 당연히 예수를 로마에 적대하는 자로 보았을 것이다. 바울을 비롯한 제자들은 예수가 로마제국 때문에 죽은 적대자라고 하는 낙인으로부터 벗어나야 했다. 그리하여 그의 죽음은 로마에 의한 것이 아니라 세상의 죄악으로 말미암아 일어난 전 우주적, 전 인류적 속죄의 사건이었다고 의미를 바꾸어야 했다. 십자가와 로마제국과의 무관성 즉 로마제국의 무죄성을 부각시키려는 시도가 누가복음 등에서 나타난다(누가 23:15). 베드로는 로마인(빌라도)에 의해 예수가 죽은 것이 아니라, 유대인들에 의해서 죽었다고 선포하고 있다. "여러분은 거룩하고 의로운 그를 거절하고, 살인자를 놓아 달라고 청하였습니다. 그래서 여러분은 생명의 근원이 되시는 주님을 죽였습니다."(행전 3:14~15). "이 예수는 '너희 집 짓는 사람들에게는 버림받은 돌이지만, 집 모퉁이의 머릿돌이 되신 분'입니다. 예수밖에는 다른 어떤 이에게서도 구원은 없습니다."(행전 4:11~12). 베드로는 예루살렘사도회의에서, 우리가 예수의 은혜로 구원을 얻는다면, 그들(이방인)도 꼭 마찬가지로 주 예수의 은혜로 구원을 얻는다는 취지의 발언을 했다(행전 15:11). 여기에서 바울뿐 아니라, 베드로 등 다른 사도들도 같은 속죄론적 생각을 가지고 있었음을 알 수 있다. 속죄론은 예수의 제자들이 로마제국이라고 하는 기존 지배질서 속에서 살아남기 위한 몸부림 혹은 타협의 산물이었다고 보는 견해가 나올 수 있다. 제자들은 예수라는 위험한 이름을 위험하지 않은 것으로 만들려고 노력했다고 추측할 수 있다. 그 노력이 예수의 죽음은 로마제국과 상관이 없는 속죄의 죽음이었다는 선포로 나타났다고 추측할 수 있다.

둘째로, 예수의 죽음을 로마제국의 시대적인 상황 속에서 일어난 것이라기보다는 전체 인류사에서의 하나님의 경륜에 비롯된 사건이었다고 보는 견해이다. 마가, 누가 복음서의 기록에 의하면, 예수는 자신이 십자가에서 죽을 것임을 미리 예견하고 있었다. 예수의 고난과 죽음이 일어나야만 한다는 것은 이미 성서에 예언되어 있다는 것이다(마가 8:31). 누가복음에서는 엠마오로 돌아가는 두 제자에게 예수가 나타나셔서 예수의 죽음과 부활은 이미 모세와 그 이후 예언자들로부터 예언되어 있었다는 것을 기록하고 있다(누가 24:27). 최초의 전승은 바울의 고린도전서 15장 3~5절의 텍스트일 것이다: "내가 전해 받은 중요한 것을, 여러분에게 전해 드렸습니다. 그것은 곧, 그리스도께서 성경대로 우리 죄를 위하여 죽으셨다는 것과, 무덤에 묻히셨다는 것과, 성경대로 사흘째 되는 날에 살아나셨다는 것과, 게바에게 나타나시고…." 여기에서 우리가 내릴 수 있는 결론은 성서에 나온 예수의 죽음과 부활에 대한 예언들은 첫 부활절 이후에 창작되고 고백되어 정식화된 것이라는 것이다. 이 미리 예정된 죽음은 우리를 위한 것이고, 로마제국은 하나님의 계획을 실행에 옮기는 수단으로 동원되었기 때문에 로마에게 예수가 죽은 책임을 돌릴 수는 없다는 것이다.

셋째로, 위의 두 번째 설과 연결되는 것으로서, 예수의 죽음이 로마제국에 의한 것으로 강조되지 않고, 우리의 죄를 위한 죽음으로 본 것은 나사렛 예수의 시기에 일반 유대인들에게 널리 수용된 생각에 기초한 것이라고 볼 수 있다. 즉, 예수와 같은 의로운 자의 처참한 죽음은 다른 사람들의 죄를 씻어주는 구속의 힘을 가지고 있다고 하는 믿음이 당시에 통용되고 있었다. 이것은 예수 이전에 오랫동안 있었던 수많은 유대인들의 고난, 특히 마카비전쟁 기간에 있었던 수많은 유대인들의 죽음 속에서 자연스레 잉태된 신앙이었다. 또한 예수의 죽음은 유대 전통 속에 있었던 유월절 전통이나 속죄제에서 양이나 염소를 죽여 피를 뿌리는 제사로 연결되었다. 그리하여 요한복음서 기자는 세례 요한의 입을 빌려서, "보시오, 세상 죄를 지고 가는 하나님의 어린양입니다"고 선언하였다. 신약성서의 기자들은 이사야서 52장과 53장에 나오는, 처참하게 고난받는 야훼의 종이 많은 사람의 죄를 대신 짊어졌고, 많은 이들을 살리려고 고난받으셨다고 고백하는 것을 읽고, 이 야훼의 종이 바로 예수 그리스도라고 보았다. 이처럼 예수의 "성경대로"의 죽음은 곧 만인들을 위해서라는 생각으로 연결될 수 있었다. 이러한 생각은 예수의 죽음이 세상의 권력에 의한 죽음이라는 사실을 잠시 잊게 만든다. 그러나 이 세 번째 설이 세상 권세에 의한 죽음이라는 사실을 완전히 제거한 것은 아니며, 오히려 그 사실은 표면화되지 않은 채 불씨로 살아남아 교회가 세상권력에 타협할 때마다 비판적인 근거로 되살아나고 있다.

결론적으로 말하면, 신약성서가 예수의 죽음을 만인의 죄를 위한 죽음으로 해석함으로써 초기 기독교는 두 가지의 선택을 동시에 했던 것으로 보인다. 첫째로, 로마제국의 적대적 태도로부터 어느 정도는 벗어날 수 있었다. 그러나 그것이 크게 효과적이었던 것처럼 보이지는 않았다. 초기 교인들이 예수의 반세상권력적이며 역사적인 사실들을 뒤로 밀어냈지만, 로마제국은 기독교인들을 계속해서 의문시했고, 수많은 교인들이 로마에 의해 순교당했다. 둘째로, 예수의 죽음을 모든 인간들이 지니고 있는 죄로부터의 구원을 위한 보편적인 의미를 갖는 죽음으로 해석함으로써 이제 기독교의 복음은 팔레스타인의 좁은 울타리를 벗어나 세계의 모든 사람에게 의미 있는 복음으로 탈바꿈할 수 있게 되었다. 이렇게 얻는 것이 컸던 것에 비하여 잃은 것은 더 큰 것으로 보인다. 그 이후의 교회가 예수의 역사적인 의도에 대해서는 무관심하고, 예수의 길과는 다른 길을 걷는 결과가 발생되었기 때문이다.

제2장
민중을 보는 몇 가지 관점

한 민중교회 목회자는 다음과 같이 말하였다. "한국 민중의 문제는 한국 사회의 양극화 문제로 더욱 심각해질 것으로 보인다. 민중은 어제나 오늘도 늘 그 자리에 있었다. 때로 우리의 눈이 가리워 민중을 외면했을 뿐이다."[1]

민중신학을 비판하는 어떤 신학자는 이렇게 말했다. 한국이 잘 살게 되어 이제 민중이 발견되지 않게 되었는데 민중신학이 가능한가? 민중이 존재한다고 해도 잘 정의되지 않는데 그래도 민중신학이 잘 될 수 있겠는가?[2]

민중신학자 서남동은 이렇게 말했다. "민중신학의 주제는 예수라기보다도 민중이라는 것이다. 민중신학의 경우에는 예수가 민중을 바로 이해

---

1) 이준모, "민중의 현실: 민중교회 목회자의 입장에서", 2007년 6월, 서울에서 있었던 민중 – 달릿 신학자 대회에서의 발표문.
2) 정용섭, "진보신학, 비판적 성찰 – 민중신학을 중심으로", 『기독교사상』, 2008년 4월호, 60쪽.

하는 데 필요한 도구의 구실을 하는 것이지, 예수를 이해하기 위한 도구의 구실을 민중개념이 하는 것이 아니다. … 예수는 민중의 친구였다."[3]

민중신학자 안병무도 다음과 같이 말하였다. "고난받는 민중이 세계를 위해 고난당한다고 생각함으로써 복수의 악순환을 끊기 시작합니다. 이렇게 함으로써 궁극적인 하나님 나라, 메시아 통치가 이루어지고 그런 의미에서 고난받는 민중이 메시아입니다."[4]

민중이 존재하는가? 존재한다면 어떤 사람들을 민중이라고 하는가? 오늘의 역사적 현실에 민중이 존재하지 않는다고 한다면 현실의 중요한 요소에 대해 눈을 감는 것이 된다. 적어도 신학자들은 현실을 정직하게 보는 것으로부터 출발해야 한다. 가난하고 소외받고 고난당하고 있는 사람들이 오늘의 우리 현실 속에 엄연히 존재함에도 민중은 더 이상 존재하지 않는다고 말한다면 이것은 심각한 현실 왜곡이다. 문제는 역사의 주체이며 해방자이고, 구원을 이룰 메시아적 사명을 감당할 민중이 과연 존재하는가 하는 문제이다. 사회적 약자들이 존재하고 있다는 것은 쉽게 동의할 수 있지만, 그들이 과연 세계를 구원할 수 있는가? 그들이 과연 이 역사의 주인인가? 그들이 과연 역사 속에서 고난받는 하나님의 아들인 예수를 보여주고 있는가? 그럴 능력이 있는가?

이러한 질문에 답해 보기 위해서 본 연구자는 민중을 다음 몇 가지의 측면에서 살펴보고자 한다. 첫째, 민중을 사회과학적인 눈으로, 둘째, 민중을 역사의 주체로, 셋째, 민중을 계시적, 신앙적인 눈으로, 넷째, 민중을 상징으로 나누어 살펴보겠다.

---

3) 서남동, 『민중신학의 탐구』(서울: 한길사, 1983), 53쪽.
4) 안병무, 『민중신학 이야기』, p. 96.

1. 사회과학적인 관점에서 본 민중

민중이란 누구인가? 객관적으로 볼 때, 민중이란 말은 쉽게 말해서 많은 사람 즉 다중을 가리킨다. 그중에서도 소수의 영웅이나 지도자 혹은 엘리트 계층과 반대되는 계층, 즉 억압당하고 고난당하는 사람들을 가리킨다. 그러므로 민중이라는 말은 피지배계층들을 의미한다. 한국 민중의 역사적 사회전기를 보면, 민중은 시대마다 다른 모습으로 나타났다. 예를 들어 민중은 백성, 프롤레타리아 계급, 시민, 민족, 다중, 대중, 인민이라는 언어로 시대마다 다르게 표현되었었다. 이들은 시대적 진전에 따라, 고난받는 사람들의 모습이었으며 동시에 그 고난에 대항하여 저항하는 주체였던 사람들이다. 백성은 봉건적 제도 속에서 눌려 있는 피지배계층이자 저항의 중심세력이었으며, 시민은 현대의 민주주의 사회 속에서 보다 해방된 사회를 향한 움직임을 벌이는 주체이다. 민중은 봉건사회 속에서 억압받고 저항하던 백성으로부터 계급의식이 첨예한 주체적 민중으로 발전하였다(1920년대 이후). 이보다 조금 앞선 시기에 제국주의에 대항하면서 민족의 자주(1900년 전후부터 그 이후)를 주장하는 민족의 중심세력으로서의 민족의식을 가진 존재이기도 했으며, 나아가서는 한 사회와 나라의 참여적 주체자로 변화되어 가는 도상에 있는 존재라 할 수 있다. 따라서 민중은 진정한 민주주의를 만들어 가기 위한 주체자이며 민주주의의 실질적 내용을 결정하는 지표인 것이다. 역사는 민중이 진정한 참여적 시민으로, 즉 사회의 성원이자 주체자로 발전되어 가는 과정 속에 있다. 이들이 현재 어느 지점에 도달해 있는가에 따라서 그 나라의 민주주의의 수준과 현주소가 결정된다. 오늘날 일부 힘을 가진 자들이 엘리트로서 이 사회를 이끌어 가고 있다. 소수에 의해서 운영되고 있는 사회일수록 덜 발전된 비민주적인 사회이다. 결국 우리 사회는 모든 민중들이 이전의 피지배의 상태에서 벗어나 참여적인 공중(the public)이 되어 사회를 이끌어 가는 민주적 사회로 발전되어야 한다.

그런데 피지배층인 민중이 진정한 공중이 되어 주체적인 민중으로서 역사와 사회에 참여하는 기회가 점점 적어지고 있다. 이는 오늘의 민중이 신자유주의적 자본주의의 세계화와 제국의 지배하에 살고 있기 때문이다. 제국이 앞장서서 조성한 신자유주의적 세계화에서 21세기의 민중은 다중 (mul-titude)으로 나타나고 있다. 즉, 민중이 예전의 국민국가 안에서의 국민으로서의 민중이 아니라, 다양한 소수 계급과 집단 및 인종과 민족들을 구성 요소로 하는 지구화 속에서 이루어진 지배체제를 변혁하는 능동적인 다중으로 등장하고 있다. 이것은 신자유주의적 세계화와 제국의 지배하에서는 거의 모든 사람이 고난당하는 상태에 이르렀으며, 그만큼 이러한 지배질서로부터 소외되고 고통받는 사람들이 광범위하게 많아졌음을 의미한다. 그리고 다른 한편으로는 현대 이후 사회의 다원적 발전에 의해서 사람들의 자기 정체성이 다양해졌음을 의미한다. 다중이라는 용어는 최근에 네그리와 하트에 의해서 집중적으로 재조명되었다.

민중은 해방으로 가는 몸부림의 과정 속에 존재하는 과정적 존재이며, 변화하는 존재이며, 의식적 존재이다. 민중은 역사 속에서 다양한 의식을 가지고 발전하여 왔는데, 예를 들어, 민중은 역사 속에서 백성의식, 민족의식, 계급의식, 시민의식, 역사와 사회의 주인으로서의 의식, 인류로서의 연대의식 등 다양한 의식을 체화하여 왔다. 민중이 진정 민중이 되려면 예수의 정신과 삶을 따름으로써 예수를 재연하는 상태가 되어야 한다고 서남동, 안병무 등의 민중신학자들은 말하고 있다. 그렇기 때문에 객관적으로 존재하는 민중은 신학적인 해석의 대상이 되고 있다. 그러나 예수 대행자로서의 민중을 신학적으로 해석하기 위해서는 그 전 단계로 객관적으로 사회과학적으로 민중이 그렇게 될 가능성이 있는가, 그럴 잠재력을 가지고 있는가를 살펴야 한다.

오늘날 새로운 상황에서의 민중은 지구적 시장경제의 경쟁구조 아래에서 희생당하고 있다. 민중은 불완전한 고용과 실업과 가난 그리고 물질적 정신적인 고통 속에서 살고 있다. 민중의 자유와 해방을 향한 역사적 진행과정이 이러한 지구적 시장경제체제와 이에 동반한 신자유주의라고 하는 장애물에 의하여 방해받고 멈춰 있다. 그러나 이러한 상황은 반전하여 민중의 해방을 위해 유리한 조건을 조성하기도 한다. 우선 세계의 모든 민중이 지구화의 흐름에 따라 서로 연대해 가는 추세가 생겼다. 인터넷 등을 통하여 국내 및 세계적인 연대망이 구축되어 민중들의 지혜를 모으고 힘을 결집하여 새로운 사회와 세계를 건설할 수 있는 전망도 생겼다. 인터넷과 이동전화 등 통신매체의 전 국토적, 전 세계적인 보급으로 사회적 약자들의 정보교환, 연대, 동원이 손쉽고 빠르게 이루어지고 있다. 공동의식과 여론이 빠른 속도로 교환되고 형성되고 있다. 이들을 네티즌(netizen)이라고도 하는데 이들은 사회 변화를 가져오는 데에 중요한 역할을 담당한다. 네티즌이야말로 다양한 계층과 집단으로 구성되어 있다.

그러나 전통적으로 민중을 규정하는 가장 중요한 요소는 민중의 사회적 계층성, 계급성이다. 일반적으로 말할 때, 민중은 억압받는, 고난당하는 계급에 속해 있다. 불평등한 차별적 계급성 즉, 억압당한다는 특수한 계층적 특성이 민중의 이해에 가장 중요하고 필수적인 요소이다. 오늘날은 노동자 계급 사이에 불평등한 계급분화가 이루어지고 있다. 정규직과 비정규직 사이의 불평등한 대우는 고용의 유연화를 주 내용으로 하는 신자유주의 사회정책의 필연적 산물이다. 외주 고용, 파견직, 파트타임 고용등 불안정적인 고용형태는 노동자들 사이의 불평등 구조를 강화시키고 있다. 민중을 말할 때에는 이러한 불평등한 차별을 확대하는 체제를 가장 중요한 요소로 다루어야 한다. 민중이 이러한 차별과 고난을 경험하고 있기 때문에 민중은 하나님의 나라로 상징되는 새로운 사회와 시대를 열고자 하는 열망을 품으며, 그 비전을 지속적으로 살려내는 역사적 주체세력이 될 수 있다.

오늘날 민중은 정치적으로 소외되어 있다. 1970~80년대에는 민중이 정치적으로 "탄압"받았었다고 말하는 것이 적합할 것이다. 당시에는 민중운동이 정치적으로 탄압을 받았지만, 민중운동의 영향력은 대단히 컸다. 오늘날에는 민중과 민중운동은 잘 드러나지 않을 정도로, 정치적으로 심각하게 소외당하고 있다. 하위 계층의 민중은 정치 참여에서 더욱 소외되어 있다. 이들의 목소리는 시민사회에서 나오는 다른 목소리들에 비하여 덜 경청되거나 아예 무시되고 있다. 이들의 주장이나 호소는 위험한 것, 부적절한 것으로 간주된다. 이들을 위해 대변하는 사람들은 없거나 있어도 영향력이 없다. 그러나 민중은 돌들마저 외치듯이 오늘도 외치고 있다. 민중신학은 이들의 미미한 목소리를 높여주어 다른 사람들이 들을 수 있도록 만드는 일에 공헌해야 한다. 신학이 사회과학과 다른 점은 신학은 현실 분석에 머물지 않는다. 현실 타파의 가능성을 중시한다. 사회과학적으로, 객관적으로 보았을 때 민중의 희망이 잘 보이지 않을 수 있다. 실제로 민중은 민중운동을 일으키면서 현재의 상태를 타파하고 새로운 상태를 여는 역사의 전위대 역할을 한다. 비록 그것이 미미할지라도 민중신학은 그것을 확대한다. 희망이 없어 보이는 곳에서 세미한 희망을 발견하고 그것을 확대한다. 이것은 신학의 고유한 기능이다.

2. 역사에서의 민중 - 주체이면서 초월체[5]

민중신학에서는 역사 속에서 민중이 자기 변화를 시도해 왔던 것에 주목한다. 민중은 주체로서 자기 자신을 스스로 형성하고 규정해 나가는 성질을 가지고 있다. 한국의 민중은 백성으로서 오랫동안 봉건제도하에서 신음했다. 봉건제하에서 한국 민중은 불의한 지배 세력에 저항하였다. 민중은 역사 참여(민중운동)를 통하여 자기를 규정하여 왔다. 1970년대는 시민, 민족, 계급으로서의 민중이 함께 작용하여 민중운동의 성격을 형성하

---

5) 화이트헤드는 초월체라는 말을 다음과 같이 설명하였다. "현실적 존재는 경험하고 있는 주체인 동시에 그 경험의 자기 초월체(superject)이기도 하다."(오영환 역, p. 91) 그리고 이어서 이렇게 말한다. "현실적 존재는 주체적으로는 〈끊임없이 소멸〉되지만 객체적으로는 불멸(im- mortal)한다. 현실태는 소멸될 때 주체성적 직접성을 상실하는 반면 객체성을 획득한다. 그것은 그 불안정의 내적 원리인 목적인을 상실하지만 작용인을 획득한다. 이 작용인으로 말미암아 그것은 창조성을 특징짓는 제약(obligation)의 근거가 된다."(오영환, p. 92; Whitehead, *Process and Reality* (New York, N.Y.: Free Press, 1978) p. 29) 따라서 모든 주체는 직접적 경험을 하는 주체이면서 동시에 자신의 경험이 나타난 객관인 초월체이다. 초월체는 이미 과거화된 객체를 말하는데, 모든 과거화된 객체가 불멸하듯이, 초월체도 객체로서 살아남아 다음으로 진전되는 주체에게 전달되거나 선택적으로 수용된다. 여기에서 초월체란 말은 영어로 superject인데, super라는 말은 '넘는다' 즉 beyond라는 의미를 가진다. 그리하여 화이트헤드는 "각각의 현실적 계기가 현재의 결정을 이룩함으로써 미래로 자신을 던지고 있다는 뜻을 주려고" 이 용어를 만들어 사용하였다. 민중도 마찬가지이다. 민중은 주체이면서 동시에 자신을 객관화하여 다음 단계를 위한 자료가 되어준다는 면에서 사라지지 않고 불멸한다. 여기에서 민중 경험의 불멸성과 카르마(Karma)는 서로 연결된다고 생각된다. 우리들의 모든 행위들은 카르마 속으로 편입되어 우리들에게 지속적으로 영향을 미친다. 카르마의 기능과 유사하게, 민중들의 자기 경험들은 다른 민중과의 관계 속에서 지속적으로 존재하여, 새로운 민중을 창조하는 데에 밑거름 혹은 여건(data)이 된다. 이 데이터들은 새로운 경험(해방된 삶)을 추구하는 민중들의 주체적 판단(prehension, feeling)에 의해 수용되며, 이러한 과거로부터 오는 데이터의 수용 과정 속에서 민중은 자신에게 적합한, 그러나 아직 실현되지 않은, 이상(ideals, eternal objects)을 선택하고 추구하면서 신이 원하는 목적을 향해 끊임없이 열망하며 나아가는 것이다. 이것을 이제 다음에서 보듯이 민중의 역사적 전개 과정을 통해서 설명해 볼 수 있겠다. 화이트헤드는 그의 형이상학의 기본전제로 형성(becoming) 즉 과정을 설정하였고, 이것은 곧 새로움을 향한 창조적 진전(becoming is a creative advance into novelty)이라고 하였는데, 이러한 생각은 다음에서도 볼 수 있듯이 화이트헤드를 몰랐던 민중신학자들이 이미 같은 생각을 품고 있었다고 말해야 한다.

였다. 인권운동, 민주화운동 등은 시민적인 운동이라고 하겠고, 노동자들의 자기 권리를 위한 싸움은 다분히 계급적인 투쟁의 성격을 가졌다고 하겠다. 노동자들과 시민들, 지식인들이 합세하여 민중운동을 형성하였다. 광주민주화운동을 시작으로 열린 1980년대에 들어 한국의 민주화에 커다란 장애가 되는 미국의 간섭과 지배에 민중운동의 초점이 맞추어졌다. 동시에 통일운동이 지속적으로 성장하였으며, 이에 동반하여 이 시기에 노동운동의 급성장이 있었다. 1987년 민주화운동이 어느 정도 성과를 얻자 곧 노동자들의 대투쟁이 일어났고, 노동운동이 획기적으로 발전하였다. 1980년대는 "민족", "시민", "계급"이라고 하는 민중의 자기규정이 우세하였다고 하겠다. 이 시대의 민중을 초월체로 본다면 민중은 민족, 시민, 계급의 요소를 가지고 있다고 하겠다. 1990년대 이후 2000년대에 들어와 민중은 이전의 자기 모습을 잠재적으로 가지고 있으면서 "시민"으로 잠시 등장하였다. 그러나 이 "시민"으로서의 민중은 오래 가지 못하고 "시민"과 시민운동의 주체는 중간층 혹은 중산층에 의해서 주도되고 말았다. 오늘날 민중은 시민으로서 분명한 위치에 서지 못하고 다시금 억압받고 고통당하는 계급과 소수집단의 모습으로 나타나고 있다. 2000년대에 들어서 특별히 대두되고 있는 문제는 외국인 노동자 문제이다. 오늘날 한국에 들어와 있는 외국인 노동자의 수가 1백만에 육박한다고 한다. 남한에 이렇게 많은 외국인 민중이 민중의 일원으로 자리 잡고 있다는 현실을 중시해야 한다. 기독교 운동의 많은 조직들이 외국인 노동자 문제에 집중되고 있다. 이러다 보니 민중의 정체성이 이전의 민족과 시민을 뛰어넘게 된다. 지구화 시대에 이르러 민중은 새롭게 이해되어야 할 필요가 생겼다. 이것은 민중의 역사적 과정 속에서 진정 중요한 의미를 지닌다. 민중은 이제 시민과 민족 혹은 종족과 국경을 넘어 지구적으로 억압받는 모든 계층들을 지칭하게 되었다. 변화된 상황 속에서 민중은 국가의 테두리에 있는 시민뿐 아니라 이 땅에 들어와 살고 있는 외국인을 포함한다. 이러한 변화는 민중을 변화시켰으며, 민중은 자신의 정체성을 새롭게 규정하여 나가고 있다는 것을 보여준다. 민중은 항상 이전과는 다른 새로움을 실현한다. 물론 민중은 시대에 따라서는 퇴보할 수도 있다. 그러나 이전의 모든 경험들은 새로운 단계의 새로움으로 통합될 수 있다.

이렇게 민중은 자기 변화를 조성하면서 창조적인 자기 진화를 해 나가고 있는데, 그 과정의 목표는 무엇인가? 민중은 살려고 이 세상에 태어났으며, 그것도 잘 살고, 더 잘 살기 위하여 자기 창조를 계속한다.6) 여기에서 더 잘 산다는 것은 보다 풍부한 경험을 하는 삶을 말한다. 그것은 해방된 삶이며, 그것은 삶 속에 진선미가 있으며, 삶의 질이 풍부해지는 것을 의미한다. 이것은 해방된 삶이며, 종말적인 희망이 현재에 체현되는 삶이다.

결론적으로, 민중을 주체라고만 한다면, 민중을 객관적으로 말하기 어려워진다. 민중은 주체이면서 초월체(객체)이다. 초월체(객체)로서의 민중은 그 다음 새로운 민중의 탄생을 위해 자신을 내어준다. 민중은 역사의 시점마다 새로운 모습으로 자신을 객관적으로 드러내 왔다. 민중은 크게 보아 역사 속에서 민족, 계급, 시민, 소수자집단, 밑바닥에서의 인류의 연대자 등으로 등장하였으며 각각 자신의 시대 속에서 시대의 과제를 놓고

---

6) Whitehead, *The Function of Reason* (Princeton Univ Press, 1929), p. 8. 이것은 Charles Birch and John B. Cobb, Jr, *The Liberation of Life* (Denton, TX: Environmental Ethics Books, 1990), p. 106에서 재인용. 이 책에서 화이트헤드는 다음과 같이 주장하였다: "All living things have threefold urge (i) to live, (ii) to live well, (iii) to live better. In fact the art of life is first to be alive, secondly, to be alive in a satisfactory way, and thirdly, to acquire an increase in satisfaction." 이것에 이어서 Cobb은 같은 페이지에서 다음과 같이 말했다. "That is, life is bound up with an urge to live. It is not a mere fact; it is a value. That is, being alive is valuable in itself. If life were not prized by those who live, death would soon triumph."

씨름하며 상황을 이끄는 주체자였다. 이렇게 볼 때 민중은 역사 속에 역동적으로 참여하면서 그것을 통하여 자신을 규정하였음을 알게 된다. 역사적으로 민중을 말할 때, 그것은 역동적인 역사-참여적인 사람들을 가리킨다. 민중이라는 개념을 굳이 가난한 계층으로 한정시킬 필요가 없다. 민중은 지배질서에 배제된(혹은, 스스로 자신을 배제한) 다양한 집단들을 가리키며 이들이 역사 변혁을 위해 참여할 때 이들이 바로 진정한 민중이다.

3. 계시적·신앙적인 관점에서 본 민중

이제, 민중을 신앙적·계시적인 관점에서 신학적으로 살펴보자.7) 성서는 고난받고 가난한 자들이 하나님의 극진한 보호와 사랑 속에 있음을 증언하고 있다. 민중은 하나님의 계약의 상대자이기도 하다. 민중은 고난받는 하나님의 종이며, 구원은 이 종으로부터 온다. 민중을 예수와의 관계 속에서 보는 것도 계시적·신앙적인 민중 이해이다. 안병무는 예수를 알기 위해서는 민중을 알아야 하고, 민중을 알기 위해서 예수를 알아야 한다고 했다.8) 민중이 예수인가? 과연 그러한가? 몰트만은 민중신학자들이 민중을 예수로 보고 있다고 지적했다. 몰트만은 그리스도와 민중을 동일시한다면 그 민중은 누가 구원할 것인가라고 물었다.9) 안병무는 이렇게 대답했다. "그 물음에는 민중을 구원할 분이 저 밖에서 와야 한다는 전제가 깔려 있어요. 나는 민중이 스스로를 구원한다고 봅니다."10) 이러한 관점에

---

7) 서남동은 민중을 계급적으로, 즉 사회과학적으로 이해하는 것과 신학적으로 이해하는 것이 다르다고 하였다. 서남동은 다음과 같이 말했다. "그러므로 민중이라는 개념은 계급적으로 이해하는 것과, 신학적으로 이해하는 것은 다르다." 신학적으로 볼 때 민중은 "하느님의 공의 회복의 작인역"을 하는 자로서 그들의 고난은 "하느님의 역사 경영을 알아보는 색인(index)"이라고 하였다. 서남동, 『민중신학의 탐구』, 47쪽.
8) 안병무, 『민중신학 이야기』(한국신학연구소, 1987), 33쪽.
9) 안병무, 『민중신학 이야기』, 125쪽.

서 민중은 메시아이며, 민중이 우리를 구원하는 위치에 있다고까지 말했는데, 민중은 과연 메시아인가? 안병무는 이러한 문제를 해결하기 위하여 예수를 인격으로 보지 말고, 사건으로 보자고 했다.[11] 예수는 사건이며 민중의 사건 속에서 재현된다. 10여 년 전 2세대 민중신학자들이 "민중은 메시아인가"라는 주제로 민중과 예수와의 관계에 대해서 논의한 적이 있었다. 그 자리에 지금은 고인이 된 안병무 교수도 함께 했었다. 나의 의견은 민중을 예수 혹은 메시아로 동일시하는 것보다는 서로 다른 점도 있다는 점을 인정해야 서로 간에 변증법적인 대화의 관계를 가질 수 있지, 존재론적으로나 의미상으로 똑같다고 한다면 대화적인 관계가 일어날 수 없다는 것이었다. 지배질서로부터 희생당하고 있는 민중은 "예수의 상징"이며, 예수를 역사 속에서 대신하는 존재이다. 왜냐하면 민중은 예수와 닮은 점이 있기 때문이다. 상징은 민중과 예수 사이에 비슷한 부분이 있지만, 다른 요소도 있다는 것을 의미한다. 예수와 민중은 모두 고난당한다. 세상 죄를 지고 가는 하나님의 어린양으로서의 희생양이다. 죄 없고 흠 없는 예수가 악의 체제에 의해서 희생당했듯이, 민중도 구조악에 의해서 죄 없이 희생당하고 있다. 그러한 예수가 세상을 구원하는 그리스도, 메시아라고 한다면, 민중에게도 그러한 기능이 부여될 수 있을 것이다. 민중이 예수의 상징이라는 조건 속에서 그것이 가능하게 된다.

그렇다면 어떻게 해야 예수처럼 완벽하지는 않지만, 근접하게나마 민중이 구원을 가져올 수 있다는 말인가? 민중이 어떠한 존재이기에 그러한 역할을 할 수 있다는 것인가? 오늘날의 민중은 시장의 지구화 속에서 소외되고 고난당하고 있다. 객관적으로 보면, 민중은 해방자로서의 기능을 담당하지 못하고 있는 것으로 보인다. 그러나 예수와 관련시켜 계시적·신앙

---

10) Ibid.
11) 위의 같은 책, 26쪽.

적으로 보면, 민중은 해방자로서의 기능을 담당해야 하는 존재이며, 또 그러한 가능성을 가진 존재로 부각된다. 성령이 역사와 피조물의 자유와 해방을 위한 하나님의 능력이고 에너지라고 한다면, 이 성령이 하나님의 정의를 위해 고난받았던 예언자들과 예수와 함께 함으로써 역사를 창조적으로 바꾸어 놓았던 것처럼, 지금 정의를 위해 고난당하는 민중도 성령의 도움으로 역사 해방의 행진을 이끌 것이라고 본다. 이것이 계시적·신앙적인 민중 이해이다.

여기에서 잠시 방법론적인 문제를 논의해 보자. 예수(그리스도)와 민중을 각각 달리 생각해 보는 이분법적인 생각을 해볼 수 있을 것이다. 이것은 예수를 초자연적, 혹은 은혜의 영역으로 그리고 민중을 자연적 영역, 객관적, 세속적 영역으로 나누는 입장이다. 이것은 예수와 민중을 연결시킴으로써 새로운 의미를 창조해 내는 일에 대해서 방법적으로 반대하는 입장이다. 이러한 이분법은 결국 민중에 대한 객관적 이해에 머무르게 하고, 신학과 민중, 예수와 민중이 분리되어 상호 이해의 유기적인 상승 작용이 차단되어 양쪽의 이해가 빈곤해질 수 있다. 객관이라는 명분 아래 내용의 빈곤과 상상력의 부재가 생긴다. 민중을 객관적으로만 분석하면(그것이 사회과학적 분석이든, 혹은 문학적, 문화정치적 분석이든), 민중의 자기-초월적인 측면을 이해할 수 없게 된다. 예수와 민중을 분리하지 않고 역동적인 관계 속으로 끌어들이는 것이 중요하다. 순수한 객관적인 민중은 존재하지 않는다. 특히나 민중신학에서는 민중을 객관적으로만 볼 수 없다. 민중은 신학적인 존재요, 종말적인 존재이다. 민중은 메시아 예수와 뗄 수 없으며 메시아 예수를 드러내는 상징이며, 예수는 민중의 원형(아키타입)이다.

우리가 민중을 계시적·신앙적으로 보게 되면 민중은 우리를 변혁시키는 주체가 된다. 우리는 민중에 의해 회개되고 변혁되어야 하는 존재이다. 그것은 민중의 눈을 통하여 우리를 볼 때 가능해진다. 나아가서, 민중의 신앙을 통하여 우리의 신앙을 비판적으로 분석해 보는 것이 필요하다. 민중의 눈과 민중의 가슴으로 하나님을 다시 생각해 보고, 세상을 다시 느끼고 경험하면서 회개가 일어난다. 이는 민중에 기대어 세상을 본다는 것을 의미한다. 민중신학은 민중의 가슴으로 하나님을 생각하며, 세상을 보고 신학적 개념들을 새롭게 해석한다. 민중의 가슴으로 하는 신학은 민중을 억압하고 소외시키고 있는 기존 질서에 대해 저항하고 투쟁한다. 추상적이고 관념적인 신학적 이론들은 비판되어야 할 대상이 된다. 그것이 아무리 논리적인 정합성을 갖추었다고 하더라도 생각의 유희에 불과할 수 있기 때문이다. 그렇다고 위대한 사상과 이론들을 불필요한 것이라고 폐기처분하자는 것이 아니다. 그렇게 하다간 비지성적인 것이 되고 말 것이다. 다만 비판적으로 보고, 취할 것은 취하고 배울 것은 배울 뿐이다.

아래의 도표는 성서에서 추출한 것인데, 현재 민중의 객관적, 즉자적 모습(A)과 계시적·신앙적, 종말적 모습(B)을 보여준다. 민중의 현실은 왼쪽(A)에서 오른쪽(B)으로 옮겨가야 할 도상에 있다고 하겠다.

누가 6:20~26

A	B
가난한 사람	행복하다. 하나님 나라가 너희의 것이다
지금 굶주리는 사람	너희가 배부르게 될 것이다
지금 우는 사람	너희가 웃게 될 것이다
사람의 아들 때문에 미움을 사고 내어 쫓기고 욕을 먹고 누명을 쓰는 사람	하늘에서 받을 상이 크다
부요한 사람	이미 받을 위로를 다 받았다
지금 배불리 먹고 지내는 사람들	굶주릴 날이 올 것
지금 웃고 지내는 사람	슬퍼하며 울 날이 올 것이다
칭찬을 받는 사람	거짓 예언자들이다

누가 1:51~53 (마리아의 찬가)

마음이 교만한 자들	흩으셨고
권세 있는 자들	그 자리에서 내치시고
부요한 사람	빈손으로 보낸다
보잘 것 없는 이들	높이셨으며
배고픈 사람	좋은 것으로 배불리시고

마태 5:1~10

마음이 가난한 사람	하늘 나라가 그들의 것이다
슬퍼하는 사람	위로를 받을 것이다
온유한 사람	땅을 차지할 것이다
옳은 일에 주리고 목마른 사람	만족할 것이다
자비를 베푸는 사람	자비를 입을 것이다
마음이 깨끗한 사람	하나님을 뵙게 될 것이다
평화를 위하여 일하는 사람	하나님의 아들이 될 것
옳은 일을 하다가 박해받는 사람	하늘 나라가 그들의 것이다

위에서 보듯이 성서는 민중을 객관적, 현상적으로만 규정하지 않는다. 성서에서는 분명히 민중을 가난한 사람, 지금 굶주린 사람, 지금 우는 사람, 보잘것없는 사람, 마음이 가난한 사람, 온유한 사람, 옳은 일에 주리고 목마른 사람, 자비를 베푸는 사람, 마음이 깨끗한 사람, 평화를 위하여 일하는 사람, 옳은 일 하다가 박해받는 사람들이라고 했다. 민중은 다만 가난한 약자 계급을 지칭하지 않고, 의와 평화를 위하여 일하는 사람을 포함한다. 그러나 성서적인 계시는 이렇게 객관적, 현상적인 민중 이해를 넘어서게 한다. 성서는 민중은 하나님 나라의 주인이며, 하나님의 아들이 될 것이며, 웃게 될 것이며, 하늘의 상을 받을 것이며, 배부르게 되고, 위로받고, 만족하게 될 것이고, 즉 역사의 주인이 될 것이라고 한다.

민중신학은 성서의 관점을 이어받아 현실의 객관적인 민중이 역사의 주인이 되고 역사의 종말적 완성, 즉 하나님이 주인이 되는 과정을 주목하고 이에 공헌하려고 한다. 성서는 민중을 하나님의 아들이며 하나님 나라의 주인이라고 선언하고 있는데, 본 연구자는 성서의 이 선언과 민중에 대한 성서의 특별한 열정을 주목한다. 오늘날 신학은 인간론적으로 보편적인 입장에서 한다. 그러나 실제로는 서구 중산층의 입장을 취하고 있다. 그리하여 민중의 특수한 상황을 고려하지 않고 서구 백인 중산층 시민들의 당파적인 입장을 합리적이고 보편적인 입장으로 채택하고 있다. 한국의 민중신학은 이러한 보편적인 인간학적 신학이 아니라, 계시적인 입장과 민중의 관점에서 수행하는 신학이다.

4. 상징으로서의 민중

오늘날 많은 사람이 민중이라는 언어는 더 이상 유용하지 않다고 말하고 있다. 과연 민중이라는 말은 현실을 드러내는 데에 더 이상 공헌하지 못하는가? 아니면, 오늘날에도 여전히 민중이라는 언어는 우리의 현실과 우리의 사회 운동을 위해서 그리고 오늘의 교회를 위해서 미래지향적으로, 창조적으로 그리고 깊이 있게 설명할 수 있는 힘을 지니고 있는 것인가? 잘 알고 있듯이 상징은 다른 생명체처럼 태어나서 자라고 늙어가고 결국 사라져 없어진다. 1970~80년대 동안에 민중이라는 상징은 당시의 문화적 사회적 풍토 속에서 새롭게 태어나서 자라나고 성장하였다. 21세기 오늘에 와서 민중이라는 상징은 죽어가고 있는가 아니면 아직도 자라나고 있는가? 아니면 이제 늙어서 쇠퇴하여 현실에 대해 아무런 의미를 주지 않는 무기력한 상징이 되었는가?

우선 민중은 약자를 말한다. 약자는 가난한 자를 포함하지만 사회적으로 소외된 다른 사람들도 포함한다. 또한 기존의 지배질서와 그 질서를 떠

받치고 있는 이념으로부터 자유롭고 나아가서 정의와 평화를 위하여 고난을 감수하며 저항하는 모든 이들도 여기에 포함된다. 그런데 성서는 이러한 사람들을 하나님 나라의 백성이라고 했다. 이들에게 예수는 동지적인 연대를 느꼈을 뿐 아니라 이 세대와 다음 세대의 주인공이 될 것을 약속하였다(산상수훈). 모세 오경에서 약자들은 하나님의 특별한 보호의 대상이었다. 신구약을 통틀어 민중을 보호하는 하나님의 상은 거듭 나타나고 있다. 그러니 민중은 성서를 경전으로 믿는 기독교 신학에서 필수적인 개념이라고 결론내리지 않을 수 없다.

민중을 영어로 번역할 때 그 발음대로 minjung이라고 하고 있지만, 이것에 어의상 가까운 영어단어로는 people이나 multitude가 있다. 그중에서 multitude가 민중에 더 가깝다고 본다. people은 일치된 단일 집단을 의미하는 것임에 반해서 multitude는 다양한 집단들의 연합 즉 다중이라는 의미가 담겨 있다. people은 국민 국가 안의 동일성에 기반하지만, multitude는 지구화의 다양성 속에서의 공통성에 기반한다.12) 이것은 성서에서 다중(多衆)이라는 의미를 가진 헬라어 "오클로스"와도 가깝다. 다중이라는 말은 민중이라는 언어에 새로운 의미를 부과해 준다. 특히 오늘날 소수자 집단들이 자기 권리를 내세우며 역사의 전면에 등장하고 있는

---

12) 네그리와 하트는 people은 하나의 정체성을 가진 집단을 가리키고, multitude는 다원적이고 다수적인 집단들의 집합의 의미를 가지고 있다고 보았다. 그리하여 multitude(다중, 민중)은 내부적으로 서로 다른 다양한 사회적 주체들로서 그 구성이나 행동이 동일함이나 일치에 기초하는 것이 아니라, 서로 다른 주체들 사이에 존재하는 공통적인 것에 기초한다고 말한다. 네그리와 하트는 다중으로서의 민중이야말로 민주주의(모든 이에 의한 모든 이의 지배)를 실현할 능력이 있는 유일한 사회적 주체라고 보았다. Michael Hardt, Antonio Negri, *Multitude: War and Democracy in the Age of Empire* (N.Y.: Penguin Books, 2004) pp. 99~100. people은 독일어로 Volk라고 번역되기도 하는데, 여기에서 people이나 Volk는 국민이라는 의미를 갖는다. 즉 동일성, 정체성에서 하나인 집단을 말한다. 이렇게 볼 때 민중신학을 영어로 theology of people보다는 theology of minjung이나 theology of multitude가 더 적절할 수 있겠다.

상황에서 이들의 연합이라고 할 다중이라는 상징은 다양성 속에서 연대를 추구하는 민중의 열망을 잘 표현해 준다.

하나의 언어가 살아 있는 상징언어인가를 판단하기 위해서는 그것이 당면한 현실의 깊은 층을 조명해 주고 설명해 줄 수 있는지를 확인해야 한다. 민중이나 다중이라는 상징언어는 즉자적 민중 즉 약자들이 현실 속에 존재하기 때문에 존재할 수 있으며, 그들의 현실을 이해하는 데에 공헌하기 때문에 살아 있고, 유용성을 갖는다고 하겠다. 성서가 민중을 하나님 나라의 주인이라고 선언한다면 그 민중은 희망의 언어(몰트만)가 되며 더욱 상징적 의미를 띤다. 모든 상징어가 양면성을 가지듯이, 민중은 하나님 나라의 주인이기는 하지만, 현실 속에서는 아직 아닌 것이다. 하나님 나라의 주인은 즉자적 민중의 모습과는 거리가 멀다. 그런 민중을 하나님 나라의 주인이라고 할 때 그것은 민중의 자기 초월을 위한 동인을 제공해 준다. 상징어에는 긍정과 부정, 즉 '이다'와 '아니다'가 공존한다. 상징어인 민중은 즉자적 민중, 대자적 민중, 계시의 약속의 민중(하나님 나라의 주인) 모두를 포함한다.

하트와 네그리는 그들의 대작 제국(Empire)에서 지구적 시장 지배질서 속에서 다중은 한편으로 많은 고난을 당하지만, 다른 한편으로는 역사의 새로운 주체로서 자기들의 목소리를 내고 있다고 보았다. 민중은 한편으로는 고난당하고 있지만, 다른 한편으로는 구원자가 될 수 있다는 하트와 네그리의 주장은 상징으로서의 민중을 사회과학적으로 현실 적합하게 해석한 것이다. 민중의 요구와 목소리는 새로운 사회를 여는 데에 결정적인 역할을 한다. 네그리와 하트는 다중들은 이러한 새로운 사회 속에서 지금의 고난을 낳는 구조보다는 더 나은 구조를 형성할 수 있을 것이라고 하는 적극적인 기대와 평가를 하고 있다. 하트와 네그리는 가난한 나라의 다수 민중들은 노동 조건이 더 좋은 나라들로 활발하게 이주하면서 자신의 삶을 개선해 나가고, 이것으로 세상을 바꿔 나간다고 보았다. 이 저자들은 제국과 잘 사는 나라들은 이들의 유입을 되도록 막아 보지만 이들은 세계의 생산을 높여주는 생산적 계층이기 때문에 결국 이들 이주자들에 의존하게 되어 이들의 국경을 넘는 이동을 완전히 억누를 수도 없다고 본다. 그러나 제국과 제국의 네트워크를 형성하는 나라들은 이러한 국경을 넘는 이주자들을 차별대우하며 온갖 방식으로 노예화하거나 추방할 것이다. 왜냐하면 이들은 근본적으로 기성 질서와 어울리지 않는 세력, 반제국적인 세력으로 간주되기 때문이다. 이에 대해 네그리와 하트는 몇 가지 주장을 한다. 첫째로, 모든 이주 노동자들에게 이주의 자유와 권리를 주는 "지구적 시민권"(global citizenship)을 요구할 것을 제안한다. 이주의 자유를 통해서 지구적 자본의 노동자 통제를 넘어설 수 있게 된다. 이것은 세계 노동자들의 생산과 삶을 제국의 통제로부터 벗어나게 한다.[13]

둘째로, 모든 사람이 다양한 사회적 노동에 참여하고 있고 따라서 모든 사람은 사회적 임금을 받아야 한다고 주장하였다. 동일 노동의 동일 임금이라는 옛 슬로건이 아니라 새로운 관점 즉, 사회적 자본(social capital)은 다중의 협력 안에서 생기는 창조적인 활동에 의해서 창조되는 것이지 공장이나 회사에서 일하는 노동자들의 노동에 의해서만 창조되는 것이 아니므로 임금도 "가족 임금(family wage)"을 넘어서 "사회적 임금(social wage)"의 개념으로 이해되어야 한다.[14] 그리하여 가사노동과 출산을 하는 가정

---

13) Michael Hardt and Antonio Negri, *Empire* (Cambridge, Mass.: Harvard Univ. Press, 2000) pp. 396~400.
14) 가족임금은 남성 가장의 노동에 대한 임금을 부인과 자녀들의 재생산적 노동을 한 가족전체를 위한 임금으로 보는 것으로서 후자의 노동은 원래 임금화할 수 없지만 가장의 노동을 위해 필요한 것이므로 가족 단위를 생각하여 임금을 준다는 뜻에서 나온 말이다. 이러한 관점은 가부장제를 강화하고, 재생산노동을 생산적인 것으로 보지 않으려는 경향이 있다. 위의 책, 403쪽.

주부들, 이들을 뒤에서 돕는 노인들을 비롯한 가족 성원들, 환경보호 도우
미, 쓰레기 치우는 사람 등에 이르기까지 이러한 협력관계 속에 있는 다중
전체가 사회적 부를 창조하는 성원이고 사회적 노동을 하는 자들이므로
이 모든 사회적 협력관계 속에 있는 다중들 "모두에게 사회적 임금과 보장
된 수입"(a social wage and a guaranteed income)을 제공해야 한다. 하트와 네
그리는 사회적 자본(capital)의 창조에 공헌하는 모든 협력관계 속에 있는
다중들을 오늘날의 새로운 프롤레타리아라고 보아야 한다고 주장한다. 오
늘날의 피착취 계층은 이전의 산업노동자가 아니라 협력관계 속에서 창조
적인 잉여를 생산하는 일에 참여하고 있는 모든 다중이며 이들이 오늘날
의 프롤레타리아라고 하였다.15)

셋째로, 생산수단을 누구나 자유로이 활용할 수 있는 권리를 요구하자
는 주장이다. 이것은 포스트모던 시대의 생산은 과거와 같이 물질의 생산
만이 아니라, 비물질적인 생산 즉, 지식, 감정(affects), 정보의 생산이며 이
것들은 동시에 생산수단이 되고 있다. 이러한 상황에서 생산수단의 자유
로운 활용이 더욱 가능하게 되었음을 전제한다.16)

포스트모던 시대에 다중은 제국에 대응하는 세력으로 등장하고 있다.
세계적인 현상으로서의 다중은 오늘날의 민중이다. 민중신학도 이러한 다
중의 긴밀한 연대 속에서 새로운 대안적 세상을 형성하는 과정을 목격하
고 그것을 증언하며 그 운동의 맹아들과 성과들을 알리고 축하하여야 한

---

15) 위의 책, 401~03쪽. 산업혁명 이후 산업 부흥기 동안의 낡은 사회사상에는 오직 산업노동자
들의 노동만을 생산적인(productive) 것으로 보았다. 그리고 나머지 노동은 재생산적이거
나 비생산적인 것으로 보았다. 오늘날의 "제국의 삶-정치적(biopolitical) 상황 하에서는 점
점 더 자본의 생산은 사회적 삶 자체의 생산과 재생산과 합일되고 있으며, 따라서 점점 더 생산
적, 재생산적, 비생산적 노동을 구분하기가 어려워진다." 이리하여 착취는 이러한 전체적 노
동에서 일어나고 있는 것이지 단지 좁은 의미의 산업노동의 현장에서만 일어나고 있는 것은
아니다. 이렇게 볼 때 우리는 프롤레타리아의 개념을 확대할 수 있다. 같은 책, 402쪽.
16) *Empire*, pp. 406~07.

다. 다중의 고난과 승리를 보고해야 한다. 2008년 봄 한국에서 일어난, 어린 학생으로부터 노인에 이르기까지 그리고 다양한 집단들의 참여로 이루어진 촛불집회에서 다중의 등장을 목격할 수 있었다. 이들은 권력 엘리트들에 의한 대리적 민주주의 즉 대의제의 한계를 보면서, 직접 참여적 민주주의를 요구하고 있다. 이들은 전통적인 구분인 계급이나 민족으로 설명할 수 없는 그야말로 다양한 집단과 개인들의 모임이며, 엘리트들의 인도에 의한 참여가 아니라, 자발적인 참여로 자기들의 욕구를 드러내고 있다. 이것은 위로부터 아래로의 지휘에 의해서 움직이는 것이 아니라, 인터넷에서의 블로그, 모바일 전화 등에 의한 순간적인 횡적인 연락에 의해서 모이고 흩어지며, 또 의견을 나눈다. 이러한 과정 속에서 정보가 교환되고 집단적 지성에 이르게 된다.

그러나 다른 한편으로, 다중 혹은 민중은 지구적 시장체제와 제국의 체제하에서 희생양으로 내몰리고 있다. 오늘날의 세계는 이러한 희생양을 만드는 구조를 영구화하려는 추세를 보이고 있다. 이것은 지구화 과정 속에서 제국의 세계 지배 정책과 신자유주의 정책에 의해서 강화되고 있다. 이 정책들은 철학적·종교적·신학적인 정당화를 동원하여 이에 저항하는 모든 세력들을 무능력자 혹은 부적응자로 내몬다. 사람들은 낙인찍는 일을 쉽게 모방한다.17) 지구화와 제국의 시대에 낙오자로 몰린 민중은 사회에 대해 아무런 발언권을 가지지 못한다. 한국의 민중 아니, 아시아의 민중은 죽었다는 발언이 나올 정도이다. 그러나 이러한 희생양을 양산하는 체

---

17) 대중들이 소위 "왕따시키기"라고 하는 희생양 만들기를 모방(mimesis)하려는 욕망 때문에 이러한 부정적인 모방이 쉽게 전염된다는 점을 Renê Girard는 그의 여러 저서에서 분석하였다. 이러한 부정적인 모방이 일어나는 사회는 그만큼 희생양을 양산해 내며, 이러한 사회를 그는 "원시적"(primitive)이라고 하였다. Job, p. 122. 이외에 *Things Hidden since the Foundation of the World* (Stanford, CA: Stanford University Press, 1987) 등을 참조할 것.

제가 항상 절대적으로 강고한 것은 아니다. 이러한 희생양의 체제(the scapegoat mechanism)의 틈새에서 약자들의 연대인 민중과 다중이 성장하고 있다. 그들은 새로운 꿈을 꾸고 있다. 그들은 희생양을 생산하는 체제의 맥을 끊는 새로운 삶의 질서를 꿈꾼다. 오늘날의 민중과 다중은 이것을 예수가 보여준 활동과 말씀 특히 그의 하나님의 나라 운동에서 발견한다. 약자들은 자신들의 보호자로서 신을 찾는다. 그 신은 그의 아들인 예수를 보냈다. 예수를 통하여 약자들을 보호하였다. 요한복음에서는 예수가 예수 자신과 성령을 변호자(the Para- clete, Counsellor)로 불렀다고 보도하고 있다. 예수와 성령은 억압적인 세계 질서 속에서 민중의 입장을 변호하는 변호자인 것이다. 예수와 성령이 주는 사명을 민중과 민중해방에 헌신하는 개인들이 역사 속에서 수행하고 있는 것이다.

5. 민중을 이해하는 몇 가지 신학적 상징

민중을 신학적으로 이해하기 위해서 몇 가지 모델 혹은 상징을 민중에 적용해 보고자 한다.

1) 고난받는 메시아로서의 민중

이 상징은 민중신학에서 자주 사용되어 왔던 것이다. 이 상징은 민중신학의 민중에 대한 이해에 가장 잘 어울리는 상징이다. 이 상징을 뒷받침하는 성서적, 신학적 근거는 대체로 풍부하다. 마태복음 25장 최후의 심판의 비유에서 "이들에게 한 것이 나에게 한 것이다." 민중은 이사야 53장의 "고난받는 하나님의 종"과 연결될 수 있는 상징이다. 서남동은 선한 사마리아인의 비유에서 그리스도의 위치에 있는 자가 누구냐를 물으면서, 사마리아인이 그리스도의 역할을 한 것이 아니라, 강도 만나 쓰러져 있는 자가 그리스도라고 보았다. 그가 고난받는 종이며, 희생당하는 어린양이기 때문이다. 강도 만난 자는 오늘의 민중이며 그리스도이다. 이들과 연합하면 구원받는다. 민중이 오늘의 고난받는 희생양이므로 예수와 공통된다. 고로 민중은 "상징적으로" 예수이며 역사 속에서 고난을 통해 구원을 일으키는 메시아가 된다.

그러나 이러한 제1세대 민중신학자의 해석의 약점은 구원을 매우 좁게 볼 뿐 아니라 구원을 왜곡할 수 있다는 것이다. 고난이나 희생 자체가 구원을 가져오는 것은 아니다. 오히려 고난과 희생은 구원에 반하는 것이다. 그러나 구원의 과정에서 고난과 희생은 빠질 수 없는 과정이라고 보인다. 이것은 예수에게서 잘 볼 수 있다. 예수의 십자가는 고난과 희생의 극치이며, 이것이 없는 부활과 구원은 생각할 수 없다. 더 나아가, 예수는 자기희생을 통하여 억압 체제의 죄악을 백일하에 드러낼 수 있었고, 부활함으로써 억압 체제를 이겼다. 자기희생 없이는 부활이 없고, 부활이 없으면 악의 체제로부터의 구원이 없다.

고난 그 자체에 구원의 의미를 두는 해석을 택하여 하나님의 나라가 가지는 구원의 능력을 간과해서는 안 된다. 이 땅에서의 궁극적인 구원은 하나님 나라의 도래에 의해서 가능해진다. 그 구원은 하나님의 나라를 위한 자기희생적 참여에서부터 시작된다. 왜냐하면 구원은 기존의 억압적 지배질서를 부정하는 것으로부터 시작하며, 하나님의 나라는 기존의 지배질서를 대체하는 정의와 평등의 질서를 상징하기 때문이다. 고난 그 자체에 구원의 의미를 부여하는 구원에 관한 좁은 이해는 자칫 현실적 변혁이 없는 구원 개념, 타력적, 마술적 구원 개념으로 전락할 수 있다.

고난받는 메시아라고 하는 상징은 예수가 하나님의 나라를 위해 목숨을 다해 열정적으로 실천하고 말씀했다는 점을 강조한다. 예수의 고난은 하나님 나라를 위한 고난이었다. 예수의 죽음은 하나님의 나라를 위해 일하다가 봉착하게 된 것이었지 고난이나 죽음 그 자체가 예수의 목적이 아니었다. 고난과 죽음은 더 큰 이상을 위한 수단이었다. 예수의 메시아성은 그의 하나님 나라를 향한 열정과 하나님에게 바친 헌신과 복종과 그리고 부활을 통해 새로운 종말적인 세상을 시작하였다는 점에 있다. 따라서 메시아인 예수의 상징이 되려면 민중은 하나님의 나라를 위해, 즉 사회와 역사의 개혁을 위해 헌신하며 그에 따른 고난을 감수하는 존재가 되어야 한다. 민중이 역사 개혁을 위한 사회 운동에 참여하며 정의를 위해 고난당하는 한, 민중은 시대의 메시아이며 예수를 가리키는 상징이다.

고난받는 메시아인 민중은 "십자가에 달린 민중"(the crucified people)이다. 후자는 남미 해방신학자 이그나치오 엘라쿠리아의 통찰에서 나온 상징이다.18) 가난한 자들은 역사 속에서 십자가에 달린 자들이다. 이 상징에서 민중은 오늘날과 과거 그리고 미래의 역사 속에서 십자가를 진다. 십자가를 졌지만 결국은 부활한 예수처럼 역사 속에서 십자가에 달린 민중도 부활에 동참하여 종말을 선취하는 일을 감당할 수 있다는 상징이다. 십자가에 달린 민중은 예수의 사명과 운명에 동참한다. 예수의 십자가는 부활로 이어진다. 그와 같이 고난은 곧 부활, 즉 해방으로 이어진다는 것이 상징으로서의 "고난받는 메시아"가 주는 통찰이다. 깊은 통찰력을 갖고 있는 이 상징에 약점이 없지 않다. 이 상징은 "강도 만난 자", "하나님의 어린 양"이라는 상징과 마찬가지로 민중을 고난과 희생의 차원으로만 보는 착각에 빠질 수 있다. 그러나 이 상징은 부활이라고 하는 다음 단계를 전제한다는 점에서 "강도 만난 자"나 "하나님의 어린양"의 상징보다는 적극적인 의미를 내포한다. 그리고 십자가로 상징되는 하나님 나라를 위한 실천을

---

18) Ignacio Ellacuria, "The Crucified People", *Mysterium Liberationis: Fundamental Concepts of Liberation Theology*, ed., Ignacio Ellacuria and Jon Sobrino, (New York: Orbis Books, 1993), pp. 580~603.

전제한다는 면에서 민중에게 역사적 해방 실천을 요구하는 상징으로 해석되어야 한다.

2) 고난받는 종으로서의 민중

이 상징도 민중신학자들이 자주 사용하는 것이다. 예수의 제자들에 의해서 이사야 53장 2~12절에 나오는 야훼의 고난받는 종은 고난의 십자가를 진 예수에게 투영되었다. 다시 민중신학자들과 해방신학자들은 고난받는 하나님의 종을 오늘날 고난당하고 있는 민중들을 상징하는 것으로 투사했다. 이러한 투사를 통하여 역사 속에서 민중이 메시아의 역할을 담당하고 있음을 증언하고자 하였다. 이 상징은 민중의 자의식을 한껏 높여주었고 역사적 사명을 불어넣어주었다. 그러나 이 상징은 전통신학에 의해서 왜곡되기도 하였다. 특히 고난받는 종이 많은 자들의 죄를 담당하였다고 하는 내용이 대리적 희생에 의한 속죄를 정당화하는 데에 기여했다. 전통신학은 법적 대리적 속죄론의 근거를 이 상징에 둠으로써 이 상징을 왜곡하였다. 그러나 야훼의 고난받는 종은 곧 십자가에 달린 민중을 의미하며, 이것은 대리적 희생, 즉 법적 제의적 희생으로 해석되어서는 안 되며, 구원의 주체는 고난을 낳는 체제나 체제 옹호자들이 아니라, 고난당하는 사람이라는 것을 분명히 하는 방향에서 해석되어야 할 것이다.

3) 희생양으로서의 민중

예수를 희생양으로 보는 성구들이 더러 있다. 요한복음의 "세상 죄를 지고 가는 하나님의 어린양"(요한 1:29, 36), "인자는 많은 사람을 위하여 자기 목숨을 대속물로 내주러 왔다."(마가 10:45). 이러한 성구들은 이스라엘의 오랜 전통인 어린 양, 염소, 소 등을 희생제물로 바치는 풍습에서 유래된 것으로 보인다. 어린 양은 유월절 즉 이집트로부터의 구원 사건을 기념하기 위해 잡는다. 죄를 위하여 염소를 잡고 희생제를 지내든, 구원을 기념하기 위해 어린 양을 잡든 이제 더 이상 이러한 희생제물들을 잡고 희생제를 드릴 필요가 없어졌다. 왜냐하면 예수가 '단번에 결정적으로'(once for all) 자신을 희생제물로 바쳤기 때문이다. 실제로 예언자들은 동물을 희생제물로 바치는 형식적인 제사를 비판하였다. 그리고 회개하고 마음을 바로 가져야 한다고 호소하였다(아모스 5:21~24). 예수는 이러한 전통을 이어받았다. 그는 하나님이 바라는 것은 자비이지 희생제물이 아님을 역설하였다(마태 9:13). 예수는 진정한 회개와 그의 결과인 사랑의 실천을 가르쳤다. 그러나 후대의 성서기자들과 공동체들은 예수를 다시 희생양, 대속물로 되돌려 놓았다. 그리하여 회개와 사랑의 실천 없는 희생제사를 공동체의 예배에서 반복하게 되었다. 예수가 이것을 본다면 아모스서 5장 21~4절의 말씀을 회상시키실 것이다. "나는, 너희가 벌이는 절기 행사들이 싫다. 역겹다. 너희가 성회로 모여도 도무지 기쁘지 않다. 너희가 나에게 번제물이나 곡식제물을 바친다고 해도 내가 그 제물을 받지 않겠다. … 너희는 다만 공의가 물처럼 흐르게 하고 정의가 마르지 않는 강처럼 흐르게 하여라."

오늘날 민중을 희생양이나 대속물로 본다면 예수를 또다시 희생제물로 보는 것과 마찬가지가 될 것이다. 예수는 희생제물이 아니었듯이 민중도 대속물이 아니다. 민중은 예수의 뒤를 이어, 하나님 나라를 일으켜 세우는 일에 동참하며 이로 인해 고난당하는 사람들이다. 민중은, 서남동이 역설한 대로, 성령의 능력 안에서 예수를 역사 속에서 재연하는 존재다.[19]

위의 상징과 모델 중에서 "희생양으로서의 민중"을 제외한 나머지는

---

19) 서남동, "두 이야기의 합류", 『민중과 한국신학』, NCC신학연구위원회 편(한국신학연구소, 1982), 272쪽.

모두 민중을 신학직으로 해석하게 하는 중요한 상징들이다. 이 상징들의 공통된 요소는 예수다. 예수는 민중을 신학적으로 이해하는 데에 가장 도움이 되는 상징이다. 특히 공관복음서에 나오는 예수의 하나님 나라에 관한 말씀과 그와 관련된 그의 일련의 해방활동과 그로 인한 수난 그리고 부활에 대한 기록들은 오늘날의 민중을 이해하기 위한 전거가 된다.

제3장
예수, 민중의 상징·민중, 예수의 상징

1. 민중신학이 말하는 민중과 예수

전 장에서 민중을 신학적으로 고찰하기 시작하였다. 이번 장에서는 보다 본격적으로 민중을 신학적으로 이해해 보고자 한다. 그것은 민중과 예수와의 관계 속에서의 민중에 대한 파악이다. 민중에 대한 신학적인 이해는 민중의 사회과학적인 이해를 넘어선다.

민중과 예수를 연결하는 신학적 사유 방식은, 폴 틸리히 등 서구 신학자들이 하는 존재론적인 방식을 극복하여, 역사적이며 역동적인 접근 방식으로 나아가게 한다. 폴 틸리히는 신과 인간과의 관계 설정 속에서 신을 존재론적으로 파악하고 인간을 존재(Being)인 신과 대비하여 신의 절대적 존재에 비추어 인간의 본성과 운명을 이해하는 방법을 택하였다. 이에 비해, 민중신학은 보편적인 인간이 아니라, 역사적인 민중을 택하고, 존재의 근원으로서의 신이 아니라 구체적 역사의 예수를 택하여, 일반적인 신-인간의 관계 실정 속에서가 아니라, 특수한 예수-민중의 관계 설정 속에서 신학적 사유를 한다. 민중신학은 서로 다른 두 주체들, 즉 예수와 민중과의 관계 설정 속에 전개되는 역동적인 역사적 사유를 지향한다. 민중신학은 따라서 역설적이고 모순적인 사유를 하게 된다. 즉, 민중이 예수라고 하는 서로 다른 두 주체들을 역동적으로 묶어 보는 것을 시도한다. 이 장에서는 상징이라는 개념을 활용하여 민중과 예수라고 하는 다른 두 현실 사이의 상호 관계성을 높여서 일치를 추구할 것이다. 그리고 양자의 상호 모순성, 낯섦, 다름 속에서 각각의 이해를 높이는 방식을 시도할 것이다. 상징이라는 말 속에 비슷함과 낯섦이 공존해 있다. 상징은 우선 외적으로 무엇을 가리키지만, 그러나 그 외적인 것을 뛰어넘어 다른 낯선 것을 가리킨다. 예를 들어 신은 태양과 비슷하다고 할 때, 태양이라는 상징은 우선 외적으로 보이는 태양을 가리키지만, 동시에 다른 낯선 것(신)을 가리킨다. 상징 중에서 가장 역설적인 것은 성사이다. 다음 장에서 좀더 자세하게 설명하겠지만, 성사란 완전하고 신적인 것이 불완전한 것 속에 들어오며, 불완전한 것이 완전한 것 속에 들어가는 것을 가리킨다. 불완전한 물질적인 것이 완전한 신적인 것과 합일하는 것을 말한다. 상징은 성사에 비해서 이 양자 사이를 떼어놓고 거리를 두지만, 성사라고 해서 양자를 완전히 하나로 보는 것은 아니다. 그러나 상징 속에 성사적인 합일이 포함되기 때문에, 본 필자는 이 책에서 상징이라는 말을 성사 등을 대표하는 개념으로 사용하고자 한다. 상징에 대해서는 다음 장에서 자세하게 논의할 것이다.

민중은 예수를 가리키는 살아 있는 상징이다. 예수는 민중이었다. 민중이 예수의 역동적인 살아 있는 상징이라고 말할 때 일종의 전율을 느낀다. 그렇다! 우리 주위에 예수를 알리는 살아 있는 존재들이 있다. 그들은 고난당하고 있는 이웃들이다. 이들은 예수를 가리키는 살아 있는 역사적 상징이다. 가난하고 고난당하는 사람들이 있으면 그들과 더불어 예수가 있음을 알아야 한다. 고난이 있는 곳에 예수가 있다. 예수는, 예를 들어, 누추한 차림에 무거운 짐을 끌고 하루를 영위하는 노인의 모습으로 우리에게 다가온다. 민중을 알 때, 민중을 만날 때, 예수를 알게 되고, 예수를 만난다.

동시에, 예수는 민중의 상징이다. 달리 말하면, 민중은 예수이다.[1] 예수를 알면 알수록 민중을 알 수 있다. 예수는 민중을 알게 하는 역동적인 상징이며 참고자료(reference)이며 범례(paradigm)이다. 예수를 깊게 알면 알수록, 우리 민중이 어떠한 존재가 되어야 하는가를 알 수 있다. 예수의 "하나님 나라 운동"에 대해서 알게 될수록, 민중운동이 어떠해야 하는가를 알 수 있게 된다. 예수는 민중의 종말적인 목표요 이정표이며, 그러한 면에서 예수는 민중의 상징이다. 예수의 고난 속에서 민중의 고난을 다시 보게된다. 우리는 예수의 고귀한 자기희생을 볼 때, 오늘날 민중희생의 고귀함과 가치를 본다. 예수는 민중의 궁극적 이상이요, 가난하고 억압받는 민중의 대표이며, 민중을 이끄는 무한한 동기이다. 예수의 운동인 하나님의 나라 운동은 민중운동의 원형이며, 민중운동을 평가할 수 있는 기준이며 이상이다. 이러한 주장들은 이미 선배 민중신학자들에 의해서 이루어졌다. 서남동은 1979년에 민중을 이해하기 위해서 예수가 필요하다는 대단한 주장을 내놓았다.[2] 서남동의 이 주장은 그의 새로운 죄론과 함께 세계 신학계에 파장을 일으켰다.

위에서 역동적 상징이라는 말을 썼는데, "역동적"이라는 말은 민중과 예수의 두 현실 사이에 있는 유사성, 공통점의 흔적(trace)을 찾는 것이 아니라, 상호 간의 차이와 유사함 속에서도 서로 만날 수 있고 역동적으로 영향을 주고받는 측면을 강조하기 위해 쓰였다. 민중과 예수는 서로 다름

---

1) "민중은 예수이다"라는 말에 오해 없기 바란다. 여기에서 "이다"는 "비슷하다"는 말에 가깝다. 예를 들면, "신은 바위이다"라고 할 때, "이다"는 "비슷함", "상징", "메타포, 은유"를 뜻한다.
2) *Minjung Theology: People as the Subjects of History* (London; Maryknoll, N.Y.; Singapore: Zed/Orbis/CCA, 1983) ed., Kim, Yongbock, p. 160.

에서 오는 긴장과 유사함에서 오는 친밀감을 갖지만 민중신학에서는 시대적으로 떨어진 이 두 개의 현실들을 엮어서 "역동적"인 상호 침투와 영향의 관계 안에 둔다. 이 관계 속에서 우리는 예수가 민중에게 어떤 의미가 있는가, 민중이 예수에게 어떤 의미가 있는가를 묻는다. 많은 신학자와 독자들이 이렇게 두 현실을 연결시키는 일에 당혹감을 느낄지 모른다. 그러나, 민중신학이 교회와 신앙인들 안에서 신학적인 힘을 발휘하려면 민중과 예수 그리스도를 역동적으로 연결시켜야 한다. 그동안 민중신학자들이 이것을 위해 노력했었고 이 노력은 앞으로도 지속되어야 할 과제이다.

민중신학자 안병무는 민중이 예수이며 메시아라고 말한 적이 있었다. 이것으로 신학계와 교회 안에 적지 않은 파장이 일어났다. 그는 예수를 가리키는 인자(人子, son of man)는 원래 단수가 아니라 복수적인 인간 집단을 가리킨다고 보았다. 그리고 예수 그리스도의 십자가의 죽음은 한 개인의 죽음이 아니라, "지배자들에게 눌려 죽는 민중의 죽음"을 나타낸다고 했다. 이어서 그는 "세상을 대신해서 얻어맞고 죽어가는 민중을 통해서 우리에게 구원이 옵니다"라고 주장하였다. 그는 계속해서, "보라! 세상 죄를 지고 가는 하나님의 어린양이다. … 예수가 바로 민중이다. 그리고 민중이 예수다"라고 하였다.3) 안병무의 이러한 주장에 대해서 독일의 신학자 위르겐 몰트만은 도저히 이해할 수 없다고 했다. 몰트만은 안병무가 민중이 예수이고, 예수가 민중이라고 하는 존재적 일치의 등식으로 보았다고 펄쩍 뛴 것이다. 어떻게 민중이 예수 혹은 메시아가 될 수 있느냐는 것이었다. 몰트만은 고난받고 있는 민중이라고 하더라도 그렇게 간단히 만인과 우주의 구원자인 예수가 받을 영광을 이들에게 돌릴 수는 없는 것이라고 했다.4) 그러나, 본 필자의 이해에 의하면, 안병무는 상징이라는 말을 사용

---

3) 안병무, 『민중신학 이야기』(한국신학연구소, 1987), 99쪽.
4) Juergen Moltmann, *Wege und Formen christlicher Theologie: Erfahrungen theologischen*

하지는 않았지만 그가 의미한 것은 민중은 예수를 가리키는 상징이라는 의미로 민중이 예수라고 말했다고 본다. 즉, 안병무는 민중은 예수의 상징이며, 예수는 민중의 상징이라고 말하고자 했을 것이라고 본다. 안병무의 "—이다"라고 하는 어법은 수사학적인 어법이지 정언적인 것이 아니다. 1970~80년대에 안병무는 민중의 처절한 고난과 투쟁 속에서 예수를 실존적으로 만났기 때문에 "민중이야말로 예수"라고 외쳤던 것이다. 그러나 이러한 경험을 안병무는 실존적으로 혹은 감정적으로 표현한 것뿐만 아니라, 학구적이고 객관적으로 분석하였다. 그리하여 안병무는 예수와 예수 주변에 있었던 민중(오클로스)은 서로 다른 존재이지만 유기적인 관계 속에 영향을 주고받는다고 보았다. 그는 마가복음을 연구하면서 "오클로스는 절대로 고정적으로 질화(質化)하지 않고 상관성에서 규정하므로 유동적이다. 저들을 결코 미화하지 않는다"고 결론 맺었다.5)

2. 민중, 예수의 상징(예수는 민중이다)

민중이 예수의 상징이라고 한다면 이에 대해서 반대의견이 나올 것이다.6) 그러나 이것은 성서가 증언하고 있다. 민중은 가난한 자들, 이방인들, 사회의 약자들, 작은 자들, 사회정의를 위해 일하는 사람들을 가리킨

Denkens (Guetersloh: Chr. Kaiser/ Guetersloher Verlagshaus, 1999), 몰트만,『신학의 방법과 형식, 나의 신학여정』, 김균진 역(대한기독교서회, 2001), 318쪽.

5) 안병무, "예수와 오클로스 – 마가복음을 중심으로",『민중과 한국신학』(한국신학연구소, 1982), 103쪽.

6) 민중을 예수의 상징으로 보는 관점은 안병무의 민중메시아론에서 비롯되었지만, 이러한 생각을 더욱 강화시켜준 책은 Roger Haight, *Jesus, Symbol of God* (Maryknoll, N. Y.: Orbis Books, 1999)이다. 여기에서 헤이트는 예수를 하느님을 보여주는 상징이라고 하였다. 상징에는 개념적인 것과 구체적인 것이 있는데 예수는 구체적인 역사적 인물이므로 후자에 속한다. 나는 한 걸음 더 나아가서 민중이 예수를 보여주는 상징이 될 수 있다고 보았다. 이것이 이 책이 채택한 방법론의 핵심을 이룬다.

나. 이러한 민중이 고난받는 하나님의 종인 예수를 가리킨다. 마태복음 25장 40절에 나오는 최후심판의 비유의 말씀에서 예수는 "너희가 여기 내 형제자매 가운데, 지극히 보잘것없는 사람 하나에게 한 것이 곧 내게 한 것이다"라고 하였다.

우리는 일상 속에서 수많은 민중을 만나며, 그들과 함께 예수 그리스도가 계시다는 것을 눈치 채지 못하고 그냥 지나친다. 예수는 개인이나 집단으로 있는 민중을 매개로 하여 우리와 대면한다. 이들 속에 있는 예수를 만난 우리는 마치 그리운 사람을 만난 것처럼 뭉클한 감동을 받는다. 그리스도인 예수는 우리에게 "그리운" 존재이다. 우리 주위에 예수는 없다. 다만 다양한 모습의 민중이 있을 뿐이다. 그리고 우리는 그들 속에 있는 예수를 만난다. 그들의 고난의 절규에서, 그들의 해방의 몸짓에서, 그들이 품고 있는 희망에서 우리는 예수를 만난다. 예수는 성찬식에서만 만나는 것이 아니라, 민중 속에서 만난다. 성찬식의 떡과 포도주가 예수의 몸과 피를 가리키는 상징이듯이, 민중은 역사 속에서 예수를 가리키는 상징이다. 고난받고 죽어가는 민중은 십자가의 예수를 오늘의 현장에서 증언한다. 전태일은 고난당하는 많은 저임금 노동자들의 인권을 위해 1970년 11월 분신하여 죽었다. 그는 자기의 죽음으로 당시 청계 피복노동자들의 고난을 세상에 알리고 바로잡아줄 것을 요구하였다. 그의 죽음에서 우리는 예수의 죽음을 본다. 전태일의 죽음은 한 가난한 젊은이의 자살이 아니라, 예수가 죽은 죽음의 의미를 갖는다. 전태일은 악한 세력에 대적하다가 예수처럼 십자가에 달린 것이다. 전태일의 죽음은 오늘날 예수의 죽음을 상징한다. 그렇기 때문에 그와 같은 죽음은 종교적이고 궁극적인 의미를 갖는다. 그리고 그의 죽음이 죽음으로 끝나는 것이 아니라, 반드시 부활로 이어져야 한다. 이것이 하나님의 뜻이다.

가난하고 약한 사람들은 부유하고 힘 있는 사람들보다 죽음에 더 가까이 가 있다. 가난한 약자들은 가장 먼저 잘못된 사회 구조의 희생양이 된다. 지난 몇 년 사이에 일어난 민중의 희생들 중에서 몇 가지 예를 들어보자. 생활고로 자식들 둘을 아파트 아래로 떨어뜨려 죽이고 자신도 투신한 젊은 엄마가 있었다. 공장 화재로 유독가스와 화열에 의해서 죽은 40명의 노동자들은 모두 가난한 일용직 노동자들이었다. 이중 10여 명은 한국에 들어와 일하고 있는 외국인 노동자들이었다. 최근 서해에서 원유 유출로 인한 환경파괴로 인해 가장 고통당하는 이들도 민중(가난한 어민들)이고, 이중에 몇 명은 삶의 희망을 잃고 스스로 목숨을 끊었다. 이들의 죽음은 헛된 죽음일까? 아니면 어떤 의미를 갖는 것일까? 이들의 무참한 죽음은 예수 그리스도의 억울한 죽음을 생각나게 한다. 이들의 죽음에 예수가 참여한다. 이들은 십자가에 달린 자들이며, 고난받는 하나님의 종으로 죽었다. 고난받는 하나님의 아들 예수와 역사 속에서 고난받는 민중은 죄 없는 고난과 희생을 공통으로 하여 유비의 관계가 된다. 한편으로, 희생적 고난을 매개로 하여 민중은 오늘의 역사 속에서 예수를 가리키는 상징이 된다. 이러한 폭력적 희생의 악순환은 예수에 의해서 영적으로는 끊어졌지만, 그러나 현실에서는 지속되고 있다. 예수는 이러한 악순환이 사탄적이라는 것과, 민중의 희생은 이 사탄적인 세상권세에 의해 발생하는 현실을 주목하고 항거했다.

민중과 같이 평범하다 못해 사회의 부적응자요 죄인으로 낙인찍히는 존재가 어떻게 예수를 가리키는 상징일 수 있는가. 민중은 예수에 비해서 너무나 부족한 존재임이 분명하다. 그렇기 때문에 민중은 예수가 아니며 될 수도 없다. 그러나 이들은 예수의 상징이다. 이것은 마치 교회가 하나님의 나라가 아니지만, 그러나 하나님의 나라를 가리키는 상징인 것과 마찬가지이다. 교회는 비록 죄인들의 모임이지만, 교회 안의 성도 간의 사랑과 친교는 하나님 나라의 전조가 된다. 민중도 이처럼 예수를 드러내는 경험적인 측면을 가지고 있다. 고난받는 민중이 예수의 신비를 다른 상징들이 보여주지 못하는 방식으로 보여준다면 상징으로서의 가치를 갖게 된다. 원래 상징이란 다른 방식으로는 알 수 없는 초월적이며 신적 대상을 보여 줄 수 있는 능력에 의해서 그 존재 이유를 갖는다. 특정 상징에 의하지 않고서는 닫힐 수밖에 없는 신적인 현실이 있다. 민중은 다른 매개와 상징들이 보일 수 없는 예수의 진실된 측면을 드러내 주는 힘을 가지고 있다. 어떻게 그러한가? 예수는 민중을 매개로 하여 우리 앞에 나타난다. 우리는 예수를 가난한 이의 얼굴에서 언뜻 발견하기도 하며, 다중들의 연대를 통하여 생명, 정의, 평화를 이루는 사건들 속에서 예수를 만나고 감동받기도 한다. 이러한 방식으로 예수를 이야기하는 전통이 성서, 특히 공관복음서에 잘 나타나 있지만 ("누구든지 여기 있는 지극히 작은 자에게 한 것이 바로 그리스도에게 한 것이다"), 이후 교회의 역사 속에서 이러한 전통은 잊혀졌다. 간혹 가난한 이들을 위해 봉사했던 기독교 성자들의 삶과 가르침 속에서 이러한 전통이 이어져 왔고, 최근에 와서는 해방신학, 흑인신학, 여성신학, 민중신학에서 다시 활성화되었다. 남미의 해방신학적 기독론을 편 혼 소브리노는 가난한 민중은 "그리스도론의 현장(locus)"일 뿐 아니라, "그리스도의 진리를 비추어 주는 빛"이라고 했다.[7]

민중이 예수 즉 구원자의 상징이라고 생각하게 된 것은 민중신학의 중요한 발견이지만, 이러한 발견을 할 수 있도록 영향을 준 것이 있다. 그것은 20세기 중후반에 프롤레타리아 계급이 역사 속에서 가장 비인간적인 고난을 당하지만 인류를 해방할 수 있는 주체라고 주장하는 진보적 사회 사상이었다. 일부의 신학자들과 크리스천들이 이를 적극적으로 수용하였다. 그리고 이들은 민중이 핍박받으면서도 자신의 권리와 민주주의를 위

---

7) Ibid.

해 투쟁하는 것을 보면서 이들이야말로 역사의 주인공이며, 역사의 해방자라고 보게 되었다. 이들 속에 그리스도가 있음을 보았다. 이러한 고백이 있었던 시대는 1970~80년대로서, 역사의 암흑기이면서 동시에 민중이 주체로 일어나는 희망의 시기였다. 당시는 민중 속에서 십자가와 부활의 사건이 일어났던 시대였다.

상징은 가리키는 대상 그 자체, 즉 예수일 수 없다. 그러나 상징이 매개가 되어 대상 즉 예수가 드러난다. 민중은 이 역사 속에서 예수를 나타내는 매개가 된다. 따라서 상징은 긍정과 부정, 즉 "이다"(Yes)와 "아니다"(No)의 변증법적인 성격을 내포하고 있다. 부정은 상징의 표면 상태를 주로 가리킨다. 지지리도 못난, 가난에 찌든, 힘없고, 능력 없고, 빽 없는 자들 … 이렇게 표면적으로 볼 때 민중은 예수일 수 없다. 그러나 삶의 깊이의 차원에서 보면, 이들의 모습에서 예수가 보인다. 그들의 집단적인 움직임에서, 그들의 외침에서 예수를 만날 수 있다. 심판자요 구원자인 예수는 가난한 자들 속에 숨어 계시며 현존하며 심판과 구원의 활동을 하고 계신다.8)

민중신학이 예수의 이야기를 성찰할 때에는 오늘날의 민중의 이야기를 매개로 해서 성찰하고 재구성한다. 모든 신적인 대상들이 이 세상 속에서의 경험들을 매개로 하여 표현된다면, 민중신학은 그 경험들 중에서 오늘의 민중의 경험을 매개로 하여 신적인 대상, 즉 예수, 성령, 교회 등을 논한다. 민중의 오늘의 경험은 초월적인 대상들(예수, 성령, 교회 등)을 말하기 위한 매개가 되며, 콘텍스트가 된다. 오늘의 민중의 경험들을 깊이 들여다보는 것은 민중신학을 위한 첫 출발이 된다. 그리고 민중신학은 예수에 관한 신학적이고 교리적인 언어들을 민중의 현실 속에서 성찰한다. 나아가서, 고통당하고 십자가의 희생을 당하고 있는 오늘날의 민중은 예수를

---

8) 몰트만, 318쪽.

만나게 하는 현실적인 매개이다. 왜냐하면, 예수의 삶에서 중요한 요소인 그의 고난과 희생이 유사하게나마 민중의 고난과 희생 속에 참여하고 있기 때문이다.

3. 예수, 민중의 상징(민중이 예수다)

예수를 알기 위해서 민중을 알아야 한다면, 이제 민중을 알기 위해서 예수를 알아야 한다고 말해야 한다. 양자는 서로 맞물려 있다. 여기에서 예수는 민중을 알기 위한 참고 자료가 된다. 안병무는 민중이 오늘날의 예수요 메시아라고 생각했다. 당시 산업선교에 종사하였던 어떤 목사는 노동조합을 교회라고 고백하였으며, 기도드릴 때, 예수의 이름으로 기도드린다고 하지 않고, 노동자의 이름으로 기도드린다고 하였다.

민중신학자 서남동은 선한 사마리아인의 비유에서 선한 사마리아인이 예수가 아니라, 강도 만난 자가 예수요 메시아라고 한 적이 있다. 강도 만난 자를 잘 이해하면 메시아인 예수 그리스도를 알 수 있다는 것이다. 오늘의 강도 만난 민중(즉, 십자가에 달린 민중)을 있는 그대로 정직하게 대면할 때 우리는 오늘의 사회적 실존 상황에서 예수를 만나며, 그를 실존적으로 고백할 수 있다. 강도 만난 자는 예수의 상징이다. 위에서 이미 언급했듯이, 안병무도 민중이 메시아요, 예수라고 하였다.

예수에 의하면, 민중은 하나님의 자녀이며, 하늘나라가 그들의 것이다 (마태 5:3~10). 산상수훈은 민중을 예수와 거의 같은 지위로 묘사하고 있다. 마태복음 5장에 나오는 예수의 산상수훈에서 하나님의 나라와 그의 사랑에서 특별한 지위를 얻는 사람들이 나오는데, 이들은 마음이 가난한 자, 슬퍼하는 자, 온유한 자, 의에 주리고 목마른 자, 자비한 자, 마음이 깨끗한 자, 평화를 이루는 자, 의를 위해 박해를 받는 자들이며, 이들을 민중이라고 부른다. 복음서 기자 누가는 이들을 사회·정치·경제적으로 좀더 분명하게 표현하고 있다. 즉 가난한 자, 지금 굶주리는 자, 지금 슬피 우는 자들이라고 했다. 이러한 민중이 하늘나라에서 받을 상이 크다고 했다(누가 6:20~23). 민중은 그냥 가난하고 힘없어 배고프고 우는 약자들을 가리키지 않는다. 이들은 하나님이 지배하는 질서에서 특별한 지위를 부여받은 존재가 된다. 여기에서 민중은 객관적으로 볼 때 미미하고, 천대받고, 외면당하며, 온갖 부조리에 의해 희생당하면서도 무기력하여 말 못하는 존재이지만, 성서는 이들에게 최대의 가능성을 보장하여 준다. 하늘나라가 이들의 것이며, 위로를 받을 것이며, 복을 받을 것이고, 하나님을 볼 것이고, 하나님의 자녀로 불릴 것이라고 하였다(마태 5:3~9).

바울은 좀더 구체적으로 예수가 민중 속에 들어옴을 말하고 있다. 그리스도를 믿는 믿음으로 인해, 이제 우리가 사는 것은 우리가 아니라, 그리스도께서 우리 안에 산다고 하였다(갈라 2:20). 민중신학자들은 민중에 관한 성서의 이러한 메시지를 선포하였다. 이것은 독일의 유명한 신학자 위르겐 몰트만이 오해한 것처럼 민중을 이상화하거나(idealize), 과장하는 것이 아니라,9) 성서의 메시지를 증언하는 것일 뿐이다.

성서와 전통에 나타난 예수를 깊이 이해할수록 오늘의 민중의 상태와 그 희망을 새롭게 이해할 가능성이 커진다. 이런 면에서 민중은 예수의 상징이지만, 그 반대로 예수가 민중의 상징이 된다는 명제도 성립한다. 이러한 입장에서 민중신학자 서남동은 예수는 민중을 이해하기 위한 전거라고 했다. 사실 그가 의미했던 것은, 예수가 민중의 상징이라는 것이었다. 서남동은 오늘날 민중신학의 한 요점을 다음과 같이 선언하였다. "민중신학의 주제는 예수라기보다도 민중이라는 것이다. 민중신학의 경우에는 예수

---

9) 몰트만, 279.

가 민중을 바로 이해하는 데 필요한 도구의 구실을 하는 것이지, 예수를 이해하기 위한 도구의 구실을 민중개념이 하는 것이 아니다(후자가 전통적·기독론적 신학이라고 한다면, 전자는 성령론적 신학이라고 할 수 있으리라)."[10] 여기에서 서남동은 민중이 예수를 이해하기 위한 도구가 아니라, 그 반대만을 인정하였다. 그리하여 민중이 텍스트요, 예수는 콘텍스트라고 보았다. 이 점에 대해서 안병무는 예수가 어디까지나 텍스트이고, 민중은 콘텍스트라고 하였다. 나는 이 점에 대해서 서남동과 안병무가 사실은 같은 이야기를 하였다고 생각한다. 둘 중 하나를 선택할 것이 아니라, 둘 다 선택하여 함께 가야 한다. 안병무는 예수가 텍스트라고 했지만, 그는 예수(텍스트)와 민중(콘텍스트)의 미분리를 강조하였다.[11] 그에게 있어서 오늘날의 민중해방의 사건은 바로 예수의 사건이었다. 민중의 고난은 곧 예수가 겪은 고난의 사건이었다.

예수는 민중의 전거요 상징이며 민중을 이해하기 위한 콘텍스트라고 할 때, 필자의 해석은 다음과 같다. 예수는 민중의 삶을 재연한 분이며, 민중의 종말적인 완성이요 목표이며, 새로운 인류이며, 새로운 민중이다. 예수는 민중의 영원한 스승이며 모범이고, 이상으로서 예수의 삶은 우리가 두고두고 생각하고 배워야 할 전거(reference, paradigm)이다. 그러므로 성서에 나타나는 예수의 역사적 삶과 말씀은 오늘날 우리의 민중이 어떻게 현실을 대처해야 하는가에 대한 대답을 제공해 주는 권위 있는 전거가 된

---

10) 서남동, 『민중신학의 탐구』(한길사, 1983), 53쪽.
11) 안병무, 『민중신학 이야기』, 69쪽. 안병무는 여기에서 이렇게 말하고 있다. "내 결론은 컨텍스트와 텍스트를 갈라놓는 것은 잘못되었다는 거예요. … 우리가 역사 속에 속해 있으면 역사를 객관화할 수 없듯이, 내가 나의 컨텍스트에서 텍스트를 읽을 때에도 컨텍스트나 텍스트를 객관화할 수 없다고 생각해요. 그 양자를 분리시켜 놓고 서로 대립시키는 것 그리고 그 별개의 둘을 제3의 어떤 것에 의해 다리를 놓아 접촉시키겠다는 사고는 불트만에게서 볼 수 있어요. … 나 자신의 경험에서 보면 텍스트와 컨텍스트는 분리되지 않아요. 그 양자는 분리되지 않는 하나의 현실입니다. 그 둘을 분리시키려고 하는 것은 억지고 인위적인 것이다. 그렇게 생각하지요. 그래서 나는 컨텍스트와 텍스트를 갈라놓는 주객도식에는 반대합니다."

다. 서남동은 이것을 성령론적 해석이라고 하였는데, 성령론적 해석은 그의 주제인 민중이 예수라는 것을 재확인한다. "내가 예수를 재연하는 것이고 지금 예수사건이 다시 발생하는 것"을 추구한다고 하였다.12) 그렇다면 민중운동이 참고해야 할 것은 예수의 하나님의 나라 운동이다. 민중운동은 예수의 운동에서 배워서 민중운동이 당면한 문제들을 해결해야 한다. 오늘날의 민중운동은 예수가 보여준 하나님 나라를 위한 고난과 십자가의 헌신에서 많은 것을 배울 수 있다. 오늘날의 신자유주의적 물신 숭배의 시대에서 예수의 하나님 신앙으로부터 물신 숭배를 극복하는 길을 배울 수 있다. 민중과 민중운동은 도상에 있다. 그 최종 목표는 예수이며, 예수의 하나님 나라이다. 그것은 오늘날의 생명과 생태계와 삶을 파괴하는 신자유주의적 세계화에 대안이 되는 생명의 길이다. "예수는 민중의 상징"이라고 하는 관점은 민중의 운동을 예수의 운동과 직결시켜 준다.

　민중이 예수의 상징이라고 하면 민중을 높게 승격시키는 일이 아닌가? 즉 민중이 예수를 알기 위한 콘텍스트요 전거가 된다면, 민중을 승격시키는 것이 되는 것 아닌가? 그런데, 예수가 민중을 이해하기 위한 상징이며 전거이며 콘텍스트라고 하면 민중은 더 승격된다. 산살바도르의 이그나치오 엘라쿠리아는 "십자가에 달린 민중"이라는 말을 사용하였다.13) 그는 십자가상의 예수의 자리에 민중을 배치해 놓고 민중의 역사적 의미를 예수를 전거로 하여 신학적으로 해석했다. 이렇게 민중과 예수 사이의 거리를 가깝게 만드는 것은 그 양쪽을 보다 깊이 있게 이해하기 위한 노력의 일환이다. 예수가 민중의 상징이라는 말에는 두 가지 의미가 있다.

　첫째, 민중을 위한 상징으로서의 예수는 하나님을 설명하며 동시에 민

---

12) 서남동, 같은 책, 79쪽.
13) Ignacio Ellacuria, "The Crucified People", *Systematic Theology: Perspectives from Liberation Theology*, ed., Jon Sobrino and Ignacio Ellacuria (Maryknoll, N. Y.: Orbis Books, 1993), pp. 257~278.

중을 설명한다. 예수는 민중과 하나님이 어떻게 만나야 하는가를 보여준다. 예수는 하나님에게 어떻게 복종하고 그 사명을 역사 속에서 어떻게 수행해야 하는가를 보여준 모범이다. 예수는 민중의 영원한 스승이고 구원의 원천자이다. 민중이 역사 속에서 어떻게 살아야 하는가를 보여주는 상징이요 전거이다.

둘째, 예수의 삶 속에 민중의 고난의 삶이 참여한다. 고난받는 민중은 예수 안에 참여한다는 믿음이 육화의 비밀이며, 민중신학의 요체이다. 그리스도가 민중 속에 육화한 이유는 민중이 그리스도화하기 위해서였다. 즉, 민중이 그리스도의 삶 속에 들어가서 그와 함께 함으로 구원을 이루기 위해서였다. 신성하지 않은 민중이 신성한 예수 안에 참여한다. 이것은 유한한 빵이 신령한 그리스도의 몸에 참여한다고 하는 바울의 논법과 일치한다(고전 10:16). 이처럼, 예수는 민중의 상징이라는 말은 민중이 예수 속에 참여한다는 것을 의미한다. 예로, 태극기가 한국의 상징이라면, 한국이 태극기라고 하는 상징물 속에 참여하는 것과 같다. 그러므로 태극기를 불태운다면 한국을 "간접적으로, 상징적으로" 불태우는 효과를 갖는다. 예수가 민중의 상징이라고 할 때, 이 말은 고난받는 민중의 속성이 예수 안에 참여한다는 것을 의미한다. 이것은 예수가 우리 인간의 본성에 참여(육화)했듯이 우리의 인간성도 신성에 참여하게 되어, 인간성이 신처럼 된다(神化)는 초기 기독교 교부인 이레니우스의 구원론과 일치한다. 그의 중요한 신학적 통찰력을 담은 다음의 말은 민중신학을 위해서 의미 있다. "그리스도가 우리와 같은 존재가 되었던 것은 우리가 그와 같이 되게 하기 위함이었다."[14] 고난받는 민중이 예수 안에 참여하게 될 때, 예수와 민중과의 연

---

14) Irenaeus of Lyons, *Against Heresies*, Preface, William P. Anderson and Richard L. Diesslin, *A Journey Through Christian Theology* (Minneapolis, MN: Fortress, 2000), p. 18에서 재인용.

대는 확고한 것이 되며, 민중이 예수의 구원과 부활에 참여할 수 있게 된다. 이것이 그리스도의 민중으로의 육화에 담겨 있는 주요한 메시지이다. 그리스도가 민중이 된 것은 민중이 그리스도와 같이 되게 함이다. 이레니우스에 의하면, 인간의 모든 고통과 분리와 상처, 통전성의 상실 등이 예수의 고난의 활동 속에 요약적으로 참여하게 되어 예수의 구원의 역사 속에서 인간의 모든 상처가 치유된다. 이것을 이레니우스는 recapitulation 즉, 요약, 혹은 '머리를 바꿈'이라고 하였다.15) 인간이 그리스도와 같이 신화 (神化)되듯이, 고난받는 민중은 그리스도와 성령 안에서 예수와 같은 존재가 된다. 이레니우스는 민중이 예수가 될 수 있다고 하는 신학적인 근거를 제공해 주고 있다고 보여진다. 그러므로, 우리는 이렇게 말할 수 있다. 예수의 운명은 민중의 운명을 미리 보여준다고. 또 예수의 희생은 민중의 희생의 의미를 알게 해 주는 전거가 된다고. 또한 민중의 역사적 희생(예, 비정규 노동자들이 신자유주의에 의해서 희생되는 것)이 예수의 십자가의 의미를 알게 해 주는 전거가 된다고. 예수는 자신의 십자가를 통하여 오늘날의 상황 속에서 희생당하여 죽어가고 있는 민중과 연대한다. 거꾸로 오늘의 민중은 자신들의 고난과 죽음을 통하여 예수의 십자가에 동참한다. 그 예수의 고난의 끝이 부활의 승리였음은 역사 속에서의 민중의 운명을 미리 보여준 것이었다.

---

15) 이것을 이레니우스는 에베소서 1장 10절("하나님의 경륜은, 때가 차면 하늘과 땅에 있는 모든 것을 그리스도 안에서 그분을 머리로 하여 통일시키는 것입니다."의 바울의 언어를 빌어서 요점 반복(그리스도가 인간의 운명을 요점적으로 반복하여 구원에 이루는 것), 혹은 머리를 바꾸는 것(즉 아담을 머리로 하는 것이 아니라 그리스도를 머리로 하는 것)을 뜻하는 re-capitulation이라는 개념으로 설명하였다. 예수 그리스도는 육화를 통하여 아담 이후의 모든 죄진 인류를 자신 안에 이끌어 들여서 새롭게 회복시킨다는 것을 의미한다. 이러한 사상은 고린도전서 15장 21~22절에도 기초한다. "한 사람으로 말미암아 죽음이 들어왔으니, 또 한 사람으로 말미암아 죽은 사람의 부활도 옵니다. 아담 안에서 모든 사람이 죽는 것과 같이, 그리스도 안에서 모든 사람이 삶을 얻을 것입니다."

예수의 십자가 고난의 사건은 새로운 세상을 만들기 위한 결정적인 행위였다. 이와 마찬가지로, 현실 민중의 고난은 역사를 결정해 주는 동인이 되며, 새로운 역사를 창조하는 힘을 가지고 있다. 예수가 민중에로 육화되었다면, 민중이 예수의 역사에 참여하게 되는 것이 되고, 예수가 부활로 해방을 이루었듯이, 민중도 일어남(부활 즉 사회 운동)을 통하여 해방을 이룰 것이라는 믿음이 생긴다. 특히 민중의 사회변혁 운동은 새로운 세상을 위해 필요한 행위이다. 사회변혁운동을 하는 민중은 역사의 견인차이며, 신의 동반자이며, 신의 파트너이다. 역사 속에서의 민중의 지위는 예수에 의해서 분명하게 드러났다. 마태복음서 기자가 전한 예수의 산상수훈에서의 민중의 지위("하늘나라가 그들의 것이다")에 대해서는 이미 위에서 언급하였다. 예수의 십자가는 오늘날 세계 민중의 고난과 죽음을 상징하고 그 의미를 해설해 준다. 고로 우리는 예수의 십자가를 콘텍스트로 하여, 혹은 전거(혹은 참고서)로 하여, 텍스트로서의 오늘의 십자가에 달린 민중을 해석할 수 있다.

예수는 다른 어떠한 상징보다도 비교할 수 없을 정도로 민중에 관해 풍부한 자료를 제공해 준다. 특히 민중 고난의 신학적 의미를 알게 해 주며, 그 고난의 귀결로서의 예수의 부활은 민중의 다시 일어남, 깨어남이 역사의 새로운 변혁을 위해서 필수적임을 말해준다. 우리는 민중적 예수뿐 아니라, 예수적인 민중을 생각할 수 있다. 예수와 같은, 예수적인 사람들이 앞으로 새로이 나타나야 할 존재들이다. 사도 바울이 말했듯이, 온 피조물이 신음하며 기다리고 있는 "하나님의 자녀들"(롬 8:19)이 바로 예수적 민중이다. 이들이 이 역사와 세계를 예수와 함께 구원으로 이끌 것이다.

그러나 예수가 죄 없이 악의 구조에 의해서 십자가의 고난을 당하였듯이, 오늘의 민중도 죄 없이 가난, 기아, 질병, 전쟁, 학살 등으로 고난당하고 있다. 예수가 죄를 당하였듯이 민중도 죄를 당하고 있다(being sinned against). 그러나 오늘날의 민중은 일시적인 동정과 관심과 자선을 베풀어야 할 대상이 아니다. 이들은 우리의 자선의 대상이 아니라 연대하고 친구가 되어야 할 존재들이며, 아니 그리스도를 대표하는 구원자들이다. 이들의 고난이 바로 예수의 고난이기 때문에 이들이 부활의 승리에 이르도록 지속적인 관심과 연대를 하는 것은 신앙인의 책임이다. 이들의 고난의 외침 속에서 우리는 예수의 신음을 듣는다. 예수는 민중의 운명을 미리 사셨다. 예수는 거듭날 수 있고, 부활할 수 있음을 미리 보여주었다. 이것은 태어날 때부터 불공평하게 태어난 민중의 운명이 바뀔 수 있고, 바뀌어야만 한다는 역사적 당위를 예수가 미리 보여준 것이다. 이런 점에서, 예수는 새롭게 의식화되어 일어나는 민중의 원형(prototype)이며, 민중의 상징이다.

예수가 하나님의 나라를 위해 운동하고 실제로 그렇게 살았던 것도 민중에게 희망의 상징이 된다. 예수의 하나님 나라는 민중의 궁극적인 사회적 목표요 이상이 된다. 예수의 길은 민중이 가야 할 길을 미리 보여주는 이정표이다. 예수가 십자가에서 피 흘렸다는 것은 하나님의 뜻에 전적으로 복종했다는 것을 의미하며, 그것은 사람이 어떻게 살아야 하는가를 보여주는 것이 된다. 예수는 민중들보다 먼저 그 길을 걸었고, 우리가 가야 할 길을 보여주었다. 예수는 하늘의 뜻을 따르는 삶의 모습을 먼저 보여주었다. 이러한 그의 삶의 유형이 결국은 부활의 승리와 종말의 완성으로 이어진다는 것을 성서가 증언하고 있다. 예수에 관한 성서의 증언은 역사 속에서 하나님의 의를 실현하려고 하는 모든 이들을 위한, 끊임없이 분출하는 희망의, 영적 샘이 된다. 역사 속에서 민중의 해방운동은 예수를 이 역사 안에 되살려 준다. 민중이 하는 희망의 실천, 즉 민중의 사회 운동은 하나님 나라의 희망의 불씨를 지펴주며, 예수가 준 사명을 이어가는 역할을 한다. 민중운동은 인간과 역사의 부활을 지향한다. 민중운동은 희생자가 더 이상 없는 종말적 세상을 선취하는 운동이다. 그것은 자발적으로 고난당하는 십자가 운동이다. 동시에, 십자가의 희생을 낳는 역사적 구조를 극복하는 운동이다.

4. 하나님의 나라 운동과 민중운동

민중신학은 예수와 함께 했던 사람들에 대한 이해는 예수에 대한 이해를 위해 필수적이라고 주장한다. 역사적 예수는 홀로 존재한 개인적 인물이 아니었다. 그는 더불어 있었던 존재였다. 그와 함께 했던 사람들은 다양한 사람들이었다. 마가복음은 이들을 오클로스라고 불렀고, 영문 성서에서는 이를 multitude(다중)라고 번역하였다. 이들은 다양한 종류의 사람들로 구성된 다중이며 민중이었다. 요한은 그의 계시록 7장에서 어린양의 편에 선 14만 4천 명의 이스라엘의 후예들과 온 세상에서 모여든 수를 셀 수 없을 만큼 큰 무리(multitude)가 세상의 권세(제국)를 극복하고 어린양의 위로를 받을 사람들이라고 보았다(마가 7:1~17). 최근 미국의 "역사적 예수"에 대한 연구자들이 개인 예수에 대해 관심을 집중하고, 복음서의 어떤 말이 역사적 예수의 진정한 것이었는가를 놓고 토론하는 것에 반하여, 민중신학은 예수와 그와 함께 했던 사람들의 집단적·사회적 행동, 언어, 콘텍스트에 관심을 갖는다.[16] 민중신학은 다중의 집단적 행동 즉 사회 운동적 관점에서 그리고 그 속에서 신앙과 계시를 찾는다.

예수와 함께 했던 사람들은 여자들, 청년들, 어린이들, 노인들, 일일 노동자들, 농민들, 병자들, 세리들, 일부의 바리새인들, 서기관들, 창녀들, 죄인들 등이었다. 특히 사회적으로 소외되었던 사람들이 예수와 함께 먹고 마시고 지내는 것을 보면서, 한 바리새인은 이를 못마땅해 했다(누가

---

16) 개인 예수보다는 예수를 둘러싼 무리들에 대한 새로운 관심은 최근의 여성신학에서도 볼 수 있다. 이러한 언급은 Soelle & Schottroff의 전게서, 35쪽 참조.

7:39). 예수 자신이 가난했지만 그는 가난한 이들과 함께 식탁을 나누고, 하나님이 주신 풍부한 선물을 즐겼다. 그리하여 이들과 함께 어울리며 삶을 기쁘게 즐겼던 예수는 비판자들로부터 "먹보요 주정뱅이"로 찍혔다(마가 11:19). 예수와 함께 했던 사람들은 사회적으로 존경을 받지 못하였던 소외계층들인 다중이었다. 예수의 치유사건은 이들과의 관계 속에서 이들의 믿음의 참여 속에 일어난 사건이었다. 예수는 이들과 함께 하나님의 나라를 꿈꾸었다. 예수는 이들과 불가분리했다. 그리하여 민중신학은 예수를 집단적인 존재로 보았다. 즉, 예수는 개인이 아니라 집단을 대표하며, 운동을 대표한다. 전통적인 신학에서는 개인 예수의 인격이 우리를 구원하는 힘을 가진 것으로 보았지만, 민중신학은 이를 뒤집어서 개인 예수의 인격에 그러한 힘이 있는 것은 그의 약자와의 연대에서 비롯된 것이라고 본다. "너의 믿음이 너를 구원하였다"고 한 예수의 말씀이 이를 말해 준다. 예수와 약자의 연대 속에서 치유의 사건이 일어났다. 구원은 사회 운동적 신뢰의 연대 속에서 일어난다.

민중신학은 복음서의 내용을 사건적으로, 운동적으로 읽는다. 동시에 이러한 독서방식은 성서의 다른 부분으로도 확대된다. 요즘 세계의 신학계에서 바울서신을 로마제국에 대항하는 대안적 사회 운동의 관점에서 읽고 있는 것도 같은 맥락이다. 예수, 바울, 베드로, 모세, 예언자들 등과 같은 영웅적 인물에 관심을 기울이면서, 이와 함께 그들과 함께 한 무리들의 운동에도 관심을 가져야 한다. 성서 속에는 일정한 사회 운동의 흐름이 반영되어 있다. 예를 들어 예수의 하나님의 나라 운동은 로마의 폭력에 기초한 질서에 대응하는 평화의 친구들의 공동체에 기초하는 일종의 사회 운동이었다. 바울의 복음운동도 그 당시의 억압적 지배질서에 저항하는 사회 운동적인 성격을 가졌다. 예수와 바울 그리고 그들과 함께 했던 무리들이 가졌던 종말적 비전이 일반적 사회 운동을 뛰어넘는 초월적인 요소를 가졌지만 _그것은_ 오늘날 우리의 사회 운동을 위한 초월적 "깊이"와 "넓이"의 근거가 된다.

사회적 집단적 운동이 얼마나 중요하며, 그것이 한 사회의 질적인 모습을 결정하는 중요한 요소라는 것은 아무리 강조해도 지나침이 없을 것이다. 한 사회에 얼마나 건강한 사회 운동이 존재하며, 그것이 얼마나 성숙하며, 얼마나 인간주의적이고 정의로운 이념을 실현시키고 있느냐에 따라 한 사회의 질적 수준이 결정되며, 그 사회의 미래의 운명이 결정된다. 한말에 우리나라가 얼마나 많은 고초와 수난을 당했는가? 그 당시에 우리나라의 민중들을 해방시키고자 하는 운동이 있었지만 그러나 밀려오는 제국주의의 힘 앞에서 무너지고 말았다. 최근의 이라크를 보라. 수많은 이라크인들의 죽음은 미국의 제국주의적인 침략에만 그 원인이 있는 것이 아니다. 이라크 국민들이 자신의 나라에 이러한 일들이 일어나지 않도록 사전에 모든 정지작업을 했어야 했다. 그것을 해낼 수 있는 사회 운동이 없었다. 사회를 이끌어갈 높은 이념과 사상 그리고 그것에 기초한 운동이 요청된다. 우리나라는 항상 전쟁의 위험에 노출되어 있다. 나라의 장래를 걱정하는 사람들이 국민적인 계몽과 개혁운동을 벌려서 이러한 위기를 극복할 수 있는 여건을 만들어야 한다. 그렇지 않으면 우리 사회와 민족에게 크나큰 위기가 닥쳐올 수 있다. 고대의 이스라엘이 그와 같은 형편이었다. 그러한 배경에서 쓰인 성서는 민족적 사회 운동의 성격을 띠지 않을 수 없었다. 모세의 전통을 이어받은 예언자들은 사회개혁, 정신개혁 운동자들이었다.

개인의 운명은 그를 둘러싼 사회적·집단적 운명에 의해 결정된다. 이라크인들(그리고 미국의 젊은이들), 팔레스타인인들(그리고 이스라엘인들)을 보아도 그렇다. 그들의 개인적인 운명은 사회, 정치, 경제적인 역사적 상황에 맞물려 있다. 한국전쟁도 마찬가지였다. 나의 가족은 한국전쟁으로 모든 것을 버리고 북한으로부터 피난해 내려왔다. 그 여파로 우리 가족은 생활의 기반을 잃었다. 최근에는 IMF 위기로 수많은 사람이 낙망하고 목숨을 잃었다. 이것도 개인의 운명이 집단의 운명과 맞물린 단적인 예이다.

사회 운동이 아니고는 사회는 물론이고 개인을 구원으로 이끌 수 없다. 진정하고 광범위한 사회 운동의 연결 및 연대를 통해서만 민족과 민중을 움직일 수 있고, 제국의 억압적 영향력으로부터 개인들을 보호할 수 있다. 정치세력도 깨어 있는 사회 운동이 있어야 제국과 맘몬의 손아귀에서 벗어날 수 있다.

예수가 누구였는지를 말하는 칭호들이 다양하다. 종교적인 언어로서는 그리스도, 하나님의 아들, 종말적 예언자 등이 있을 수 있으며, 일반적 사회적 언어로는 지혜자, 교사, 명상가, 영성가, 구루(guru) 등이 생각난다. 이 각각의 칭호들은 예수의 전부를 설명하는 데에 부족하다. 그러나 그의 삶을 들여다보면, 그는 무엇보다도 사회 운동가였다. 사회 운동가라는 칭호가 예수의 인격 전부를 드러내지는 못하겠지만 중요하고 필수적인 부분을 분명하게 보여준다. 사회 운동의 차원은 종교적인 차원이나 개인적인 차원을 포함하지 그것을 배제하지는 않는다.

마르크스주의 운동에서는 오직 노동자 계급으로 구성되는 프롤레타리아 계급이 새로운 세상을 만드는 주체가 된다고 했기 때문에 여타 계급출신들은 그 속에 끼지 못하거나 보조역에 한정되었지만 예수의 운동의 주체는 달랐다. 예수운동의 주체는 다양한 계층으로부터 자발적으로 참여하는 사람들로 구성되었다. 사회 전체를 변혁하기 위해서는 사회 전체의 계급들로부터의 참여가 필요했다. 예수 운동은 계급운동이라기보다는 사회 전체의 변혁을 위한 통전적인 운동이었다. 부름에 응답하는 누구나 참여할 수 있었고, 그 속에서 어떠한 차별도 없었다. 직업, 계급, 성, 인종, 나이, 종교 등 그 어떠한 것도 차별과 배제의 이유가 되지 못하였다. 오직 운동의 중심 메시지에 동의하면 참여할 수 있는 다중의 운동이었다. 서로 다른 다양한 계층과 집단의 자발적인 참여로 이루어진 운동이었다. 이러한 예수의 운동은 오늘날의 다중에 의한 사회 운동을 위한 원조형적 상징이 된다. 예수와 그의 운동은 민중과 그들의 운동의 진정한 모습을 미리 보여주었다.

제2부

신학의 전통적인 주제들

제4장
상징과 계시

"참 빛, 곧 세상에 와서 각 사람에게 비추는 빛이 있었나니."

- 요한복음 1:5

"인간의 영혼은 빛을 증언할 수 있지만 그 자체가 빛이 아니다. 하나님의 말씀은 모든 사람에게 빛을 주는 진정한 빛이다."

- 어거스틴, 『고백록』, 7권 13절

1. 상징과 계시의 상관관계

신의 말씀은 이글거리는 한낮의 태양과 같다. 우리가 맨 눈으로 태양을 쳐다보면 아무것도 보이지 않을 뿐 아니라, 시력을 잃는 치명상을 입게 되는 것처럼, 신의 말씀과 계시를 우리가 직접 보거나 만질 수 없다. 다만 계시적인 자료들을 통하여 간접적으로 경험할 수 있을 뿐이다. 계시적인 자료들인 상징은 신의 계시인 태양의 일면을 볼 수 있게 하는 짙은 색유리와 같다. 우리는 색유리로 태양의 강력한 광선을 차단하고 약한 광선만을 통과시켜 태양의 윤곽을 볼 수 있듯이, 상징을 통해서 신의 말씀 즉 계시의 일면을 들을 수 있다. 상징이 제공해 주는 희미한 빛줄기를 통해 신은 어떤 분이며 신이 무엇을 원하는가를 살필 수 있다. 성서의 자료들은 하나님을 보여주는 상징의 역할을 한다. 성서의 자료뿐 아니라 교회 전통 속에서 고백되어진 신조들이나 고백들의 언어들도 상징이다. 상징은 계시를 희미하게나마 보여준다. 바울 사도도 이렇게 말하였다.

> "지금은 우리가 거울 속에서 영상을 보듯이 희미하게 보지마는, 그 때에는 우리가
> 얼굴을 마주 볼 것입니다."(고전 13:12)

이것은 종말 이전에는 계시 즉 하나님의 말씀을 거울 안을 보듯이 상징을 통해서만 "희미하게" 볼 수 있을 뿐임을 상기시켜 준다. 우리는 신을 직접 볼 수 없다. 우리는 상징에 의해서 만들어진 가능성의 공간 안에서 그에 힘입어 신에 대해 말할 수 있을 뿐이다. 오늘의 현실 속에서 신의 말씀을 들으려면 ─ 태양을 보려면 색유리를 잘 사용해야 하듯이 ─ 상징을 바르게 사용할 수 있어야 한다. 즉, 상징을 바르게 '해석'할 수 있어야 한다. 그렇지 않으면 신의 말씀과 신의 뜻을 오도하고 왜곡할 수 있기 때문이다. 이에 다음 두 가지의 영역이 이 장의 논의를 이룬다. 첫째, 무엇이 권위 있는 계시적인 자료들인가? 둘째, 이 계시적 자료가 오늘의 상황에 계시의 말씀이 될 수 있도록 하는 해석의 방법은 무엇인가?

2. 계시적인 자료들

1) 계시 자료들의 유형: 상징, 신화, 교리, 성사, 이야기

계시적인 자료들을 상징이라고 할 수 있다. 신화, 교리, 성사, 이야기 등은 모두 하나님의 말씀과 하나님의 궁극적 실제를 가리키는 상징들이다.[1] 성서에 나오는 말씀들을 그대로 "하나님의 말씀" 혹은 "계시"라고 할 수 없다. 다만, 계시를 가리키는 상징적인 말씀일 뿐이다. 이렇게 말하면, 성서의 계시적 힘을 약화시키는 것이 아닌가 하는 염려가 생길 수 있다. 예를 들어, 성서에 "가난한 자는 복이 있다. 하늘나라가 그들의 것이다"라고 했을 때 그 말 그대로 하나님의 말씀이라고 보는 것, 즉 문자 그대로 진리라고 선포하는 것이 훨씬 더 가난한 자를 해방하는 힘을 가지게 된다. 문자는 상징일 뿐이니 그 상징을 해석하여 하나님의 말씀을 찾아야 한다고 하는 것보다, 문자 그대로가 하나님의 말씀이라고 믿어야 한다고 할 때에 문자는 더 큰 힘을 발휘할 수 있다. 종교적 근본주의의 문자주의가 강한 종교적 확신과 힘을 불러일으킬 수 있다는 것을 쉽게 볼 수 있다. 종교적 근본주의는 성서의 특별 계시이론과 성서의 무오류설을 신봉하면서 성서와 교리의 문자주의를 내세운다. 예를 들어 우상숭배자들을 진멸하라는 말씀이 있다고 하자. 그것을 문자적으로 받아들이면 다른 종교인들을 말살시키는 것을 하나님의 명령으로 받아들이게 된다. 지구 곳곳에서 기독교 근본주의자들, 이슬람 근본주의자들, 힌두교 근본주의자들은 생명과 평화에 위협적이다. 이처럼 문자주의는 위험하며, 그것은 성서와 교리의

---

1) 현대의 신학자들 중에 상징에 대해서 가장 권위 있게 설명한 사람은 폴 틸리히일 것이다. 그는 "궁극적인 실제"(the ultimate)를 표현하는 언어는 상징일 수밖에 없다고 보았다. 상징은 표지(sign)와 공통점을 갖고 있는데 그것은 자신을 넘어선 다른 것을 가리킨다는 점이다. Paul Tillich, *Dynamics of Faith* (New York: Harper & Row, 1957) p. 41.

언어가 가지고 있는 상징성을 보지 못하는 잘못을 저지르는 것이다.

성서의 텍스트나 교리들은 과학적인 언술로 구성된 것이 아니며, 그것 자체로 계시도 아니다. 성서는 하나님의 사랑 안에서 세상 속에서의 진정한 삶이 무엇인가를 표현하는 이야기나 시, 계명, 비유 등 상징적인 언어들로 구성되어 있다. 성서의 텍스트나 교리들은 문자적으로 하나님의 계시가 아니라 계시를 가리키는 상징들이므로 해석되어야 한다.

상징언어 중에는 예수의 직접 말씀처럼 계시에 가까운 상징이 있을 수 있고, 그것으로부터 멀리 있는 상징언어도 있다. 그것은 그 자체로 하나님의 말씀이 아니라, 그것을 가리키는 표지인 상징이다. 그러므로 상징언어 안에는 등급이 있을 수 있다. 예수의 직접 말씀일수록 계시적인 내용이 강하다. 이렇게 예수의 직접적인 말씀과 같은 것을 상징 중에서도 성사적인 것(the sacramental)으로 명명할 수 있다. 그러므로 이와 관련된 개념들을 다음과 같이 나누어 생각해 볼 수 있다. 계시(revelation), 성사(sacrament), 신화(myth), 상징(symbol), 은유(metaphor), 이야기(story), 표지(sign) 등이다.

• 상징, 표지, 은유: 상징은 표지(sign)의 일종이다. 표지는 임의로 만들어진 것이다. 누구나 표지를 만들 수 있다. 예로, 화살표는 그것이 가리키는 대상과 전연 다르지만, 그 대상을 향한 방향을 보여준다. 이에 비해 상징은 그 가리키는 대상과 유사한 점이 있다. 상징을 설명하기 위해서는 동류의 개념들과 함께 고려해 보는 것이 좋을 것이다. 상징을 은유와 신화와 비교해 보자. 상징과 은유는 그야말로 비슷한 말이다. 그런데 상징은 은유보다 그 대상에 더 가까우며 더 유사한 성격을 갖고 있다. 은유는 대상과의 유사성을 갖지만 상징에 비해서 그 정도가 낮다. 예를 들어, 바위가 신을 상징한다고 말하는 것보다, 신을 은유한다고 말하는 것이 더 적합하다. 백합은 청순한 흰색이므로 순결을 상징한다고 하지 은유한다고 하지는 않는

다. 사자는 용·맹을 상징한다고 하지 용맹을 은유한다고 말하지 않는다. 사자는 다른 어떤 동물들과도 싸워서 이길 수 있는 용기와 힘을 가지고 있기 때문이다. 보랏빛은 부활과 거룩함을 상징한다. 그런데 생수는 생명을 은유한다고 할 수 있고 상징한다고도 할 수 있다. 민중이 "예수의 상징"이라고 하는 것과 "예수의 은유"라고 하는 것을 비교해 보면, 상징이 은유보다 예수와 민중 사이의 유사성을 더 강조한다는 점을 알 수 있다. 은유는 유사성을 인정하면서도 다름을 강조하는 성격을 가지고 있기 때문에 상징에 비해서 좀더 시적인 상상력을 발휘하게 해 준다. 그럼에도 은유와 상징은 공히 무엇인가 다른 현실을 가리키고 드러내 준다는 점에서 공통된다.

• 상징과 신화: 이제, 신화와 상징과의 관계에 대해서 알아보자. 모든 신화는 상징적이다. 그것은 그 신화의 직접적인 담화를 넘어서서 다른 이야기를 전한다. 그런데 신화, 특히 성서에 있는 신화를 상징으로 보지 않는 사람들이 많다. 원시시대의 인간은 신화를 현실을 설명하는 사실적 이야기로 보았다. 시대의 변화와 지성의 발전에 순응하기를 거부하고 과거적 사고에 고착되어 있는 오늘날의 상당수의 근본주의자들도 신화를 과학적 이야기로 간주한다. 예를 들어 7일간의 천지창조를 문자 그대로 과학적인 것으로 믿는 경우가 그 예이다. 신화도 상징과 마찬가지로 문자 그대로를 취하여 실증적인 것으로 볼 것이 아니라, 그것이 가리키는 의미를 해석해야 한다. 모든 신화는 상징이며, 해석되기를 기다린다. 모든 신화나 상징이나 은유는 그것이 적절하고 조명적일 수도 있고, 부적절하고 오도하는 것일 수도 있다는 점을 고려해야 한다. 이들은 계시를 조명할 수 있고, 계시를 은폐하고 오도할 수 있다. 그렇기 때문에 이들을 해석할 때에는 소위 "의심의 해석학"이 요구된다.

신화와 상징은 역사를 대하는 태도에서 특별히 구별된다. 신화는 역사를 대체하는 성질을 가지고 있다. 신화가 역사를 대체하지 않고 역사를 위해 공헌하기 위해서는 자신을 문자 그대로, 역사적으로, 실증적으로 진실하다는 주장을 포기하고, 자신의 상징성을 인정하며 해석을 기다리는 지위에 있음을 인정해야 한다. 상징으로서의 신화는 역사와 대립관계에 있지 않는다. 그러나 신화가 사실(facts)의 지위를 주장한다면 역사를 대체하는 것이 된다. 상징은 역사의 의미의 "깊이"를 드러내 줄 수 있다. 예를 들어, "몸의 부활"의 상징은 인간과 역사의 완성으로서의 종말적인 의미를 잘 드러내 준다. 예로, 독일의 저명한 신학자 위르겐 몰트만의 '희망의 신학'은 몸의 부활의 상징을 잘 활용하였다. 상징은 역사를 해방하는 데에 기여할 수 있지만, 신화는 역사를 은폐하고 대체하거나 왜곡할 수 있다. 그런 면에서 어거스틴, 암브로스, 아퀴나스 등 고전적 신학자들이 신조(예, 사도신조)를 상징(symbol- um)으로 보았다는 점에서 이들의 신중함을 발견할 수 있다.[2] 이들에게 신조나 교리는 신비를 내포한 표지이다. 즉 상징이란 신비(mystery) 그 자체가 아니라 신비를 가리키는 표지이다.

원시시대의 인간들은 우주와 세상을 이해하기 위해 신화를 만들었다. 이들에게 신화는 그대로 역사요 과학이었다. 그러나 지성이 발전하면서 우주와 세상을 좀더 정교하게 설명할 수 있는 능력이 생기게 되고, 그러한 안목에서 다시 신화를 들여다보니 신화가 상징적 의미를 갖고 있는 것이지 역사적 사실을 표현한 것이 아니라는 것을 알아차리게 되었다. 인간의 문화사에서 상징은 항상 존재한다. 그러나 문화와 역사가 발전하면서 신화는 상징적인 것으로 이해된다. 신화가 역사이거나 과학적인 이야기가 아니라는 사실 때문에 부정적인 것이라고 보아서는 안 된다. 신화는 역사와 과학이 설명할 수 없는 영역을 설명해 준다. 이 영역은 영적이고 신적인

---

2) Nicholas Ayo, *The Creed as Symbol* (Notre Dame, Indiana: University of Notre Dame Press, 1989), pp. 4~7.

영역이며, 이것은 현실의 중요한 부분을 차지한다. 신화를 통하여 우리는 이러한 현실을 엿볼 수 있다. 성서에는 역사적인 자료, 신화적인 자료 그리고 시 등 문학적인 (fictional) 자료들이 섞여 있다. 신화적인 자료와 문학적인 자료들을 상징적인 것으로 이해하고 해석할 때 계시적 조명을 이끌어낼 수 있다. 역사적 자료들도 대부분 해석된 역사이므로 상징적인 의미를 내포하고 있다. 성서의 역사적 자료는 역사와 상징의 혼합 형태를 취하고 있다. 그러므로 소위 역사적 자료들도 오늘의 관점에서 그 의미를 해석하여야만 오늘 우리에게 주는 계시적 조명을 얻을 수 있다.

• 상징과 교리: 교회의 시대에 들어오면 교리들이 성립되기 시작한다. 교리는 대체로 신화를 포함한 상징적인 이야기를 합리적으로 요약한 것이다. 그러므로 교리는 상징과 신화에 기반한다. 특히 예수와 관련한 다양한 교리적 선언에는 신화적인 내용이 포함되어 있다. 그중 대표적인 것이 대속론이다. 대속론의 신화 뒤에는 두 가지의 전제적인 신화가 있었다. 원죄와 성육신이 그것이다. 원죄론은 첫 인간인 아담이 범한 죄가 우리의 의지와 무관하게 내려온다는 신화적인 설명이다. 특히 부모의 성관계에 의해서 원죄가 그 자손에게 이어진다는 이야기에 이르면 지성적인 근거가 부족해진다. 성육신론은 인간 예수는 말씀(로고스)이 육화된 상태이며, 태초부터 계신 분이며, 인성과 신성을 모두 가진 분이라는 이야기이다. 이러한 신화적 이야기들 위에 세워진 것이 인간의 죄를 구속하는 예수의 대리적 죽음의 속죄 교리이다. 앞의 두 신화들(원죄론과 성육신론)을 상징으로 받아들이지 않고 사실로 받아들이게 되니 자연스럽게 대리적 속죄론이라고 하는 교리로 나타날 수밖에 없었을 것이다. 대리적 속죄론은 그 이전의 신화들과 자체 내의 신화들 위에 형성된 신화적인 것이며, 이것은 위에서도 언급되었지만, 긍정적일 수도 있고 부정적일 수도 있다. 교리를 위해 동원되

는 신화는 가끔 계시·조명적 힘보다는 역사의 은폐와 왜곡으로 나아갈 소지가 있다. 실제로 대속론은 예수의 역사적 삶, 특히 예수의 십자가의 역사적인 의미를 은폐하고, 그 의미를 왜곡할 수 있는 소지가 크다. 예수는 속죄의 피를 흘리기 위해서 십자가에서 죽은 것이 아니다. 예수가 그것을 의도했었다고 볼 수 없으므로, 그것은 사실에서 다르며, 속죄론은 그 의미에서도 왜곡을 포함할 수 있다.

• 상징과 성사: 상징은 그 자체로 신적인 신비, 즉 계시가 아니다. 다만 그것을 가리키며 그것을 매개할 뿐이다. 상징 속에 이미 그 신비의 일부가 참여하고 있다. 그러나 흐릿하게 참여할 뿐이다. 그 흐릿한 부분을 해석의 끝로 드러내는 작업이 해석학적 작업이다. 이 작업에서 해석자는 그 상징이 보여주는 세계에 응답해야 하며, 그 안에 자신을 투신해야 한다. 예수가 민중의 상징이라고 하면, 예수에 응답하고 그에 대한 신뢰를 가져야 하고, 그에 투신하여야 한다. 민중이 예수의 상징이라고 한다면, 민중에게 투신할 때 민중을 통해 예수의 새로운 모습을 발견할 수 있다. 상징이 계시적 조명을 발휘하려면 상징을 비판적으로 보면서 동시에 그에 투신해야 한다. 맹목적인 신뢰나 투신은 상징을 신비와 동등한 것으로 오해하게 만든다.

그러나 의심의 여지없이 확신을 가지고 투신해야 할 것이 있다. 그것이 성사(sacrament)이다. 하나님의 신비, 하나님의 뜻으로 가득 찬 것을 성사라고 한다. 성사도 표지(sign)와 상징의 일종이다. 표지는 대상의 내용을 포함하지 않고, 다만 대상을 가리키는 일만을 담당하기 때문에 해석이 필요하지 않음에 비해서, 상징은 해석을 요구한다. 상징은 그 내용에서 대상과 닮은 부분이 있지만 그렇지 않은 부분도 있어서 상징을 해석할 때, 한편으로는 의심을 하면서 비판적으로 임하고, 다른 한편으로는 신뢰와 투신으로 임해야 한다. 이에 비해 성사는 온전한 신뢰와 투신만을 요구한다.

해석을 통해서 계시를 경험하는 것이 아니라 온전히 그 안에 참여함으로써 계시를 경험한다. 성사를 대하는 태도는 신뢰와 헌신이며, 우리는 성사 속에서 신과 구원을 경험한다.

성사 그 자체가 하나님의 말씀일까? 성사 그 자체가 하나님의 자기 계시일까? 그렇지 않다. 성사도 일종의 상징이요 표지일 뿐이다. 그러나 우리의 신뢰를 받을 만한 충분한 가치가 있는 것이므로 우리는 성사를 계시의 수준으로 올려놓는다. 다시, 성사는 계시이면서 계시가 아니다. 성사는 신비이면서 신비가 아니다. 일상적으로 떡과 포도주는 물질일 뿐이다. 그러나 그것은 예배와 신앙의 공간에서 온전히 신비를 대변한다. 예수의 말씀도 믿는 자들에게 그대로 가감 없이 하나님의 뜻을 대변한다. 예수의 직접적인 말씀들은 성사적이며 계시를 드러낸다. 그것은 신자들의 온전한 신뢰와 헌신을 요구한다. 따라서 예수의 말씀이 들어 있는 주기도문, 누가복음 4장의 예수의 공생애 선언(주의 영이 나에게 내리셨다고 한 말씀), 산상수훈 혹은 평지설교 등은 성사적, 계시적인 것으로 간주할 수 있다.

• 이야기: 계시는 이야기적 성격을 띠고 있다. 그것은 신화적인 이야기와 역사적인 이야기로 나뉜다. 계시는 하나님께서 자신 자체와 자신의 의지, 행위를 스스로 드러내는 것을 가리키며 그것은 인간에 의해서 경험되는 것이므로 직접적으로 사건적인 경험이 된다. 그것을 기록해 놓은 것이 성서에 있는 이야기들이다. 그것을 다시 축약하여 체계적 논리로 재구성한 것이 교리이다. 교리는 이야기로부터 정제된 것이며 자체가 계시적 사건을 대표한다고 말할 수 없다. 그리고 이야기보다는 실제의 계시 사건이 더 계시적이지만, 사건과 가장 잘 어울리는 것은 이야기이다. 성서는 유대-기독교적 신앙 구조를 형성해 주는 주요한 사건들을 이야기로 기록하고 있다. 계시적 자료는 주로 이야기로 나타난다. 그중 대표적인 것이 예수의

역사적인 삶의 이야기이다. 이것은 오늘날 우리의 현실을 일정한 방향으로 이해하도록 이끈다. 예수의 역사적인 이야기 외에도 출애굽, 예언자 등의 사건과 말씀을 포함할 수 있다.

2) 자료들의 계시성의 등급(degree)

하나의 자료가 오늘날에 계시적인 힘을 가지려면 그것이 오늘의 현실을 조명해 주는 능력을 얼마나 갖고 있느냐로 판단된다. 성서에도 억압적인 텍스트들이 매우 많다. 그것은 결코 계시적인 지위를 획득할 수 없을 것이다.[3] 기독교의 계시적인 전거는 성서에 집중되어 있다. 그러나 성서의 텍스트가 다 민중의 해방을 위한 계시적 효과를 내는 것은 아니다. 많은 경우 그 반대일 때가 많다. 예를 들어, 여성신학자들은 성서의 많은 부분이 가부장제 이데올로기에 의해서 짙게 채색되어 있음을 비판하고 있다. 사실, 성서의 많은 부분에서 지배권력의 이데올로기를 정당화하는 내용이 나타나고 있다.

성서에 나와 있다고 해서 그대로 계시라고 말할 수 없다. 안식일에 나무를 하다 들킨 사람을 돌로 쳐 죽이라고 한 신의 명령(민수 15:32~36), 전쟁 포로로 잡아온 미디안 여인들과 남자 아이들을 모두 죽이라는 명령(민수 31:17), 제단에 바치는 번제물에 대한 소상한 설명, 분향단을 어떻게 세우는가 하는 설명, 성막, 언약궤에 관한 규정, 제사장 예복 규정에 이르기까지의 이스라엘 초기의 율법규정 등이 오늘날에도 유효한 계시일 것인가? 번제, 화목제, 속죄제, 속건제 등 이름도 많고 절차도 복잡한 제사에 관한 규정을 오늘날에도 계시로 받아들일 수 있을까? 유월절, 무교절 등의 절기

---

3) 이 점에 대해서는 여성신학자들이 강하게 주장하고 있다. 예를 들어, Elizabeth S. Fiorenza, *In Memory of Her: A Feminist Theological Reconstruction of Christian Origins* (New York, N.Y.: Crossroad, 1989), p. 33 참조.

에 관한 규정, 7년째의 안식년(레위 25:1~7; 신명 15:1 이하), 50년째의 희년의 절기(레위 25:8~13)에 관한 규정도 있지만, 그것이 다 오늘날 우리들에게 유효한 힘을 갖지는 않는다. 다만 오늘날 생태환경적인 위기와 부채에 시달리고 있는 가난한 민족과 개인들의 핍박받는 삶의 정황 속에서 안식년과 희년에 관한 법은 새롭게 계시적인 힘을 갖게 되었다. 희년에 관한 법은 예수의 주기도문에 의해서 다시 강조되었다(누가 11:4, "우리가 우리에게 빚진 모든 사람을 용서하오니 우리의 죄를 용서하여 주시옵고").

민중의 해방을 위한 계시의 관점에서 볼 때 성서의 텍스트 간에는 그 계시성에서 정도의 차이가 있음을 확인할 수 있다. 계시성의 정도는 현실에 대한 대안성, 비판성 그리고 새로운 전망을 얼마나 나타내느냐에 달려 있다. 구체적으로는 "생명, 새로움, 정의, 사랑, 평화, 민중의 참여와 주체됨" 등에 의해서 결정된다고 본다. 이것은 신구약을 통해서 확인될 수 있다. 구약의 이야기 중에서 중요한 전거는 이집트에서 종살이 하던 히브리 민중의 해방사건인 출애굽 사건이다. 이를 통해서 우리는 성서의 신이 무엇을 추구하시며 어떤 분인지를 분간할 수 있다. 출애굽의 결과로 나온 모세의 율법에는 가난하고 약한 자들을 보호하는 내용이 주를 이루고 있으며, 이스라엘인들 사이의 평등 정신이 담겨 있다. 나아가서 예수는 가난한 자들이 하나님 나라의 주인이 될 수 있다고 선포하였다. 예수에 의한 계시적인 말씀은 가난한 자들이, 의를 위해 핍박받는 자들이 그리고 평화를 위해 일하는 자들이, 하나님의 나라를 차지할 것이라고 선포하고 있다. 여기에서 우리는 계시의 방향성을 알 수 있다.

계시적 자료가 우리 인간들의 삶의 의미를 들추어내는 힘이 있을 때 권위 있는 것으로 받아들여진다. 텍스트와 상징과 같은 계시적 자료가 권위 있는 것이 되기 위해서는 그것이 얼마나 계시적인가에 달려 있다. 진정한 계시적 자료는 스스로 권위를 유발하는 계시적 힘을 갖고 있다. 절대적인 교권과 같은 제3자의 권위에 의해서 자료에 권위가 부과될 경우 그것은 일시적인 효과밖에 없고, 장기적으로는 권위를 상실한다. 계시는 희망을 줄 뿐만 아니라 현실의 진실을 보게 해 준다. 계시는 마치 안경과 같다. 시력이 나쁜 사람에게 적절한 안경이 씌워지면 환하게 볼 수 있게 되듯이 이렇게 볼 수 있게 만드는 것이 계시이다. 그리고 그것이 볼 수 있게 하는 조명을 가지고 있다고 사람들이 인정할 때 그것은 권위 있는 계시 자료가 된다. 그 인정은 특정인들의 인정이지 모든 사람의 인정은 될 수 없다. 기독교인들에게 계시적인 것이 다른 종교인들에게도 계시적일 것이라고 기대할 수는 없다. 그러나 오늘날처럼 종교문화적으로 다원적인 사회에서 많은 기독교인들은 부처의 가르침 중에서 어떤 것들은 자신들의 삶의 의미를 이해하게 하는 조명적인 힘을 가지고 있음을 인정한다. 이렇게 본다면, 종교를 뛰어넘어 삶을 조명해 주는 계시적 자료들이 얼마든지 있음을 알 수 있다.

3) 현대의 추세: 계시적 자료의 확산의 경향

피터 허지슨은 폴 틸리히와 그 이후의 신학자들의 연구들을 종합하여 다음과 같이 신학을 위한 5가지의 자료를 제시했다. 그것들은 (1) 교회적 과정의 운반자로서의 성서와 전통, (2) 다른 종교적 전통, (3) 문화사와 문화신학, (4) 문화적 콘텍스트(상황, 사회적 자리), (5) 개인적 혹은 집단적인 종교적 경험 등이다.[4] 허지슨의 신학적 자료의 폭넓은 범위 획정은 민중신학의 계시적 자료를 논하는 데에 도움이 된다. 이것으로 위의 (1)과 (2)에서의 차등의 제거 그리고 우리들(민중)의 상황과 경험의 계시적 자료로서의 가치를 강조하고 있다. 그럼에도 우리는 신앙의 차원에서 그리스

---

4) Peter Hodgson, *Winds of the Spirit: A Constructive Christian Theology* (Louis- ville, Kenn: Westminster, John Knox, 1994), p. 27.

도인 예수에 대한 집중을 피할 수 없다.

위에서 제시된 허지슨의 신학적 자료에 대한 정리는 서남동에 의해서 이미 더 래디컬하게 주장되었었다. 서남동은 성서만이 신학의 규범이고 계시적 자료라고 하는 전통 신학의 주장을 뛰어넘으려고 했다. 그는 성서 자체가 이미 이것을 거부하는데 그 이유는 성서는 열려 있기 때문이라는 것이다. 그래서 성서를 절대적 계시나 규범으로 보지 말고 전거(point of reference)로 보자고 했다. 그는 이렇게 하여 신학적 전거의 범위를 확대하고 자 하였다. 그는 "교회사도 전거가 될 뿐 아니라, 특히 한국의 사회 · 문화 · 경제의 전개과정에서 보여지는 민중 전통도 하나의 전거로 삼을 수 있" 다고 했다.5)

민중신학을 위한 계시적 전거는 성서신학 연구가 발전할수록 확대되어 간다. 서남동은 민중신학을 위한 성서적 전거를 처음에는 출애굽 사건과 십자가 사건으로 국한했지만, 점차 그 범위를 확대하였다. 그가 민중신학의 연구를 진행하면서 새롭게 확대한 전거는 계약법전, 예언자들의 "아나빔(가난한 사람들)" 사상, "야훼의 고난받는 종", 초대교회의 흩어진 나그네들(베드로전서) 등이다.6) 오늘날 민중신학자들은 반(反) 혹은 비(非) 로마제국적인 바울에 관한 새로운 연구 성과들을 받아들이고 있다. 이렇게 연구의 진전에 따라서 민중신학의 성서적, 민중의 문화·전통적 전거는 확대된다. 이것을 계시의 확대과정이라고 하겠다.

이처럼 신학을 위한 성서의 계시적 전거가 확대되어감과 함께, 다시 다원주의적으로 확대되는 경향을 띠고 있다. 이러한 다원적인 확대의 경향은 성서와 성서외적 자료와 관련하여 강하게 일어나고 있다. 즉, 그동안 발견되지 못했던 성서 텍스트들의 의미들의 새로운 발견과 함께, 다른 종

---

5) 서남동, 『민중신학의 탐구』, 184쪽.
6) 서남동, 위의 책, 55쪽.

교 경전 속에서도 권위 유발적인 계시적 자료들 특히 탁월한 조명의 능력을 갖고 있는 계시적 자료들이 발견되고 있다. 신학자들은 이것들을 적극적으로 발굴해 내고 해석하여 동의(consent)를 획득하고자 한다. 이러한 노력은 기독교 신학자들에 의해서 이루어질 뿐 아니라, 종교학자들, 인문학자들, 철학자들에 의해서도 이루어지고 있다. 민중의 전통과 종교 속에 있는, 해방과 평화와 생명을 위한 존재론적인 깊이를 열어주는 사상, 이야기, 개념들을 발굴해 내고 해석해 내는 일은 우리의 삶 속에 계시적인 조명을 밝히는 작업의 일환이다. 이를 통해서 우리의 정신적인 삶이 더 풍부해질 것이다. 계시에 대한 다종교적인 확대 이해는 하나의 종교만을 고집함에서 오는 편협성을 극복하게 해 주고, 새로운 삶의 지평을 열어줄 것이라고 예상할 수 있으며, 이것은 민중신학적인 입장에서 환영할 일일 뿐 아니라, 필요하고도 긴요한 일이다. 다시 요약하면, 우리는 예수의 이야기를 가장 중요한 계시로 간주하지만 그 예수의 계시 때문에 다른 자료들의 계시성을 배격하는 것이 아니라, 그것들과 예수의 이야기 사이를 의미적으로 종합하여 오늘의 시대와 삶을 새롭게 열어갈 수 있다.

3. 계시적 자료의 해석

1) 계시의 기능

계시란 하나님이 누구인가, 하나님의 뜻이 무엇인가를 하나님이 스스로 드러내 보여주는 것이다. 계시는 하나님이 어떤 분인가를 드러내 주지만, 동시에 그것은 조명이 되어 세상과 우리의 구체적인 삶과 그 상황의 의미가 무엇인가를 밝혀 준다. 따라서 계시는 다음 두 가지의 기능을 갖는다. 첫째로, 신이 누구인가, 둘째로, 우리가 살고 있는 구체적인 이 세계, 역사, 삶, 상황의 의미가 무엇인가를 조명해 주는 기능이다. 그리하여 계시는 우리가 기독교의 진리에 부합하게 행동할 수 있는 근거를 마련해 준다. 위에서도 언급하였지만 이 두 가지의 기능은 하나로 묶을 수 있을 정도로 서로 긴밀하게 연결되어 있다. 왜냐하면 오늘 우리의 구체적인 상황과 그 상황에서의 구원의 희망은 신이 어떤 분인가와 연결되기 때문이다. 전통적인 신학일수록 첫째의 기능에 더 많은 강조를 두는 것에 반하여, 오늘날의 현실적인 문제들을 접근하려고 하는 실천적 신학일수록 둘째의 기능에 더 강조를 둔다. 이 장에서도 후자에 역점을 두게 될 것이다.

계시는 이해하게 하며 투신하게 하는 영과 상징과의 대화적 통합을 통해서 발생하는 사건이다. 성서는 말씀으로 구성되어 있다. 그러나 예전에 기록된 성서의 말씀은 문자 그대로 해석없이 오늘날을 위한 살아 있는 영의 말씀이 되는 것이 아니다. 영은 과거의 말씀에 종속되는 과거적 존재가 아니다. 영은 지금 여기에서 살아서 말씀하는, 살리는 힘이다. 기독교인들은 성서의 말씀을 통해서 오늘날의 영의 말씀을 듣고 그것에 고취되어 판단하고 행동할 수 있기를 바란다. 앞으로의 논의에서 보겠지만 성서의 말씀(상징어)이 영의 말씀으로 진전되는 과정에서 해석이 필요하다.

우리는 오늘날의 불확실한 현실 속에서 제한되고 불확실한 정보와 지식을 가지고 판단하며 행동에 뛰어들 때가 많다. 특히 사회적으로 논쟁되고 있는 사항 중에서 어떤 것이 더 옳은 선택인지 판단하기 어려울 때가 많다. 우리가 가지고 있는 정보와 지식의 제한성 때문이다. 나아가서, 우리의 이성은 너무나 자주 이해관계에 의해서 움직이는 것을 경험한다. 인간의 이성이 악하게 사용될 때가 있다. 인간의 이성이 자기도 모르게 악에 이끌릴 경우도 있다. 이것은 이성 그 자체는 자기를 제어할 수 있는 보다 높은 근거가 없기 때문이다. 그러므로 우리는 사회적인 사건들 이면에 있는 많은 정보들을 다 모른 채 그리고 우리가 판단한 일들이 미래에 어떻게 결말을 맺게 될지 모른 채, 지금 입장을 가져야 하고 현실 속에서 행동을 수반하는 결단을 내린다. 또 한편으로는, 우리의 이성은 우리의 이익을 도모하기 위해서 다른 선택을 배제하고 이익달성에 도움이 되는 것을 선택한다. 우리의 이성에는 다음 두 가지의 문제가 있다. 첫째로, 이성은 특정 인간의 한계 속에 있다는 것이고, 둘째로, 이성은 보다 높은 가치에 의해서 통제되지 않는다는 것이다. 그렇기 때문에 얼마든지 악한 일에 활용될 수 있다. 우리는 불완전한 지식으로부터 자유로울 수 없다. 불완전한 지식 속에서 판단하고 결단한다. 많은 경우 이러한 이데올로기로 우리 자신의 입장을 정당화하거나 그것을 절대적인 진리로 착각하고 주장할 때도 있다. 이데올로기에 기초한 행동은 결국 하나님의 뜻에 어긋날 수밖에 없다.[7] 이 모든 것은 하나님으로부터 오는 계시를 추구하는 이유가 된다.

상징의 해석을 통해서 얻어지는 계시는 어떠한 기능을 하는가? 계시의 실천적인 기능을 정리해 보면 다음과 같다. 첫째, 계시는 우리가 직면하는 사회, 정치, 경제, 문화적 사건의 전체를 비쳐 보게 해 준다. 동시에 우리들의 담론과 행동을 뒷받침하고 있는 숨은 동기들을 드러내 준다(조명으로서의 계시). 둘째, 계시는 사건에 참여하는 우리들이 신의 뜻에 맞게 행동할 수 있도록 방향과 입장을 잡아준다(목적적 가치로서의 계시). 셋째, 계시는 우리의 인간적인 판단이 항상 부족하다는 것을 상기시켜 주어, 방금 내렸던 판단이 임시적일 수밖에 없음을 기억하게 한다(열림으로서의 계시). 조명으로서의 계시는 인간 이성의 한계와 왜곡을 넘어서도록 이끄는 개념이며, 목적적 가치로서의 계시는 우리의 행동이 하나님의 나라를 지향하는 미래 지향적, 개혁적인 것이 되게 하는 개념이다. 그러나 우리가 계시에 기초하

---

7) Karl Barth, *The Christian Life*, Church Dogmatics IV, 4 Lecture Fragments, trans. Geoffrey W. Bromiley, (Grand Rapids, Michigan: Wm B. Eerdmans, 1981) pp. 224~227. 여기에서 바르트는 우리의 인식적인 판단이 이데올로기에 쉽게 사로잡힐 수밖에 없음을 잘 분석하고 있다. 본 필자는 칼 바르트의 이데올로기에 대한 통찰이 오늘날에도 많은 공감을 준다고 본다.

여 내렸다고 생각하는 판단이나 행동도 결국은 인간적이고 임시적일 수밖에 없음을 인정하여야 한다. 닫힌 판단은 또 다른 이데올로기일 뿐이다. 우리는 이렇게 지속적으로 열린 상태에서 신중하게 우리의 행동을 결정해야 한다. 이렇게 보다 나은 판단을 향해 열어주고 올바른 실천을 할 수 있게 하는 동인이 계시이다. 계시는 성령에 의해서 우리에게 알려지는 신적인 지혜이다. 계시는 우리를 노예로 만드는 다양한 이해관계에서 해방시켜주어 바르게 생각하고 행동하도록 방향을 잡아주며, 사태의 본질을 꿰뚫어볼 수 있는 조명을 비추어 사물에 대한 통찰력을 높여주는 기능을 한다. 그래서 계시는 살아 있는 진리로서, 자유와 해방을 낳는다.

2) 계시와 가난한 자

성서의 기록물 속에 계시의 영이 있는 것이 아니라, 그것을 오늘의 현장 속에서, 현장과 대화하는 과정 속에서 계시의 영이 말씀하신다. 여성신학, 흑인신학, 민중신학은 여성, 흑인, 민중의 고난의 경험 속에 이미 "해답"이 존재하며, 그 해답은 성서의 메시지를 분명하게 하는 데에 중요한 역할을 한다는 점을 강조하고 있다. 정통주의적인 신학일수록 우리의 경험에는 "해답"이 존재하지 않으며, 영적인 대답은 오직 기독교 메시지 안에 즉 성서 말씀 안에 있다고 주장하지만, 그러나 실제로 계시 경험을 현상학적으로 들여다보면 그렇지 않다. 문자는 살리는 영이 될 수 없다. 문자는 살리는 영을 불러일으키는 매개적인 역할을 할 뿐이다. 문자는 영을 일으킨다. 문자가 권위 있는 언어일수록 특정 상황에 있는 우리에게 조명을 비추어준다. 그러므로 문자와 우리의 경험 사이의 관계 속에서 영과 계시의 조명의 사건이 일어난다. 살리는 영은 그 언어(이야기)를 오늘날 우리 삶의 경험 속에서 읽을 때 즉, 성서 속에 있는 이야기와 오늘날 우리 경험 사이의 역동적인 대화 속에서, 말씀하시는 것이며, 이 경험 속에서 계시의 사건이 일어난다.

성서의 계시적 사건을 보도하고 있는 이야기들은 모두 사회적·역사적 상황 속에서 일어났다. 하나님의 역사는 사회적·정치적 상황 속에서 일어나고 있다. 그리고 하나님의 말씀이라고 불리는 예언자들의 계시적인 말씀도 사회적인 상황 속에 있는 존재들을 위한 말씀이다. 즉, 불의와 폭력이 난무하고 있는 상황 속에서 신은 정의와 평화를 예언자들의 입을 통해서 전했다. 계시적인 말씀은 모두 사회적인 상황 속에 구체적으로 존재하고 있는 인간들을 겨냥한 말씀이었다. 예수의 활동과 말씀도 사회·정치적인 현실 속에서 일어난 사건들이었다. 바울도 로마제국의 치하라고 하는 구체적인 사회·정치적인 상황 속에서 평등적인 에클레시아를 위한 말과 행동을 제시했던 것이다. 여기에서 우리가 유추할 수 있는 것은 계시는 결코 역사적인 현실과 분리될 수 없다는 것이다. 계시는 우리들의 구체적인 경험과 분리될 수 없는 것이다. 그 경험과 사건 속에서 계시가 발견된다고 하겠다. 우리는 이것을 성서의 텍스트에서 확인할 수 있다. 여성신학자들은 이를 간파하고, 여성의 가난과 고난과 한의 경험 속에 영이 함께 하고 있으며, 여기에서 하나님의 계시를 볼 수 있다고 하였다.

서남동은 계시의 진정한 매체는 가난한 사람들, 특히 일하는 가난한 사람들이라고 했다. 그는 이렇게 말한다: "역사적 계시의 물질적 실체, 곧 '몸'은 '가난한 사람'이다. 그렇기 때문에 우리가(오늘의 교회가) 성서적 계시와 복음에 참여하고 상속받으려면 가난한 사람들과 연대해야만 한다는 것이다. 역사적 구조적인 복음과 계시로부터 그 구성요인인 '가난한 사람들'을 사상해 버리고 남는 것은 추상적인 이념인 계시, 복음뿐이다. 그러한 것은 허구요 아편이다." "가난한 사람들" 즉 "속죄양들"과 연대할 때만 우리는 계시를 "이어받는" 것이다. 그렇기 때문에 그는 계시의 매체인 가난한 자는 "역사적 계시"를 구성하는 구성적인 요인이라고 하였다.[8] 가난한 민중의 눈과 가슴은 영의 진정한 활동을 분간하는 시선이다.

3) 간접적 계시의 추구

폴 틸리히는 계시를 구성하는 세 가지 요소가 있다고 하면서, 계시의 주체가 있고, 계시를 담고 있는 계시의 매체가 있고, 그 매체가 계시적인지를 분간하여 수용할 것을 판단하는 수용자가 있다고 하였다. 매체는 수용자에 의해 수용되는 것인데 그 수용의 계기 속에 해석의 과정이 포함된다. 해석은 수용뿐 아니라, 창조, 활용, 적용도 포함한다. 계시적 자료, 즉 참고 자료, 혹은 상징 등 이러한 것들은 해석을 낳는다. 신학은 이러한 수용이 진정한 것이 되도록 보다 창조적인 해석과 활용을 요구한다.

신학 특히 해석학에 있어서 계시는 항상 간접계시로 경험된다. 직접계시는 그리스도의 시대로 끝났다고 보는 것이 적합할 것이다. 그 이후의 교회시대는 간접적 계시의 시대라고 하겠다. 신학은 예수 그리스도와 이스라엘 조상들의 직접계시(direct revelation), 원래의 계시(original revelation)들을 오늘날의 상황에서 새롭게 해석하는 임무를 갖고 있다. 이것은 간접계시, 혹은 의존적 계시를 모색하고 찾는 것을 말한다. 우리 시대에 경험하는 계시의 경험은 의존적인 것이고 간접적인 것이다. 엄밀하게 말하면 성서도 간접계시의 범위에서 벗어나지 못한다. 모세와 예수는 직접적인 신 경험 즉 직접적인 계시를 경험하였지마는 성서는 이들의 직접적인 계시를 이들이 직접 기록한 것이 아니라 다른 저자들이 "성령의 감동" 아래에 간접적으로 기록해 놓은 것일 뿐이다. 오늘날 우리에게 "선물"처럼 다가오는 계시는 간접적이며 의존적인 계시이다.

---

8) 서남동, 위의 책, 357쪽.

4) 마음의 변화: 약자에로의 회심

신에 관한 것, 신의 속성, 신의 뜻 등이 드러나는 것을 계시라고 하는데, 바울은 이러한 계시를 분별하는 것이 중요하다고 했다. "여러분은 이 시대의 풍조를 본받지 말고, 마음을 새롭게 함으로 변화를 받아서, 하나님의 선하시고 기뻐하시고 완전하신 뜻이 무엇인지를 분별하도록 하시오"(로마 12:2). 하나님의 뜻은 계시를 말하며, 그 계시를 분별하기 위해서는 마음을 새롭게 해야 한다는 것이다. 마음이 새롭게 된다는 것은 성령의 감동을 받는 것을 의미할 수 있으며, 이것은 성령의 감동으로 그리스도가 임재한다는 것을 의미한다. 전통에서는 성령의 감동에 의한 그리스도의 임재가 없을 때, 성경의 말씀이 계시가 되지 않는다고 했다. 성령의 임재는 회개와 돌아섬을 동반한다. 회개 속에는 민중에로의 회심이 포함된다. 민중으로 돌아선다는 것은 곧 약자에 관심을 기울였던 예수에게로의 돌아섬을 뜻하며, 이러한 돌아섬이 선행되어야 그동안 보이지 않았던 것이 보이게 된다. 성령의 감화와 민중에의 돌아섬은 직접적으로 연결된다. 성령의 감화와 민중으로의 돌아섬(turn to the minjung)으로 우리는 계시를 간접적으로 경험하게 된다. 우리가 새로워지면 계시적 성서의 말씀들이 우리에게 감동적으로 읽혀진다.

이 시대의 풍조를 본받지 말라는 바울의 말씀은 맘몬 즉 권력과 재력이 있는 곳을 향한 마음으로부터 돌아서서 민중의 자리로 돌아가라는 것으로 해석할 수 있다. 기독교에서는 예수 그리스도의 이야기가 계시를 가장 잘 드러낸 완성된 형태라고 이해한다. 계시는 구약시대로부터 그리스도 그리고 교회에까지 진행되어 왔다. 아브라함의 길 떠난 얘기, 야곱, 이삭 등 족장들 이야기, 모세의 출애굽 이야기, 예언자들의 말씀과 이야기 등등에서 나타나는 하나님의 계시들은 예수 그리스도의 계시를 예비해 주었다. 예수 그리스도가 보여준 하나님의 계시는 이 모든 계시를 완전하게 해 주었다. 민중의 자리로 돌아섬은 예수 그리스도와의 합일을 의미한다. 오늘의 시대는 약자들을 희생시킴으로써 안정과 발전을 기하는 사탄적 질서가 지배하고 있다. 예수와의 합일은 비역사적인 신비의 세계로 빠져 들어가는 것이 아니라, 이러한 사탄의 유혹과 생명 파괴의 세력으로부터 이미 정신적으로 해방되었고, 실질적으로 이 세력에 저항한다는 것을 의미한다.

5) 계시적 자료들 사이의 상호 대화, 배움, 변화

위에서 우리는 계시적 자료들의 원천이 다양할 수 있음을 보았다. 그런데 오늘의 현실을 이해하는데 단일한 계시적 자료에만 의존한다면 그만큼 제한적이 될 수 있다. 그러므로 다양한 계시적 자료들 사이에 상호 대화가 일어나서 서로의 배움과 상호 변화가 일어날 수 있도록 노력해야 한다. 다른 종교 경전의 가르침이 우리에게 그대로 계시의 힘을 발휘할 수도 있겠지만, 그것이 기독교의 계시적 자료와 연계되어 대화하는 가운데 보다 상승된 배움과 변화가 일어날 수 있다. 예를 들어, 동학 경전의 말씀을 계시의 가르침으로 보아야 하는가? 우리가 동학교도가 아닌 한, 동학의 경전 말씀을 계시적인 것으로 받아들이기는 어려울 것이다. 그러나 동학의 말씀을 그리스도의 계시 안에서 다시 읽을 때 계시적인 힘을 발휘할 수 있다. 그 반대도 성립한다. 즉, 그리스도교의 계시를 동학의 말씀 안에서 다시 읽을 때 그리스도의 계시에 대한 이해가 새로워질 수 있고 깊어질 수 있다.

성서나 한국의 민중 전통 특히 동학의 경전은 고난을 뿌리로 한 경전들이다. 경전 시대와 오늘날 민중 고난의 현실을 염두에 두지 않고 성서나 동학 경전을 읽는다면 그 진정한 의미를 이해할 수 없다. 고난의 민중에 의해서 고대에 만들어진 경전을 읽는 현대인들은 주위의 고난당하는 민중과의 연대와 동참 속에서 경전을 읽을 때 그 경전의 의미에 근접하게 될 것이다.

서남동은 이러한 계시적 자료들 상호 간의 대화 과정과 서로 배움과 변혁의 과정을 합류라고 하는 상징어로 표현하였다. 계시적인 자료들, 즉 전거가 될 수 있는 것들을 찾아내는 과정 자체가 신학의 중요하고도 필수 적인 과정이다. 그것은 성서적 전거, 교회사적 전거, 한국, 아시아, 전 세계 의 민중운동적 전거이며, 신학은 이것들의 "합류"를 조성한다. 이 속에서 "현재의 성령의 역사"를 분간해 내는 작업이 서남동의 말을 빌리면 "성령 론적 공시적 해석"이며, 이 해석은 지금의 해방을 위한 현실의 경험과 맥락 에 적합하기 때문에, 즉 현실 속에서 영의 역사 즉 생명, 새로움, 정의, 사 랑, 평화, 민중의 참여와 주체됨이 일어나는 경험과 맞기 때문에 적합한 것, 즉 계시적이라고 한다.9)

6) 계시와 성령

교회전통에서 계시는 성령의 감동 감화 아래에서 인간에게 나타나는 현상이라고 보고 있다. 요한복음서 기자는 성령은 예수 그리스도를 기억 하게 한다고 선언하였다. "아직도 나는 할 말이 많지만 지금은 너희가 그 말을 알아들을 수 없을 것이다. 그러나 진리의 성령이 오시면 너희를 이끌 어 진리를 온전히 깨닫게 하여 주실 것이다. 그분은 자기 생각대로 말씀하 시지 않고 들은 대로 일러주실 것이며 앞으로 다가올 일들도 알려주실 것 이다. 또 그분은 나에게서 들은 것을 너희에게 전하여 나를 영광스럽게 하 실 것이다."(요한 16:12~15). 요한복음서의 이 말씀은 성령이 성자인 예수 그 리스도에 종속되는 존재라고 했다. 즉 성령은 자기 생각대로 말씀하지 않 고 들은 대로 일러주실 것이라는 것은 결국 성령은 회상하고 기억하게 하 는 역할을 할 뿐 새로운 것을 보태지 않는 것처럼 들린다. 그러나 다음의

---

9) 서남동, 위의 논문, 같은 책, 78~79쪽.

요한복음서의 말씀에서는 예수의 일을 기억하게 하는 동시에 다른 모든 것들도 가르친다고 했다. 즉, "이제 아버지께서 내 이름으로 보내주실 성령 곧 그 협조자는 모든 것을 너희에게 가르쳐 주실 뿐만 아니라 내가 너희에게 한 말을 모두 되새기게 하여 주실 것이다."(요한 14:26).

요한복음에서 성령은 예수의 말씀을 기억하게 한다(remember)고 했다는 점에서 성령은 예수의 말씀을 오늘의 현실에서 반복하도록 만드는 것이 아니라, 기억하게 하는 분, 달리 말해, 창조적으로 재해석할 수 있게 감동과 지혜를 주시는 분이라 하겠다. 성령은 모든 것을 가르쳐 줄 것이며 예수의 말씀과 일도 기억하게 한다는 점에서 거룩한 영은 해석의 과정에 필수적으로 참여한다. 성령은 예수 그리스도의 원계시의 반복이 아니라 새로운 상황 속에서 그리스도의 계시에 대해 증거하게 해 주시는 분이다.10) 오늘날 계시를 접할 수 있는 길은 성령의 능력 안에서 예수의 행위와 말씀을 오늘의 현실 속에서 재구성하는(re-member!) 방식을 취할 수밖에 없을 것이다. 그렇다면 기억은 기억으로 머무는 것인가? 기억한다는 것을 오늘의 현실 속에서 새롭게 재구성하는 것이라고 한다면, 그 기억은 오늘의 현실과 상관적 관계 속에 있는 것이다. 그 기억은 오늘의 현실을 변혁시켜 주는 힘을 내포한다. 과거의 유일회적 계시 사건은 오늘의 현실에 의미 있는 사건으로 새롭게 기억된다. 과거의 계시 사건은 미래를 위한 약속이요 예견이다. 출애굽 사건도, 예수의 십자가와 부활 사건도 미래적인 약속이 된다. 위르겐 몰트만의 희망의 신학에서 이것을 잘 설명해 주고 있다.

---

10) 김균진은 이렇게 말한다. "그리스도의 계시 이후의 시대는 그리스도의 계시가 반복되는 시대가 아니라 회상되는 시간이다. 여기에서 회상이라는 말은 언제나 일어난 사건을 단순히 회고하거나 뒤돌아보는 것을 뜻하지 않는다." 이어서 그는 다음과 같이 말한다. "회상이란 그리스도의 계시가 분명히 특정한 공간과 시간 속에서 일어난 **과거의 사건으로 확보되면서 오늘 우리에게 현재화되는** 것을 뜻한다." 김균진, 『기독교 조직신학 I』(연세대학교출판부, 1984), 148쪽.

몰트만의 약속으로서의 계시는 특히 그리스도의 부활 사건에서 전형적으로 볼 수 있는데, 부활은 미래에 대한 약속이며 이 약속에 기반을 둔 희망 앞에서 오늘의 현실은 모순되고 변혁되어야 할 것이 된다. 계시는 현재와의 모순적인 관계를 가진다. 계시는 현재의 연장선에 있는 것이 아니라, 현재를 뛰어넘는다.[11] 계시는 현재의 현실과 모순되며 현실을 변혁하는 내적인 동인이 된다. 계시가 현재의 경험을 변혁하는 동인이 되기 때문에 계시를 인식의 근거로 삼는 신학은 변혁적이 되지 않을 수 없다. 신학은 세상을 해석하는 일에 머무르는 것이 아니라 세상을 바꾸는 것을 본령으로 삼는데, 그 이유는 계시가 신학에서 핵심적인 위치를 차지하기 때문이다. 이렇게 볼 때 계시 대신에 전거라는 말만을 사용할 경우 놓치는 측면이 있다. 그것은 계시가 가지는 현실과의 날카로운 모순된 관계가 전거라는 말 속에서 무뎌질 수 있기 때문이다. 전거는 오늘의 현실을 둘러싼 기존 현실에 명백히 대조되는 측면이 강조되지 않는다는 점에서 불충분한 개념일 수 있다.

민중신학은 기본적으로 예수 그리스도, 특히 역사적 예수를 기준점으로 하고 그 주위를 도는 신학이며, 성령에 대해서 높은 강조점을 두는 것도 역사적 예수와의 관련 하에서 그러하다. 성령이 임하는 장소는 교회뿐 아니라 개인과 사회와 역사와 문화 그리고 자연 전체이다. 그렇기 때문에 기독교 종교의 문화, 사회, 역사는 따로 있을 수 있어도, 성령의 문화, 사회, 역사는 따로 존재하지 않는다. 모든 것이 성령의 영역이다. 예수 그리스도와 직접적인 관계 속에 있는 성령은 사회와 역사뿐 아니라 자연 속에서도 활동하는 생명의 영이다. 생명을 창조하고 존재하는 만물들을 새롭게 하시는 영이다. 영의 사건은 곧 현존하는 예수 그리스도의 사건이다. 새롭게

---

11) 이 점에 대해서는 위르겐 몰트만, 『희망의 신학』, 전경연·박봉랑 역(대한기독교서회, 1973) 102쪽 이하 참조.

하는 영은 역사와 세계 속에서 인간과 자연과 함께 고통으로 신음하시며, 새롭게 변혁하는 새 생명의 원천이 되신다. 성령이 임하는 모든 현실 속에 계시적인 사건이 일어난다. 그렇기 때문에 모든 현실의 사건들은 모두 계시의 매체가 될 수 있다. 다만 성령의 임재에 의해 경험되는 계시는 — 폴 틸리히에 의존하여 설명하면 — 종속계시 혹은 간접계시의 범주에 속한다.12) 이 매체를 통하여 생명의 영이 자기 자신을 보여준다. 시대의 의미를 분간하는 것은 시대 속에서 활동하시는 영을 분간하는 것과 같다. 영은 하나님의 종말적인 완성을 향하여 이 역사를 이끄는 자비로운 생명의 영이시다.

원래의 계시 사건(예수의 사건)을 경험한 사람들은 이것을 후세에 전달하기 위해서 글로 표현하여 남겨 놓았다. 예수의 사건을 경험한 사람들은 이 전거적 인물(paradigmatic figure)인 예수에 대해 언어로 표현하게 되었다.13) 그 글들 즉 이야기들은 성서 속에 수집되고 기록되었다. 이 기록된 이야기들은 원래의 계시적 사건과 경험을 매개한다. 이 매개체인 기록된 이야기들과 언어들은 오늘의 현실 속에서 새롭게 해석되어질 때에 우리에게 "패러다임적" 혹은 "계시적"인 기능을 발휘한다. 여기에서 이러한 자료들은 해방적으로 변혁하는 방법으로 해석될 때에 패러다임적, 계시적인 능력을 발휘할 수 있다. 그러한 면에서 계시는 한편으로는 우리의 상황과 그 안에서의 경험과 다른 한편으로는 이러한 이야기들과 언어들 사이의 해석학적인 관계(hermeneutical relation) 속에서 일어난다고 하겠다.14)

---

12) Paul Tillich, *Systematic Theology I* (Chicago, Ill: University of Chicago Press, 1951), p. 127. 직접계시는 그리스도에 의한 직접적인 계시 경험을 말하며, 간접계시란 직접계시에 의존하여 경험되는 그리스도 이후의 계시 경험을 말한다.

13) Hodgson, p. 21.

14) 이 점에 대해서는 위의 Hodgson의 책 20쪽을 참조하라. 그러나 여기에서 Hodgson은 나의 위의 입장과 다른 입장을 제시하고 있다. 그에 의하면, 계시는 "근거 경험"(root experiences, 이것은 원래적 계시의 사건을 말함)과 그것을 표현하는 매개(media of expression) 사이의

계시 사건이 성령에 의해서 일어난다는 것은 오리겐을 비롯한 초기의 신학자들이 발견한 점이다.[15] 예수도 성령이 그 안에 참여했기 때문에 계시적인 기능을 발휘했다. 성서는 영의 고취 속에서 기록되었다. 이러한 이해를 오늘날에 적용해 보자. 만약에 성령이 이 역사 속에 참여하고 있다면 이 역사에서 일어나고 있는 일들이 비록 인간들의 일들이긴 하지만, 그중 어떤 일들 (이것들은 성령의 매체가 된다!) 안에는 분명히 성령의 움직임과 고취가 내재해 있을 수 있다고 생각해 볼 수 있다!

7) 매개에 의한 영의 고취와 분간

계시의 경험은 영의 고취와 영의 분간 모두를 포함한다. 영의 고취는 매개에 의해서만 일어나는 것이고, 영적인 고취의 진정성은 그 매개가 가지는 가치(즉 그것이 조명이나 열림과 목적적 가치의 힘을 가지고 있는가에 따른 가치)에 의해서 분간되며, 그 영적인 고취가 가져오는 개인적 사회적 삶에 끼치는 영향의 결과에 의해서 판단된다. 특히 영적인 고취의 결과는 민중에로의 회심을 가져오며 이 회심은 그동안 우리의 시야에 들어오지 않아서 보이지 않았던 것들이 우리의 시야에 들어오게 한다. 이전에 보지 못했던 것들이 보이기 시작한다. 그리고 이 역사 속에서 특히 민중(의 역사) 속에서 일어나고 있는 영의 움직임을 분간하는 눈을 갖게 된다. 계시가 영의 경험이라고 한다면 그것은 이 땅에 고난당하는 약자인 민중에로의 회심을 포

해석학적 관계 속에서 일어난다는 것이다. 그러나 이러한 그의 주장은 오류라고 판단된다. 그가 말했듯이 원래의 계시적 근거의 경험과 그것을 표현하는 매개 즉 이야기는 같지는 않지만 그러나 분리되지도 않는다. 그 둘 사이의 해석학적인 대화는 원래 불가능하다. 왜냐하면 원래적 근거 경험은 우리 앞에서 재연될 수 없기 때문이다. 다만 대화는 오늘날의 우리들의 경험과 그 매개 사이에서만 가능하며, 해석학도 마찬가지로 이 둘 사이의 대화 속에서만 이루어질 수 있다. 그러므로 원래의 근거 경험은 재연될 수 있는 것이 아니라 해석학적인 관계 속에서 매개에 의해 간접적으로만 재창조될 수 있을 뿐이다.

15) 이 점에 대해서는 Wofhart Pannenberg, Systematic Theology Vol. 1, trans. Geoffrey W. Bromiley, (Grand Rapids, Mich: Eerdmans, 1988) 216쪽 등 참조.

함한다. 영의 경험이 민중에 대한 관심과 헌신과 무관한 것이라면 그러한 영 경험은 개인주의적인 것이며 진정성이 부족한 것이다.

민중의 역사 속에서 해방과 생명을 창조하며 움직이는 그 영은 지금도 우리의 역사 속에서 움직이고 있다. 우리는 역사의 외형을 반복하는 것이 아니라, 그 역사 속에서 움직이는 영을 새롭게 재연하는 것이다. 그러므로 우리의 역사적 사건들은 미래 세대를 위한 패러다임 혹은 전거가 된다. 그 패러다임의 외형을 그대로 반복하는 것이 아니라, 외적인 사건 속의 해방의 영의 활동이 반복되는 것이다. 예를 들어 산업선교 운동이 1970~80년대에 민중운동으로서 활발했었지만, 그것을 새로운 시대적 상황 속에서 그대로 반복하고자 한다면 시대착오가 된다. 우리는 새로운 상황 속에서 과거의 패러다임 속에 나타났던 영의 고취를 오늘의 현장의 요구에 적합하게 다시 경험하는 것이지 과거의 패러다임적 사건의 외형적 사실들을 재연하는 것이 아니다. 외형적 사실의 반복은 메마른 문자주의와 동유일 뿐이다. 서남동의 다음 발언은 매우 중요하므로 전문을 인용한다.

한마디로 『성서』를 지금의 '참고서'로서 해석하는 방법입니다. 과거의 사건이 그대로 지금 되풀이되는 것은 아니거든요. 우리가 지금 하나님의 뜻에 맞게 결단하려 할 때, 모세는 어떻게 결단했고, 바울은 어떻게 결단했는가를 '참고'로 보자는 것입니다. 성령이란 항상 내재적(內在的)이고 지금 하시는 하나님의 활동이거든요. 지금의 성령감동은 부차적이고 바울의 성령감동은 원초적이라면 하나님은 과거의 하나님이지, 지금의 하나님은 못 되는 것입니다. 성령은 지금 살아 계신 하나님입니다.[16]

---

16) 서남동, 위의 책, 166쪽.

지금의 성령의 활동을 분간하는 길은 무엇인가? 서남동의 주장대로, 바울의 성령감동이 원래적이고 지금의 성령감동이 부차적이라면 우리는 과거주의의 오류에 빠진다. 그렇다고 과거의 것을 그냥 무시하고 현대의 경험만을 취하다 보면 주관주의와 열광주의 등에 빠질 위험이 있다. 우리 시대의 영의 경험은 항상 매개적이다. 매개는 과거로부터 온다. 과거에 존재했던 것 중에서 오늘날에도 그 영적인 가치를 가진 것들이 매개가 된다. 계시는 이러한 매개를 통해서 얻어진다. 매개가 없는 직접적인 계시는 그야말로 주관적이고 자의적일 수밖에 없을 것이다. 우리가 예수였으면 어떻게 했을까를 생각하는 것이지 우리가 존재론적으로 예수가 되고자 하는 것은 아니다. 매개 없는 직접계시는 불안하고 위험하다. 우리에게 오는 계시는 간접계시이다.

우리가 영과 계시에 대해 논의할 때 상징, 패러다임과 같은 매개를 끌어들이는 이유는 영과 계시는 결국 매개를 통해서 경험되어지기 때문이다. 열광주의자들은 칼빈이 비판한 대로 직접계시를 받았다고 주장할 수 있다.[17] 칼빈은 성경을 멀리하고 영과 계시를 추구하는 사람들은 위험하다고 했다. 제멋대로 종교를 만들 수 있기 때문이고, 사람들을 잘못된 길로 호도할 수 있기 때문이다. 그리하여 칼빈은 성경을 통한 영적인 분간과 경험이 있어야 한다고 강조했다. 이러한 입장은 요한복음의 기자에게서도 발견된다. 요한복음에서 예수는 성령은 자기 마음대로 말씀하지 않고 들은 대로 하신다고 했다.

---

17) 존 칼빈, 『기독교강요 상』(크리스찬 다이제스트, 2003), 원광연 역, 제9장, 108~110쪽.

4. 상징은 계시를 범하지 않는다

　지금까지 계시적 자료는 무엇이며, 그 자료들을 어떻게 해석할 수 있는 가에 대해 논의하여 보았다. 오늘의 상황을 조명하고 상황 속에 적합한 진정한 해방의 길을 보여줄 수 있는 것은 계시라고 보았다. 오늘날 우리가 경험할 수 있는 것은 매체 즉 계시적 자료인 상징들을 매개로 하는 간접계시라는 점을 밝혔다. 간접계시에 이르기 위해서는 과거로부터 내려오는 권위 있는 계시적 자료들을 오늘날의 상황 속에서 읽고 성찰할 때에 오는 영적 고취가 필수적이라는 사실도 밝혔다. 해석은 영적인 고취를 얻어 해방의 삶을 사는 것을 목표로 한다. 깨달아 안다는 것은 그에 기반한 실천으로 이어지기 때문이다.

　본 연구자는 계시적 자료는 계시 자체가 아니라는 점을 강조하였다. 계시적 자료는 간접계시를 발할 수 있는 매개가 될 수 있다는 점에서, 계시를 가리키는 상징일 뿐이다. 상징은 유사함과 다름을 함께 갖고 있다. 상징이 계시의 자리를 넘보아서는 안 된다. 위에서 보았듯이, 신화가 그러한 일을 가끔 범해 왔다. 그러므로 상징을 해석하는 과정에서뿐 아니라, 계시적 자료들(진정한 상징들)을 선택하는 과정에서도 의심의 해석학이 요청된다.

　성령의 경험은 계시 경험과 근본적으로 동일한 것이다. 계시가 인식적인 측면과 관련된다면, 성령은 삶의 전체적인 생명력과 관련된다. 계시는 성령에 의해서 경험되어지는 것이므로 계시의 영향은 삶의 전반적인 부분에 미친다. 오늘날 경험되는 간접계시가 매체의 매개를 필요로 하지만 매체에 종속되지 않는 것처럼, 성령은 예수 그리스도에 의존하지만 예수 그리스도에 종속되지 않는다. 성령은 예수와 끊을 수 없는 관계 속에 예수에 의존하지만, 그에 종속되지 않고 시대적 한계에 있었던 예수를 뛰어넘어 오늘의 역사 속에서 새로운 일을 한다.

제5장
삼위일체

1. 왜 삼위일체인가?

본 연구자는 예수 그리스도의 의미에 대해 제1부에서 논의하였다. 이제 삼위일체를 말해야 할 차례가 되었다. 삼위일체는 성령이 있어야 성립되고 성령의 관계적 역할에 의해서 성립되므로 성령이 삼위일체의 중심을 이룬다. 삼위일체는 구약시대의 만물을 창조하시고 역사에 개입하시는 성부 하나님, 신약시대의 그리스도 그리고 교회시대의 성령이 고백되면서 예배 공동체에서 이 세 분에게 같은 찬양을 드리게 되었고, 그러면서 신앙의 중요한 요소가 되었다. 구약의 창조주 하나님을 성부로 보게 된 것은 예수가 그 신을 아버지로 불렀기 때문이다.

신은 한 분인데, 동시에 성부, 성자, 성령으로 계신다는 것이 삼위일체의 풀리지 않는 난제이다. 어떻게 세 분이 한 분이 되는가? 많은 사람이 삼위일체는 가설적인 것이며 이해할 수 없는 난센스라고 말한다. 우리는 예배와 신앙경험에서 세 분의 하나님에게 친양을 보내고 기도드린다. 그러나 우리는 이것을 삼신론이라고 하지 않는다. 기독교를 세 분의 신을 섬기는 다신교라고 하는 사람은 없다. 누가 기독교를 다신교라고 하면 삼위일체를 모르느냐고 응수한다. 그러면 어떻게 세 신격이 일체가 되느냐는 질문에 신학에서는 다음의 몇 가지로 설명하여 왔다. 1) 신 플라톤적 설명방식인데, 성부로부터 성자의 영원한 태어남과 성령의 영원한 나옴에 의한 일체로 설명하거나, 2) 성부·성자·성령의 끊임없는 사랑이 상호 내주(內住)하므로 일체가 된다고 하거나, 3) 삼위가 같은 신적 속성들을 소유한다는 면에서 일체라고 설명해 왔다. 일체의 핵심은 완전히 하나의 실체가 되는 것이 아니라, 세 분이 서로 독자적이고 독립적이지만 서로 사랑하는 관계, 역동적으로 일치하는 관계이므로 신이 하는 모든 일에 세 분 모두 참여하기 때문에 하나의 신성을 발휘한다는 면에서 일체라고 하였다. 피조 세계와의 관계에서 모든 일에 이 세 분 모두가 함께 참여하면서 하나의 신성으로서 작용한다. 그러나 이 세 분의 내재적 관계에서는 서로가 다른 구별된 위격이다. 특히 성부로부터 성자가 태어났고, 성령이 나왔다는 구별은 내재적인 관계에서의 구별을 뒷받침한다.

신학의 역사를 보면 삼위일체는 이위일체로 축소되는 경향이 있다. 먼저 성령이 그리스도의 뒤에 숨어 사라지는 경우이다. 성령이 부활하고 선재하여 우주적 그리스도로 고백됨으로써 성령의 자리가 흔들렸다. 바울서신에서는 그리스도의 영 혹은 그리스도가 성령을 대신하고 있다. 성령은 성부와 성자의 한 부분적 속성으로 판단되면서 성령이 빠진 상태에서 성부와 성자의 이위일체만이 남는다. 그러나 성령이 그리스도의 영으로 환원될 수 없고 그보다 훨씬 폭넓은 속성과 내용을 갖는 것으로 고백되고 경험되면서 성령이 부각되었다. 성령의 부각은 오히려 성부의 자리를 위태하게 만들기도 하였다. 즉 하나님은 영이라고 하는 성서의 증언, 교회에서의 창조주 성령에 대한 고백 등은 경험할 수 없고 영원히 신비로 남아 있는 성부를 신성의 범주에 넣고 그리스도와 성령을 고백하는 새로운 이위일체를 성립시킨다. 그러나 전통에서 독자적 위격을 인정받지 못했던 것은 성령이었다. 성령은 성부와 성자 사이를 이어주는 사랑의 끈 정도로 이해함으로써 훨씬 낮은 위격으로 생각되었다. 특히 성령은 이름이 따로 없고 다양한 상징들, 예로, 비둘기, 생수, 불꽃, 어머니 등으로 묘사되면서 성령은 정체불명이며, 하나의 신적인 기능에 불과하다고 하여 독립된 위격으로 대접받지 못하였다. 성령을 어머니, 주님, 위로자인 파라클레토스라고 부르기도 하고, 히브리어로 바람을 의미하는 루아흐라고 부르기도 하며, 그리스어로 프뉴마, 라틴어로 스피릿의 원형인 스피리투스라고 부른다. 빛, 물, 마르지 않는 생명의 샘 등등으로 부르기도 한다. 이 모든 언어들은 고유명사가 아니라 일반명사이다. 특히 3세기에 들어서면 성령을 가톨릭교회 안으로 가두는 경향이 생겼다. "교회 밖에서는 용서도 성령도 받지 못한다"는 것이 교회의 입장이 되었다. 왜냐하면 성령은 베드로와 사도들에게 주어졌는데, 주교들이 이것을 이어받았다고 했기 때문이다.[1] 나아가서 서방교회의 휠리오케(Filioque)의 교리로 '성자로부터 나오는 성령'으로 고백됨으로써 성자에 종속되는 존재로 보게 되었고, 성모 마리아 숭배에 의해서 마리아가 성령의 자리를 대신하기도 하였다. 이러한 모든 것들은 위격으로서의 성령의 특징을 성립시키는 데에 어려움을 가져왔다. 신학자들 사이에 이 성령은 성부와 예수 그리스도의 그늘에 가려져서 충분히 대접을 받지 못하고 불필요한 존재, 여분의 존재로 간주되었다.

삼위일체를 필요로 하는 이유를 몇 가지 들어보자. 첫째, 삼위일체는 유신론보다 신의 다양성을 포용한다. 신의 세상과의 관계와 세상에서의

---

1) J. Patout Burns, S. J. and Gerald M. Fagin, S. J. *Message of the Fathers of the Church Vol.3: The Holy Spirit* (Wilmington, Del: M. Glazier, 1984), p. 46.

인간의 신적인 경험의 다양성을 유신론으로 다 담아 낼 수 없다. 유신론은 다양성을 포용하지 못하기 때문이다. 순수한 단일의 신은 인간세계와의 상호침투적인 관계를 형성할 수 없다. 둘째, 유신론으로는 예수의 사건을 신과 인간의 역사로 정당하게 해석할 수 없다. 특히 예수의 십자가 사건을 무신적인 사건으로 해석하게 만든다. 왜냐하면, 유신론적 신은 고통을 당할 수 없기 때문이다. 셋째, 영은 기독교 신앙 이외의 자연계와 정신계 특히 인문학 및 철학, 비기독교 전통과 종교 속에 있는 영적인 것을 받아들일 수 있는 넓은 문이 될 수 있다. 동시에 이러한 것들과의 소통 속에서 성령을 보다 새롭게 이해할 수 있으며, 이것은 지금까지 생각할 수 없었던 신성의 새로운 면의 발견으로 이어진다. 신성으로서의 영은 신성에 새로운 차원들을 지속적으로 더해 준다. 넷째, 성부 하나님은 거룩하다. 거리를 둔다. 위엄(majesty)과 거리(거룩함)가 존재한다. 그러나 성령은 가까이에 계신 친밀한 하나님이다. 우리 안에 들어와 우리보다도 더 가까운 존재가 되신 영이며, 너무나 가까워서 초월적이지 않은 것처럼 착각하기 쉬우나 실은 내재한 초월자이다. 그리스도와 성부는 남성의 표상이다. 신의 세계 속에서 부드러움이 있는 어머니의 표상이 필요하다. 특히 거룩하고 위엄이 있는 하나님은 우리와 간격이 있기 때문에, 우리와 간격이 없는 친밀감이 있고, 부드럽고, 위로해 주며, 세계를 지속적으로 창조하는 역동적인 하나님이 필요하다.

2. 성령에 의한 삼위일체의 성립

성령 없이는 이위일체만 가능했다. 성령의 독자성이 삼위일체를 가능하게 한다.

성령은 성부와 성자와 사이를 이어주며 하나가 되게 하는 제3의 신성이며, 피조 세계와의 관계에서는 피조 세계와 신성을 연합해 준다. 이러한 작용을 표현하는 언어로 페리코레시스(perichoresis)가 있다. 성령은 그 자체가 신성이면서, 피조 세계 속으로 들어와 함께 한다. 성령은 세상과 접촉할 때 혼자 있지 않고 성부와 성자와 함께 있으며 성부 성자의 창조와 구속의 일을 세상 속에서 계속해 나가는 현재 속에서 활동하는 종말적인 영이다.[2] 이 종말적인 영은 세상의 모든 영(spirits)을 정화하고 선한 것이 되도록 사랑으로 혹은 심판으로 설득하고 이끈다. 성령은 삼위일체 안에서 깊은 연대와 사랑을 일으킨다. "삼위일체는, 페리코레스적으로 말하면, 생명의 춤이며, 이 속에서 성령은 신의 본성인 끝없는 교통과 관계적 생명력을 불어넣는 역할을 한다."[3] 성령은 삼위일체를 성립시킨다. 성령이 성립되어야 삼위일체가 되고, 다시 삼위일체는 성령을 성립시켜 준다. 삼위일체의 중심은 성령이다. 신학의 역사 속에서 성령주의자는 삼위일체주의와 근거리에 있음을 발견할 수 있다. 12세기 유럽의 신비가 피오레의 요아킴과 빙엔의 힐데가르드는 모두 성령주의자였다. 요아킴에 의하면, 성부의 시대는 구약시대로서 율법의 지배하에 있었고, 성자의 시대는 신약시대로서 성직자들의 지도력 아래에서 분배되는 은혜로 살았고, 성령의 시대는 모든 사람이 성령의 직접적인 현존을 경험하여 평등한 "친구의 나라"가 나타난다고 예견하였다. 요아킴의 이러한 혁명적인 사상은 성령의 사랑의 속

---

2) Sinclair B. Ferguson, *The Holy Spirit: Contours of Christian Theology* (Downer Grove, Ill: InterVarsity Press, 1996) 여기에서 위에 해당하는 말을 하고 있다. 21쪽. 즉, … the activity of the divine *ruach* is precisely that of extending God's presence into creation in such a way as *to order and complete what has been planned in the mind of God*.

3) 이 문장은 삼위일체와 성령에 대해 잘 설명해 준 것으로 판단하여 직접 인용하였다. 다음 원래의 텍스트를 참고하라. "Perichoretically, the Trinity is the Dance of Life in which the Spirit performs the role of empowering the never-ending communion and relational vitality that is God in Godself." Serene Jones and Paul Lakeland, eds., *Constructive Theology: A Constructive Approach to Classical Themes* (Minnea- polis: Fortress, 2005), p. 251.

성에서 비롯되었다고 보인다. 요아킴에 의하면 성령의 사랑은 모든 사람이 평등한 친구로서 주체자가 되어 자유하는 나라를 형성해 준다. 성령의 자유한 역동성은 혁명적 사상을 창출시킨다. 16세기 종교개혁 시기의 토마스 뮌처도 성령주의자이며 혁명가였다. 역사 속에서 성령과 성령주의자들은 위험한 존재로 취급되었다. 그리하여 오늘날 오순절적인 카리스마운동과 같이 역사적 혁명을 뺀 개인주의적 성령운동이 일어나고 있다. 오순절 교회의 "위험하지 않은 성령"은 성령의 역사 변화를 통한 세계의 재창조의 능력을 제거한 부족한 의사(擬似) 성령(pseudo-Spirit)이라고 하겠다.

성령은 생명의 영이며, 모든 관계와 주체들에 생명력을 불어넣어 주어 새창조를 일으킨다. 이 영은 예수와 함께 했고 예수가 고난과 어려움을 무릅쓰고 하나님의 일을 할 수 있게 끊임없이 힘을 주고 영감을 불러일으켜 주었다. 이 영은 예수의 운동을 지속하게 하도록 그를 따르는 사람들 안에 들어와 예수를 기억하게 하고 양심을 일깨워 하나님의 나라를 위한 용기와 열정을 불어넣어 준다. 이 영은 예수가 십자가상에서 홀로 고통당하며 죽어가고 있을 때 함께 고통당했다. 이 영은 신이 없는 죽음의 상황 속에 신으로 들어온다. 영은 성부와 성자를 이어주고, 신과 피조 세계를 이어주는 사랑의 끈이기 때문이다. 예수 그리스도의 영인 성령이 있는 곳에 예수가 함께 한다. 하나님의 영인 성령이 가는 곳에 하나님이 함께 한다. 예수의 부활의 현장을 성령이 지켰고 부활을 가능하게 하였다. 그 성령은 예수의 남녀 제자들 안에 들어가 부활한 예수를 볼 수 있게 하였다.

생명의 영으로서의 성령은 창조주의 영이다. 태초에 깊은 수면 위로 운행하던 하나님의 영을 히브리어로 루아흐라고 한다. 루아흐는 창조의 영이며, 피조 세계 속에 거하며 피조 세계의 생명의 근원이 되며, 피조 세계의 지속적 재창조(다시 태어남)를 가능하게 한다. 이 영은 예언자들, 판관들, 다윗과 같은 정치지도자들 그리고 예수에게 영감을 불러일으켜 하나님의 일을 하게 하였다. 생명의 영은 굳어 있는 마음을 풀어 꿈과 환상을 갖게 하며, 절망에서 희망을 발견하게 한다. 한 여성신학자에 의하면, 이 생명의 영은 물질계에서 딱딱한 것을 부드럽게 하여 생명력이 있는 유기체로 만드는 힘이다. 성령은 생명과 사랑의 힘이며, 여성적인 신성이다.4) 성령의 여성성으로 오늘날에도 성령을 어머니로 부르기도 한다.5)

3. 성령은 무엇인가?

영을 말하는 것은 두 가지 측면에서 위험하다. 첫째, 영은 신기루나 환상, 아편과 같아서 없는 것을 있는 것처럼 우리를 속이고 취하게 할 수 있다. 성령은 개념에 잡히지 않고, 불고 싶은 데로 부는 정체불명의 힘이므로 그 힘에 의존하다가는 우리를 혼란에 빠뜨릴 수 있다. 교회사에서 몬타니스트들, 환상주의자들이 그러했고 오늘날에도 성령주의자들이 문제를 일으키고 있다. 둘째, 영은 우리의 모든 것을 태워 없애 버리는 화염과 같은 것이어서 위험하다. 거룩한 영 앞에 세상의 그 무엇도 맞설 수 없고 부족하다. 그래서 성령주의자들 중에는 혁명적 사상을 가진 사람들이 많았다. 피오레의 요아킴, 토마스 뮌처, 예언자들, 혁명적 공상가 등이 그러했다. 성령을 말한다는 것은 이처럼 위험하다. 그만큼 성령은 민감한 이슈이다. 성

---

4) Mary Caroline Richards, "Centering", *Cries of the Spirit: A Celebration of Women's Spirituality*, ed., Marilyn Sewell (Boston: Beacon, 1991), p. 59.
5) 4세기경까지 일부 시리아 교회의 사상가들과 영지주의자들은 성령을 삼위일체 속의 여성으로 그렸다. 그리하여 세 인격을 아버지, 어머니, 아들로 불렀다. *Odes of Solomon*에는 거룩한 영이 자신의 가슴을 풀어 세상에 우유를 먹이는 모습을 그리고 있다. 예수가 세례를 받을 때 내려온 성령도 여성형의 비둘기로 묘사되었다. 경외서인 히브리 복음서에서는 예수가 "나의 어머니, 성령이여"라고 했다고 기록하고 있다. 도마복음서에서는 예수가 하늘의 어머니와 아버지를 언급하고 있다. 그러나 4세기에 마리아 숭배가 일어나면서 여성 이미지의 성령이 약화되었다. Stanley M. Burgess, *The Holy Spirit: Eastern Christian Tradition* (Peabody, Mass.: Hendrickson, 1989), p. 6.

령에 대한 이해가 극단적으로 분리되고 있다. 성령에 대한 진정한 이해는 못 이룰 이상이지만 그러나 시도해야만 할 과제이다.

신학에서는 성령을 다양한 언어로 표현해 왔다. 생명의 영, 생명수, 샘, 예수의 영, 야훼의 영, 빛, 사랑의 끈, 사랑의 힘(erotic power), 혼돈의 물 위에 운행하는 창조의 영, 어머니, 화염(flame), 이름 없는 신, 신의 능력, 루아흐, 스피리투스, 프뉴마, 우주적 영, 초록의 영(the green Spirit) 등등 수많은 언어들이 성령을 가리킨다. 성령은 모든 곳에 계시며, 모든 것과 함께한다. 교회 전통에서는 성부의 영, 성자의 영이라고 하며, 독립된 삼위의 한 분이라고도 한다. 성령의 정체성에 내용을 채우기는 불가능한 것 같다. 성령은 신비이기 때문이다. 사실 성령에 대한 기술의 대부분이 성령을 충분히 드러내지 못하는 한계가 있다. 성령에 관한한 우리의 언어는 상징적일 수밖에 없다. 그럼에도 우리는 성령을 포괄적으로 말할 수 있어야 한다. 본 연구자는 성령을 "끊임없이 넓어지는 지평"이라는 상징으로 표현할 수 있다고 제안하려고 한다.

4. 끊임없이 넓어지는 지평으로서의 성령

위에서 설명된 대로 성령은 다양한 일을 한다. 그것을 하나하나 다 언급한다는 것은 불가능한데, 그 이유는 변화하는 우리의 삶과 환경에서 성령은 우리 안에서 끊임없이 새로운 일을 시작하기 때문이다. 그러나 우리는 성령을 종합적으로 표현할 수 있는 명제 혹은 상징을 찾아야 한다. 성령의 다양한 이름들은 동어 반복이며 단편적이다. 이것들이 갖고 있는 모든 의미들을 묶을 수 있는 종합적 상징으로서 "지평"이라는 언어를 선택하여 보았다. 즉, 성령은 우리의 일상성을 넘어서는 지평을 가지고 일상성 속으로 들어온다. 성령은 우리에게 새로운 지평을 준다. 성령은 우리에게 다른 어느 것보다도 더 폭넓고, 더 새로운 지평을 선사한다. 우리 안에 들어오는 성령의 지평은 우리의 관점에서 보면 지속적으로 확대되는 지평이다. 성령의 지평은 우리에게 한꺼번에 완전하게 드러나지 않는다고 보기 때문이다. 문자는 죽이지만 영은 살린다고 했듯이 문자에 의해 갇힌 좁은 지평은 우리를 가두지만, 성령의 넓은 지평은 우리를 해방한다. 성령에 의해서 들어온 새로운 지평, 즉 지속적으로 자기 확장하는 지평 속에 우리가 거한다. 좁은 지평 속에 갇혀 있던 우리가 성령의 지평 안에서 변화된다. 이것을 전통적인 언어로 "새로 거듭남"이라고 할 수 있다. 성령의 무한히 넓은 현실 지평은 좁은 테두리에 갇혀 있던 우리를 거듭나게 해 준다. 어떤 차원에서 우리를 거듭나게 해 주는가? 그것을 보기 전에 본 연구자의 관점에서 영이 제공해 주는 지평에 속한 중요한 요소들을 제시해 보고자 한다.

1) 생명의 상호의존성

성령의 지평 속에서 우리 안에 들어오는 새로운 현실은 생명 즉, 인간, 동물, 식물 등 모든 피조물의 존재와 생명은 서로 의존적인 관계에 있다는 사실이다. 모든 존재는 나와 같은 존엄성과 존경을 받아야 한다. 모든 피조된 존재는 나의 이용대상이 아니라, 나와 상대하는 상대자이며, 그 상대자가 없을 때 내가 성립할 수 없는 상대이다. 피조 세계에서의 상호의존성은 I-It(나와 대상)의 관계가 아니라 I-Thou(나와 당신, 주체와 주체)의 관계를 요청한다. 내가 상대방을 위해서 무엇인가를 할 수 있는 것이 아니라, 상대방이 나의 존재를 위해서 필요한 것을 할 수 있기 때문에 상대방은 나의 존재에 필수적인 존재이다. 상대방이 없으면(사용해서 없애 버리면) 나는 존재할 수 없다. 이것은 동학의 사인여천(事人如天, 사람을 하늘로 섬긴다), 물물천(物物天, 모든 것이 하늘이다), 사사천(事事天, 모든 일이 하늘이다), 물오동포(物吾同胞, 사물과 내가 형제이다)의 사상과 연결된다. 나와 당신은 삶을 나누고, 운명을 나누는 관계라는 것이 성령의 지평 속에 들어온다. 이것은 1970~80년대 산업선교 활동에 참여했던 여성 노동자들의 고백에서도 발견된다. 상호의존성을 나타내는 개념으로 페리코레시스가 있다. 페리코레시스는 노동자와 산업선교 목회자, 인간과 자연, 인간과 인간 사이에 일어나야 할 현실이며, 이 현실은 성령의 지평 속에 자리한다.

2) 피조물의 영

피조물의 영은 사물의 핵심이며, 사물의 형태(Gestalt)이며, 부분들의 합계를 넘어서는 전체의 질이다. 이 영은 선할 수도 있고 악할 수도 있는 피조물의 영이다. 생명의 영인 성령은 피조물의 영과 대치하고 관계한다. 생명의 영은 피조물의 영에 대해 비판하는 반면경이며, 이들과 대결하기도 하고 완성시켜주기도 한다. 피조물의 대칭으로서 성령은 삼위일체의 영이다. 삼위일체로부터 오는 영은 성령이며 이것은 피조물을 살리는 생명의 원천이 된다. 성령은 피조물의 영들에 대당한다. 왜냐하면 피조물의 영이 악한 영(우상의 영)에 의해서 조작되고 통제될 수 있기 때문이다. 모든 영은 힘을 갖고 있다. 우리의 현실은 영적인 힘들이 상호작용하는 장소이다. 모든 영은 자신의 고유한 지향성을 가진 힘이다. 우리의 현실은 영들의 벡터(vector)적인 영향력들의 그물망(web)이다. 피조물들의 영들은 서로의 의존성을 넘어서 갈등과 경쟁뿐만 아니라, 연대와 협력을 함으로써 현실을 역동적인 것으로 만든다. 피조물의 영은 지배의 영이다. 피조물의 상호의존성은 신의 지평 속에 있다. 그러나 지배와 배제 및 파괴는 피조물의 영의 지평 안에 있다. 성령은 이러한 피조물들의 영에 대응하며, 비판하고 심판하며, 설득하며 이끈다. 생명의 영 혹은 성령으로 간주되는 루아흐는 그의 백성에게 하나님으로부터 오며, 인간의 힘을 넘어서는 힘과 일정한 방향성(해방, 생명의 살림)을 가지고 있다.

3) 부정의 불꽃

거룩한 영은 끝없이 타는 불꽃 혹은 화염으로서 기성의 것을 불태우는 부정의 불꽃이다. 그러나 거룩한 영은 부정만이 아니라 재건도 한다. 거룩한 영은 일상의 쳇바퀴를 넘어서서 새로운 창조를 하는 힘이다. 거룩한 영이 기존의 질서에 대해 변증법적인 반대를 보이지만 그것을 강제로 파괴하지 않는다. 성령이 부정적인 세력들에 대처하는 방식은 어머니가 못된 자식을 지도하듯이 설득과 염려와 권유의 방식이다. 성령의 혁명은 부드러운 혁명이고, 비강제적, 비폭력적이며, 설득의 혁명이다.

4) 뜻밖의 은총

성령은 뜻밖의 은총, 특별한 은총을 일상생활에서 경험하게 한다. 자연적인 삶 자체가 근본적으로 은총이지만, 우리의 실제 일상은 반(反, anti)-은총일 경우가 많다. 그런데, 일상에서 "뜻밖의 창조적인 일"이 일어난다. "지성이면 감천"이듯이 하늘이 도울 때가 있다. 우리가 최선의 노력을 기울였지만 그래도 불가능해 기대하지 않았으나, 모두가 예상치 못했던 성취가 일어날 수 있다. 우리의 노력은 최대였지만 결과는 항상 미흡한 것이 일상이다. 그러나 갑자기 다가오는 통찰, 이해. 섬광 같은 계시, "은총", "뜻밖의 좋은 결과", "세계 내에서의 초월"의 경험, 카이로스, 최적의 적합한 시간의 도래, 동양철학에서 시운이 맞는 것, 종말의 현재화. 이러한 모든 "잠시적이지만 초월적인 것"들은 우리의 일상 속에서 오는 특별한 순간들이며, 이것들은 성령의 지평에서는 일상적인 것이다. 잠시적이지만 초월적인 순간들은 성령의 지평이 가능하다는 것을 보여준다. 초월은 순간적이고 잠시적인 것이며 그것은 곧 사라진다. 다시 일상으로 돌아간다. 그러나 일상의 반복에서는 새로움이 없다. 이러한 초월의 순간들이 있을 때 새로운 도약이 생긴다. 새로움은 창조의 영의 지평에서 온다. 창조의 영의 지평과 일상성의 지평의 차이가 여기에 있다. 그러나 창조의 영의 지평은 일상성과 무관하지 않다. 다만 그것에 임재하며 초월한다.

이 외에도, 신명나고 기가 사는 것, 기쁨, 삶의 희망, 여유, 의미의 도래(무의미의 극복), 평범 속에서 비범의 경험, 유머와 해학, 놀이, 예술, 구속으로부터의 자유, 해방의 경험, 지적인 구속으로부터의 자유, 새로운 깨달음, 희망의 발견 등 일상성 속에서의 초월의 다양한 모습은 성령의 지평에서 온다.

"은총", 뜻밖의 결과, 섬광 같은 깨달음 등은 지속적인 노력과 추구 없이는 오지 않는다. 세상에 갑작스러운 결과는 없다. 사전에 최선의 노력이 있을 때 오는 것이지, 그것 없이 오는 것은 아니다. 그러므로 영이 이 과정(일상성)에도 개입하지 않는다고 할 수 없다. 영은 스스로 해방하려고 노력하고 있는 피조 세계를 위해 대신하여 간구한다. "이와 같이 성령도 우리 연약함을 도우시나니 우리가 마땅히 빌 바를 알지 못하나 오직 성령이 말할 수 없는 탄식으로 우리를 위하여 친히 간구하시느니라."(로마 8:26).

5) 더 큰 자아로의 거듭남

성령의 지평에 의해서 더 큰 자아가 형성된다. 옛 예언자, 판관들(삼손, 기드온, 사무엘 등)이 더 큰 자아가 되었듯이, 범부 예수가 큰 자아가 되었듯이, 성령의 지평 속에 있는 자들은 이전의 자아를 버리고 더 큰 자아를 얻는다. 19세기 말에 동학운동에 참여했던 농민들이 이러한 경험을 하였고, 1970~80년대의 민중운동, 특히 산업선교 운동에 참여했던 노동자들이 이러한 경험을 하였다. 이들은 새롭게 자신의 삶에 대한 비전을 가졌고 현실을 보는 눈을 갖게 되었다. 영적인 지혜의 소유자가 되었다. 이렇게 새로운 인간으로 탄생되는 경험을 단순히 사회적인 요소들의 복합적인 작용에 의해서 일어난 것이라고 설명할 수 있을까? 이러한 경험은 영적인 경험이며 신비한 경험이라고 말하지 않을 수 없다. 영이 펼쳐 주는 지평에서 우리는 이러한 경험을 접한다.

6) 긍정적인 것만이 성령의 지평 속에 들어오는가?

성령은 희망 없는 자, 약자에게 있어야 할 삶의 희망과 삶의 열정의 원천이다. 성령은 이들의 고난을 신적인 것으로 만든다. 성령은 고난, 특히 의로운 고난, 무죄한 고난에 함께 하며 같은 고난을 당한다. 성령의 지평은 무죄한 고난이 무의미한 것이 아니며, 무관심의 대상이 아니며, 오히려 그것에 신적인 의미가 담겨 있어서 우리가 그냥 지나칠 수 없는 것임을 부각시킨다. 성령은 우리로 하여금 이 지평으로 현실을 보게 한다. 이것은 우리의 현실을 정직하게 보게 한다. 성령의 지평은 우리가 그동안 보지 못했던 곳(blind spots)을 보게 한다.

정리하면, 계속 확대되는 지평에 의해서 우리는 우리의 부족함과 눈먼 상태와 무지를 발견하게 된다. 지금까지의 지평이 부서지고 새로운 지평이 형성되는 경험을 한다. 어거스틴의 통찰대로 모든 피조 세계와 모든 자연적 존재들은 신에 의해서 선하게 창조되었지만, 교만과 악한 영에 의해서 피조 세계 즉 개인, 사회, 역사, 자연은 생명을 잃어가고 그리하여 빈곤, 전쟁, 생태계의 파괴의 죽음을 맞고 있다. 성령의 지평에서 볼 때 이러한 현실은 현재의 지배적인 지평에서 발생되는 것으로 파악된다. 사람들은 이 지평 안에서 익숙해져 있다. 진정한 지평인 성령은 현재의 우리의 지평을 안으로부터 허물고 보다 넓은 새 지평으로 이끈다. 그러므로 성령은 우리에게 익숙해진 현실을 넘어서려는(지평을 확대하는) 모든 인간적 노력 안에 있는 원천적인 힘이다. 지평으로서의 성령은 현실은 보이는 것이 전부가 아니며, 우리의 삶의 의미는 성령의 부름에 응답하여 현재 보이지 않지만 더 나은 현실을 향하여 열어가는 것 안에 있음을 알려준다. 예수는 성령에 고취되었던 인물이었다. 그는 성령이 주는 넓은 지평을 가지고 현실을 보았고 그 속에 있는 악의 현실을 정확하게 볼 수 있었고, 이러한 현실을 비판하면서, 대안이 되는 새로운 세계인 하나님 나라를 선포하였다. 그의 성령 경험은 유대의 율법종교나 정치적 이념들(예, 헤롯당뿐 아니라, 열혈당의 이념까지 포함한 이념들)의 좁은 지평 속에 갇혀 있던 이들이 보지 못하는 현실을 꿰뚫어볼 수 있게 하였다.6)

5. 유일신과 삼위일체

본 연구자는 몰트만의 다음의 말에 공감한다. "유신론적 하나님은 가난하다. 그는 사랑할 수 없으며 고난을 당할 수도 없다. 반항하는 무신론자는 절망하는 방식으로 사랑한다. 그는 사랑하기 때문에 고난을 원치 않는다."7) 유신론 앞에서 인간은 아무 역할이 없다. 유신론에 의하면, 신에 의해 인간과 역사, 자연의 운명이 미리 결정되고 그 앞에서 인간은 무력하기만 하다. 이러한 신 이해가 문제가 된다는 판단으로 무신론, 특히 인간주의적 무신론이 발전하였다. 무신론적 인간주의의 사랑은 "절망하는 사랑"이된다. 우리는 유신론과 무신론의 한계를 넘어서기 위해 삼위일체론을 제시할 수 있다. 삼위일체의 하나님은 처음에는 내재적 삼위일체의 입장에서 이해되었지만 오늘날에 이를수록 경험적인 역사적 삼위일체, 즉 경세

---

6) 여기에서 성령과 관련하여 역사적 예수를 이해하려고 시도한 좋은 책을 소개하고자 한다. Marcus J. Borg, *Jesus A New Vision: Spirit, Culture, and the Life of Discipleship* (San Francisco: Harper & Row, 1987). 물론 보르그 외에도 역사적 예수와 성령을 연결하여 생각하는 학자들이 많이 있다. 신약학자 James Dunn을 예로 들 수 있다.

7) Juergen Moltmann, *The Crucified God: The Cross of Christ as the Foundation and Criticism of Christian Theology* (New York: Harper & Row, 1974), p. 253.

적 삼위일체의 입장에서 이해되고 있다. 왜냐하면 후자는 경험적, 실천적, 사건적인 하나님 이해이기 때문이다. 내재적 삼위일체는 철학적 삼위일체 이해이다. 내재적 삼위일체는 성부, 성자, 성령의 신성 안에서의 관계를 설명하는 것으로 한 분이신 하나님이 어떻게 세 분이 될 수 있는가를 밝힌다. 영원한 하나님은 영원한 삼위일체 안에서 영원히 성자를 낳고, 성령을 내쉰다. 성령은 사랑으로 성부와 성자 사이를 잇는다. 삼위일체론이 나오게 된 동기는 예수 그리스도의 신성의 문제로부터 비롯되었다. 교회는 부활한 예수 그리스도를 하나님의 아들로 고백하고 신성에서 하나님과 동일하다고 선언하였다. 이것은 325년의 니케아 공의회의 일이며, 381년의 콘스탄티노플 공의회에서 재확인되었다. 특히 381년 콘스탄티노플 회의에서는 세 위격 안의 단일한 존재 혹은 본질(mia ousia)을 확정하였다. 이러한 논의들은 영원한 신성의 내재적인 관계에 대한 것들이었다.

경세적 삼위일체가 가지고 있는 역사적, 실천적, 경험적인 성격은 이미 내재적 삼위일체의 삼위들의 관계성 속에서 준비되었다. 인간 역사의 경험은 고난과 희망으로 점철되어 있다. 그리스도의 고난과 부활의 삶은 성령에 의해서 우리 안에서 지속된다. 그리스도의 고난과 부활은 인간 역사의 실제 경험 속에서 새롭게 일어난다. 우리 인간의 역사 안을 들여다보면, 버림받고 고통당하는 인간들의 현장이 있으며, 그 인간들이 새로운 희망으로 하나님의 새로운 희망의 역사에 참여하는 현장도 눈에 띈다. 인간의 역사는 고난과 희망의 역사이다. 이 역사는 하나님의 삼위일체의 역사이기도 하다. 버림받고 고통당하는 역사 속에, 그리스도와 함께 하나님이 참여하신다. 고통받고 버림받는 사람들의 경험이 그리스도적이지 않은 것이 없다. 그리스도의 고난을 통하여 고난받는 인간들의 역사는 신적인 역사 안으로 들어간다. 우리는 하나님의 경세적 삼위일체의 역사에 참여하며, 하나님은 우리의 고난과 희망의 역사 안에 참여한다. 역사에 참여하는 하나님은 유신론적 하나님이기보다 삼위일체의 하나님이다. 역사 속에서 무죄한 고난을 당하는 사람들은 그리스도의 고난에 참여하는 것이며, 그리스도 안에서의 하나님의 고난에 참여하는 것이며, 다시 하나님은 이들의 고난에 참여한다. 역사 안에서 고난을 당하는 사람들은 성령 안에서 그리스도 부활의 희망과 기쁨에 참여하게 될 희망을 갖는다. 삼위일체의 신앙은 신과 인간(세계)이 소통하며 일치를 이루는 페리코레시스를 포함한다. 무신론이 갖는 고난의 절망적 실천이 아니라, 삼위일체 신앙에는 고난 속에 신이 계시므로 희망의 실천이 가능해진다. 이러한 면에서 삼위일체는 경험적이며 역사적 신앙에 필수적이다. 삼위일체는 역사의 동반자이며, 인간과 함께 고통과 기쁨을 나누는 동료이며 친구가 된다.8) 그뿐 아니라, 삼위일체는 인간의 역사가 어디로 가야 하는가를 나타내 준다. 역사의 종말이 심판이 아니라, 사랑의 종말이 되어야 하며 이것을 위해 우리를 부르신다. 하나님은 사랑이시기 때문이다(요한1 4:16).

유신론에서는 사랑, 전능, 영원성, 전지, 무소부재, 불변성, 무감정, 순수 등이 신에 속하는 속성으로 간주하였다. 그리스 철학에서는 신을 최상의 존재로 보았으므로, 그리스 철학의 신관은 유일신이었다. 전통 기독교 신학은 이 신을 성부로 생각하였다. 그렇게 된 이유는 그리스 철학에서 정의된 신성 즉, 완전하고, 불변하고, 무감정하고, 순수한 본질을 인간인 성자 그리스도와 피조 세계 속에 현존하는 영에 적용하기에는 어려움이 있었기 때문이다. 신학자들은 이러한 신의 속성들을 모두 성부에 속한 것으로 간주했다. 삼위일체는 이러한 성부의 신성이 예수 그리스도의 신성과 동일하다는 교리 채택 이후에 성립되었다. 성령의 신성이 성부의 신성과 동일하다는 것은 논란 없이 받아들여졌다.

---

8) 위르겐 몰트만『십자가에 달리신 하느님』, 김균진 역(한국신학연구소, 1975), 270쪽. Alfred North Whitehead, *Process and Reality* 참조.

그런데 삼위일체의 신관이 기독교 안에 정립되면서 그리스적인 신개념을 넘어서는 기독교적인 신관이 성립되었다. 그리스 철학은 신의 불변성을 말한다. 삼위일체 전통에서는 불변성이라고 해서 하나님이 무감각하거나 인간 역사의 관계에서 반응하지 않는 것이 아니라, 하나님이 역사에 관여하는 방식이 한결같다는 면에서 불변하다고 본다. 그리스 전통을 받아들이면 아리스토텔레스의 형이상학적인 명제인 하나님은 무감정하시다는 것을 받아들이게 된다. 완전하신 그 분은 결코 변화될 수 없고, 감정에 의해서 움직일 수 없는 존재로 이해된다. 하나님에게는 사랑, 동정, 자비, 미움, 진노, 질투 모두가 낯선 것이다. 고난을 당할 수 없고 사랑할 수도 없다. 하나님은 오로지 자기 자신만을 생각하신다. 불완전한 인간과는 관계하지 않으신다. 삼위일체 신앙에서는 이러한 무감정의 속성을 다음과 같이 이해한다. 하나님의 완전하신 것처럼 인간도 그러하기를 원하신다. 무감정은 감정에 휩쓸리지 않고 불편부당하지 않고 한결같음을 의미한다. 몰트만에 의하면, 삼위일체에서 무감각은 "로고스의 더 높고, 신과 상응하는 영역 안으로 들어감을 뜻한다." 무감정은 사랑 없음이 아니라, 오히려 사랑으로 수렴될 수 있다. 참된 사랑은 "이기심과 불안 없이, 진노와 욕정 없이" 사랑하는 것을 의미한다. 사랑은 "정신과 자유"로부터 생겨나는 것이라고 하겠다.9) 무감정이라고 해서 감정이 없는 것이 아니라 감정의 기복 혹은 변덕, 불안, 이기심, 욕정 등이 없음을 말한다. 하나님은 사랑하는 마음이 한결같다. 하나님은 현실을 "정직하게" 바라보신다. 미리 결정해 놓고, 자기의 이해관계에 의해서 움직이는 눈으로 현실의 바라봄이 아니라 정직하게 있는 현실을 보시며 그 속에서 역사하신다. 정직이란 보다 넓은 지평에서 현실을 본다는 것을 의미한다. 이것은 우리의 좁은 지평에서

---

9) 『십자가에 달리신 하느님』, 286쪽에서 인용.

현실을 봄이 아니라, 현실의 있는 그대로를 그 깊이와 넓이에서 본다는 것을 의미한다. 이러한 하나님을 닮는 것은 하나님의 지평에서 현실을 정직하게 보며 그 속에서 하나님이 원하시는 사랑과 정의가 어떻게 나타나야 하는지를 살피고 행하는 것을 의미한다.

그리스 철학과 히브리 사상에 기초한 유신론은 신의 전능성을 말하는데, 삼위일체에서는 신의 전능이 새롭게 이해된다. 만약에 하나님은 모든 것을 다 할 수 있다면 왜 하나님은 예수의 십자가에 개입하지 않았는가? 하나님이 전능하시다면, 왜 이 세상에는 의인이 고난을 당해야 하는가? 하나님은 예수와 같은 의인을 싫어했는가? 아니면 그런 것에는 전연 관심이 없는 분인가? 이 문제를 해결하기 위해서는 하나님의 전능성이 새롭게 이해되어야 한다. 능력이 있는데 할 수 없는 상태를 전능의 관점에서 어떻게 설명할 수 있는가? 이것을 보고 무신론자들은 원래 하나님은 존재하지 않는다고 대답한다. 그러나 하나님은 사랑과 정의의 하나님이므로 의인의 고난에 개입하지 않을 수 없다. 그렇다면 전능의 하나님은 여기에 어떻게 개입하는가? 전능의 하나님이 인간의 역사 속에서 "함께 고통당하는 위대한 동료"로서 개입한다고 말할 수 있다. 하나님은 인간들과 함께 고통당하실 만큼 전능하시다고 말할 수 있다. 가장 철저한 고통을 인간과 함께 당하실 만큼 자신을 내어놓을 수 있는 전능이다. 신의 역사 개입, 특히 고난의 역사에의 참여는 성령을 통해서 하신다. 신의 역사 개입을 말할 때에도 삼위일체가 요구된다.

삼위일체 신관에서는 거룩함과 초월함이 사랑과 정의와 반대되는 것이 아니라, 오히려 상호 교호작용을 한다. 거룩하고 초월하다고 하여 개입하지 않는 분이 아니다. 거룩함은 구별됨을 가리킨다. 일상적인 것을 넘어섬을 말한다. 거룩함은 티 없이 깨끗함, 성스러움, 순수함, 근접할 수 없는 아름다움 등등을 가리킬 수 있을 것이다. 거룩한 하나님은 가장 낮고 추한 곳으로 성육하셨다는 것에서 거룩함은 그런 것을 가리키기보다는 하나님이 역사하시는 어떠한 곳도 모두 거룩하다는 것을 말한다. 그것이 아무리 추하고 가난한 곳이라고 할지라도 가장 거룩할 수 있다는 역설이 하나님의 거룩함에서 실현된다. 초월도 마찬가지이다. 이 역사 안에서의 초월이지 바깥에서의 초월이 아니다. 저 세상적인 초월이 아니라, 이 세상 안에서의 초월이다. 이 세상을 초월의 세계로 이끄는 것이지 이 세상을 버리는 초월은 삼위일체의 측면에서 볼 때 오류라고 하겠다.

6. 우리의 영성은 무엇인가?

우리의 영성은 하나님의 마음으로부터 출발한다. 삼위일체 하나님은 그의 지평에서 이 세상의 현실을 정직하고 바르게 들여다보시는 분이다. 영성은 세상과 나 그리고 우리 주위를 사심 없이 정직하게 바라보는 것으로부터 시작한다. 그것은 하나님이라면 이 세상을 어떻게 보셨을까를 생각하는 것이다. 예수 그리스도라면 이 세상과 나를 어떻게 보았을까? 성령은 오늘의 현실을 어떻게 보게 하는가? 신학은 기독교의 상징들(의 조명의 빛)을 통하여 이 세계와 나 그리고 주위를 바로 볼 수 있게 하는 것을 일차적인 목적으로 한다. 현실을 정직하게 본다는 것은 현실을 넓고 깊게 보는 것을 의미한다.

정직하게 바라보기 위해서는 하나님의 불편부당하고 한결같음을 본받아야 한다. 하나님의 완전하심을 본받는다는 것을 의미한다. 그러기 위해서는 우리도 세상적인 영으로부터 초월해야 한다. 세상적인 영(세상의 욕망)에 휩쓸리지 않는 마음은 곧 하나님의 불편부당하면서도 변함없는 완전한 마음으로부터 온다. 초월의 영성은 곧 불편부당한 정직한 봄(vision)을 허락한다. 보는 것이 정직하다는 것은 아무 지향점이 없는 것인가? 그렇지 않다. 그것은 자연스럽게 생명에의 사랑을 지향한다. 정직하게 본다는 것은 사랑의 눈으로 본다는 것을 의미한다. 예수는 정직하게 현실을 보는 눈을 가졌다. 예수는 돌아가는 현실을 정직하게 그리고 주의 깊게 살펴보았고 성령의 지평에서 이해하였다. 그의 이해는 당시의 종교지도자들, 바리새인들의 이해를 넘어섰다. 그는 농부들이 어떻게 일하며 살아가고 있는가? 과부들은 어떠한가? 어린이들은? 여자들은? 그리고 성전에서는 어떤 일이 일어나고 있으며, 로마의 가이사 권력이 팔레스타인에서 어떤 작용을 하며, 민중에 어떤 영향을 끼치고 있는지를 성령 하나님의 지평에서 보았다. 그리고 하나님의 나라의 도래를 선포하였다. 성령의 지평에서는 그 시대의 보이는 현실이 전부가 아니었다. 그는 동터오는 하나님의 나라의 종말적 현실을 보았고 그것을 위해서 헌신하였다. 예수의 이러한 모습을 따르는 것이 오늘의 영성이다.

제6장
피조 세계

"말씀이 육신이 되어 우리 안에 거하셨다."

- 요한복음 1:14

이 장에서는 우주, 자연, 역사, 사회를 포함한 피조 세계를 신학적으로 어떻게 이해할 수 있는가를 모색하려고 한다. 이러한 피조 세계에 대한 신학적인 이해는 피조 세계와 신과의 관계 속에서 포착된다. 피조 세계에 대한 신학적 이해는 피조 세계 안에서의 인간의 위치, 인간의 역할, 인간의 책임이 무엇인가를 밝혀 줄 것이다.

1. 피조 세계와 신과의 관계

우주는 대략 150억 년 전에 한 신비한 점과 같은 물체가 엄청난 폭발 즉 빅뱅을 일으켜 엄청난 속도로 팽창하며 생기는 공간과 천체들 전체를 말한다. 우주가 언젠가는 그 확장을 멈추고 다시 응축되어 가는 과정을 밟을 것이라는 데 그것도 언제일지 모르는 거의 무한대의 시간 후의 일이다. 40억 년 전에 지구가 생겼고 유인원이 35~60만 년 전에 태어났다고 한다. 현대 인간의 조상인 호모 사피엔스가 4만 년 전에 태어났다고 한다. 우리의 삶에 직접적인 관련이 있는 것은 지구와 지구가 속해 있는 태양계이다. 태양이 어떻게 될 것인지가 지구의 역사를 크게 좌우할 것이다. 우주의 아주 작은 행성인 지구는 한편으로는 태양계 안의 태양과 달의 작용과 변화에 의해서 영향 받으면서, 다른 한편으로는 인간의 문명에 의해서 영향을 받는다. 태양과 달의 변화는 우주의 법칙에 의해서 결정되는 그야말로 장기적으로 나타나는 극히 미미하게 진행되는 변화일 것이 분명하다. 그러나 지구에 대한 인간 문명의 영향은 막대하며 결정적이다. 자연을 조작할 수 있는 과학기술 문명의 발전은 최근 반세기 동안에 가속화되고 있고, 자본주의의 끝없는 물질 축적과 소비의 욕망은 지구 자원의 남용과 고갈을 초래했다. 이것은 생태계와 생명을 파괴하고 기후변화를 일으켜 생태재앙을 초래하였다. 이뿐 아니라, 전 인류와 지구를 죽이고 파괴할 수 있는 첨단 핵무기의 대량 생산과 보유, 그것으로 인한 전쟁의 발발과 테러의 위험은 지구를 파국적 멸망으로 몰아가고 있다.

이러한 인류 문명과 지구의 위기 앞에서, 우리는 피조 세계의 위치와 본질을 신학적으로 재조명하여 피조 세계에 대해 올바른 태도를 찾고, 피조 세계의 위기를 넘을 수 있는 신학적 지혜를 모색해야 한다. 많은 크리스천들과 신학자들이 피조 세계가 현재는 위기에 빠져 있지만 결국 종말에 하나님의 은총으로 회복될 것이라고 믿고 있다. 이들은 은총의 하나님은 인간과 우주를 결코 멸망시키지 않을 것이라는 막연한 믿음으로, 위기에 무감각하다.

피조 세계와 신과의 관계를 설명하는 것으로서 다음의 다섯 가지 이론들을 생각해 보고자 한다. 그것들은 유일신론, 무신론, 범신론, 범재신론, 마지막으로 본 연구자가 생각해 낸 새로운 개념으로서 모니즘적 범재신론 혹은 신재범론이다.

• 절대적 유신론(유일신론): 기독교인의 대다수가 유일신론을 신봉하고 있는데, 이 절대적 유일신은 만물을 창조하였다고 믿는다. 피조 세계는 이 절대적인 신에 의해서 그 운명이 좌우된다. 절대 유일의 신은 우주와 세상을 통괄하고 간섭한다. 이 신은 사랑과 은총의 신이므로, 무조건 좋은 것으로 예비할 것이며, 설령 신이 인류와 우주를 멸망시킨다고 할지라도 그것은 신의 계획이므로 우리 인간은 아무것도 관여할 수 없다는 것이다. 유일신론에서는 피조 세계에 대한 인간의 책임이 무시된다. 그러나 유일신은 인간 없이도 모든 일을 하실 수 있는 능력이 있지만, 인간에게 청지기의 사명을 주기도 한다.

이 이론에는 다음 두 가지의 문제가 발생한다. 1) 인간의 책임이 제한되어 있다는 것이다. 최종적인 책임은 신에게 돌려지기 때문에 인간은 궁극적인 책임에서 방면된다. 2) 신은 피조 세계와 다른 존재로서 바깥에서 피조 세계를 통제하고 관리하는 존재이므로 궁극적으로는 피조 세계와 무관하며, 피조 세계는 신의 자의적인 결정에 종속될 뿐이다. 유신론의 중요한 특징은 신성과 피조 세계를 끝없이 분리시키는 것이며, 오직 신만이 판단하고 결정한다는 것이다.

• 무신론: 유일신론적 설명이 신화적이며, 과학적 상식에 배치되며, 자연친화적이지 않다는 이유로 배제하는 사람들이 있는데 그중에 무신론자들이 있다. 무신론에 의하면, 이 우주는 신에 의해서 창조되지 않았으며, 우주는 어느 시점부터 그냥 존재하고 있는 것이며, 우주의 계속적인 변화

와 발전은 신에 의한 작용이 아니라 진화의 과정일 뿐이다. 또 우주는 과학의 대상이지 하나님과 관련된 신학적 대상이 아니다. 대개의 무신론자들은 인간주의자들이므로 생태환경의 보존에 힘쓰는 경우가 많다. 무신론들은 우주는 스스로의 법칙에 의해서 움직여 갈 뿐이라고 본다. 무신론이 갖고 있는 설득력에도 불구하고 우리들의 궁금증을 충분히 만족해 주지 못하는 약점이 있다. 우주 창조는 어떤 신적인 의도에 의해서 창조된 것은 아닌가? 우주의 목적은 무엇인가? 우주는 그대로 있는 자연인데 스스로 생각하고 움직일 수 있는 인간은 이 자연에 대해 어떤 존재인가?

• 범신론: 만물이 모두 신적인 존재라고 믿는 이론이다. 미국의 루터교회 조직신학자 테드 피터스의 설명에 따르면, 범신론(汎神論)에는 두 가지가 있는데 하나는 다신론(polytheism)이고 다른 하나는 모니즘(monism, 일원론)이다. 다신론은 문자 그대로 다수의 신을 믿는 것을 의미하며, 모니즘은 만물의 근저에는 하나의 신적인 요소가 있다고 믿는 신념이다. 그런데 이 다신론과 모니즘은 하나의 통합된 사상으로 나타나는 경우가 있는데 인도의 힌두교가 그것이다.[1] 힌두교에서는 수없이 많은 신을 믿지만, 그러나 이러한 신들을 포함한 모든 만물 안에는 하나의 공통된 신성, 아트만(Atman) 혹은 브라흐만(Brahman)이 존재한다고 믿는다.

힌두교와 달리 우리나라의 동학(천도교)은 천주라고 하는 단일 신을 믿는다. 동시에 모든 만물의 근저에는 신성(생명의 氣)이 있다고 믿는다. 그런 면에서 동학은 일신론적이면서 모니즘적 성격을 동시에 갖고 있다. 동학은 범신론보다는 범재신론(panentheism)에 더 가깝다고 본다. 다만 서구 신학자들이 이해하는 범재신론보다는 더 범신론에 가깝다고 하겠다. 본

---

1) Ted Peters, *God, the World's Future: Systematic Theology for a New Era*, Second edition (Minneapolis: Fortress Press, 2000), p. 130.

연구자는 다신론적 범신론과 다음에 제시되는 범재신론보다는 모니즘적 범재신론이 오늘의 지구의 위기를 극복하는 데에 더 적절하고 필요한 관점이라고 생각한다. 이 점에 대해서는 더 자세하게 논의하려 한다.

• 범재신론: 이에 의하면 유일한 신성은 홀로 존재하실 수 있지만, 만물을 사랑하시므로 자기를 제한하여 만물을 창조하시고 그 안에 계신다. 만물은 신과의 유기적인 관계 속에 있지만 동시에 자기 독립성을 유지한다. 신은 만물을 강제하지 않고 다양한 설득과 비전 제시로 만물을 최고의 선을 향해 이끌어간다. 이 세상은 이것을 거부하기도 한다. 몇몇의 과학자들과 철학자들은 만물 속에 신적인 생명의 힘, 신적인 의지가 깃들어 있을 가능성을 내비치고 있다. 신학계에 큰 영향을 끼친 미국의 과정철학자 알프레드 화이트헤드(Alfred North Whitehead)는 그의 저명한 저서 『과정과 실재』의 마지막 장에서 범재신론적인 관점을 보다 정교하게 발전시켰다.[2] 그에 의하면 이 세상은 신과 유기적인 관계 속에 있어서 세상이 신에 의존하듯이, 신도 세상에 의존한다. 이러한 유기적 불가분리의 관계에 의해서 세상의 완성은 곧 신의 자기완성을 의미하게 되며, 신은 이 세상을 자비로운 설득으로 아름다움과 조화를 향해 가도록 충동한다. 과정신학자들은 전형적인 범재신론을 주장하고 있다. 과정신학자와 철학자들의 범재신론은 몰트만 등의 전통적 서구신학자들을 불편하게 만들고 있다. 왜냐하면, 세상에 의해서 신이 영향을 받고 변화한다면 이것은 유일신을 훼손하는 것이기 때문이다. 최근의 많은 기독교 생태신학자들은 유신론의 일환으로서의 범재신론(pan-en-theism) 즉, Pan(All)-en(in)-theos(God)-ism을 받아들인다. 모든 것은 유일신 안에 있다. 이에 반해서 신은 모든 것 안에 있다(神在汎論,

---

2) Alfred North Whitehead, *Process and Reality* (New York, N.Y.: Free Press, 1978) 특히 마지막 장 참조.

God is in all, the-en-panism)는 입장은 모니즘에 더 가깝다.3) 사실 기독교 생태신학자들도 이 후자를 강조하고 싶어 했다. 그러나 모니즘으로 가면 신성이 비록 파편적으로나마 세상에 남는 것이 되며, 신성의 유아독존적인 위상을 침해하는 것이 되므로 모니즘을 최대한 피하려고 한다. 그리하여 신이 포물선을 타고 세상에 끊임없이 접촉하지만, 접촉하는 즉시 떠난다고 생각한다(엘리자베스 존슨). 만물은 신의 메타포일 뿐이며 신성을 포함하지 않는다(셀리 맥훼이). 신성은 만물 속에 들어오시지만 피조물의 일부로 남지 않는다고 한다(위르겐 몰트만). 이렇게 신학자들은 신성과 만물 사이의 거리를 두는 일을 잊지 않는다. 이러한 신학자들을 유신론적 범재신론이라고 분류할 수 있다.

• 모니즘적 범재신론 혹은 신재범론(神在汎論 the-en-panism): 신과 관련하여 자연과 인간의 역사를 생각할 때 도움이 될 수 있는 모델로서 모니즘적 범재신론 혹은 신재범론(神在汎論the-en-panism)을 들 수 있다. 모니즘이란 특정한 다른 사물들 안에 존재하며 그것들을 하나로 묶어주며 창조적으로 그것들을 움직이고 내재하는 하나의 힘이 있음을 말한다. 모든 만물 속에 신적인 것이 깃들어 있으며 만물을 이어주며 창조적으로 진화시켜 준다. 그 신적인 것이 그저 만물 속에 편만해 있는 것인가? 그렇지 않다. 그것은 하나의 독립된 신성이다. 도교에서는 그것을 도라고 부르기도 한다. 만물 안에 깃들여 통일시켜 주는 도는 다시 원래의 도(태극)로 돌아간다. 신플라톤주의자 플로티누스(204~270)는 이것을 신적인 마음(the One, 一者, the divine nous)이라고 보았다. 기독교 신비가 마이스터 에크하르트(1260~1327)도 플로티누스와 유사한 모니즘적인 생각을 폈다. 유대계 화

---

3) *The-en-panism*(디엔패니즘)이란 용어는 본 연구자의 신조어이다.

란인이며 합리주의 철학자인 스피노자(1632~1677)는 이것을 세상 속에 내재해 있는 신성이라고 보았다. 헤겔은 이것을 가이스트(Geist ,영)라고 생각했다. 힌두교의 브라흐만이 여기에 해당한다. 선불교의 공(空, 순야타)도 모니즘적 현실을 드러낸다.

피조물 안에 있는 신성에 대해 지난 20여 년 동안에 위르겐 몰트만을 비롯한 서구의 많은 신학자들이 논의하였다. 이들은 구약의 루아흐(생명의 영)나 신의 內住(내주, 쉐키나), 소피아(호크마, 지혜)와 같은 언어를 재해석하여 유신론의 오류들을 지적하면서 피조 세계 속에 거하시는 신성을 재발견하였다. 몰트만은 신성을 내재적 삼위일체의 신성으로 보면서 피조 세계에 침투해 들어와 피조물과 페리코레시스(perichoresis)의 관계에 들어간다고 보았다.4) 페리코레시스는 문자적으로는 "함께 춤추며 돌아간다"(dancing around)는 뜻이다. 그리하여 신성은 피조 세계와 페리코레시스, 즉 함께 춤추며, 상호침투(perichoresis, mutual penetration)하는 관계에 있다고 한다. 그러나 몰트만에게 있어서 이 페리코레시스, 즉 상호 간의 침투는 유기적인 침투가 아니라, 상호 침투하지만 서로 접촉할 뿐이다. 이 둘은 외면적인 관계로 남으면서, 서로를 변화시키지 않는다. 신은 변화하지 않고 인간과 피조 세계만 변한다. 신은 자기 변화를 위해 자신을 내어주지 않는다. 신은 인간과 세계에 의해서 영향받고 변화될 그런 우연한 존재가 아니기 때문이다. 여기에

---

4) 페리코레시스(상호순환, perichoresis): peri와 chorein이라는 헬라어에 뿌리를 둔다. peri-chorein은 여지를 두다, 자리를 마련해 주다, 양보하다 등의 의미를 갖고 있다. 이 단어를 영어로 번역할 때 reciprocal inherence 혹은 co-inherence, 함께 돌아가면서 춤추는 것이라고 할 수 있는데, 성부·성자·성령의 삼위가 서로 상대방 안에 거하면서 서로에 영향을 주지만 각자는 자신의 독자성을 유지하는 것을 말한다. inherence는 사전적인 의미로 특징, 속성, 타고남을 의미하지만, 이것은 다른 것이 들어와서 그것의 속성이 되는 화학적 역동적인 의미를 갖는다. 여기에서는 신성이 피조 세계에 들어와 피조 세계 안에 자리를 차지하여 피조 세계의 속성과 같이 되는 상태를 의미한다. 상호침투(mutual penetration)의 의미로도 사용된다.

서 몰트만 등의 신-고전신학과 과정 사상은 서로 다르다.5) 과정 사상에서
는 피조 세계(인간)가 스스로 결정할 때까지 그것에 대해 신은 아무 결정이
나 간섭을 하지 않는다. 피조 세계는 자기 스스로 결정한다. 피조 세계는
자기가 결정한 것을 신의 "결과적 본성"으로 받아들이면서 신 안에 있는
자기의식의 내용에 더해진다. 그만큼 신은 변화한다.6) 몰트만의 유신론
적·삼위일체적 신론은 이러한 것을 받아들일 수 없었다. 피조 세계의 인자
들이 각자 스스로 결정을 내릴 때까지 기다리는 신의 결과적 본성이라는
개념은 피조 세계의 구성원 특히 인간의 자율성을 위한 여지를 마련해 준
다. 사실, 페리코레시스 사상도 과정 사상과 마찬가지로 서로 다른 실제들
의 상호 간의 침투를 통해 서로에게 영향을 주어 변화를 초래하는 것을 인
정한다.

　페리코레시스 사상은 오늘날 신과 피조 세계의 관계를 설명하는 데에
도움을 준다. 그것은 서로 다른 것이 하나가 되는 것을 설명할 수 있기 때
문이다. 서로의 독자성을 인정하면서 동시에 인간이 신을 변화시킬 수 있
고 신이 인간을 변화시킬 수 있다는 것이다. 이러한 사상은 동학으로 이어
진다. 동학의 가르침 속에도 페리코레시스가 있다. 이것은 동학의 시천주,
양천주 사상, 수심정기 사상에서 나타난다.7) 이러한 사상들은 세상과 인

---

5) 몰트만을 신고전신학자라고 부른 것은 몰트만의 신학의 기조가 고전적 신학과 유사할 뿐 아니
　　라, 그 근본에서 같다고 판단하기 때문이다. 몰트만의 자연신학의 중요한 사상들은 이미 어거
　　스틴과 같은 고전적 신학자의 사상에서 발견될 수 있다. 예를 들어, 어거스틴은 피조 세계가
　　하나님의 끝없는 무한대 안에 존재하며, 하나님은 피조 세계(물질)의 모든 것을 감싸며 모든
　　것 안에 스며든다고 하였다. 하나님은 무한히 넓고 강하시고 자애로우며, 그리하여 만물들을
　　감싸며 만물 안에 가득 차는 대양과 같은 분이며, 만물을 선하게 만드시는 분으로 고백한다.
　　Augustine, *Confessions*, trans. Garry Wills (London: Penguin Books, 2006) Book 7,
　　7절, pp. 140~41.
6) 과정 사상에서는 신의 본성을 양극적으로 보았다. 하나는 세계를 느끼고 세계의 경험을 받아
　　들이며 그것으로 자신을 변화시키는 측면인 "결과적 본성"이라는 것이 있고, 다른 하나는 영
　　원히 변하지 않는 신의 "원초적 본성"이 있다. 후자는 모든 신적인 가능성의 전체를 상징한다.
7) 수운은 자신의 동학을 유불선 삼교 합일의 대도라고 말하면서도, 유불선의 시운은 지나갔다

간이 신의 영(생명의 기운, 氣)을 변화시킬 수 있고, 변화된 영 혹은 기는 이제 세상을 바르게 만든다(氣化).

19세기 말에 일어났던 동학사상에서 피조 세계에 대한 전형적인 모니즘적 범재신론적 이해를 발견할 수 있다. 동학에서는 그 신성을 지기(至氣)라고 하며, 그것을 인격적으로 표현하면 천주(한울님)라고 한다. 그런데 이 기는 세상을 하나로 엮어주는 근본적인 구성요소로서 만물 속에 꿰뚫어 들어간다. 해월은 "우주 만물이 모두 한 기운과 한 마음으로 꿰뚫어졌느니라"[8]고 하였다. 동학의 모니즘적 범신론의 특징은 신이 신의 일을 위해 인간에 도움을 요청하는 신이다. 그러나 아무나 신에게 도움을 줄 수 있는 존재는 아니다. 인간은 신의 뜻에 따르기 위해 각자위심(各自爲心)을 버리고 수심정기(守心正氣)해야 한다. 이처럼 동학에서는 인간이 자기 변화를 하면 얼마든지 신(영과 기)의 동역자가 될 수 있고 영과 기를 움직일 수 있다고 생각한다. 인간이 집단적으로 마음을 바로 가지면 신을 움직여 우주와

고 했다. 그런 면에서 수운은 서학뿐만 아니라 우리나라의 전통적 종교들마저도 비판하고 극복하려고 하였다. 유교는 리기론적인 이분법에 기초한 공허한 윤리에 빠져 있었으므로 민중을 이끌 힘을 상실하였고, 仙敎는 養氣 사상에 머물러 사회와 역사에 대해 무관심하였고, 불교도 개인적 覺性에 매달렸기 때문에 위기에 놓인 민중에 희망이 될 수 없었다. 그러나, 수운은 유불선이 갖고 있는 통찰의 중요한 요소들을 나름대로 새롭게 해석하여 역사적·사회적으로 역동적인 종교사상을 창조하였다. 예를 들어, 유교의 수신 사상, 기 사상, 천인합일 사상이 동학에 자리 잡았고, 도가의 무위자연, 조화 사상 등이 동학에 유입되었으며, 동학은 불교적인 만유의 상호유기적 연관성과 萬有同根同體 사상을 받아들였다. 이처럼 동학은 동양의 사상적 요소들을 펼쳐놓고 자신의 목적에 맞게 하나의 독특한 종교 사상으로 재구성하고 재창조했다. 동학은 간단하게 말해서 神人合一의 道이다. 신과 인간이 분리되는 것이 아니라, 하나로 합일되는 신관이다. 동학은 이것을 侍天主, 養天主, 人卽天, 人乃天 등으로 표현했던 것이다. 동학의 신 개념에서는 초월적 인격신을 인정하면서도 동시에 범천적인 내재적 신을 인정한다. 초월적 인격신은 인간을 비롯한 우주 만물을 창조하고 그 개벽을 위해 간섭하고 이끈다. 동시에 이 초월신은 인간과 만물 안에 내재함으로써 인간과 만물을 神化(divinization)한다. 다시 말해, 동학의 신은 인간과 만물의 현재의 모습 그대로를 신적인 것으로 榮化할 뿐 아니라, 그것들을 새롭게 변화시켜 사회적·생태적으로 종합적 해방, 즉 완전 개벽을 도모하는 초월적 신이다. 다시 말해, 동학의 신은 공간적 신이면서 역사적 신이다. 즉 생태계를 신성화하면서(以天食天, 物物天事天), 동시에 역사의 변혁(개벽)을 꾀하는 신이다.

8) 해월 최시형, "영부주문",『천도교경전』(천도교중앙총본부 출판부, 2002), 294쪽.

역사 속에 올바른 일들이 일어나 악한 것을 멀리할 수 있음을 말하고 있다.

2. 자연과 우주

피조 세계를 설명하는 다음 몇 가지의 모델을 생각할 수 있다. 그것은 1) 신에 의해 만들어진 물체(constructed creature)로서, 2) "신의 몸"으로서, 3) 신의 파트너로서이다. 이제 각각의 모델들에 대해서 설명해 보자.

1) 신에 의해서 만들어진 물체

이것은 신이 피조 세계를 창조할 때 무(無, nothing)로부터 만들었고, 신과는 질적으로 관련성이 없는 물질세계를 의미한다. 인간을 따로 창조하여 물질세계와 구별하였다. 이 견해는 전통적인 신학적 이해이지만, 이것은 자칫 피조 세계(자연)와 신 사이에 내적인 관계를 부정하고 자연을 다만 물질적인 세계로 격하시키는 결과를 낳는다. 이러한 세계관은 자본주의적 물질문명과 잘 어울리게 되어, 자연은 물질적 대상의 세계로만 보고 자의적으로 조작, 남용, 파괴할 수 있는 물건으로 간주되었다. 물질세계는 인간의 필요와 욕망을 만족시켜 주는 도구적인 가치만이 인정되었고, 그 자체의 고유한 가치는 인정받지 못하였다. 이러한 물질세계는 인간의 욕망을 부추기는 유혹의 원인으로 간주되기도 하였다. 어거스틴은 물질세계를 "신의 도성"에 대조되는 "땅의 도성"으로 보고 땅의 도성의 유혹에 마음을 빼앗겨서는 안 된다고 하였다. 무로부터의 창조는 피조 세계의 가치를 격하시킬 뿐 아니라, 나아가서 죄와 유혹의 근원으로 보게 하는 소지가 있기 때문에 오늘날과 같이 자연에 대한 존중이 필요한 때에 적합한 모델이 아니라고 판단된다.

2) 신의 몸

이 모델은 맥패그(McFague)와 같은 생태여성주의자들에 의해서 제안 되었다. 우주가 신의 몸이라는 모델은 출산(procreation)의 모델에서 나왔 다. 출산 모델은 생태여성신학자들이 말하기에 앞서 이미 유대 신비주의 인 카발라(Kabalah) 전통에서 신의 자기 제한에 의한 우주의 출산이라고 하는 신화에서 시작되었다. 신이 세계를 출산했다고 해서 세계가 신의 자 녀가 되는 것이 아니라, 신의 몸이 된다.9) 신은 우주의 원천이며 우주는 신의 몸이다. 출산설과 유사한 모델로 유출설이 있다. 유출설(emanationist model)을 피조 세계의 모델로 활용하면, 신성의 자기 분리에 의해서 나온 것이 우주이다. 피조 세계는 신으로부터 나오며, 한 번 나오면 신과 부분적 으로 분리되어 독자성을 가진다. 그러나 독자적으로 성장과 발전하는 피 조물들에게 신은 생명의 원천으로서 생명의 에너지를 지속적으로 부어준 다. 피조 세계는 종말에 가서 생명의 원천인 신에게 돌아가 다시 결합한다. 피조 세계는 신으로부터 나왔고, 신 안에 있다(in and from God). 신의 몸으 로서의 우주는 신의 영광과 아름다움을 보여준다. 그것은 일시적인 자질 이 아니라 신의 영원한 영광과 아름다움이다. 그러므로 우주가 신의 몸이 라고 한 것은 우주가 곧 신의 성례전(sacrament)이라는 것을 확인한다. 우 주가 신은 아니지만 신의 신비를 갖는 성례전이다. 성례전이란 한편으로 는 신의 신비가 아닌 물건이지만 다른 한편으로는 신의 신비를 드러낸다. 성례전(성사)은 다름과 같음을 함께 갖고 있지만, 같음에서는 동일함에서 모호함이 없다. 이에 비해, 메타포(은유)는 비슷함이 있지만 그 비슷함에는 동일한 것이 아니라, 흐릿한 모호함이 있다. 출산설이나 유출설에서의 세 계는 신의 메타포가 아니라 신의 성례전이 된다.

---

9) Sallie McFague, *The Body of God* (Minneapolis: Fortress Press, 1993), pp. 151~56.

3) 신의 파트너

신과 피조 세계가 서로 의존하는 관계에 있다고 볼 수 있고, 그러면 신과 세계는 서로에게 파트너가 된다. 신에 의해서 세상이 영향받고, 다시 세상은 신에게 영향을 준다. 이러한 사상은 과정 사상가인 화이트헤드와 하트숀 등에 의해서 주창되었다. 신이 이 세상에 관여하지만 유일신과 같이 이 세상을 지배하고 통제하는 것이 아니라, 이 세상의 독자성을 인정하면서 설득력과 유혹으로 신이 원하는 방향으로 이끈다. 신은 우주를 위해 가장 높은 선(the highest cosmic good)을 준비하였고 그것을 받아들일 것을 설득한다. 신은 강제적인 힘을 발휘하여 세상이 선한 목적을 향해 가게 하는 것이 아니라, 시인이나 예술가와 같이 세상을 위해 품은 선한 목적을 다양한 방식으로 표현하여 세상이 그것으로부터 통찰력을 얻어 자발적으로 그 목적을 향해 나아가게 한다. 그러나 세상은 그것을 받아들이지 않고 다른 방향으로 나아가기도 한다. 세상은 앞으로 나아가기도 하지만 후퇴하기도 한다. 그러나 장기적으로는 신이 의도하는 방향으로 나아간다. 그런 면에서 신은 세상에 비해서 우월한 파트너이다. 그러나 신도 세상에 의해서 영향을 받는다. 신은 세상이 변해가는 상황에 따라 행동을 달리한다.

세 번째 모델과 관련된 중요한 개념은 이미 위에서 설명한 페리코레시스(perichoresis)이다. 이 개념은 원래 삼위일체를 설명하는 데에 사용되었다. 페리코레시스 사상에서는 세상은 세상으로 남으면서 신성과 유기적인 관계를 갖는다. 신성은 세상 속에 임재해 있다. 페리코레스적 관계에서 신성은 세상에 영향을 미치면서 동시에 세상으로부터 영향을 받는다. 서구의 페리코레시스 사상에서는 이 양자 중에서 주도적인 역할을 신성이 담당한다고 본다. 세상은 수동적이며 능동적인 쪽은 신성이다. 이 우주 안에 신성이 역동적으로 내재하고 침투하며 우주를 바꾸고 있다. 한국의 동학 사상에서도 우주의 만물 안에 신성한 기운(至氣 혹은 一氣)이 페리코레틱하게 침투하고 내재해 있다고 본다. 그런데 동학사상은 한 걸음 더 나아가서 신성과 세상의 양자 사이에 이들의 변화를 일으키는 역동적인 제3자인 인간을 제시한다. 동학(東學, 후의 천도교)에서는 신적인 기가 만물을 능동적으로 이끄는 것이 아니라, 최령자인 인간이 이끈다고 보았다. 인간이 움직이지 않으면 세상이 변하지 않는다. 인간이 움직이지 않으면 신의 노력도 허사가 된다. 동학 2대 교주 해월은, "한울을 양할 줄 아는 사람이라야 한울을 모실 줄 아느니라"고 함으로써 영과 피조물 사이에는 쌍방적인 관계에 있다고 보았다.10) 여기에서 인간의 능동적인 참여가 신적인 힘을 발휘할 수 있는 계기가 된다는 동학사상의 역동성을 볼 수 있다.

인간은 우주에 한편으로는 종속하며 생존하지만 다른 한편으로는 우주를 모시며 이끄는 존재이다. 동학에서는 천지를 인간의 부모로, 곡식은 천지부모가 인간에게 주는 젖이다. 밥 한 그릇 속에서 한울님을 만날 수 있으며, 밥을 먹는다는 것은 한울에 의존한다는 것을 말한다. 한울도 인간에 의존한다. 해월은 이것을 "天依人 人依食"이라고 하였다.11) 해월의 글을 인용해 보자.

> 한울은 사람에 의지하고 사람은 먹는 데 의지하나니, 만사를 안다는 것은 밥 한 그릇을 먹는 이치를 아는 데 있느니라. 사람은 밥에 의지하여 그 생성을 돕고 한울은 사람에 의지하여 그 조화를 나타내는 것이니라.12)

그 의존의 방향이 천(天) → 인(人) → 식(食)이 된다. 식(食)은 땅에서 나오는 것이므로 인간은 자연에 의존되어 있다는 것이다. 이 말은 자연을 공

---

10) 『천도교 경전』, 367쪽.
11) 위의 같은 책, 254쪽.
12) 위의 책.

경하라는 것과 연결되며, 심지어 나무 신을 신고 함부로 걸어서 훼손하거나 물을 함부로 버린다든가 침을 뱉어서도 안 된다는 것이다. 동학의 생태 환경에 대한 이러한 자세는 시천주, 경(敬), 이천식천(以天食天), 사사천(事事天), 물물천(物物天)의 사상에서 확인된다.13) 동학사상에 내포되어 있는 이러한 풍부한 영적 자원들은 오늘날 생태신학을 형성하는 데에 새롭게 활용될 수 있을 것이다. 서양의 생태신학이 복잡하고 추상적이고 억지로 갖다 가 붙이는 경향이 있는 것에 비하여 동학은 깊이 있고 역동적인 생태사상을 제공해 준다.

이 자연과 우주에 대한 존경은 그것 자체로 멈추지 않는다. 인간은 적극적으로 자연과 우주의 바른 관계(기화)를 조성하는 책임을 진다. 수운은 이것을 수심정기라 했고, 해월은 양천주(養天主)라는 사상을 발전시켰다. 천을 양육함은 지기(至氣)를 질적으로 고양시키는 것을 의미한다. 수심정기함에 의해서 일어나는 기의 질적인 고양은 외적으로 영향력을 확대하여 조화와 기화를 일으켜 인간들 사이, 인간과 자연 사이에 화해와 정의와 조화로움을 조성해 준다. 그리고 그러한 관계의 선(善)한 고양(高揚)을 통하여 보다 선한 시간과 공간이 확장되며, 결국 역사와 사회의 변화 즉 후천 개벽이 일어날 수 있는 것이다. 여기에서 기의 흐름 즉 기화의 주체는 인간임을 알 수 있다. 기 자체는 우주 전체로부터 하늘까지 닿아 있는 것이지만, 기는 하늘(神)에 의해서 움직여지기보다는 인간에 의해 움직여진다고 하는 지극히 인간중심적인 유교적 전통을 동학에서 발견할 수 있다. 우리는 여기에서 기란 우주 속에 충만한 생명의 에너지로서 물질적으로 존재

---

13) 시천주는 천주님을 모심을 말한다. 경은 천지의 만물과 인간을 존중하는 마음이다. 이천식천 은 하늘로써 하늘을 먹는다는 뜻으로, 우리도 하늘이고 우리가 먹고 쓰는 것들도 모두 하늘이 라는 뜻이다. 사사천 물물천도 같은 의미인데, 모든 일이 다 하늘이고, 만물이 하늘이라는 뜻 이다.

하는 것이면서 동시에 인간의 마음에 의해 영향을 받는 정신적인 존재로 파악할 수 있다.

이러한 인간의 능동적인 역할은 피조 세계의 구원의 과정에 필수적인 요소이다. 피조 세계의 구원과 통전성은 인간의 집단적인 운동을 통한 문명의 변화에 의해서 가능해진다. 그런 면에서 사회 운동을 통한 인간의 집단적인 변화와 올바른 마음가짐은 세상을 바꾸는 동인이 된다.

3. 역사

역사는 인간 세상의 일이다. 우주가 천체와 공간의 시작, 신생, 확장, 축소, 소멸의 역사를 갖는다면 인간의 역사는 인간 문명의 시작, 신생, 성장, 퇴보, 멸망의 역사를 갖는다. 우주의 역사 속에는 인간이라고 하는 작은 단위가 존재하지만, 인간의 역사 속에는 인간이 전부를 차지한다. 인간의 역사는 인간에 의해서 만들어진다. 그런데 이 우주의 역사도, 그것이 좀 더 구체적으로 지구의 역사로 좁혀지면 인간의 역사에 의해서 결정적으로 좌우된다. 그만큼 인간의 과학 문명과 능력이 지구의 미래를 좌우할 수 있는 위치에 왔다. 이 인간의 역사에는 정의와 선만 있는 것이 아니라 불의와 죄악이 있기 때문에 역사는 우리의 초미의 관심이 된다. 역사는 목적을 가지고 있는 것인가? 역사는 진보하는가? 역사는 멸망으로 가고 있는가, 아니면 완성으로 가고 있는가? 이러한 것들을 모두 설명할 수 있는 역사에 대한 이론이 있는가? 그동안 헤겔, 마르크스 등 위대한 역사철학자들이 있었지만, 역사의 비밀을 제대로 설명한 것은 없었다. 이 장에서는 역사를 아주 상식적인 선에서 정의내려 보려고 한다. 역사란 더 선한 영과 더 악한 영, 혹은 덜 선한 영과 더 선한 영, 혹은 덜 악한 영과 더 악한 영의 싸움터이다. 인간은 영적인 동물이며, 인간이 만들어 놓은 모든 체제나 구조도 영적인 힘을 갖는다. 문제는 어느 쪽이 더 선한 영을 대변하느냐, 어느 쪽이 덜 선한 영을 대표하느냐에 있다. 역사 속의 모든 것은 영적인 현실인데 이 현실은 악한 영과 선한 영이 혼재해 있어서 최선과 최악의 이분법적 현실이 아니며, 역사 안에서는 어떠한 선이나 악도 애매모호한 상태에 있다. 그러므로 역사에서는 영적인 분간이 요구된다. 역사는 영적인 현실들이 갈등하는 장소이기 때문이다. 역사의 미래는 이러한 영적·정신적인 싸움에서 인간들이 전 지구적으로 연대하여 선한 영(성령)의 편에 서서 결단하고 행동하는 날이 올 때 완성될 것이라고 본다. 역사의 미래는 인간의 집단적 결단 나아가 지구적 결단에 달려 있다.

이것을 좀더 인문학적으로 설명해 보자. 역사의 미래는 인간 문명의 질에 의해서 결정된다. 미국의 신학자 피터 허지슨은 다음과 같이 정리하였다. "역사란 큰 문명에서부터 작은 기초공동체에 이르기까지 넓고 좁은 범위에서, 새로운 문화적 합의들(new cultural syntheses)을 만들어가는 지속적인 열린 과정을 말한다." 여기에서 문화적 합의들이란, 갈등적이고 폭력적인 사회적 체제와 구조들이 작동하고 있는 세상 속에서 자유와 통전(wholeness)의 영역을 건설하고 확대해 내는 것을 말한다. 그러나 이러한 합의들도 시간이 지나면 깨져서 다시 억압적인 구조로 되돌아갈 수 있지만, 역사란 이러한 새로운 합의들의 창출 과정이며, 그것으로부터의 후퇴를 포함하는 나선형의 진행 과정이라고 할 수 있다.[14] 간단히 말하면, 역사는 인간의 억압적인 구조에 대항하는 투쟁과 그것으로부터의 후퇴가 일어나는 끊임없는 과정이며, 이 과정 속에서 역사는 새로운 단계, 즉 자유의 확대 혹은 축소의 단계로 나아간다. 역사를 가장 잘 설명해 줄 수 있는 메타포는 나선을 가진 나사 혹은 물결이라고 생각한다. 이것을 미세한 범위에서 보면 원을 그리

---

14) Peter C. Hodgson, *Winds of the Spirit: A Constructive Christian Theology* (Louisville, Kent.: Westminster John Knox, 1994), p. 317.

듯이 발전과 후퇴, 높음과 낮음이 반복하지만, 그러나 길게 보면 앞으로 전진하고 있다. 그러면서 이전 것을 결코 반복하지 않는다. 역사가 바로 이러한 성질을 갖고 있다. 일직선이나 원은 역사를 상징하는 좋은 메타포가 될 수 없다. 역사의 진보는 이 역사를 추동하는 인간의 사고 전체의 질(質)인 인간의 문화와 문명의 질적 수준에 달려 있다.

인간의 역사와 사회에 대한 논의는 복잡하다. 역사철학 내지 역사신학이라는 말로 표현되는 이 영역은 대단히 복잡하고 깊이 있는 것이다. 헤겔의 역사철학이나 마르크스의 유물사관은 매우 역동적이고 깊은 통찰을 지닌 것이긴 하지만, 역사의 단면만 설명한 측면이 있고, 관념주의적이고 유토피아적인 측면과 교의적인 측면이 강해서 역사적 현실을 충분히 설명해주지 못하는 단점이 있다. 역사에 대한 원리적 철학적 연구는 기라성과 같은 학자들에 의해서 이루어지고 있다. 이에 비해서 기독교 신학의 영역에서는 역사에 대한 깊은 통찰을 주는 연구가 나타나지 않았다. 독일 신학자 판넨베르크가 역사로서의 계시라는 연구 프로젝트를 제시했지만, 역동적인 역사철학적 신학으로 발전하지 못하였다. 그는 유럽의 역사 중에서 이성적인 부분을 계시와 동일시하면서 유럽의 역사를 계시의 역사로 보았다. 몰트만이 종말론적인 역사관을 제시하면서 많은 공감을 얻었다. 그러나 몰트만의 종말론적 시간개념과 역사관의 참신성과 진보성에도 불구하고, 역사를 움직이는 궁극적인 힘이 집단적인 민중의 운동으로부터 나온다는 측면을 간과하였다. 몰트만은 역사 변혁의 힘이 민중으로부터 오는 것이 아니라, 시간 앞에서 오는 초월적이고 종말적인 신의 힘에 의해서 온다고 봄으로써, 역사 철학이 기반해야 할 현실적 실천의 측면을 간과하였다. 몰트만의 신중심적 종말적 초월과 그것의 현재적 세계 안에의 침투와 내재는 역사를 변혁시키는 동인을 이루지만 거기에는 그것을 실행할 수 있는 세상적 대행자(agent)의 상정이 없다. 그는 민중이 그러한 대행자의 역할을 할 수 없다고 보았다. 3장에서도 언급되었지만, 그에게 있어서 민중은 구원의 대상이지 구원을 할 수 있는 존재가 아니다. 왜냐하면 민중의 역사 참여의 모호성을 의심하였기 때문이다. 민중은 신처럼 한결같거나 믿을 수 있는 존재가 아니라는 것이다. 몰트만의 이러한 민중의 집단적 역사 참여의 배제는 그의 신중심적 종말사상에서 비롯하였다. 신만이 역사를 변혁할 수 있다는 신념은 곧 아무도 그것을 할 수 없다는 것을 의미한다. 다만 선택된 집단들, 예를 들어 신의 종말적인 부름에 응답할 수 있는 일부의 교회, 일부의 크리스천만이 할 수 있다는 입장으로 보인다. 이것으로 몰트만은 집단적 운동을 통한 현실참여가 갖는 신학적 중요성을 무시하였다. 그러나 역사는 미래의 종말적인 희망과 다중의 집단적인 결단에 의해서 추진된다.

역사는 누구에 의해서 움직여지는가? 기독교에서는 신에 의해서 이루어진다고 한다. 역사는 기본적으로 신의 역사이다. 구원사와 일반사가 둘이 아니라 신의 역사로 하나가 된다. 역사는 신과 세계의 역동적인 관계의 장이다. 역사는 신적인 초월(이것을 종말적인 희망으로 대체할 수 있다)과 과거와 현재의 역사 즉 피조 세계의 역사와의 상호 침투적인 만남의 장소이다. 이 상호 침투에 있어서 세계도 변하고 신의 활동도 변한다. 왜냐하면 신도 인간과 피조 세계의 역사에 의해서 영향을 받기 때문이다. 성서에도 신이 인간의 노력에 의해 "회심"(repent)했다는 기사가 나온다(아브라함이 신을 설득하는 이야기, 노아의 홍수 이후에 후회하시는 하나님). 다시 신은 성령의 역사 속에서 피조 세계의 역사를 종말적인 완성을 향해 이끌어 내신다. 성령은 하나님의 나라를 실현하신다(고전 4:20; 로마 14:17). 우리는 성령에 의해서 살기 때문에 역사 속에서 우리는 성령과 함께 걸어야 한다(갈라 5:25). 역사는 성령의 역사, 즉 변화와 초월이 일어나는 장소이다.

역사 속에서 일어나고 있는 초월, 즉 기존의 악한 체제가 무너지고 새로운 정의와 해방의 신의 지배(Reign of God, 하나님의 나라)가 증가하는 것을 성령의 역사라고 하자. 성령은 일정한 방향을 가진 신적인 힘을 가리킨다. 성령은 방향을 가진 힘으로서의 벡터(vector)적인 존재로서 역사를 그 완성의 방향으로 이끈다. 성령 자체의 힘으로 민중의 참여 없이 성령이 홀로 역사를 움직이는 것이 아니라, 성령의 설득의 힘으로 인간들의 집단인 민중에 의해서 역사는 움직인다. 성령은 역사를 새롭게 창조하여 종말적 구원으로 향하게 한다. 성령은 우주와 역사를 새롭게 창조하여 역사를 구원에 이르게 하는 구원자이다. 성령의 새로운 창조의 과정에 민중이 집단적으로 참여한다.

4. 영에 의한 역사의 해방

영 경험은 일상성 속에 함몰되어 있는 우리가 지금까지 하지 못했던 일들 특히 공동체를 형성하고 정의와 평화를 위한 사랑의 행동을 하는 상태를 가리킨다. 영 경험은 일상성 속의 좁은 자아가 우주와 역사 속에서 운행하는 생명의 영에 접하여 더 큰 자아로 확장되고, 그리하여 자신을 넘어 이웃, 사회, 역사, 자연의 문제에 관심을 갖는 경험을 포함한다. 성령은 역사 속에 새로운 생명력을 불어 넣는다. 역사는 영의 생명력을 받은 사람들에 의해서 변혁된다. 수심정기하는 사람들에게 해방과 생명의 영이 들어와 움직인다. 동학운동이 그 한 예였다. 조선 말기에 일본이 조선을 병합하려고 그 힘을 뻗치고 있을 때에 동학에 참여한 농민과 민중은 생명의 영의 부름에 응답하여 힘을 모아 나라를 지키기 위해 싸웠다.

이러한 생명의 영의 현상은 개인적, 가정적 삶뿐만 아니라, 공동체에서, 사회에서, 나라에서, 국제관계에서 경험되어진다. 선한 영이 작용하는 곳에는 막힌 담이 무너지고 의사소통이 일어나며, 희망을 발견하며, 생명과 사랑과 창조가 약동한다. 위르겐 몰드만은 선한 영에 대한 깊은 통찰을 보여주고 있다. 몰트만에 의하면, 영은 개별적 피조물들이 각각 특별하고 고유한 존재를 실현하도록 하면서 동시에 이 개별적 피조물들 사이에 의사소통을 조성하여 연결하며 보다 풍부한 생명을 실현하는 방향으로 열어놓는 통합의 힘이며, 구성인자들 전체의 핵심이며 전체를 대표한다.[15] 생명의 영으로서의 성령이 세상에 생명을 불어넣어 주듯이, 사회 운동 속에서의 영의 작용은 역사에 새로운 생명을 불어넣어 역사의 구성원들을 고유하게 만들어 주면서 동시에 통합하여 새로운 현실로 이끌어 준다. 민중이 자발적으로 참여하는 사회 운동이 없는 사회나 역사는 고인 물이 썩듯이 생명력을 잃고 정체되고 퇴보한다. 집단적 수심정기인 사회 운동은 사회와 역사 속에 생명의 영을 불어넣어 통전성과 생명력을 회복한다.

19세기 말에 동학운동에 참여했던 농민들이 이러한 경험을 하였고, 20세기 후반의 민중운동, 특히 산업선교 운동에 참여하였던 노동자들이 집단적으로 생명의 영을 경험하였다. 그리하여 새롭게 자신의 삶에 대한 비전을 가졌고 현실을 보는 눈을 가지게 되었고, 생명을 불러일으키는 영적인 사람들이 되었다. 이렇게 새로운 인간으로 탄생되는 경험을 단순히 사회적인 요소들의 복합적인 작용에 의해서 일어난 것이라고 설명할 수 있을까? 이러한 경험은 영적인 경험이며 신비한 경험이라고 말하지 않을 수 없다.

영적인 체험은 우리의 삶 속에서 특히 자유의 경험에서 일어난다. 그동안 무엇인가에 노예상태로 묶여 있던 내가 그것으로부터 자유하게 될 때 나는 "자녀의 영"(갈라 4:6)을 경험한다. 우리는 많은 것의 포로가 될 수 있다. 깨달음을 추구하는 사람들은 자신이 얼마나 무지에 포로가 되어 있는

---

15) 이렇게 영에 대한 몰트만의 이해를 정리해 보았다. 그의 책 Juergen Moltmann, *God in Creation: An Ecological Doctrine of Creation* (Londong: SCM Press, 1985) p. 100 참조.

가를 경험한다. 보고자 하는 사람은 자신이 얼마나 장님 상태에 포로가 되어 있는지, 자유의 몸이 되고자 하는 사람은 자신이 얼마나 종의 상태에 놓여 있는지를 경험한다. 경직된 교리에 포로로 잡혀 있는 사람들은 그 자체로는 자유의 경험을 하기가 어렵다. 그러나 그러한 포로 상태를 직시하게 되면서 교리주의로부터 해방이 될 때 그는 자유하게 하는 영을 경험한다. 예수가 영을 경험하였을 때 일어난 사건들은 묶인 것으로부터의 자유와 해방의 경험이었다. "주님의 성령이 나에게 내리셨다. 주께서 나에게 기름을 부으시어 가난한 이들에게 복음을 전하게 하셨다. 주께서 나를 보내시어 묶인 사람들에게는 해방을 알려주고, 눈먼 사람들은 보게 하고, 억눌린 사람들에게는 자유를 주며 주님의 은총의 해를 선포하게 하셨다." 영의 경험은 가난한 이들, 묶인 자들, 눈먼 자들, 억눌린 자들의 자유의 경험 속에서 일어난다. 영은 비생명적인 막힌 세상을 돌파하여 생명의 기가 흐르게 하며, 특히 포로된 상태로부터 자유하게 하는 힘이다. "주님은 곧 성령입니다. 주님의 성령이 계신 곳에는 자유가 있습니다"(고후 3:17).

우리는 이러한 자유의 사건 속에서 영을 체험한다. 자유가 주어지는 사건은 다양한 사회적인 요소들이 합력하고 작용하여 이루어진다. 그리고 그 자유는 지금까지 작동했던 사회적인 요소들 전체의 합을 넘어서서 더 큰 전체를 형성한다. 그러한 면에서 영의 경험은 사회적 작용들로 환원될 수 없다. 영의 경험은 사회적인 요소들의 작용들 없이는 일어나지 않지만, 그러나 그것을 뛰어넘는 결과를 창조한다.

다음, 공동체의 형성 속에서 영의 움직임을 경험한다. 특히 공동체 안의 평등한 의사소통의 구조 속에서 생명의 영과 기는 막히지 않고 흐르며, 그러한 공동체 속에는 기쁨과 생명이 넘치게 된다. 공동체에는 그냥 여러 사람들이 모여 있는 것이 아니라 그 속에서 무엇인가 새로운 일이 일어난다. 나눔이 일어나고 참여가 일어난다. 특히 모든 이들이 각자 자기가 받은 은사로써 공동체에 공헌한다. 일반 사회 속에서는 일어나지 않는 약자들에 대한 배려와 존중과 그들의 참여가 공동체 안에서 일어난다. 이러한 공동체는 그동안 객의 자리에 머물렀던 사람들이 영으로부터 오는 카리스마를 지닌 사람들로 변화하여, 주체적인 주인으로 참여하는 공동체가 된다. 영은 주체자가 되게 한다.

교회는 공동체의 일종이다. 그러나 교회에는 제도가 있다. 제도에 의해서 움직이는 공동체는 영적인 소통이 없다. 제도주의, 가부장주의, 권위주의, 교리주의에 의해서 움직이는 교회는 영을 숨 막히게 한다. 영이 숨 막히면 성원들의 주체적인 참여가 줄어든다. 이러한 교회는 영적인 소통이 장벽에 의해서 차단된다. 모든 성원들의 자발적이고 존중받는 참여가 상실된다. 제도, 권위, 교리를 넘어서서 평등한 공동체의 형성은 영의 사건이다. 이것은 생명의 영의 흐름과 움직임 속에서 발생하는 사건이다.

땅 위에서의 새로운 생명의 움틈, 새로운 민주적 사회 체제의 탄생, 새로운 인간의 탄생 등 이러한 모든 것들은 결코 생명의 영의 움직임이 없이는 일어나지 않는다. 이러한 일들은 과학적인 설명으로 다 해명될 수 없는 신비하고 기적적인 일이다.[16] 인간들은 자신들이 할 수 있는 일을 다 하지만, 결국은 인간의 손에 의해서가 아니라 그 바깥의 힘에 의해서 결과가 이루어지는 것을 볼 수 있다. 인간의 힘, 사회적인 요소들의 작용을 넘어선 또 다른 힘이 존재함을 인정하지 않을 수 없다. 그것을 생명의 영의 역동적인 힘이라고 명명할 수 있으며 그것의 원천을 신에게 두지 않을 수 없다. 이 영은 새로운 일을 이루고 인간적인 생각으로는 실현하기 불가능한 희

---

16) 영의 작용을 사회적인 요인들의 작용의 합보다도 더 큰 것이며 그것을 넘어서는 결과를 가져온다고 보는 입장은 특히 해방신학자 호세 콤블린에게서 발견된다. Jose Comblin, "The Holy Spirit", in *Systematic Theology: Perspectives from Liberation Theology*, ed., Jon Sobrino and Ignacio Ellacuria (Maryknoll, N.Y: Orbis Books, 1993), pp. 146~164 참조.

망을 이루어 놓는다.

　사회 운동 속에서 성령의 활동을 분간한다는 것은 진정한 사회 운동은 무엇이냐라는 주제로 이어진다. 모든 사회 운동이 다 살리는 영을 내포하는 것이 아니며 많은 경우 이 점에서 애매모호하다. 뿐만 아니라, 성령의 이름으로 사회 운동을 절대화할 수 없다. 그러나 성령과 함께 하는 사회 운동을 분간해 낼 수 있다. 사회 운동의 과정과 결과에서 하나님 나라의 요소들, 즉 평화, 정의, 화해, 치유, 생태환경과 생명의 회복, 연대, 주체성의 회복, 자신의 잘못을 수정하는 열려 있는 태도 등과 같은 가치들을 얼마나 실현하고 있느냐가 그 사회 운동이 얼마나 성령에 의해서 추동되고 인도되었는지를 말해준다.

　합리주의자들은 사회 운동과 성령과의 관계를 무시하려 할 것이다. 실사적(historical)이며 합리적인 눈으로 사회 운동의 현상을 볼 때 거기에는 초월적인 영의 개입이 존재하지 않는다. 아무리 대단한 사회 운동이라고 할지라도 그것은 인간들의 업적이요 활동에 불과하며 그런 입장에서 분석과 설명이 이루어질 수 있다고 주장할 수도 있다. 결코 틀린 주장이 아니다. 그러나 신학자들이 하는 방식은 역사학자나 사회과학자들이 접근하는 방식과 다르다. 신학자들은 같은 현실을 놓고도 그것을 영적·계시적으로 본다. 성령은 항상 인간과 피조 세계의 일을 매개로 역사한다. 역사의 일들은 크게 보아 생명의 영인 성령을 가로막는 일을 하거나 성령에 참여하는 일로 나뉜다.

　역사 안에는 성령이 거하므로(rest on) 역사는 성령에 의해서 종말의 완성으로 향해 갈 것이라는 것이다. 그러나 역사는 정의와 선의 방향으로 움직이지 않을 때가 많다. 그렇다면 신의 역사 개입은 자주 중단되는 것인가? 신의 행동은 중단되는 것이 아니다. 그러나 신도 좌절할 때가 있다. 전쟁, 기근, 고문 등을 일으키는 생명을 죽이는 세력에 의해서 신의 의도는 좌절

된다. 그러한 좌절 속에서도 신의 영은 역사에 참여한다. 신의 영은 죽어가고 고통당하는 생명들과 함께 고통당하며 이들을 위해서 탄식하며 간구해준다.

5. 신의 역사 개입의 방식과 악

신의 역사 개입의 방식은 설득이지, 강제적 힘(coercive force)이 아니다. 전통적인 신관에서는 신이 전능한 존재이므로 설득과 같이 미약한 방식이 아니라 강제적인 방식으로 역사를 이끈다고 보았다. 그러나 오늘날 과정신학에서 배울 수 있듯이 신은 성령이 현실 속에서 가장 선한 것을 이루도록 인간의 참여를 이끌어내는 설득의 방식으로 역사에 개입한다고 하겠다. 신은 인간을 설득하여 세계의 해방을 위한 신의 일을 하도록 유혹하신다. 인간은 이러한 신의 설득과 유혹에 긍정적으로 혹은 부정적으로 응답할 수 있다. 역사 속에서의 악은 인간의 이러한 신의 초대에 대한 불응에서 비롯된다.

이러한 초대의 불응은 인간(집단)이 스스로 자신의 것들(명예, 부, 권력)을 절대화하여 우상으로 섬기기 때문에 일어난다. 역사는 우상과 성령 사이에서 민중이 선택하는 역사라고 말할 수도 있을 것이다. 역사는, 상징적으로 표현하면, 우상(악령)과 성령 사이의 싸움터(battle ground)이다. 역사 안에서 악령(그와 연결된 가치들)과 성령(그와 연결된 가치들)은 민중의 마음을 얻기 위한 경쟁에 참여한다. 둘 다 민중의 참여 없이는 효과를 발휘할 수 없기 때문이다. 신의 영이 민중을 설득할 때, 우상들도 민중을 설득한다. 악은 신의 영의 설득을 받아들이기를 거부하고 우상의 길을 선택하는 것을 말한다.

우상은 성령의 구원의 역사를 가로막는다. 우상의 악의 체제가 역사를 지배할 때에 성령과 민중은 함께 고난받으며, 고난의 현장 속에 성령이 함께 한다(로마 8:28, "이와 같이, 성령도 우리의 약함을 도와주십니다. 우리는 어떻게 기도해야 할 것도 알지 못하지만, 성령께서 친히 이루 다 말할 수 없는 탄식으로, 우리를 대신하여 간구하여 주십니다").

6. 포스트모던 시대의 생명 사회정치 운동

오늘날의 사회 운동은 다양한 계층과 집단의 연합체인 다중에 의해서 이루어지고 있다. 오늘날 민중운동의 특징 중 하나는 구성원들의 다양성을 내포하고 있는 다중들이 같은 목적을 향하여 연대한다는 점이다. 다양한 소집단들은 공동의 이슈들을 중심으로 결집된다. 오늘날과 같은 고도의 과학기술문명과 세계화된 자본이 작동하고 있는 시대에 다양한 소집단들의 가장 공통된 관심은 생명보호와 생명의 살림에 있다. 최근 한국에서 일어난 광우병 위험 미국산 쇠고기 수입반대 촛불시위 운동은 포스트모던 시대의 다중운동의 전형적인 예이다.

오늘날의 포스트모던 시대에는 분리된 것으로 간주되었던 자연과 인간 역사, 과학과 신앙이 통전적으로 이해된다. 우주는 하나의 영에 의해서 통합된다. 이 영은 자연 속에 임재하면서 자연의 진화를 이끄는 힘이며 동시에 역사 속에서 인간 사회에 임재하여 미래의 완성을 향해 이끄는 힘이기도 하다. 모더니티는 자연은 자연의 필연적 법칙에 의해서 움직이고 인간 역사는 인간의 자유에 의해서 추동된다고 하였다. 그러나 포스트모던 정신은 이러한 분리를 넘어선다. 자연이 필연의 법칙에 의해서 움직이고 있다는 것이 부정된다. 자연과 인간 역사가 분리될 수 없기 때문이기도 하지만, 자연 그 자체에 새로운 변화가 항상 있어 왔기 때문이다. 인간의 역사 속에만 혁명이 있고 자연에는 혁명이 아니라 진화만 있을 뿐이라는 생각이 극복되고 우주 전체에 새로움이 있는 혁명이 존재할 수 있다는 생각이 받아들여지게 되었다. 이것은 포스트모던 정신과 성서의 정신이기도 하다. 이사야가 이해하는 하나님의 영은 사회(인간의 역사)에 평화를 가져올 뿐 아니라, 들판(자연세계)에 풍년이 들게 하는 영이다(이사야 32:15~18). 이는 인간세계가 잘됨은 자연세계의 잘됨으로 연결된다고 이해되며 그 역도 마찬가지이다.

오늘날의 포스트모던 시대에는 영적인 현실이 사회 전역에 점점 더 확연히 드러나고 있다. 이것은 역사와 사회 속에서 인간의 책임이 커질수록 더욱 분명하게 드러난다. 왜냐하면 인간은 영적인 현실을 건드리는 존재이기 때문이다. 인간은 영적인 동물이다. 인간은 이성과 지성을 활용하여 이 세상을 지배하려고 하지만 인간의 마음처럼 되지 않는다. 환경의 대파괴에 의한 기후변화 등 환경재앙으로 돌아오거나, 광우병, AI, 구족병 등과 같이 생각하지 않았던 새로운 죽음의 질병으로 돌아온다. 역사와 사회는 하나님의 영과 사탄의 영의 대결 장소가 되었고, 인간은 양편에서 한쪽을 선택해야 하는 상황이 되어가고 있다. 오늘의 시대는 점점 더 영적인 현실이 커지는 종말에 가까운 시대가 되고 있다. 이것은 우리 스스로가 우리를 멸망시킬 수 있는 힘을 가지는 시대이기도 하다. 지구는 인간의 탐욕을 견뎌낼 수 없어 신음하고 있는 시대가 되었다. 가난한 나라의 빈자들은 가난뿐 아니라, 인류가 만들어 놓은 위기에 희생되고 신음하고 있다. 반면에 부유한 자들은 가난한 자들의 희생 위에서 혜택을 받는다. 빈자는 부자들에게 혜택을 주는 수여자(giver)이며 부자들은 혜택을 받는 자이다.

이사야는 주의 영이 어떤 인물에게 내리신다고 하였다(이사야 11:1~2). 그 영은 "지혜와 총명의 영", "모략과 권능의 영", "지식과 주를 경외하게 하는 영"이라고 하였다. 이 영을 받은 인물이 오늘의 역사를 바꿔나갈 수 있다. 이 인물이 개인이냐 아니면 집단이냐를 놓고 볼 때 둘 다 맞다고 본다. 개인이자 집단인 그에게 영이 함께 하며 민중의 부르짖음을 듣고 정의를 세운다. 아니 그가 바로 민중이다. 민중은 역사 속에서 영의 역할을 한다. 무엇으로? 그들의 고난을 통하여. 그들의 부르짖음을 통하여. 그들은 영을 받은 존재로서 정의를 허리에 동여매고 성실로 몸에 띠를 삼는다(이사야 11:5).

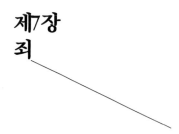

제7장
죄

"내 지체 속에서 한 다른 법이 내 마음의 법과 싸워 내 지체 속에 있는 죄의 법으로 나를 사로잡는 것을 보는도다."

- 로마서 7:23

1. 민중신학의 죄 이해와 관련된 문제들

민중신학의 죄론은 많은 토론을 불러일으켰다. 이하에서는 몇 사람들의 토론만을 소개하려 한다.

종교신학자 김승혜는 민중신학은 죄를 구조악으로 정의하며 그래서 민중은 메시아의 역할을 담당해야 하므로 전혀 죄가 없다고 주장하는 것은 "이전에 가려져 있던 구조적 악을 들춰내는 그 나름의 상징적 가치를 지니고 있다"고 하였다. 그러나 그녀는 다음과 같이 약점을 지적한다. 우선, 이러한 특정한 부분만을 강조하다가는 "통전적 전망과 타당성을 상실"

할 수 있다.1) 기본적으로 죄론과 민중 메시아론에서 민중신학은 양자택일적 접근을 하는 우를 범한다는 것이다. 악을 구조악으로 환원한다면 인간의 죄의 실상을 다 들여다볼 수 없으며, 민중에게 죄가 없다고 보는 것은 인간 조건에 대한 일반적인 경험에 부합하지 않고 어색한 논리라는 것이다.2) 민중에게 죄가 없다고 한다면 민중적인 영성 생활은 불필요할 것이고, 민중에게는 신앙도 불필요할 것이 된다. 김승혜가 보고하듯이, 10여 년 동안 철거민들과 함께 생활했던 신부가 철거민들이 투쟁하여 얻은 권리를 놓고 서로 이해관계로 싸우고 등지는 것을 보았던 것처럼 민중도 역시 죄를 가진 존재이다.

이러한 김승혜의 입장과 유사하게 2세대 민중신학자 박재순도 서남동 등의 1세대 민중신학자들의 죄이해에 대해 문제제기한다. 그에 의하면 "서남동이 죄의 문제를 사회구조적으로 파악하고 억압수탈하는 자를 죄지은 자로 억압수탈 당하는 자를 죄지음 당하는 자로 본 것은" 타당하지만, 그것은 죄의 일면을 너무 강조한 것이라는 것이다. 그는 구조악도 인간의 악한 마음에서 비롯된 것이라고 보면서, "모든 문제를 인간의 마음에로 돌리는 것이 비현실적인 것처럼 모든 허물을 구조악으로 환원시키는 것도 비현실적이고 관념적"이라고 하여 보다 통전적인 입장을 보이고 있다.3) 박재순은 죄가 구조악일 수만은 없는 것은 사회가 변혁되어 상대적으로 구조악이 사라졌다고 하더라도 인간의 이기심, 당파심, 태만은 지속되는 것에서 발견된다고 보았다. 사회구조가 개선된다면 인간의 죄성도 사라질 것이라는 것은 인간에 대한 과도한 낙관론이라는 것이다. 박재순은 인간은 왜 "자발적 헌신성"을 갖지 못하는가 하고 질문한다.4) 자발적 헌신성

---

1) 김승혜, "유교전통에서 본 민중신학", 『신학사상』 92호(1996, 봄), 92쪽.
2) 김승혜, 93쪽.
3) 박재순, "기독론과 죄론에 대한 비판적 고찰", 『전환기의 민중신학: 죽재 서남동의 신학사상을 중심으로』, 죽재 서남동 목사 기념논문집 편집위원회(한국신학연구소, 1992), 193쪽.

과 무아적인 사랑은 구조악을 박멸해 줄 뿐만 아니라 인간 사회를 사랑과 평등의 공동체로 바꿀 수 있을 텐데, 왜 인간은 이러한 능력을 스스로 갖고 있지 못하는가? 그는 이러한 능력을 교육과 교양 학습을 통해서 창출하기에는 일정한 한계가 있다고 한다. 그는 신앙과 성만찬을 통한 예수 그리스도와의 합일을 통해서 새로운 인간, 즉 사랑과 헌신을 자발적으로 하는 인간으로 거듭날 수 있다고 하였다.

이러한 비평은 경청해야 할 통찰을 가지고 있다. 물론 1세대 민중신학자들이 제시한 죄론은 보완되어야 할 것은 틀림없다. 본 연구자도 김승혜의 주장처럼 민중도 죄인이라고 생각한다. 그들도 작은 이해관계에서 서로 싸우고 분열한다. 인간이기 때문에 어쩔 수 없다. 민중에게 죄가 없다고 말하는 것은 특정한 상황에서는 진실이다. 민중이 다른 자들의 죄로 인해 피해를 보았을 때 이 경우에 민중은 죄가 없다고 말하는 것은 진실하다. 그러나 개인적인 차원에서 민중은 다른 모든 인간과 마찬가지로 죄성을 갖고 있다. 박재순의 비평, 즉 민중이 자발적인 헌신성을 보이지 않는 한계성에 대해서 본 연구자도 전적으로 동감한다. 그러나 예배와 성만찬 등을 통해 경험할 수 있는 그리스도와의 연합이 자아를 버리고 자발적으로 헌신하게 하는 입증된 길인지는 모르겠다. 민중이 자발적 헌신성을 보이게 되는 동기는 사람마다 다르다. 일시적인 감정적인 계기를 통해서 삶 전체가 뒤바뀌어 공공선을 위해 헌신하게 된다는 생각은 무리이다. 민중의 자기 초월적인 헌신은 다양한 계기에서 그리고 계기들의 종합의 결과로 일어난다. 그리고 모든 자발적인 헌신은 완전한 것이 아니라, 애매모호하고 과정적이다. 그러므로 우리는 민중이 어떠한 형편에 있는지 그리고 그것에 대해서 어떻게 대처할 수 있는가를 생각하게 된다. 이러한 것들을 분명

---

4) 같은 논문, 195쪽.

히 하는 것이 민중의 자기 헌신을 위한 한 계기를 마련할 수 있다고 본다. 아래에서 보겠지만, 민중을 둘러싼 현실은 선과 악의 영적인 힘들이 작용하고 있으며, 민중도 영적인 존재이므로 이에 대해 대처할 수 있는 존재이기도 하다. 그러나 민중은 무엇보다 사회적 약자이기 때문에 오늘날의 구조적인 죄와 악의 현실에서 가장 민감하게 영향(피해)을 받는 존재이다.

2. 죄론의 의의

바울은 모든 사람이 선을 원하여도 행하는 것은 결국 원하지 않는 악이라고 탄식하였다(로마서 7:19). 죄와 악을 같은 의미로 사용하는 경우가 많지만 구분하자면, 죄는 악의 원인이며 악은 죄의 결과이다. 죄론은 개인과 사회의 삶에서 나타나는 악의 원천적인 원인을 찾아내어 악을 막고, 예방하는 데에 공헌한다. 전통적으로 죄론은 인간들의 죄성을 확인하여 인간 스스로는 하나님과의 올바른 관계를 회복할 능력을 상실하였음을 상기시켜 그리스도에게로 귀의하게 하는 것을 목적으로 하였다. 그러나 죄론의 목적이 인간의 죄성을 부각시킴으로써 "그러니 너는 아무것도 할 수 없고, 쓸모없는 존재일 뿐"이라는 식으로 인간의 존엄성과 의지를 손상시키는 부정적인 것이 아니다. 죄론은 인간의 개인적, 사회적 삶 속에 존재하는 악의 현실에 대해 감수성과 경각심을 북돋고, 악에 대한 천진한 낙관론을 비판한다. 이것은 또한 우리들의 모든 주의주장과 행동이 아무리 선한 의지를 가지고 출발하였다고 하더라도 의도되지 않게 죄와 잘못에 연루될 수 있다는 것을 보여줌으로써 우리가 보다 겸손하고, 회개와 변화에 열려 있어야 한다는 것을 확인시켜 주는 적극적인 기능을 한다.

기독교인들 중에는 천진하고 낙관적인 현실관을 가진 사람들이 많다. 한 예로, 십자군적 승리주자들을 들어보자. 이들은 자신들은 주의 자녀들로 죄를 용서받아 깨끗해졌으니, 이제 해야 할 일은 아직 주님을 모르고 죄악에 빠져 있는 이웃들 특히 다른 종교를 믿는 가난한 외국에 찾아가 그곳 주민들을 개종시켜 구원받게 해야 한다고 믿고 해외선교를 떠난다. 이러한 해외선교 뒤에는 한국교회의 물질적인 부와 승리주의적인 믿음이 자리하고 있다. 또한 십자군적 승리주의 뒤에는 자신을 겸손히 돌아보지 않는 교만이 자리하고 있다. 죄론은 이러한 교만을 드러내 주고, 우리 안에 겸손하고 열린 자세가 생기도록 준비시켜 준다. 남의 잘못을 보기 전에 자신의 잘못을 보게 해 준다. 현실이 그렇게 선과 악, 흑과 백으로 분명히 나뉘어져 있는 것이 아니라 혼합되어 있으며 나도 그 안에 연루되어 있음을 보게 해 준다. 선하게 보이는 현실 속에도 죄와 악의 그림자가 드리워져 착종되어 있을 수 있다는 현실적인 안목을 높여 주어 나이브한 낙관주의를 넘어서도록 도와준다.

옛날이나 오늘이나 인간의 죄는 구조적인 악을 일으키고 있다. 구조악은 우리가 그렇게 원하지 않고 참여하지 않아도 전쟁, 대량학살, 집단적 기아, 가난, 인종적 민족적 차별, 환경파괴 등을 일으키고 있다. 죄론은 이러한 구조적이고 집단적인 악의 원인을 피상적으로 규명하기보다 인간의 본성 깊이에서 찾아야 할 필요성을 강조한다. 이러한 악의 원인을 사탄 혹은 악의 영이라는 상징적인 언어로 표현하기도 한다. 죄론은 이러한 상징 언어들의 현실적인 의미를 해석해 내는 일을 한다. 또한 죄론은 죄와 악을 넘어 통전적인 구원론을 대비하는 필수적인 과정이기도 하다.

죄를 논하기 위하여, 다음과 같은 질문을 던지려고 한다. 죄란 무엇이며, 어떤 것들이 죄인가? 누가 죄를 짓는가? 힘 있는 사람들인가, 아니면 힘없는 사람들을 포함한 모든 사람인가? 사탄은 무엇인가? 죄의 상황 속에서 정의의 회복은 어떻게 가능한가? 구조적 죄악을 어떻게 이해해야 하는가? 이러한 질문들에 대답하기 위해서 성 어거스틴의 죄에 대한 사상을 먼저 살펴보고자 한다. 성 어거스틴은 죄에 대한 가장 깊은 통찰을 준 사상가로 꼽힌다.

3. 성 어거스틴의 죄 이해

죄(하마르티아, hamartia)는 악의 원인이다. 전통적으로 죄를 불신앙, 신에 대한 반항, 교만, 정욕, 태만 등으로 분류한다. 교회전통에서는 이 죄들 중에서 가장 큰 죄를 신에 대한 반항과 교만으로 간주한다. 이것은 성 어거스틴의 죄이해이기도 하다. 성 어거스틴의 『고백록』과 『신의 도성』은 죄와 악의 원인에 대해서 권위 있는 설명을 제공해 준다. 그는 교만은 신을 공격하는 태도, 마음이며, 이것은 자기의 의지적 선택으로 피조 세계의 사물들을 원래의 가치보다 더 선한 것으로 평가하고 그것을 과도하게 사랑하는 것을 말한다. 교만의 결과는 불행이다. 교만에 의해서 피조물은 나를 사로잡고, 나의 위에 앉아서 나를 억압하고 나를 지휘하며, 나의 눈에서 하나님을 볼 수 있는 빛을 빼앗아간다.5) 어거스틴은 죄는 인간의 자유의지의 선택에서 온다고 보았다.6) 선한 자유의지가 어떻게 죄를 저지를 수 있는가? 죄는 잘못 선택함이다. 죄를 표시하는 헬라어 단어는 하마르티아인데, 이것은 과녁이 빗나간 것을 말한다. 우리의 자유의지의 방향이 잘못 잡혔고, 잘못 선택한 것이 죄이다. 즉 하나님을 최상의 선으로 선택하지 않고 다른 것들을 선택하는 것을 말한다. 과녁을 잘못 맞힌 것이다. 잘못 선택한 것을 스스로 정당화하면서 신에 대해 저항한다. 그렇다면 악은 무엇인가? 악은 어디로부터 오는가?

---

5) *Confessions*, trans. Garry Wills (London: Penguin Books, 2006) Book 7, 11절, pp. 145~46.

6) Augustine, *Confessions*, trans. Garry Wills (London: Penguin Books, 2006) Book 7, 5절, p. 138.

성 어거스틴은 죄와 악의 자리는 인간의 몸이나 물질계가 아니라 자유의지가 거하는 영혼이라고 하였다. 죄는 덜한 선(lesser good)을 더 큰 선이라고 자의적으로 판단하고 선택하는 것을 말한다. 우리 인간의 본성이 악한 것이 아니라 우리들의 영혼의 자유의지의 잘못된 선택이 악을 유발하고 의지를 왜곡시킨다.

결국, 죄는 교만이고 신에 대한 거부이며 공격이다. 악은 피조 세계 자체에서 오는 것이 아니다. 왜냐하면 만물은 다 선하기 때문이다. 심지어 죄를 저지르는 영혼도 선하게 창조되었다. 모든 것이 선하다. 악은 낮은 선에 대해 왜곡된 사랑(twisted love), 과도한 사랑(inordinate love)을 쏟는 것에서 비롯된다. 이것은 최고의 선이신 하나님에게 신뢰를 주지 않는 것이며, 하나님을 거부하는 것이며, 나의 판단이 옳다고 확신하는 것이며, 결국 내가 신의 자리에 앉는 것과 마찬가지이다. 악은 선의 부재에서 생기는 것이며, 선의 부재가 악해지는 것은 인간이 선이 적거나 없는 것을 좋은 것으로 믿고 그것을 과도하게 사랑하여 그 결과로 정의를 상실했기 때문이다.

원래의 죄(원죄)는 첫 사람 아담과 이브에 의해서 범해졌다. 이에 대한 성 어거스틴의 설명이 매우 흥미롭다. 타락한 천사가 에덴 동산에서 아담과 이브가 부족함 없이 평화롭고 선하게 사는 것을 보고 시기하였다. 그리하여 뱀을 자신의 대행자로 삼아 이브를 유혹하여 금단의 열매를 먹게 하였다. 아담은 이브의 행동이 옳은 것이라고 생각하지 않았다. 그러나 이 남자는 오직 하나뿐인 파트너인 여자와의 연대를 더 중요시했다. 하나님이 아니라 이브를 선택한 것이다. 그리하여야 외롭지 않고 남녀의 사랑의 연대가 가능하기 때문이다. 그리고 그것으로부터 오는 안정이 더 필요했다. 아담은 이러한 연대를 하나님에 앞서 더 소중한 것으로 택하였다. 아담의 죄는 이브와의 가까움 때문에 선택한 죄였지 이브가 진실을 말했기 때문에 선택한 것은 아니었다.[7] 보다 익숙한, 서로 이해관계에서 맞아 떨어지는 사람들끼리의 연대이다. 어거스틴은 이와 유사한 설명을 솔로몬에 대해서도 했다. 솔로몬 왕이 우상을 섬기는 이방인 여인들을 부인으로 삼았을 때 이 부인들과의 연합을 통한 평안을 얻기 위해 그 우상을 섬기게 된 것이지, 그것이 옳았다고 판단했기 때문에 그러했던 것은 아니라고 해석했다.[8] 이와 유비적인 경우를 들어본다면, 군산복합체 안에 소속된 업체들은 서로 이해관계가 맞아 떨어지기 때문에 인류의 장래를 무시하는 불의한 연대를 한다. 이러한 연대, 파트너십, 컨소시엄(consortium)에 의한 죄는 오늘날 구조악을 설명하는 데에 도움을 줄 수 있다고 본다.

4. 악의 본질

어거스틴의 죄론을 연구한 개리 윌이 어거스틴의 악의 본질에 대해서 잘 설명하여 주었다. 윌에 의하면, 어거스틴은 "악에는 아무 적극적인 것이 있을 수 없다고 보았다. 악의 본성은 부정적이며, 파괴적이며, 선이 없고 선이 없으므로 자신을 파멸로 이끈다. 이것은 생산적인 능력이 없고 오직 파괴의 능력만 있다. 이것은 아리스토텔레스의 단어로 표현하면 건설할 수 있는 실제적인 능력(causa efficiens)이 없으며, 어거스틴의 언어로 표현하면, 오직 고갈시키는 힘(causa deficiens)만 있을 뿐이다. 이것은 창조를 역행(creation-in-reverse)할 뿐이라"고 보았다.[9] 악은 성령의 재창조를 역행하는 파괴적인 힘이다. 이 악은 스스로 존재할 수 있는 것이 아니라, 마치 거머리처럼 피조 세계와 인간의 삶 속에 달라붙어서 양분과 피를 빨아먹

---

7) St. Augustine, *The City of God against the Pagans* (Cambridge: Cambridge Uni-versity Press, 1998) Book XIV, Chap 11, p. 606.
8) Ibid.
9) Garry Will, *Saint Augustine's Sin* (N.Y.: Penguin Books, 2003), pp. 75~76.

으며 의존적으로 존재할 수 있을 뿐이다. 악은 비존재(the being of non-being)이다. 스스로 존재할 수 없으므로 존재들을 활용한다. 모든 존재하는 것은 선한데, 악은 선한 것이 없으므로 존재하지 않는다. 그런데 왜 인간은 이 악을 선택하는가? 인간의 본성 자체가 악하기 때문인가? 아니다. 어거스틴은 인간의 본성이 무로부터 창조되었기 때문에 악을 선택한다고 했다.10) 신에 의해서 창조된 인간 자신은 선하다. 그가 창조되었기 때문에 악을 저지르는 것이 아니다. 왜냐하면 선이 악을 잉태할 수 없기 때문이다. 결국 인간의 다른 측면 즉 무로부터 나왔기 때문에 악을 선택한다고 하였다.

그렇다면 무(nothing)가 악의 원인이 된다는 데, 이 무가 어떻게 악의 적극적인 원인이 될 수 있는가? 그런데 어거스틴은 악에는 적극적인 원인은 있을 수 없다고 했다. 적극적이고 효과적인 원인은 선이 있을 때만 가능한데, 악은 선의 부재이므로 적극적인 원인은 없고, 소극적인 이탈(defect, 무질서)이 원인이 된다.11) 즉, 보다 선한 것으로부터 덜 선한 것으로 이탈하는 것이 악의 원인이다. 이것은 적극적으로 악한 일을 하기 위해서 저지르는 것이 아니라, 잘못된 판단으로 오는 이탈일 뿐이다. 그런데 그것이 악을 낳는다. 최상의 선이며 존재인 신으로부터 이탈하여 덜 선하고 더 낮은 존재를 선택하는 것이다. 이것은 적극적인 악을 저지르겠다는 의도는 아니다. 그러나 결과적으로 악이 된다. 이러한 이탈은 자발적인 선택이므로 심판의 대상이 된다. 이러한 선택은 교만해진 영혼(soul)이 한 것이다. 영혼은 선하게 창조되었으나 이탈을 선택하였기 때문에 악하게 되었다. 이것의 치유는 성자를 통해 신만이 할 수 있다. 어거스틴의 다음 문장은 오늘의 상황에도 적합한 통찰을 보여준다.

---

10) St. Augustine, *The City of God against the Pagans* (Cambridge: Cambridge University Press, 1998) Book XII, Chap 6,
11) 위의 같은 책, Book XII, Chap 7, 8. pp. 507~09.

악한 선택은 자연스러운 것이 아니라 부자연스러운 〔자연에 역행한 — 역주〕 것이다. 왜냐하면 이것은 무질서 〔disordering, 이탈defect, 최선과 차선의 뒤바뀌는 무질서 — 역주〕 이기 때문이다. 그러나 이러한 무질서를 만드는 인간은 자연적 존재이다. 모든 존재는 자연적인 존재이기 때문이다. 악의적인 의도는 무로부터 창조된 것 안에만 존재한다. 오직 하나님으로부터 나온 존재 〔성자 그리스도, 성령 — 역주〕 에는 악의란 존재할 수 없다. (중략) 신은 인간을 흙으로 그리고 무로부터 창조했다. 신은 그의 영혼을 무로부터 직접 만들었고 그것을 인간의 몸에 불어 넣었다. 그런데 선이 악을 이긴다. 신이 그의 정의와 예지 속에서 악으로부터 선을 이룰 수 있는 한에서 악의 존재가 허락되었다. 선은 악한 것과 함께 혼합되지 않아도 존재할 수 있다. (중략) 그러나 이와 대조적으로, **악은 선과 함께 혼합되지 않으면 존재할 수 없다.** 왜냐하면 이것이 무질서하게 만드는 모든 것들은 자연적이며, 자연이므로 선한 것이기 때문이다. **악은 자연적인 것을 없앤다고 해서 없어지는 것이 아니다. 다만 무질서하고 병든 것을 치유하고 재질서화할 때 박멸되는 것이다.** (중략) 오직 아들만이 우리를 구출할 수 있다면 우리를 구출한 그분이 우리를 자유하게 할 것이다.[12] (고딕 글씨는 강조는 본 필자에 의함.)

어거스틴의 주장처럼 악은 자연적인 사물들과 함께 해야만 존재하는 "비존재적 존재"(the being of non-being)라고 하는 통찰은 오늘날 악의 현상을 설명하는 데에 도움이 된다. 즉 악은 선한 것들 속에서 기생하며 선을 갉아먹는 존재이다. 선이 다 없어지면 피조물은 파괴되고 만다. 악은 선한 것들인 피조 세계의 사물들에 달라붙어 선을 먹어버리는 괴물과 같은 것이다. 악에 의해 선이 완전히 삼켜진 피조물은 스스로 파멸해 버린다. 악은

---

12) St. Augustine, *The City of God*, Book XIV, Chap 11. 이 부분은 Garry Will의 책에 있는 Will의 영어 번역에서 인용하였다. Garry Will, *Saint Augustine's Sin*, pp. 97~98.

피조 세계를 죽음으로 몰아간다. 피조 세계의 자유를 향한 재창조의 방향을 뒤바꾼다. 이 악은 다름 아니라 인간의 의지 속에 있고 인간의 정신과 영혼 속에 있다. 본 연구자는 이러한 해석을 적극적으로 받아들이고자 한다. 본 연구자가 어거스틴으로부터 배운 것은 1) 악은 인간의 잘못된 선택에서 오며, 2) 악은 독립적으로 존재하는 것이 아니며, 3) 선한 피조 세계와 혼합되지 않고서는 홀로 존재할 수 없다. 4) 그러므로, 대부분의 현실세계는 선과 악으로 확연히 구별되어 있지 않고 항상 더 큰 악이냐, 더 작은 악이냐, 혹은 더 큰 선이냐 더 작은 선이냐로 나뉠 수 있을 뿐이다. 5) 그러나 선이 완전히 고갈된 상태의 현실도 있을 수 있다. 이러한 상태에 있는 현실은 붕괴하고 멸망하고 만다. 악은 세계의 만물에 달라붙어서 기생충처럼 선을 빨아 먹으며 살기 때문이다. 악에 의해서 완전히 지배된 체제는 사탄적인 힘을 발휘하여 다른 존재들을 파괴한다. 6) 이러한 비존재인 악의 활동을 억제하기 위해서는 지속적인 치유가 필요하다. 이것은 집단적으로 존재하는 왜곡된 사랑을 교정할 수 있는 건강한 영성적 교회운동과 사회 운동을 필요로 한다.

5. 악한 영과 사탄

우리는 위에서 성 어거스틴의 죄에 대한 전통적인 이해를 대략적으로 고찰해 보았다. 어거스틴의 죄와 악의 원인에 대한 논의를 따라가는 가운데 자연스럽게 제기되는 문제는 악한 영과 사탄의 문제였다. 오늘날에도 인구에 자주 회자되고 있는 사탄을 어떻게 이해할 수 있는가. 사탄은 죄와 악의 원인이 되는 힘을 신화적으로 인격화한 것이라고 정리할 수 있다. 사탄, 악마, 악한 영, 천사 등은 신구약에서 많이 볼 수 있는 언어들이다. 그런데 바울은 이러한 신화적인 개념들을 인간학적인 개념으로 비신화화하였다. 바울은 이 악한 영의 힘을 죄, 율법, 육, 죽음 등의 범주로 재해석하였다.13) 본 연구자도 악의 인격화인 사탄을 오늘의 범주적 개념으로 재해석해 보고자 한다. 우리는 오늘날의 세계적 흐름과 현실을 볼 때 어떤 세력(힘)에 의해서 구성적 사물들이 재편성되어 가고 있음을 볼 수 있다. 그 힘이 사탄적인지 아닌지 알 수 없지만, 세계는 그 구성원들의 의지와는 다르게 부정적인(사실, 매우 부정적인) 방향으로 흘러가고 있으며, 인류가 좀처럼 그 방향을 돌이킬 수 없게 된 것을 발견할 수 있다. 그리하여 우리는 오늘의 세계 안에 사탄적인 권세가 존재하는 것이 아닌가 하는 물음을 묻게 된다. 그것이 사탄적인 "신비한" 영일 수도 있다고 본 것은 그것이 자기 나름의 세력화를 시도하고 인간을 좌우하고 사물을 재편하는 힘을 가지는 등 초인격적 힘으로 나타나고 있기 때문이다. 그렇기 때문에 이러한 영적인 권세를 구조주의자나 해방신학자들처럼 제도와 구조와 동일시하면 핵심을 놓칠 수 있다. 이 제도와 구조를 포용하면서도 이를 넘어서서 이끌고 있는 영적인 힘을 가정하지 않을 수 없다. 우리는 이러한 영적인 힘 중에서 극단적인 악(radical evil)을 상정할 수 있으며 사탄은 이를 상징한다.

이미 위에서 논의되었듯이 성 어거스틴은 악은 세상에 존재하는 피조물에 기생하면서 세상을 좌지우지하며 몰락으로 이끈다고 보았다. 사실 이 비존재적 존재인 악은 다른 것을 매개하지 않으면 존재할 수 없다. 이 피조 세계가 사라지면 악도 함께 사라질 것이다. 악은 선한 것들 속에 자리잡는다. 그런데 악은 영적인 세력이다. 부분들의 연대는 부분들의 합을 넘어선 각각의 부분들이 가지지 못했던 새로운 힘을 창출하고 발휘한다. 이 힘이 영적인 힘이다. 이 힘은 부분적인 요소들, 즉 체제들, 구조들, 제도들, 개인들, 조직들, 종교들, 이념들 등을 한데 묶어 일정한 방향으로 몰고 가

---

13) Walter Wink, *Naming the Powers: the Language of Power in the New Testament* (Philadelphia: Fortress, 1984) p. 104.

는 벡터적인 에너지이며 이것은 현실을 일정한 게슈탈트(Gestalt, 전체적 상)로 나타나게 하는 힘이다. 그리하여 그 안에 포용되는 모든 인자들을 일정한 방향으로 이끌어 간다. 인자들은 이 힘에 취하여 자신도 모르게 이끌린다. 이것을 영적인 파워, 힘이라고 하겠다.

신학자들 중에는 자신의 신학적 체계의 요구에 의해 사탄의 존재를 인정한다. 예를 들면, 대리적 속죄론 중 하나인 배상설이 있다. 이 이론에 의하면, 인간은 자신의 죄로 인해 사탄에게 잡혀 포로가 되었다. 예수 그리스도의 희생은 이 사탄에게 주는 배상금이었다. 이러한 신학사상을 지금 논의의 흐름과 연결시키면 사탄에 대한 이해에 좋은 돌파구를 제공해 준다. 인류에게 희생제물을 요구하는 세력을 사탄이라고 부를 수 있다. 사실 사탄은 무죄한 예수를 십자가에 희생양으로 보낸 세력 속에 영적으로 현존했다. 지금도 불의한 구조는 죄 없는 희생제물을 요구하고 있다. 오늘날 신자유주의 구조는 수많은 약자들의 희생을 요구하고 있다. 만약 오늘날의 세계적 시장 경제구조가 사탄(맘몬)에 사로잡혀 있는 이 경제구조를 살려내려면 수많은 약자들을 희생시키지 않을 수 없다. 사탄은 이 약자들의 희생을 끊임없이 요구하고 있으며, 이 사탄의 영에 사로잡혀 있는 세계적 자본주의는 자기 자신의 생명을 유지하기 위해 약자들을 희생제사 제단 위에 바치고 있다. 신학적 배상설은 이러한 희생제물을 요구하는 체제를 비판하고 제거할 수 있는 신학적 근거를 마련해 주지 않을 뿐만 아니라, 이러한 잘못된 체제를 유지시키는 데에 공헌한다.

또 다른 대리적 속죄론으로 만족설이란 것이 있다. 12세기 초 캔터베리의 안셀름에 의해서 제시된 이론인데, 이것은 인간의 죄로 인해 신의 명예가 실추되었고, 그래서 신이 분노하였기 때문에 이 분노를 누그러뜨리기 위해서는 우리를 위해 신인(神人)인 성자 그리스도가 대신 희생되어야 한다는 이론이다. 신의 명예가 실추되었고 그리하여 그리스도를 대신 희생해야 풀린다고 하는 이 이야기는 역사적인 것이 아니라 신화적인 이야기이다. 이러한 신화적인 이야기를 내재한 만족설은 상황으로서의 죄, 혹은 구조적 죄를 문제 삼고 그것을 바꾸려 하지 않고, 오히려 죄 없는 그리스도를 희생시키는 것이 되므로, 오늘날의 죄악의 상황에 적용할 수 없다. 이 이론은, 오늘날의 죄악으로부터 인간을 구원하기 위해서 그리스도가 대신 희생되어 주었기 때문에 인간은 이제 구조적인 죄로부터 해방되었다는 착각에 빠지게 한다. 죄악의 구조는 아무 변화가 없는데 우리는 이제 더 이상 죄악의 구조 아래 있지 않다고 하는 환상에 빠지게 함으로써 현실을 호도할 뿐 아니라, 죄악의 구조를 유지시켜 주는 역할을 한다.

배상설과 만족설 모두 신화적인 이유는 다르지만 둘 다 죄 없는 자(그리스도)를 희생제물로 바쳐야 한다고 함으로써 현실의 폭력적 희생구조를 은폐해 준다. 따라서 이러한 신학이론들은 불의한 구조를 공격하는 것이 아니라 오히려 이로움을 준다. 건전한 신학은 오늘날의 사탄과 죄악 구조의 정체를 밝혀야 하고, 무장해제시켜야 하고, 해체시키는 이론을 형성해야 한다. 위에서도 말했지만 사탄은 무죄한 사회적 약자들을 마치 이들이 죄인인 것처럼 낙인찍고 희생제물로 바쳐 하나님의 창조 질서를 혼란시킨다(disordering). 이로써 사탄은 피조 세계의 진화 즉 재창조의 과정을 되돌려 파멸로 이끄는 힘의 상징이다. 이에 대조해서, 성령은 피조 세계 안에 들어와 있는 불의하고 혼란한 질서를 바로잡아 정의롭고 조화로운 새로운 관계를 형성하는 모든 세력과 노력과 정신을 상징한다.14)

위에서 우리는 현실을 구성하는 구조와 체제에는 영적인 힘들(spiritual powers)이 존재하고 있음을 말했다. 우리 사회의 물질적 집단적 구조와 체제의 내적인 힘으로서의 영은 대부분 애매모호하다. 그것은 선할 때도 있

---

14) 선한 영에 대해서는 4장에서 설명하였다.

고 그렇지 않을 때도 있다.15) 각각의 집단적 구조와 제도의 핵(core)으로서의 영(힘, power)은 애매모호하여, 어디로 향할지 어떤 질을 가질지에 대해 열려 있는 영이다. 그러므로 오늘의 현실은 사탄의 영과 성령이 이 영들을 어디로 인도할지 경쟁하는 장소라고 말할 수 있다. 우리의 세계와 현실은 힘과 영들이 활동하고 있으며 그 속에 우리가 살고 있다. 선한 영일수록 피조물들을 그 고유한 본성을 유지시키는 동시에 새롭게 창조되는 열린 미래로 이끄는 데에 비해서(자기 보전과 자기 초월의 연합과 긴장),16) 악한 영은 피조물들을 지배하여 악하게 만들고, 그 고유한 본성을 약화하여 전체적인 시스템 속으로 편입시킨다.

다시 우리는 원래의 질문으로 돌아가 보자. 사탄의 정체는 무엇인가? 성서에서 사탄은 타락한 천사라고 하였다. 그러나 이것은 성서세계의 신화적인 표현일 뿐이다. 이것을 오늘날의 범주로 말한다면, 사탄은 피조 세계 특히 구조와 체제들 속에 내재하여 악한 일을 하게 하는 영적인 힘이다. 이 영적인 힘은 구조를 구성하고 있는 부분들 특히 인간 구성원들이 잘못 선택한 결과들의 합계에서 유래한다. 잘못된 선택들은 서로 작용하여 더 큰 악으로 나타난다. 이것을 상징하여 사탄이라고 부른다. 사탄은 자기의 범위 안에 들어와 있는 구성원들에게는 안전을 제공하며, 바깥에 존재하는 약자들을 소외시키고 희생시킨다. 이 힘은 자신의 힘을 절대화하기 위해 다른 집단들과 체제들과 개인들을 안으로 포용하고 연대한다.

우리 사회의 영적인 힘들은 피조물들의 영으로서 신에게 책임을 저야 한다. 피조물들의 영들이 자신을 절대화하여 신에게 저항하고 대적하며, 약자들을 희생양으로 삼고, 공공적 안정과 복지를 무너뜨리는 불의를 저

---

15) 영과 힘(권세)에 대해서 깊이 연구한 학자로서 미국의 신학자 Walter Wink를 들 수 있다. 본 연구자는 그의 책, *The Powers That Be* (New York: Doubleday, 1998) 등에서 도움을 받았다.

16) Moltmann, *God in Creation*, p. 100.

지른다. 성서는 이러한 영적 힘들을 다양한 언어로 표현하고 있다. archê, archôn은 권력이라는 말이며, exousia도 권력을 나타내며 가끔 영적인 힘을 뜻하기도 한다. dynamis는 힘을 말하는 데 특히 천군의 힘, 천사의 힘 등으로 사용하기도 한다. 타락한 천사들, 악한 영, 데몬, 사탄이라는 용어도 자주 나온다. 성서에서는 하늘의 영인 천사들이 힘과 권력을 나타내는 위의 다양한 언어들로 표현되기도 한다.17) 사도 바울이 말한, 죽음이나, 생명이나, 천사나 권세나 현재의 것들이나 미래의 것들, 권력이나, 높음이나 깊음(로마 8:38~39) 등은 모두 영적인 힘을 상징한다. 바울은 이 힘들은 그리스도 안에서의 하나님의 사랑을 막을 수 없다고 하였다. 포스트모던 시대에 살고 있는 우리들은 과거에도 그랬지만, 지금도 그리고 앞으로도 영적인 힘들의 그물망(web) 속에 태어나고 살다가 떠난다.

6. 보편적인 상황으로서의 죄

전통적으로 죄는 행위(action)이면서 동시에 상황(situation)이라고 표현한다. 후자는 원죄를 뜻한다. 우리는 모두 원죄의 상황 안으로 태어난다는 뜻이다. 그러나 본 연구자는 죄를 상황이라고 한 것을 다음과 같이 새롭게 해석하려고 한다.

인간은 죄의 상황 안으로 태어난다. 부유하게 태어난 아이들은 자신이 의도하진 않았지만, 가난한 사람들과 어린이들의 희생 위에서 살게 된다. 가난하게 태어난 어린이는 그 반대의 형편 속에 살게 된다. 모든 어린이들이 죄의 상황 속에 태어난다. 부유한 가정에서 태어난 쪽은 모르는 사이에 죄를 짓고, 다른 쪽은 그 피해를 평생 당하게 된다. 이렇게 정리한다면 혹

---

17) 자세한 것은 Walter Wink, *Naming the Powers: The Language of Power in the New Testament* (Philadelphia: Fortress, 1984) pp. 3~35 참조.

시 부당한 긴 아닌가? 잘 사는 가정에 태어났다고 죄를 운운하는 것은 지나친 건 아닌가? 이 글을 쓰는 시점에 나는 캘리포니아 UC 버클리 대학에 있었다. 얕은 구릉지에 펼쳐진 넓은 캠퍼스에는 생기를 불어넣어 주는 키 큰 유칼립투스 나무숲이 있다. 나무들 사이로 뛰어노는 미국 어린이들을 보면서 나는 발걸음을 멈췄다. 이 천진난만한 어린이들의 상황을 죄의 상황으로 보는 것이 정당한가? 이들의 유복을 축복으로 보아야지 죄의 상황으로 보는 것은 현실 왜곡이 아닌가? 매튜 폭스는 신은 인류에게 원죄를 준 것이 아니라, 원복을 주었다고 했지 않았던가? 그러나 그의 통찰에 일리가 있지만 깊은 한계가 있다. 이 상황에서 폭스의 사상을 비판할 생각은 없다. 우리가 이러한 원복을 지구 다른 편에서 하루에 1달러로 생활하는 사람들 그리고 그들의 자녀들에게도 적용할 수 있는가? 이들의 값싼 노동력은 값싼 농산물, 공산품을 생산하여 자신들은 못 쓰고 부유한 나라에 팔고 있다. 반면, 부유한 나라의 중상층 가정은 무절제하게 소비하고 있다. 먹다 남은 음식을 쓰레기로 버리고, 종이, 플라스틱, 철제품 등을 재활용으로 구분할 줄도 모르는 미국인들이 많다. 재활용을 실천하지 않는 가정도 많다. 이들은 높은 생활수준과 편안함을 유지하기 위해 자연과 약자들을 자신도 모르는 채 착취하고 남용하고 있다. 이러한 상황이 원복(original blessing)인가, 아니면 죄의 상황인가?

죄는 우리의 삶 속에 들어와 있는 보편적인 상황이다. 의지적 행위가 없는 곳에서도 죄는 역동적으로 작용하고 있다. 전통적인 원죄론은 모든 사람이 보편적으로 아담의 죄를 물려받기 때문에 죄인이라고 규정한다. 그러나 이 책에서는 죄의 상황이 보편적으로 존재한다는 측면에서 원죄를 이해하자고 주장하고자 한다. 즉 모든 인간들은 보편적으로 죄와 연루되어 있다. 어떤 이는 알게 모르게 죄를 짓는 상황 속에 실존하며, 어떤 사람은 죄로 인해 피해를 보는 상황 속에 실존한다는 점에서 서로 다르지만,

모두 죄의 상황 속에 존재하고 있다는 점에서 보편적이다. 그리고 한 사람이 항상 죄를 짓는 것이 아니며, 또 한 사람은 숙명적으로 항상 죄로 인해 피해를 보는 것도 아니다. 한 인간의 운명은 시간과 장소에 따라서 바뀔 수 있고, 또 죄와 피해의 정도에서 차이가 있다는 것도 사실이다. 그러나 모든 인간들은 이와같이 죄의 상황에 태어나서 살다가 죽는다.

제3세계의 해방신학자들은 모든 사람에게 보편적인 행위죄를 적용하는 서구신학은 서구의 제국적 콘텍스트에서 나온 상황적 신학이지, 결코 보편적 신학이라고 말할 수 없다고 주장한다. 약자들은 죄를 당하는 것이지 죄를 저지를 형편이 아니다. 그들은 남들이 저질러 놓은 죄에 의해서 고통당하고, 그 고통이 너무 오랫동안 진행되기 때문에 한이 된다. 따라서 약자인 민중에 대해서는 죄가 아니라 한을 말해야 하고, 죄책이 아니라 위로를 말해야 한다. 따라서 죄론에서 새롭게 떠오르는 주제는 희생(sacrifice, victimization)의 문제, 한의 문제, 이와 더불어 희생자들을 위한 정의의 문제이다. 전통신학에서는 약자의 희생의 문제, 혹은 한의 문제, 즉 약자가 지속적으로 희생양이 되고 있는 상황에 대해서 무관심하였다. 이러한 무관심은 전통적인 대리적 속죄론 특히 보상설과 이와 긴밀한 연관이 있는 전통적 원죄론에서 비롯되었다. 전통신학에서는 인간들은 정의를 회복할 수 있는 능력을 상실했기 때문에 오직 신들 사이에서(성부와 성자, 혹은 신과 사탄 사이에서) 정의를 위해 거래를 할 수 있다고 본다. 그러나 이러한 죄론은 현실을 왜곡시킨다.

최근에 상영된 영화 《밀양》이 이러한 현실을 잘 고발하고 있다. 남편을 일찍 잃은 주인공은 어린 외아들을 데리고 남편의 고향 밀양으로 이사와서 살게 되었다. 하루는 이 어린 아들이 동네의 면식 있는 남자에게 유괴되어 살해당했다. 하나뿐인 자식을 희망으로 살았던 이 엄마는 기독교에 귀의해 보지만 너무나 심한 분노의 고통 때문에 갈피를 잡지 못한다. 그러다가 이 살인자를 용서해 주고 새롭게 살기로 작정하였다. 어렵게 감옥으로 찾아가서 면회실에서 이 살인자에게 자기가 온 이유를 말했다. 그녀는 고통으로 망가진 자신에 비해서 너무 편안해 보이는 그 살인자를 보고 놀랐다. 그런데 그녀를 더 놀라게 한 것은 그가 이미 하나님으로부터 용서를 받았다는 얘기를 듣고서였다. 피해자인 이 여자와 해결했었어야 할 정의의 문제를 하나님과 이미 해결해 버렸다는 것이다. 그러니 이 여자와 해결할 일이 더 이상 없다는 것이다. 이 여자는 아들의 살인자를 용서해 주면 눈물의 사과와 감사를 할 것이라 기대했었고, 그것으로 그동안 품어 왔던 한을 풀고 용서하고자 했었다. 그러나 화해와 용서는 다른 것으로 대체되었고 이 여자는 이 가해자와 화해는커녕 심각한 기만만 당했다. 히브리어 발음이 유사한 두 단어 "츠다카"(z'daqah)와 "체다카"(zedaqah)가 있다. 츠다카는 울부짖음, 부르짖음을 뜻하고 체다카는 정의를 가리킨다. 영화의 여주인공처럼 모든 희생자는 정의를 회복해 달라고 오늘도 울부짖고(츠다카) 있다.

7. 악의 현실과 죄

극단적인 악은 역사 속에서 지속되어 왔다. 2차 세계대전 동안에 일본 제국주의가 한국인들과 중국인들을 비롯한 수많은 사람을 무참히 학살한 것, 나치 독일이 600백 만 명의 유대인들을 학살한 홀로코스트, 유럽인들이 미국 대륙에 들어와 인디언을 학살한 것, 한국전쟁 중에 수많은 사람이 자유진영과 공산진영에 의해 학살된 것을 비롯하여, 보스니아, 캄보디아, 르완다, 수단의 다푸르 등에서 일어난 현대의 대량 학살사건은 지금도 이어지고 있다. 제3세계에서는 수많은 사람이 가난과 굶주림과 질병으로 스러져가고 있다. 이밖에 부정부패, 폭력, 거짓, 도둑질, 강도, 강간, 희생양 만들기, 차별, 불의, 여성과 어린이 등 약자에 대한 억압과 착취, 자연과 생태환경의 파괴 등 많은 악이 지속적으로 저질러지고 있다. 그런데 이런 악의 현상들을 자세히 들여다보면 희생자들은 대부분 가난하고 힘없는 약자들임을 알 수 있다. 악에 의해서 피해를 보는 쪽은 적어도 경향적으로 말하면 약자들이고 힘없는 민족, 인종 그리고 민중들이다. 이러한 악의 현장을 보면서 다시 죄를 생각해 보아야 한다. 죄와 악의 문제는 곧 정의의 문제와 연결된다.

죄를 크게 나누면 개인적인 것과 구조적인 것이 있다. 후자를 사회적 혹은 집단적 죄라고 하기도 한다. 개인의 죄는 교만, 욕정, 태만, 기만, 이기심 등이다. 중세시대에는 7가지 정도를 심각한 개인 죄로 정한 적이 있다. 그것들은 교만, 질투, 분노, 욕심, 슬픔, 방탕, 음욕 등이다. 후자에는 구조적·체계적 악, 노예제, 경제적 착취, 전쟁, 조직적 고문, 테러, 성차별주의, 인종차별주의 등이 있다.

흔히 죄는 짓는 것으로 생각한다. 그러나 죄는 짓지만 동시에 죄를 당하기도 한다(being sinned against). 이것은 경제적·사회적 계급이 낮을수록 후자의 경우가 더 커진다. 그렇다고 인간인 이상 전자가 완전히 없어지는 것은 아니다. 죄론을 신학적 인간학으로만 다루어서는 안 된다고 본다. 죄는 인간학적인 현실이면서 동시에 사회구조적이며 계급적이며 성적이며, 나아가서 인종적(ethnic, racial)인 성격을 가지고 있다. 사회구조적으로 계급적으로 그리고 인종적으로 약자들은 죄악에 의해서 희생당하고 있다. 약자들은 죄를 짓기보다 타자의 죄에 의해 피해를 입는다(damaged). 예를 들어, 이스라엘인들에 의해서 철저히 통제당하고 억압받고 있는 팔레스타인인들이나 미국의 백인들에 의해서 차별받고 있는 유색인들은 죄를 당하고 있다.

8. 죄악과 정의의 문제

이제 죄와 악을 정의의 문제와 관련시켜 보자. 전통신학에서는 죄와 악에 대한 심판과 정의의 실현은 인간이 할 수 없고 신만이 할 수 있다고 전제한다. 인간의 죄성은 신 앞에서 스스로 정의를 세울 수 없게 만들었다. 그래서 오직 하나님에 의해서만 정의의 문제를 풀 수 있다고 보았다. 그리하여 신인(神人)인 그리스도가 중재하여 신을 위해(인간을 위해서가 아니라) 정의를 실현한다는 대리적 속죄론이 성립되었다. 이러한 속죄론은 억울하게 악을 당한 사람에게 정의를 구현해 줄 수 없다. 오직 죄지은 자가 피해 입은 자와의 직접적 화해를 하지 않아도 그리스도의 대리적 죽음으로 말미암아 용서를 "은혜로"(공짜로?) 받게 된다. 그러나 피해 입은 자에게 여전히 고통이 남는다. 위에 예시한 영화《밀양》의 주인공의 이야기가 이에 해당한다.《밀양》에서의 그 살인자는 자신의 죄악을 대리적 희생물로서의 예수가 지어주고 하나님의 심판을 대신 받았다고 믿었을 것이다. 살인자의 그 극악한 죄가 예수에게로 모두 전가되고, 예수의 깨끗함이 이 살인자에게로 이동한 이 "놀라운 교환"이 피해자가 모르는 사이에 일어났었다는 것인데(살인자와 이러한 속죄론을 믿는 사람들에게는 그렇게 믿었을 것이다!), 그러나 이로써 이 땅에서의 정의는 이루어지지 않았다.

전통적인 죄론과 특히 대리적 속죄론은 현실의 정의에 적합하지 않을 뿐만 아니라, 불의와 악의 현실을 덮고 정당한 것으로 인정하는 문제점이 있다. 정의는 현실 속에서 실제로 이루어져야 하는 것이지 관념이나 천상에서 이루어지는 것이 아니다. 그러나 그렇게 이루어졌다고 가정하고 현실의 불의를 덮어버린다. 죄가 저질러지고 피해자가 생기면 정의를 회복하기 위한 실질적인 과정이 요청된다.

그 과정의 첫째 단계는 죄책 고백이다. 스스로 무엇을 잘못했는지 밝혀 드러내려면 진실된 자기 성찰이 필요하다. 우리가 구조적인 죄에 참여하면서 불의 앞에 침묵하였다면 죄책을 고백할 수 있어야 하고, 우리가 마땅히 해야 할 일들을 소홀히 했다면 이 죄책도 고백해야 한다. 우리가 부유한 중상층의 삶을 살면서 이웃의 고통에 눈감고, 특권을 누리고, 사치한 생활을 했었다면 이것도 반성하고 죄책을 고백해야 할 것이다. 왜냐하면 그러한 삶을 통해서 빈익빈 부익부의 구조적 악에 연루되기 때문이다.

사실, 죄책 고백은 개인과 사회를 갱신하는 데에 결정적인 역할을 한다. 죄책 고백은 쉬운 일이 아니다. 왜냐하면 우리 자신이 지금까지 지켜왔던 것을 포기하는 존재 전체를 뒤집는 사건이기 때문이다. 그러나 우리가 지켜왔던 것이 우리를 불의하게 만드는 질곡이었음을 알아야 한다. 일제하에서 신사참배한 죄책을 고백하는 일, 분단의 시대에 북한을 증오하고 반공주의에 맹목적으로 참여한 죄책을 고백하는 일은 한국 기독교에서 중요한 사건이다.

둘째 단계는 악의 희생자들에게 죄책을 고백하고 사과했으면, 이제 보상하고 치유하는 일이다. 눈에는 눈으로, 이에는 이로의 폭력과 복수의 악순환은 죄책 고백에 의해서 끝난다. 그러나 보상하고 치유하는 일이 없이는 정의의 회복을 이룰 수 없다. 보상과 치유에 대해서 최선의 성의를 다해야 한다. 죄책 고백으로 희생자들의 마음이 많이 치유될 수도 있겠지만, 가해자는 희생자들의 누그러진 마음을 이용해서는 안 된다. 최선을 다해서 원상회복해 주어야 한다. 누가 죄책 고백하고 누가 원상회복과 보상을 해 주어야 하는지 주체의 문제가 자주 제기되어 왔다. 왜냐하면 많은 경우 집단과 체제가 죄악을 저지르는데, 그 집단과 체제를 책임졌던 개인들이 더 이상 존재하지 않을 수 있기 때문이다. 이러한 문제를 해결하기 위해 국제적으로, 국내적으로 사법부와 양심적인 종교가 활동해야 할 것이다.

셋째 단계는 용서와 화해이다. 신의 용서와 정의가 먼저 일어나는 것이 아니다. 먼저 인간 간의 화해와 용서가 있어야, 신과의 정의가 회복된다. 신과의 정의보다 인간 간의 용서와 화해가 먼저이다. 이것은 성서에서도 증언되고 있다. "그러므로 네가 제단에 제물을 드리려고 하다가, 네 형제나 자매가 네게 어떤 원한을 품고 있다는 생각이 나거든, 너는 그 제물을 제단 앞에 놓아두고, 먼저 가서 네 형제나 자매와 화해하여라. 그런 다음에, 돌아와서 제물을 드려라"(마태 5:23~24). "내가 너희 절기들을 미워하여 멸시하며 너희가 내게 번제나 소제를 드릴지라도 내가 받지 아니할 것이요 너희의 살진 희생의 화목제도 내가 돌아보지 아니하리라"(아모스 5:21~22). "오직 정의를 물같이, 공의를 마르지 않는 강같이 흐르게 할지어다"(아모스 5:24).

9. 비감수성(insensitivity)으로서의 죄

오늘날 우리는 일정한 삶을 감싸고 있는 문명적, 문화적 울타리 안에 안주하며 살고 있다. 그 안전망이 튼튼할수록 행복 지수가 높아진다. 우리가 즐겨 듣는 음악이나 뉴스 보도나 드라마, 예술, 문화 활동, 우리가 즐겨 하는 소비, 그것을 떠받쳐 주는 직업 안에서 우리는 안전과 편안함을 느낀다. 전통적 기성 신학도 이러한 울타리를 튼튼하게 만드는 일을 거들고 있는 것이 아닌가? 전통신학에 종사하는 신학자들은 어떻게 해야 우리의 안전이 높아질 수 있는지 부심하고 있는 것 같다. 그런데 이러한 안전은 우리를 위한, 우리의 안전이다. 우리를 위한 복지와 안전은 다른 자들과 자연을 억압하고 파괴하는 일에 기여하고 있다. 우리의 물질적인 풍요를 위해 자연을 약탈하고, 제3세계의 어린이와 여성들의 노예적 노동을 이용하여 그들이 생산한 값싼 물건들을 소비하고 있다. 이들은 우리의 풍요를 위해 자신들의 가난과 고통을 감수하고 있는 것이다. 우리는 우리 자신도 모르게 구조적 악의 영에 참여하고 있는 것이다.

전쟁의 경우를 예로 들어보자. 이라크 전쟁이 일어나기 전에 세계적 미디어들은 이라크 후세인에 대해 분노하는 마음을 조장하였고 또한 공격하여 "악한" 후세인을 응징하기를 바라는 심리를 부추겼다. CNN 등 세계적인 미디어들과 우리나라의 보수 언론들은 북한정부를 "악한" 체제로 묘사하고 있다. 이로 인해 우리는 이러한 고착과 고정관념에 사로잡히게 되어 어느덧 북한에 대해 선제공격을 옹호하는 심리를 갖게 된다. 이러한 심리는 구조적으로 조성되어 우리도 모르는 사이에 우리 안에 스며들어 온다.

오늘의 문명은 비감수성(insensitivity)을 조장한다. 현대의 물질문명 속에서 우리는 우리 자신들의 안전과 행복 밖의 문제에 대해서 무감각하다. 자신의 울타리 밖에 있는 일들은 우리 자신과 무관한 일들이 된다. 우리가 우리의 울타리 안에서 평안을 느끼고 있을 때 악한 영은 우리 속에 들어와 우리도 모르는 사이에 악한 일을 도모한다. 영적 감수성과 영적 깨어 있음이 필요할 때이다. 구조악은 우리의 비감수성과 무감각 속에서 유지되고 확대되기 때문이다.

제8장
예수의 형태를 따름에 의한 구원

1. 약자들의 외침

"나의 하나님, 나의 하나님, 어찌하여 나를 버리시나이까?" 이것은 예수께서 십자가 위에서 돌아가시기 직전에 외쳤던 말씀이다. 오늘날 사회적 약자들은 그들의 운명의 고통 속에서 하나님께 부르짖는다. 예수의 십자가상의 부르짖음은 역사의 십자가에 매달린 민중의 부르짖음이기도 하다. 그러나 역사의 가장 큰 아이러니가 여기에 숨겨 있다. 기독교 정통주의는 예수의 십자가상에서의 처절한 죽음에서 인류를 위한 가장 고귀하고 영광스러운 구원의 열쇠를 찾았다. 아이러니가 아닐 수 없다. 십자가는 악의 승리요, 선의 패배를 상징한다. 십자가는 지배질서가 무죄한 사회적 약자에게 가할 수 있는 가장 극단적인 처방이다. 십자가는 죽음의 문화가 만들어 놓은 부정적인 것이다. 십자가는 죽음의 질서 그 권력의 최고점을 상징하기도 한다. 그러나 그것으로 끝나지 않는다. 십자가 속에 이미 다른 세상의 염원이 나타난다. 그것은 지배질서의 권력이 하강 곡선으로 내달리는 첫발이 되기도 한다. 새로운 역사의 시작이다. 그렇다면 십자가는 구원을 가져오는가, 아니면 선의 패배를 상징하는가? 십자가가 구원을 가져온다면, 부활은 불필요한 사족인가? 반대로, 부활이 구원을 가져온다면 십자가는 의인의 처절한 죽음 외에 다른 의미, 즉 아무런 구원의 힘을 갖지 못하는가? 아니면 십자가와 부활을 포함한 예수의 삶의 전체적인 모습 혹은 형태(Gestalt)에 의해서 우리가 구원을 얻는가?

2. 엠마오로 가는 제자들

누가복음 24장에는 이름이 알려지지 않는 예수를 따르던 무리 중의 두 사람이 예수의 십자가 처형 후 낙담하여 자기들의 마을인 엠마오로 돌아가는 장면이 나온다. 가던 길에 낯선 사람이 동행하게 된다. 그들은 서로 예루살렘에서 있었던 일들을 주고받으며 가다가 자기들 집에 가까이 이르렀다. 낯선 이 즉 부활한 예수는 가던 길을 더 가려고 하였다. 두 사람이 예수에게 날이 저물었으니 묵고 가시라고 권하여 집에 들어가게 되었다. 예수가 식사할 때에 빵을 들어 축사하시고 나누어 줄 때, 그제야 이들은 눈이 열려 그가 예수인 것을 알아보았다. 그 순간 예수는 사라졌다. 제자들은 곧바로 일어나서 위험한 예루살렘으로 돌아갔다.

이 제자들은 예루살렘의 십자가 광경을 보고 절망하여 발길을 돌려 일상생활로 돌아가려던 사람들이었다. 부활이 없었다면 이들은 일상생활로 돌아갈 사람들이었다. 부활은 이들의 삶을 바꾸어 놓았다. 새로운 역사가 시작된다는 것을 알았던 것이다. 이 세상의 역사는 기존 질서에 의해서만 진행되는 것이 아니라, 생명의 질서에 의해서 이끌린다는 새로운 희망을 가지게 되었다.

누가복음 24장에 의거해서 우리는 부활에 대한 몇 가지 특징을 말할 수 있다.

1) 예수가 "보였다"는 것이다. 빈무덤이 부활의 근거가 아니라, 보였다는 것이 근거가 되었다. 즉 예수를 체험했다는 것이 부활의 근거가 되었다. 빈무덤은 부활의 여건이 될 수 있지만 부활 체험의 조건은 아니다. 빈무덤을 보고 모두 의아했다고 했지 부활했다고는 하지 않았다. 그러나 직접 본 것으로 부활은 체험되었다. 그런데 처음에는 보이지 않았다. 어떤 특별한 경우에만 보이는 것이다. 이것은 우리들의 육안으로 볼 수 있는 객관적인 사건이 아니라는 것을 말해준다. 바울의 다메섹의 경험도 마찬가지이다. 그와 동행하던 사람들은 아무것도 보지 못하고 듣지 못하였지만, 바울은 듣고 보았다(행전 9:3, 5). 예수를 봄의 경험은 외적인 경험을 넘어서 외적·내적 경험이었다. 어떤 순간에, 어떤 이에게는 보이지 않았고 다른 순간에 다른 이에게는 보였다. 이것은 vision(육안으로의 봄), 혹은 illusion(환시)이 아니라 apparition(뜻밖의 봄, appearing, 특수한 경우의 나타남)이다. 이 봄은 나타남을 말한다. 상대방이 나타나는 것이지 내가 항상 객관적으로 볼 수 있는 상태를 말하는 것이 아니다. 이것은 현현과 계시와 같은 맥락을 가진다. 부활 체험은 이러한 봄에서 비롯된다.

2) 제자들이 알아본 순간 예수는 곧 "사라졌다." 예수의 몸은 육의 몸이 아니었다. 예수는 이전의 신체로 부활하신 것이 아니었다. 이른바 예수는 소생(resuscitation)이 아니라, 다시 사심(resurrection)이었다. 야이로의 딸이나 나사로는 예수가 다시 살게 했지만 결국 죽었다. 이것이 소생이라고 한다면, 부활은 새로운 몸을 입는 것, 새로운 삶을 사는 것이었다. 바울에 의하면 부활은 "육의 몸"이 아니라, "영의 몸"으로 부활한다. 아담은 생명을 가진 몸으로 났지만, 마지막 아담(부활한 그리스도)은 생명을 주는 영으로 오셨다(고전 15:45).

3) 엠마오 이야기는 실제의 이야기가 아니라, 은유적인 이야기였다. 이 것은 과거에 한 번 일어났던 역사적인 사실이 아니라, 지금도 계속되는 상 징적 이야기이다. 크로산은 이렇게 말했다. "엠마오는 결코 일어나지 않았 다. 그러나 엠마오는 항상 일어난다(Emmaus never happened, Emmaus always happens)."[1] 누가의 공동체에서 크리스천들은 성찬식의 떡을 뗄 때 부활 한 예수를 경험하며, 그 경험은 다시 예루살렘으로 돌아가게 하는 용기를 주었다. 삶이 폭력과 죽음의 역사로 점철될 것이 아니라, 생명의 축제를 구가하는 역사가 될 것이라고 하는 새로운 용기, 역사에 대한 새로운 비전 을 얻는 것이 바로 부활임을 보여주고 있다.

3. 부활의 정의

위에서 우리는 부활은 3차원의 물리적인 현상, 즉 역사적 사실이 아니 라고 하였다. 예수의 무덤 속에서 어떠한 일이 일어났었는지 아무도 모른 다. 그의 십자가의 죽음과 여인들과 제자들에게 나타남 사이의 일을 아무 도 모른다. 역사적인 사실로서 입증할 수 없다. 무덤에서 어떤 일이 일어났 는지 아무도 비디오카메라로 찍을 수 없었다. 유대인들은 제자들이 시신 을 숨겼을 거라고 했고, 제자들은 하나님이 하신 일이라고 하였다. 부활의 근거는 "나타남"(apparition, appearance)이다. 부활을 역사적으로 증명하기 위해서 동원되는 것이 빈무덤인데, 그것은 근거가 희박하다: "빈무덤을 봐라, 부활한 것이 틀림없다." 그러나 빈무덤이 부활의 증명이 아니라, 나 타나심이 증거가 된다.

분명 부활은 인간의 내적인 경험("나타나심")에 근거한다. 그렇다고 부

---

1) John Dominic Crossan, *Jesus: A Revolutionary Biography*, p. 197.

활은 실존적인 고백으로 설명될 수 있는 것인가? 즉, 부활은 십자가의 그리스도에 대한 하나님의 인정(vindication)이며, 그것은 우리의 실존적인 삶 속에서 새로운 희망을 가져다주는 것으로 끝나는가? 부활은 내적인 실존적인 사건만이 아니라, 역사적 사건이며, 역사를 바꾸어 놓는 혁명적인 사건이며, 생태환경·사회·정치적인 일대 변화를 일으키는 사건이다. 모든 것이 부활로 변화하고 바뀌었다! 나의 실존만이 바뀐 것이 아니라, 역사와 세상이 바뀌었다. 역사와 세상에 새로운 차원이 열렸다! 십자가의 희생양을 낳는 역사가 인간역사의 전부가 아니다. 인간의 역사는 사실상 하나님의 역사이다! 그동안 이것을 몰랐다. 하나님의 역사는 십자가의 역사로 끝나는 것이 아니라, 매일매일 부활을 일으키는 역사이다. 부활은 역사의 뒤바뀜뿐만 아니라 생태환경의 새로운 거듭남(생명이 충만한 보전)을 가리킨다. 크리스천들은 이 부활의 삶을 매일매일 살아가게 되었고, 이것을 역사 속에서 구현하게 되었다. 부활은 인간의 역사와 자연의 진정한 미래를 보여준 사건이다.

그러나 오늘날의 역사를 볼 때, 십자가를 다시 세우는 역사로 반복되고 있음을 볼 수 있다. 이것을 볼 때 부활은 과거의 역사적 사건으로 또는 일회적으로 끝난 것이 아니라, 지금도 계속되어야 할 사건임을 알 수 있다. 지금도 계속 희생양이 만들어지고 있고, 십자가 사건은 계속되고 있다.

4. 부활에 의한 구원

바울의 말이다. "그리스도께서 살아나지 않으셨다면, 우리의 선교도 헛되고, 여러분의 믿음도 헛될 것입니다"(고전 15:14). 부활이 없었다면 새로운 비전, 희망도 없었을 것이다. 예수는 부활의 첫 사람이었으며 이 부활이 지속될 것이라는 것을 먼저 보여주었다. 부활은 우리의 구원을 위한 가장 중요한 과정이다. 예수의 십자가는 부활이 없었다면 의인의 참혹한 죽음으로 끝나고 만다. 거기에는 희망이 없다. 부활이 있을 때 변화를 위한 희망이 가능하다. 그렇다고 십자가 없이 부활이 의미 있었을까? 예수가 충분히 장수한 후에 죽고, 다시 부활하였다면, 즉 십자가 없이 부활하였다면 어떠했을까? 기독교의 메시지가 완전히 달라졌을 것이다. 그러나 예수는 십자가의 죽음을 죽으셨다. 이것이 기독교 부활의 특징이다. 다른 종교들에서도 영생, 다시 삶이 있지만, 정치적 역동성을 가진 십자가와 부활은 없다.

과학적이고, 역사 실증적인 관점으로 보면, 부활은 없었다고 말할 수 있다. 특히 기독교 밖의 교양인들은 과학적 사고 속에서 부활은 무의미한 것, 몇몇 사람들의 지나친 주관적 경험으로 치부하고 있다. 과학의 시대에 부활은 홀대받고 있다. 부활에 대한 믿음이 흔들리고 있다. 그리하여 신앙이란 십자가에 달린 의인을 따름이라고 하여 기독교를 축소하는 사람들도 있다. 그렇다면, 역사에 대한 새로운 비전은 물 건너간다. 이 역사는 기존 현상의 반복에 지나지 않게 된다. 새로운 변화를 가져온다고 하는 희망의 복음은 사라지고 만다. 사실, 우리의 현실이 눈에 보이는 가시적 과학과 역사 실증적인 사실들의 집합의 전체만은 아니다. 보이는 것이 전부는 아니다. 3차원의 세계가 현실의 전부는 아닌 것이다. 역사는 Historie(실사)만이 아니라, Geschichte(역사, 의미의 역사, 해석된 역사, 모든 역사는 해석된다)이기도 하다. 신학자 몰트만은 그리스도의 부활을 실사적(historisch)으로 보면, "부활과 함께 시작하는 새로운 창조를 간과하며 종말론적인 희망을 그르치게 될 것"이라고 했다.[2]

매일 매일의 삶에서 부활의 그리스도를 체험하는 사람들은 역사의 현

---

2) 『예수 그리스도의 길: 메시아적 차원의 그리스도론』, 김균진·김명용 공역(대한기독교서회, 1990), 307쪽.

실 속에서 새로운 정신적인 요소, 힘을 발견한다. 십자가의 경험으로 다 설명할 수 없는 새로운 차원의 경험이 부활에 의해서 주어졌다. 더욱 중요한 것은 부활을 통하여 우리는 "생명을 주는 영"을 경험하게 되었다. "생명을 주는 영"은 우리의 개인, 역사, 사회 속에서 새로운 희망을 불어넣어 줄 뿐 아니라, 새로운 일을 하도록 인도해 준다. 대안은 없다고 외치는 현실 속에 대안은 있다고 외치는 힘은 부활로부터, 생명의 영으로부터 온다.

어찌하여 나를 버리는가와 같은 신정(神正, theodicy, 하나님이 정의롭다면 왜 죄 없는 자가 악을 당하는가의 문제)의 외마디 외침은 오늘날에도 지속되고 있다. 대안이 보이지 않는다. 아니 대안을 용납하지 않는 현실이다. "그리스도가 살았다"는 것은 대안이 있음을 말해준다. 부활로 말미암아, 기존의 질서는 하나님의 지배 앞에서 무릎을 꿇을 수밖에 없다. 부활의 희망은 파괴의 세력들에 대항하여 일어나게 한다.[3]

바울의 서신들을 보면, 부활이 십자가의 죽음보다 더 크다는 것을 알 수 있다. 십자가는 구원의 힘을 가지고 있는 것인가? 그것은 부활과 연결하여 볼 때만 그러하다. 그렇지 않고서는 십자가는 그것 자체는 참혹한 고난이요, 하나님의 의의 일시적 패배일 뿐이다. 십자가를 통해서 하나님의 의의 승리를 외친다면 문제가 있다. 하나님의 의의 승리는 부활에서 이루어졌을 뿐이다. 부활의 동틈이 보이므로 암흑 속에서의 고난은 희망이 있는 것이고, 그것은 구원에 잇대어 있다. 이러한 통찰을 이 세상의 통치자들과 이에 영합하는 세상 사람들은 알지 못한다. "이 세상의 통치자들은 하나님의 지혜를 안 사람이 하나도 없습니다"(고전 2:8). 부활은 십자가를 넘어선다. 부활은 십자가의 의를 재확인하는 정도에 머무르지 않는다. 그것은 종말적인 사건이다. 인류 역사의 완성인 종말적인 지평이 부활을 통해

---

3) 위르겐 몰트만, 『절망의 끝에 숨어 있는 새로운 시작』, 곽미숙 역(대한기독교서회, 2006), 132쪽.

서 나타난다.

부활을 믿는다는 것은 부활의 영에 사로잡힌다는 것을 의미한다. 그리하여 성령의 체험 속에서 그리스도의 살아 계신 현존을 경험하는 것을 의미한다. 이것은 부활의 사실을 믿는 것이 아니라 살리는 영에 사로잡히고, 미래 세계의 창조에 참여하는 것을 의미한다.4) 이것은 새 창조가 그리스도 안에서 폭력과 죽음의 이 세계 한가운데에 시작하고 있음을 의미한다.5) 결국, 살아 있는 그리스도를 생명의 영 속에서 만난다는 것은 역사를 새롭게 보고, 새롭게 시작한다는 것을 의미한다. 그것은 새롭게 교회공동체를 형성하는 것도 포함한다. 부활은 죽음의 세계에서 생명으로 넘어가는 과정을 가리킨다. 이것은 성령 안에서 일어난다. 따라서 부활은 성령에 대한 새로운 관심으로 이어진다. "죽임에서 살림으로"의 새 역사는 존재론적으로는 그리스도와 연결되지만, 주체적 실천 속에서는 "살리는 영" 속에서 파악된다.

예수가 보여준 구원은 부활을 통하여 완성되었다. 이 완성은 이미 그의 육화에서 보여주었다. 그러나 이 완성은 그리스도의 완성이었지 인간의 역사에게는 가능성일 뿐이다. 동방교회의 고백에서 알 수 있듯이 육화의 이유는 인간(의 역사)이 신처럼 될 수 있다는 것을 보여주기 위함이었다고 하겠다. 그와 마찬가지로 부활도 인간(의 역사)이 새롭게 변할 수 있음을 보여주었다.

5. 십자가에 의한 구원

십자가에 의해 구원을 얻었다고 하는 주장을 속죄론이라고 부른다. 기

---

4) 『예수 그리스도의 길』, 313쪽.
5) 위의 책, 316쪽.

독교 전통에 가장 두드러지게 나타난 속죄론은 "만족"설과 "배상"설이다. 도덕적 감화설은 소수자들의 속죄론으로 있다가 후에 자유주의 신학에서 수용되었다. 특히 "만족"이나 "배상"이라는 상징은 십자가에 의한 구원을 이해하는 데에 결정적인 역할을 하여 주었다. 이 언어들은 역사적 예수와는 전연 무관한 고백적 언어들이다. 사실, "만족"이나 "배상"이란 언어는 성서에 잘 안 나온다. 만족이란 단어는 발견할 수 없고, 배상이라는 말은 몇 번 나온다(디모데전 2:6, 마태 20:28, 히브리 9:15). 만족과 배상과 관련된 속죄론에 대해서는 10장에서 자세하게 논의할 것이기 때문에, 여기에서는 이 속죄론들은 그리스도의 죽음이 구원의 원인이 된다는 것을 강조하고 있다는 것만을 지적한다.

그러나 우리가 알 수 있는 것은 그리스도의 죽음이 구원의 원인이 된다는 것도 부활의 경험 후에 나온 결론이라는 것이다. 이 점에 대해서 몰트만은 이렇게 말한다. "부활은 '십자가를 헛되게 하는 것이 아니라'(고전 1:17) 오히려 십자가를 종말론과 구원의 의미로써 밝혀준다."6) 하나님은 예수를 부활시킴으로써 십자가 그 자체의 고난과 죽음의 현실을 그대로를 받아들이면서, 정반대의 현실(종말과 구원)이 그 속에 참여하고 있음을 보여주었다. 이것으로 십자가에 돌아가신 예수의 삶과 예수의 프로그램 즉 하나님 나라의 실현을 위한 그의 운동이 하나님이 원하는 일이며 정당한 일임을 확인하여 주었던 것이다.

예수의 십자가의 패배는 약함의 강함(고전 1:22~25)이라고 하는 사도 바울의 통찰로 십자가의 구원의 능력을 보여준다. 그러나 그 구원의 능력은 부활로부터 온다. 부활 없이 십자가 자체가 구원을 이루며 그 죽음 자체가 선한 것이라고 말하는 것은 무리가 있다. 역사적 사실로서의 십자가, 즉

---

6) 위의 책, 189쪽.

죽음만 가지고는 구원을 이룰 수 없다. 죽은 자들 가운데에서의 부활에 의해서 구원의 전망이 약속된다. 즉, 고난의 표상인 십자가만 가지고는 구원을 예견할 수 없다. 왜냐하면 십자가는 예수에게 강제된 것이며 그것의 가치는 완전히 부정적이기 때문이다.[7] 그러나 부활의 관점에서 십자가를 볼 때 그것은 구원의 가치를 가진다. 왜냐하면 새로운 의미가 더해지기 때문이다. 십자가의 의미가 완전히 바뀐다고 말하는 것보다 이전의 의미를 간직한 채, 거기에 새로운 의미가 덧붙여진다는 말이 더 정확할 것이라고 본다. 십자가의 희생, 십자가에서의 참혹한 패배, 이것은 철저히 부정적인 것이다. 그러나 이것이 십자가의 의미의 전부가 아니다. 부활의 관점에서 십자가를 되돌아볼 때 십자가는 하나님의 지혜가 되었으며 구원적인 의미를 가지게 되었다.

그러나 거꾸로 십자가 없이 부활을 말할 수 있을까? 패배와 희생 없이 부활이라고 하는 선물이 가능할까? 승리 이후에 부활인가, 아니면 선한 자의 패배 후에 부활인가? 예수의 경우에서 보듯이 희생과 패배 이후에 부활이 도래했음을 볼 때 우리는 이렇게 말할 수 있다. 즉, 큰 희생이 큰 구원을 이룬다는 것이 하나님의 지혜이다. 부활은 십자가의 희생 없이는 존재하지 않는다. 그러므로 십자가의 희생이 없는 부활만을 강조하면 그것은 영광의 신앙이 되며, 십자가 없는 부활신앙은 허황되며, 현실적인 근거를 갖지 못한다. 그렇지만, 십자가만 가지고는 구원이 오지 않는다. 십자가의 죽음으로부터의 부활이 구원을 가져온다. 그렇다면 의로운 십자가 뒤에는 부활이 함께 한다는 것이 기독교 신앙의 요체가 된다.

십자가는 그 정치적인 의미 즉 죽음과 폭력과 억압의 역사를 지속시키는 지배질서에 의한 죽음이라는 의미를 상실하지 않은 채, 의인이 희생당

---

7) Roger Haight, *The Future of Christology*, p. 97.

하는 십자가이기 때문에 우리를 회개시키고 변화시키는 힘을 갖는다. 우리 주위에 의인이 희생당하는 모습을 보면서 우리들의 잘못(우리의 방관 등)으로 그가 죽었다는 회개가 일어난다. 이것은 첫 민중신학자들이 1970년대 노동자 전태일, 김경숙 등의 죽음을 보면서 경험하였다. 이들은 우리들의 잘못에 의해서(우리들의 방관, 비겁에 의해서) 그리고 우리가 외쳤어야 했고 우리가 죽었어야 했는데 이들이 우리를 대신하여 외쳤고 그리고 죽었다는 의미에서, 우리를 대신하여 죽은 것이라고 판단했다. 우리를 대신하는 죽음이라고 해서 우리의 죄를 씻어주는 죽음은 아니라는 것을 명확하게 할 필요가 있다. 그들이 우리의 죄를 씻어주는 희생양인 것처럼 생각하면 우리의 죄책을 방기하는 것이 된다. 우리들이 죽었어야 하는데 고난만 당했던 민중이 우리들에 앞서 우리를 대신하여 죽었다. 그들이 우리의 죄 때문에 죽었고 우리에 앞서 죽었기 때문에 우리들은 그들을 죽인 체제와 세력에 저항하여 기꺼이 고난의 대열에 회개하며 참가해야 한다. 이것은 마치 예수의 죽음을 제자들을 대신한 죽음으로 본 제자들이 예수의 뒤를 따라 고난의 길을 간 것과 같다. 이러한 우리의 잘못과 우리를 대신한 죽음은 우리를 회개하게 한다.

우리 역사 속에서 고난당하고 죽는 민중은 우리의 죄를 대신하여 죽은 것이 아니라 우리들의 죄로 말미암아 죽었다. 그것은 우리들의 태만, 무관심, 현실을 정직하게 보는 감수성의 부족으로 인해서 일어난 우리들의 잘못의 결과이기도 하며, 그러나 더 직접적으로는 지배적 체제의 악의 결과이다. 사실 집단적이고 체제적인 죄악도 우리들의 잘못에 의해서 생긴 것이다. 그들의 죽음과 고난이 우리들의 죄를 사해 주는 것이라고 생각하고 믿는다면, 이들의 죽음과 고난에 대해 아무 책임감을 갖지 않겠다는 무감각, 무책임, 부정직성을 보이는 것이 된다. 그들은 우리의 죄 때문에 죽었다. 우리를 속죄하기 위해 우리의 죄를 대신한 것이 아니라, 우리의 무책임과 무관심으로 말미암아 그리고 그 결과인 체제적인 악에 의해서 죽었다. 결국 우리의 죄 때문에 죽은 것이지 우리의 죄를 방면하기 위해 대신하여 대리적으로 죽은 것이 아니다.

성서의 증언 중 일부에 예수의 죽음은 미리 예정되었고 예언된 것으로 "필연적"(necessary)인 것이라는 말씀이 나온다. 역사의 예수에 관한 한, 십자가는 처음부터 예수의 삶의 한 필연적인 결과였던 것을 알 수 있다. 예수가 하나님의 나라를 위하여 행동하지 않았었다면, 그는 죽지 않았을 것이다. 그러나 예수는 목숨을 걸고 하나님의 나라를 위해 일하고 싸웠던 것이다. 그러나 남미의 해방신학자 엘라꾸리아가 말했듯이, 예수에게 죽음의 필연성이 있었다면, 그것은 우리의 죄를 사해 주기 위한 대리적 희생을 위한 것은 아니었다. 그는 예수의 십자가의 죽음을 인간의 보편적인 죄와 하나님의 분노, 이에 대한 희생양과 그 희생양의 대리적 희생, 하나님의 용서라고 하는 일련의 과정을 위한 것으로 보아서는 안 된다고 하였다. 이러한 사고 패턴은 약간의 일리는 있을 수 있으나 위험이 더 크다는 것, 즉 예수를 죽게 한 죄의 구조와 이것에 대응하는 우리들의 책임을 간과하거나 눈감게 한다는 것을 지적해야 한다.8) 대리적 희생의 속죄론은 세상을 지배하고 있는 구조적 악을 간과하게 하고, "모든 것이 내 탓이요" 하며 바깥의 현실에 대해 눈감게 한다. 미국의 유명한 성서학자 존 도미닉 크로산은 기독교에서의 대리적 희생의 속죄론은 일부 모슬렘들이 신의 이름으로 자살 테러를 정당화하는 것과 동급으로 잘못된 신학사상이라고 토로한 바 있다.9)

---

8) Ignacio Ellacuria, "The Crucified People", *Systematic Theology: Perspective from Liberation Theology*, pp. 263~64.
9) John D. Crossan, *God and Empire*, p. 140.

6. 예수의 형태를 따름에 의한 구원

십자가는 구체제(즉, 기존의 지배질서)와 새로운 미래(부활)가 맞부딪치는 장소라고 볼 수 있다. 십자가에 이은 부활은 구체제의 극복을 의미한다. 부활은 단순한 개인의 사건이 아니라, 역사와 사회의 사건이다. 부활은 더 이상 눈물이 없고, 억울한 죽음이 없는, 즉 악에 의해서 이루어지는 십자가의 희생이 더 이상 없는 새로운 현실을 이끈다. 이 새로운 현실 속에서, 악을 저지르는 이들은 하나님의 의로 돌아오게 되며, 억울하게 악을 당한 사람들은 그들의 의로움이 인정되고 복권된다.

사실 극히 소수의 사람만 극단적인 악을 저지르거나 극단적인 억울함으로 고통을 당하지만, 우리 대부분의 사람들은 악을 저지르기도 하고 동시에 억울하게 악을 당하기도 한다. 구약의 욥은 극단적으로 억울한 고난을 당한 사람이었다. 욥에게 필요한 것은 욥의 억울함을 인정해 주고 그의 권리를 되찾아 주고 그를 악의 공격으로부터 보호해 주는 것이다. 이 과정을 무죄한 자에 대한 신원(伸寃), 해원(解寃), 변호, 옹호라고 한다(vindication). 이것은 죄지은 악한 자를 은혜로써 의롭다고 선고하는 칭의의 과정과 다르다. 악행한 자에게 칭의가 필요하다면, 약자에게는 억울함을 풀어주는 신원 혹은 해원이 필요하다. 악한 자는 죄책감으로부터 해방되어 새로운 삶을 살 수 있는 기회가 필요하다. 그런 면에서 칭의가 필요할 수 있다. 그러나 아무 조건 없이 칭의가 허락된다면 악한 자는 정의를 회복할 가능성이 없어진다. 죄책 고백과 정의의 회복이 칭의의 조건이 되어야 한다. 먼저 인간 사이에서의 정의의 회복 이후에 하나님으로부터의 칭의가 온다. 그 반대도 있는데, 먼저 하나님의 칭의가 있은 후, 인간 사이의 정의의 회복이 따라온다. 그러나 전자가 예수와 예언자들의 정신에 적합하다(마태 5:23~24; 아모스 5:21~24).

예수는 구원을 가져오는 인물이라는 것이 성서의 증언이다. 예수는 그의 죽음의 희생과 부활로 구원의 역사를 미리 보여주셨다. 구원은 부활이나 십자가에 의해서 이루어지는 것이 아니라, 예수의 삶 전체의 형태를 따름에 의해서 이루어진다. 구원은 예수를 믿는 믿음으로 마치 마술적으로, "단번에 마지막으로"(once for all) 이루어지는 것이 아니라, 그가 보여준 삶과 행동의 형태(게슈탈트)를 꾸준히 따르는 것으로 실현된다. 다른 말로 하면 예수의 영을 따름에 의해 구원이 이루어진다. 구원은 "단번에 결정적으로" 이루어지는 것이 아니라, 예수의 영이 우리를 새로운 삶으로 인도하면서 일어난다. 구원의 실현은 우리의 삶 속에서 예수의 영, 성령에 의해 이루어진다. 예수의 영은 예수의 일을 다만 기억하게 하는 것이 아니라, 예수의 정신(영, 게슈탈트)을 따라 살게 한다.[10] 이렇게 성령은 예수를 기억하게 하고, 현재화한다. 성령은 예수의 부활이 보여준 미래의 종말적인 완성(구원의 완성)을 현재 속에서 실현하도록 영적으로 고취하고 인도한다.

요약하면, 구원은 그리스도의 십자가의 피에 의해서 이루어지는 것이 아니라, 예수 그리스도에 의해, 좀더 구체적으로 말하면, 예수 그리스도가 가르치시고 보여주신, 세상 권력자들의 방식과 다른, 하나님의 나라의 정의와 사랑을 지향하는 삶의 방식에 의해서 이루어진다. 2000년 전의 예수를 그대로 따름에 의해서 구원을 얻는 것이 아니라, 예수의 삶과 행동과 말씀의 형태, 즉 예수의 형태를 오늘의 상황에서 실천함으로 구원을 얻는다. 즉, 지금도 이 땅에서 하나님의 나라를 위해 성령으로 오셔서 우리보다 한 걸음 앞서 일하고 계시는 그리스도의 영을 따름에 의해서 구원이 이루어진다.

---

10) 그리스도의 게슈탈트(Gestalt)와 영과의 관계에 대해서는 9장에서 설명될 것이다. 예수의 삶을 문자적으로 따르는 것이 아니라 그의 영, 그의 근본정신을 오늘의 새로운 상황에서 구현하는 것을 말한다.

제9장
영에 의한 구원

구원은 공동체에 의해서 공동체 안에서 공동체와 함께 이루어진다. 따라서 구원론과 교회론(공동체론)은 깊은 연관이 있다. 교회는 성령이 활동하시는 역사 속에 존재하며, 예수가 보여준 하나님 나라의 도래 전망과 성령의 능력 안에서 이 역사를 변혁하는 희망의 공동체이다. 교회는 하나님의 나라의 의를 구하는 모든 사회 운동과 연대한다.

신에 의한 타력적 구원을 말하는 전통신학에서는 구원은 우리의 능력으로 이루어지는 것이 아니라 신에 의해서 이루어지는 것이므로 구원은 곧 하나님의 은혜의 결과라고 보았다. 구원이 은혜의 결과라고 하는 생각은 개신교 신앙 전통에서 중추적인 자리를 차지하고 있다. 여기에서 은혜는 하나님의 은혜 그리고 그리스도의 은혜를 의미한다. 서구의 개신교 신앙에 영향을 받은 한국교회도 이 은혜에 의해서 구원받는다고 믿고 있다.

신 중심적 타력적 구원과 은혜의 교리는 서로 잘 어울린다. 그러나 은혜의 교리는 인간의 능동적인 참여를 약화시킬 수 있다. 권위적 위계질서가 강고한 교회일수록 은혜를 애호하고 강조한다. 은혜는 신으로부터 인간에게 오는 일방통행적 선물이다. 인간들은 이것을 수동적으로 받아들인다. 인간이 신의 구원에 참여하는 것은 이러한 은혜의 현실을 받아들이느냐 안 받아들이느냐로 결정된다.

그러나 은혜는 우리의 힘을 넘어선 어떤 새로운 힘이 있음을 가리킨다. 그리고 그 은혜 안에 있는 우리는 더 이상 이 악의 세력에 사로잡혀 있지 않음을 가리킨다. 그러므로 은혜는 우리에게 희망과 새로운 삶을 허락해 준다. 은혜를 통해서 우리는 새로운 사람으로 거듭날 수 있다. 그리고 우리 주위의 모든 것들에 대해 새로운 이해를 가지게 된다. 이전의 것은 가고 새 것이 우리 안에 도래한다. 그러나 구원에 관한 한, 은혜 하나만 가지고는 충분할 수 없다. 인간의 참여가 구원의 필수적인 과정이 되기 때문이다. 신 중심적이면서 동시에 인간의 능동적인 참여를 유도할 수 있는 상징은 무엇인가? 나는 이것을 영이라고 부르고자 한다. 은혜에 의해서 우리가 새로운 길을 걸을 수 있는 가능성을 열어주었다면 성령은 우리가 가는 그 길에 내내 함께 하면서 우리를 생명으로 인도해 주는 동반자가 된다.

억압받는 사람들은 억압의 체제에 대항하며, "우리는 영"이라고 외친다. We are the spirits! 우리는 하나님의 영과 연합한다. 그리고 영의 힘을 받아 구원을 성취해 나간다. 속량 혹은 구속이라는 말로 번역되는 atone-ment는 at+one+ment의 합성이며 "하나가 된 상태"를 말한다. 그리스도의 "한 번이자 마지막의(once for all)" 결정적 희생으로 속량된 우리는 그리스도의 영과 하나가 된 존재로서 더 이상 구조적 죄악에 의해서 희생되어서는 안 될 하나님의 아들딸들이다. 약자들과 또 다른 약자인 생태계를 희생시키는 구조와 세력은 반(anti) 그리스도이다. 그것은 하나님의 아들딸을 또다시 못 박는 힘이다.

구원론은 주로 다음 세 가지의 신학적 주제를 통해서 논의될 수 있다고 본다. 그것은 1) 그리스도론, 2) 교회론, 3) 성령론이다.

전통적으로 서방교회에서는 개신교와 가톨릭을 막론하고 구원론을 그리스도론의 일부로 설명해 왔다. 서방교회에서 그리스도는 유일한 구원자로 간주되었다. 유일한 구원자 예수 그리스도에 대한 관념은 특히 루터로부터 시작한 개신교에서 더욱 강화되었다. 구원을 오로지 그리스도 위에 정초하는 이 배타성은 가톨릭교회도 예외가 아니었다. 예수 그리스도가 우리를 구원하기 위해 속죄양의 역할을 하였다고 하는 교리가 구원론을 지배하고 있다. 구원은 우리 안에서 우리의 힘에 의해서 이루어지는 것이 아니라 우리의 바깥에서 타자의 힘에 의해서 실현되는 현실이라는 주장이 지배적인 것이 되었다. 기독교 일반에서 믿는 구원론은 구원은 그리스도에 의해서 "단번에 마지막으로"(once for all) 이루어진 현실이지 우리가 만들어 가는 현실이 아니라는 것이다. 인의가 그리스도의 은총으로 아무런 대가없이 거저 주어지는 것이라고 한다면 여기에서도 우리의 구원에의 참여가 배제되고 있다. 그리고 그리스도에의 집중은 신 특히 성령이 구원에의 참여, 이를 통한 풍부한 구원 사상이 나오기 어렵게 만들 수 있다. "그리스도로만"이라는 구호는 다른 고등 종교들과 전통을 존중하는 포스트모더니즘 정신세계에서 그 정당성을 확보하기가 어렵다. 그렇기 때문에 그리스도를 앞세우면서도 다른 종교 전통을 포용하며, 인간의 책임적인 참여를 내적인 구성요소로 하는 구원론이 더 정당할 수 있다. 그렇다면 우선적으로 우리가 생각할 수 있는 것은 구원론을 그리스도론으로부터 해방시켜야 한다는 것이다. 즉 구원론을 그리스도론으로 환원해서는 안 된다는 생각이다. 기독교에서의 구원이 예수 그리스도에 근거하여야 한다는 것은 옳다. 그렇다고 구원론을 곧 그리스도론의 일부로 보는 것도 잘못된 생각이다. 구원은 삶의 다양한 차원에서 일어나야 하므로 그리스도론 이외의 신학의 다른 영역과 깊이 연관되어 있다. 본 저자는 다음과 같이 주장하고자 한다. 구원론은 그리스도론뿐 아니라, 교회론 및 성령론과 연결하여 유기적으로 종합할 때 보다 적합한 것이 될 수 있다.

1. 그리스도의 형태(Gestalt)로서의 교회

교회를 그리스도의 몸이라고 한다. 여기에서 몸은 교회의 체제나 구조를 말한다. 외적인 형식이다. 그 형식은 그리스도의 형태를 가진다. 교회의 영혼은 그리스도이다. 교회의 삶 속에서의 활동적인 외적인 모습은 그 영혼 즉 그리스도의 형태를 가져야 한다는 것이다. 즉, 그리스도의 정신을 살리는 것이 그리스도의 형태 즉 게슈탈트를 가지는 것이다. 그리스도의 형태는 그리스도의 역사적인 삶의 각 부분과 그분의 말씀 하나하나가 모두 합친 것보다 더 큰 전체의 상이며, 그리스도의 핵심이며, 그리스도의 영이라고 말할 수 있다. 그리스도의 역사적인 삶의 각 부분들의 합 속에서 그의 전체적인 형태가 창발한다(emerge). 그리스도의 전체적인 형태가 메시아의 형태이면, 교회도 그러한 메시아적 공동체의 형태를 띠어야 한다. 여기에서 형태라는 말을 썼는데 이것은 독일어의 게슈탈트(Gestalt)를 번역한 말이다. 게슈탈트는 각각의 부분적 요소들이 모여 전체를 이루는 것을 중시하고 그 전체는 부분들의 합보다 더 큰 것이고 각 부분은 그 전체(the whole)와의 관계 속에서 제대로 이해될 수 있다는 심리학적 개념이다. 간단히 말해, 게슈탈트는 부분들이 모여 하나의 패턴, 범례(paradigm), 질적인 전체(the whole)를 이루는 것을 말한다. 예수 그리스도의 역사적 삶과 지향 그리고 행동들을 서술하고 있는 성서의 이야기들, 그것들을 둘러싼 역사적 배경, 환경, 예수에 영향을 주었던 유대 성전체제, 로마제국 등 많은 것들로부터 예수의 전체적 형태가 새롭게 창출되어 떠오른다. 이것은 마치 예수의 영과 같다. 게슈탈트는 영, 즉 사물들의 핵심, 전체상, 이끄는 힘인 영과 유사하다. 각 부분들은 예수의 전체적인 상(Gestalt)과 관련 속에서 그 의미를 더 잘 이해할 수 있게 된다. 이해에 있어서 전체의 형태 즉 게슈탈트가 얼마나 중요한지 알 수 있다. 오늘의 우리의 상황 속에서 우리의 삶의 전체적인 연관 속에서 나타나는 우리의 형태(Gestalt)가 예수의 형태(Gestalt)와 합일되어 가는 것이 기독교 윤리의 목표이다. 나치에 의해 순교당한 독일의 신학자 본회퍼는 그의 저서『윤리』에서 우리의 형태가 예수의 형태에 합일되어 들어가야 한다고 말하면서, 이것은 예수의 삶의 형태를 헛되이 반복하거나 모방하는 것과는 다르다고 하였다.[1] 우리가 예수를 모방하거나 반복하는 것은 불가능하고 헛되다. 왜냐하면 예수의 상황과 우리의 상황은 다르기 때문이다. 그러나 그의 전체적인 형태가 우리의 삶의 전체적인 형태 속에서 구현되는 것은 윤리적으로 바람직하다. 우리의 현실 속에서 예수의 삶의 전체적인 방향을 살아나가고자 하는 것이 기독교 윤리이다. 따라서 그리스도 형태 혹은 게슈탈트는 예수의 이야기를 문자 그대로 우리의 현실에 재연하거나 반복하는 문자주의적 오류에 빠지지 않으면서 예수의 삶을 창조적으로 오늘의 현실에서 따르게 하는 효과를 갖는다.

교회는 그리스도의 형태를 그 행동과 존재방식을 통해서 이 땅에 표현해 내는 그리스도의 상징이며 성례전(sacrament)이다. 그리스도의 형태가 구현될 곳은 교회 공동체뿐만 아니라, 이 사회, 이 역사, 아니 전 우주가 그 장소이다. 그리스도의 형태는 우리에게 생명을 살리는 해방의 방향으로 실천할 수 있도록 일정한 패턴과 패러다임을 제공해 준다. 역사적 예수에 대한 연구와 이해는 이러한 패러다임을 더욱 바르고 풍부하도록 만들어 준다. 그리스도는 이러한 패러다임, 게슈탈트를 제공해 줌으로써 우리

---

1) Dietrich Bonhoeffer, *Ethics* (New York: Macmillan, 1955), p. 82.

를 우리의 구원에 참여할 수 있도록 영감을 불러일으켜 준다. 구세주를 표현하는 타이틀인 그리스도의 형태는 예수의 삶 속에 육화되었다. 그리스도 형태는 오늘날 우리가 채택할 실천의 형태를 가지고 있다.[2] 그리스도 형태(Gestalt)는 현실적인 힘의 내적인 성격을 갖는다. 왜냐하면 이것은 구속적인 실천의 패턴이나 범례(패러다임)를 보이고 있기 때문이다.[3] 교회공동체는 그리스도의 몸이며, 예수에 의해서 선포되고 구체화되었던 자유 속의 사랑 (love-in-freedom)이 그 안에서 실현될 것이다.[4] 그리스도의 몸으로서의 교회는 예수의 형태와 몸(Gestalt)을 구현한다. 또 이 형태는 경험적 교회들을 지속적으로 비판할 수 있는 비판적이고 창조적인 패러다임이 된다.

다른 종교에도 그리스도의 형태(Christ-Gestalt)가 있는가? 즉 그리스도의 자유 안에서의 사랑이 담겨 있는가? 그렇다. 고로 다른 종교와의 심층적인 대화에서 우리의 (신학적) 실천이 더욱 심화되어질 수 있다. 그리스도인들이 아닐지라도 예수의 형태(Gestalt)를 따르는 사람들이 있을 수 있다. 한 사람이 자신의 종교에 의하여 예수의 형태에 부합하는 삶을 산다면, 그와 그의 종교에는 예수의 형태(Gestalt)가 존재한다고 하겠다. 이것은 예수의 삶의 대강의 원칙을 다양한 종교 형식 속에서 실천할 수 있음을 증명한다.

2. 구원의 공동체적 측면

구원은 스스로 얻는 것인가, 아니면 다른 존재에 의해서 얻어지는 것인가? 또 구원은 개인적으로 얻어지는 것인가, 아니면 공동체 속에서 공동체

---

2) Peter Hodgson, *Winds of the Spirit* (Louisville, KY: Westminster/John Knox, 1994), p. 252.
3) 위의 같은 책, p. 254.
4) 위의 같은 책, p. 255.

를 통해서 얻어지는 것인가? 구원은 다차원적인 측면(multi-dimensional aspect)에서 일어난다고 보는 것이 진실에 가까울 것이다. 구원은 개인적이며 사회적으로 일어난다. 둘 중 한 차원만을 강조하면 부족해진다. 나의 구원이 나만을 위한 구원이 될 수 없고 그렇게 되어서도 안 될 것이다. 개인적인 차원, 집단적인 차원, 역사적인 차원에서의 구원이 모여 통전적인 구원을 이룬다. 통전적인 구원이 있지 개인적인 구원, 사회적인 구원, 역사적인 구원이 따로 있는 것이 아니다. 통전적인 구원은 사회와 공동체 해방을 위해 역동적으로 참여하는 개인들에게 주어지는 선물이라고 말하는 것이 가장 적절하지 않을까 생각한다.

민중신학의 근거는 사회 운동이며, 그것은 곧 공동체를 기본단위로 한다. 구원은 공동체 속에서 일어나기 때문이다. 구원은 홀로 있는 개인에 의해서 개인에게 일어나는 것이 아니라, 관계 속에서 일어난다. 관계의 개선 속에 구원이 자리한다. 오늘날 점점 더 극단적인 개인주의가 깊어가고 있는 현실 속에서 가장 경계해야 할 것은 관계성이 없는 개인주의적 구원관이며, 나만의 행복과 구원의 추구이다. 이것의 예로, 바깥에는 공해가 자욱한데 내 집안만은 공기정화기를 설치하여 좋은 공기를 마시면 된다는 태도를 들 수 있다. 또 다른 예로, 바깥에는 도로가 비좁아서 자가용, 버스, 트럭 등으로 북새통을 이루고 정체되어 매연을 뿜고 있는데, 나는 그 도로변에서부터 멀리까지 울타리를 치고 도로 쪽에는 나무와 식물들을 심고 집은 도로로부터 멀리 떨어진 곳에 지어서 마치 자연 속에 사는 것처럼 꾸미고 산다면 그것도 행복이고 구원일 수 있을까? 이것은 외양적 행복일 수는 있어도 거짓된 행복일 것이며, 구원의 착각이지 진정한 구원은 아닐 것이다.

개인 구원론자 중에는 자신의 구원을 먼저 얻고, 그 후 다른 사람의 구원 즉 사회적 구원을 구하는 것이 순서라고 주장하는 사람들이 있다. 그러나 나의 구원은 결국 평생해도 못 이루는 작업인데, 나의 구원에만 몰두하다가 결국 사회 구원은 시도할 생각도 못하고 인생이 끝나고 말 것이다. 오히려 대승불교의 가르침처럼 중생의 나머지 한 사람이 열반(해탈)에 들어가지 못한다면 나도 열반에 들어갈 수 없다는 대승적인 차원에서 구원을 말하는 것이 더 바르다고 본다. 인간의 내면적인 허약함과 한계성 그리고 이기심은 끊임없이 우리 곁을 떠나지 않으며 우리의 힘으로는 극복될 수 없다. 결국 우리는 죄인이라고 고백하고, 그 위에서 우리가 무엇을 할 수 있는가를 생각해 보아야 한다. 공동체와 교회는 죄인들이 모인 곳이다. 그러나 개인은 미약하지만 공동체는 강할 수 있다. 개인은 그리스도의 몸의 형태가 되기가 어렵겠지만 공동체 안의 개인들은 함께 모여 그리스도의 형태를 만들기가 훨씬 더 수월할 수 있다. 개인 한 사람 한 사람은 자기 자신의 복지만을 챙기는 경향이 있다. 그러면서도 자신의 이러한 모습에 대해서 후회하며 산다. 이렇게 후회하는 사람들이 모여서 공동체를 이루며 공동체가 그리스도의 형태를 가지도록 노력하는 과정에서 개인들은 어느새 자신도 모르게 그리스도의 형태를 선물로 받는다.

라인홀드 니버는 그의 유명한 저서『도덕적 인간과 비도덕적 사회』에서 개인들은 자기 자신의 이익 이외의 다른 이익을 고려할 수 있는 능력이 있으며 이것은 교육이나 자기 수련을 통해서 함양될 수 있다고 보았다. 그런데, 민족, 국가, 인종, 경제적 집단들은 그것이 불가능하다고 보았다. 후기의 라인홀드 니버는 개인들의 자기 도덕적 능력의 함양 가능성을 너무 쉽게 믿었던 자유주의자들의 낙관주의를 심하게 비판하면서 개인의 부도덕성과 죄성을 낱낱이 밝힌 바 있다. 그렇다면, 그의 처방은 무엇이었나? 그는 집단도 비도덕적이고 개인도 비도덕적이므로 결국 현실주의적 "힘의 균형"이 이루어질 때 비도덕과 악을 제어할 수 있다는 것이다.5) 힘의 균형(the balance of power)의 논리는 불신의 냉전시대의 산물이었다.

냉전시대는 지났고 포스트모던적인 다원성의 시대를 맞이하였다. 이제 힘의 균형이 아니라, 합리적 대화와 합의에 의한 문제 해결 능력을 강화하는 시대가 되었다. 이러한 시대적 풍조는 공동체의 중요성을 재발견하게 하였다. 흩어져 있는 개인들은 무기력하고 비도덕적일 수 있지만, 이들이 모여 공동체를 이룰 때 개인들은 공동체에서 자기중심성을 초월할 수 있는 힘을 얻을 수 있다. 그렇다면 구원은 공동체를 통해서 공동체와 함께 그 안에서 이루어진다고 말할 수 있다. 그런데, 공동체의 진정성을 형성하는 하나의 기준은 우리 인류가 당면한 문제들 그리고 사회적 문제들에 직접적으로 응답해야 한다는 점이다. 이러한 책임적인 응답을 하는 공동체는 동시대의 사회 운동 속에 참여하는 공동체여야 할 것이다. 이러한 공동체만이 하나님의 나라 운동을 시작했던 예수의 삶의 형태(Gestalt)를 포용할 수 있기 때문이다. 하나님의 나라 운동은 총체적인 역사변혁운동이며 새로운 삶의 질서, 특히 약자가 사회의 평등한 구성원이 되는 새로운 사회를 신속하게 구현하고자 하는 운동이다. 이렇게 볼 때, 오늘날 필요한 구원론은 공동체와 사회 운동을 그 필수항목으로 하는 구원론이어야 한다. 이러한 공동체는 소통과 참여의 열린 공동체이며, 사회 운동의 모든 과정 속에 존재하며 다른 운동과 관계 속에 있는 역동적인 공동체이다. 이러한 공동체는 역사와 사회의 전체적 흐름으로부터 고립된 게토화된 공동체가 아니라, 역사적인 과정과 내적이며 유기적인 관계를 맺어야 한다. 그리고 세상 속에서 정의와 평화를 추구해야 한다. 특히 약자가 소외됨이 없이 오히려 주체가 되게 해야 한다. 이것이 바로 예수의 형태를 추구하는 모습이며, 그리스도의 몸을 구현하려고 하는 공동체가 지녀야 할 모습(Gestalt)이다.

---

5) Reinhold Niebuhr, *The Nature and Destiny of Man*, Vol 2, (N.Y.: Charles Scribner's Sons, 1943) p. 265 이하.

3. 소통과 관계의 영

구원은 생명의 원천인 영의 존재를 전제한다. 이 영은 물질적이면서 정
신적인 존재여야 한다. 영이 정신적이기만 하면 구원도 정신적인 구원이
된다. 영이 물질적이면서 정신적이고 사회적이면서 역사적이므로 구원도
물질적, 정신적, 사회적, 역사적 전 영역에서 일어나야 한다.

개인은 관계 속에 있으므로, 개인의 구원도 관계의 정의를 전제한다.
이 관계는 가해자와 피해자, 가진 자와 못 가진 자의 관계, 이방인과 현지
인, 남자와 여자, 부모와 자녀, 남편과 아내, 소수자와 다수자, 자본가와
노동자, 정규 노동자와 비정규 노동자, 자연과 인간, 민족과 민족, 백인과
유색인, 유색인과 유색인 등등 이루 말할 수 없이 많은 인간들 사이의 현실
이다. 관계적 정의는 사물(인간)들의 관계 안에 있는 소통을 전제로 한다.
이 소통의 힘을 영이라고 하자. 소통은 생명의 기를 불러일으킨다. 악한
영일수록 이러한 소통을 없애고 차단한다. 사물 속에 생명의 영이 소통할
때 생명은 살고, 번성한다. 생명의 영이 소통하는 나라, 사회, 공동체, 가
정, 개인 안에는 통전(the Whole, 통전적 생명)이 회복된다. 선한 영은 올바른
관계를 조성하고 미래의 완성을 향해 관계를 여는 힘을 상징한다. 이 힘은
우리와 항상 함께 있다. 그러나 우리 인간들이 이 힘을 무시하고, 맘몬의
힘, 물질의 힘, 악한 영에 의존하고 있다.

영은 관계 속에 있는 창조적 관계성(relationality), 창조적 소통을 상징한
다.[6] 창조적 관계와 소통으로서의 영은 만물을 창조적이고 조화적인 관
계로 맺어질 수 있도록 역동하는 힘이다. 그렇다면, 생명을 살리는 모든
사건들과 노력들 — 그것이 집단적이든, 개인적이든, 사회적이든, 경제적

---

6) 영을 "네트워크" 그 자체 혹은 "순수 관계성"(pure relationality)으로 볼 수 있다는 주장에
　대해서는 Hodgson, 같은 책, 280쪽 참조.

이든, 정치적이든, 학술적이든 비학술적이든, 신학적이든 비신학적이든
— 은 모두 영적이다. 신앙인은 이러한 영적인 현실을 조성하기 위한 신앙
적 행동을 분간해 내며, 생명을 죽이는 온갖 논리와 담론들을 해부하고 비판
한다.

역사의 변혁은 인간들의 변화에 의해서만 가능해지는데, 이것은 특히
약자들이 역사에서 남들에 의해서 객체로 취급받는 것을 탈피하고 스스로
의 운명을 능동적으로 결정하는 주체로의 변화에 의해서 가능해진다. 역
사의 변혁은 그 안의 인간들의 변화와 함께 이루어진다. 그 속에 사는 인간
의 자기 변화가 역사 변화의 핵심이다. 무기력한 민중들은 생명의 영에 의
해 새로운 희망과 힘을 얻는 변화를 입는다. 이러한 현상은 약자들이 집단
적인 공동의 희망과 그것에 기반을 둔 사회 운동에 참여하게 될 때 일어난
다. 성령은 사회 운동을 매개로 하여 개인들에게 공동의 희망을 갖게 하고
함께 행동하게 한다. 개인의 진정한 변화는 이러한 공동의 꿈을 꾸게 하는
사회 운동의 큰 물결 속에서 일어나는 것이며, 그러므로 사회 운동은 성령
의 운동이 아닐 수 없다. 성령의 "부으심"(pouring out)의 사건은 변혁과 해
방을 위한 사회 운동 속에 참여하는 공동체에서 일어나며 인간의 변화를
초래한다.

신자유주의적 세계시장 경제체제에서 이를 극복할 희망을 갖고 행동
한다는 것은 불가능한 것처럼 보인다. 그러나 하나님은 희망할 수 있는 이
유를 풍부하게 주셨다. 예수를 보내심과 그의 약자 보호와 하나님의 나라
를 위한 열정, 그의 부활 그리고 그가 메시아가 되심은 우리에게 결정적인
희망을 주었다. 뿐만 아니라 하나님은 우리가 희망할 수 있도록 풍부하고
아름다운 자연을 주셨고 더불어 넉넉한 자원을 주셨다. 하지만 우리들은
그것을 탐욕스럽게 독점하고, 남용하였고, 정의롭게 분배하지 못하였다.
불의한 체제로 인하여 많은 가난한 민족과 사람들이 굶주림에 고통당하고

있다. 성령은 이러한 인간의 교만과 탐욕의 체제에 대응하는 구원과 생명의 힘을 상징한다. 성령은 그리스도의 형태(Gestalt)를 가진 그리스도의 영이며, 인간 사회를 "그리스도의 몸"의 형태같이 되도록 이끄는 신적인 동력이다. 사회 운동은 그리스도의 영이신 성령의 동력 속에서 일어난다. 사회 운동은 사회와 역사를 사로잡고 파멸로 이끌어 가는 우상과 악령을 분간하여 이에 "이름을 붙이고" 해체하여 이들로부터 사회와 역사를 해방하는 일을 과제로 삼는다.

생명의 영은 공동체를 창조할 뿐 아니라 이 공동체들이 주체가 되어 참여하는 사회 운동을 창조한다. 위에서 언급되었듯이 영은 관계성과 소통을 가리킨다. 영은 소통을 통해 새로운 미래를 열어주고 창조해 준다. 거룩한 영이 있는 곳에 공동체가 형성되고 집단들과 개인들 사이의 관계가 회복되며 상호 간의 소통이 일어난다. 첫 성령강림의 사건은 타자들 간의 의사소통과 관계 회복의 사건이었다(행전 2:7~8). 성령강림은 민족과 언어를 뛰어넘는 소통의 시대, 교회의 시대를 열어 주었다. 교회는 만물 간의 소통의 매개가 되어야 한다.

성령은 각자위심(各自爲心, 각자 자기 자신만을 생각하는 마음)의 개별자들이 모인 비공동체적 집단을 내적인 관계성을 가진 공동체로 변화시키는 힘이다. 성령은 비슷한 자들의 집단적 자기만족과 집단 이기주의를 극복하게 하고 보다 보편적이고 높은 가치를 실현하기 위해서 다른 집단과 다른 공동체와 연대하여 공동의 행동을 하게 하는 힘이다. 성령은 또한 개별자와 각각의 공동체를 획일화시키지 않고, 각각의 독특성과 다름, 정체성이 자라나도록 하는 힘이며, 동시에 이들을 하나로 모아서 다양성 속에서 하나(연대)가 되게 하여 새로운 창조의 가능성을 높이는 힘이다. 성령은 더 큰 평화와 정의, 사랑의 관계를 일으키는 힘이다. 성령은 모든 다양한 만물들이 풍성한 삶을 누리는 관계로 들어가게 해 주는 힘이다.

성령은 개별자들의 자기 정체성과 독특성을 존중하고 지지하는 동시에 공동의 과제를 놓고 개별자들이 연대하고자 하는 포스트모던 시대정신에 잘 들어맞는다. 포스트모던 시대의 실천적 주체들은 서로 다름을 인정한다. 그러나 그 다름이 공통점을 찾는 일을 막지 않으며 오히려 공통과제가 무엇인지를 추구하게 한다. 같음으로 통합되지 않은 상태에서의 연대를 추구한다. 오늘날의 사회 운동에서는 다양한 집단들의 독특성과 연대성이 서로 모순되지 않는다. 성령은 집단들의 자기 독특성을 살리는 힘이며 동시에 하나로 연대하여 공동의 선을 이루게 하는 해방의 힘이다. 포스트모던 시대에서의 사회 운동은 서로의 차이를 존중하는 집단들의 공동과제를 위한 연대운동이 될 수밖에 없을 것이다.[7]

4. 사회 운동, 공동체, 영

성서에 의하면, 온 우주 속에 생명의 영이 가득히 채워져 있다. 동양의 혁명적 종교였던 동학도 생명의 힘이 온 우주에 가득 차 있음을 확인하였다. 동학은 이 생명의 기운을 일기, 혼원의 기, 우주 안의 창창한 기운이라고 하였고, 동학의 선각자들은 역사변혁운동이 이 힘에 의지하여야 한다고 믿었다. 기독교의 생명의 기운인 루아흐와 영 그리고 동학의 생명의 기 등의 상징적 개념은 일정한 형이상학적 세계관을 조성한다. 이 세계관에서는 생명의 영이 세계 안에 들어와 있고 만물 속에 거하며, 만물을 살리는 힘이다. 따라서 영은 세계의 핵이 된다는 것이다. 그렇다면 세계와 역사의 변화는 이 상징적인 힘인 영과의 관련 속에서 생각되어질 수 있는 과제이다. 한국의 전통적인 종교인 동학(東學)에서는 이 영이 인간과 함께 함을

---

7) 이러한 관점은 Negri and Hardt, *The Multitude*, p. 114 이하 참조.

중시한다. 구약과 신약에서도 영은 인간과 함께 하고 인간을 통해서 그리고 인간을 넘어서 일을 한다고 본다. 동학에서는 인간이 수심정기(守心正氣)하면 영의 기화 활동이 활성화된다고 보았다. 수심정기와 이에 기초한 사회 운동은 영의 운행에 인간이 참여하는 방식이다. 사람과 영이 의사소통하는 방법으로 동학에서는 수심정기와 역사 참여적 운동을, 기독교에서는 기도, 마음의 비움, 공동체에의 참여를 가르쳤다. 공통된 것은 영과 공동체 그리고 사회 운동이 세상을 바꿀 수 있다는 것이다. 사회 운동, 공동체, 영은 유기적 관계를 형성한다.

오늘날 우리에게 필요한 통전적 구원관은 예수 그리스도의 형태(Gestalt)를 가진 성령에 의한 구원이며, 성령은 공동체와 사회 운동을 통해서 구원을 이룬다는 입장이다. 성령의 구원은 인간의 참여를 필수적인 요소로 하고 있다. 그리고 그 참여의 형식은 공동체와 사회 운동이다. 민중신학이 자력구원을 주장했다고 하지만 사실은 성령에 의한 구원이며, 여기에 인간의 참여를 중시한다는 것일 뿐이다. 누가 구원을 해 주는 것이 아니라, 구원은 인간 밖에서 오지만 동시에 인간의 노력이 참여하지 않는 이상 오지 않는다. 구원은 대리적으로 저절로 오는 것이 아니라, 인간의 영과의 소통 속에서 가능한 것이다. 그 소통의 형식은 기도와 수심정기에 기초한 공동체와 사회 운동이다.

제10장
바울의 구원 사상

　기독교 보수신앙은 대체로 바울에서 비롯되었다. 보수신앙은 바울이 예수에 대한 위험한 기억을 제거한 것을 내심 적극적으로 받아들이고 있는 것 같다. 그리고 보수적 바울이 급진적 예수를 대체한 것을 환영했다. 바울이 갈릴리의 예수를 역사로부터 추상화하여 보편적인 주 그리스도로 만든 것을 보수신앙은 십분 활용하여, 바울과 보수신앙이 기독교를 진정 대표한다고 생각했다. 그렇다면, 과연, 바울은 역사적 예수를 배반하였는가? 분명한 것은 바울은 예수가 생각했던 하나님의 나라 대신에 예수 그리스도가 중심이 된 새로운 공동체를 꿈꿨다. 이러한 새로움은 예수를 버린 것인가, 아니면 예수의 계승이요 확대인가? 왜 바울은 역사의 예수를 더 이상 선포하지 않고, 부활한 그리스도를 선포했는가? 예수가 하나님 나라 선포에 기반을 둔, 사회변혁적인 메시지를 발했던 것에 반해, 바울은 왜 사회변혁적이지 않았는가? 바울은 예수의 사회적 예언자의 역할을 버리고 온건하거나 보수적인 복음주의자로 변신한 것인가? 보수주의 신앙의 핵심이 될 수 있는 피의 희생의 속죄를 바울이 선포하였는데 그렇다면 정말 바울은 예수를 저버리고 예수를 왜곡시킨 것은 아닌가?

바울은 왜 역사적 예수의 삶 특히 그의 십자가의 죽음을 역사에 있었던 그대로 전하지 않고, 그것을 보편적인 인간의 실존적인 현실 속으로 끌고 들어와 그 십자가의 사건을 인간 모두에게 적용할 수 있는 보편적인 사건으로 바꾸었을까? 바울에 의하여, 역사적 예수의 특수한 사건이, 그의 특수한 시대와 장소 속에 있었던 사건의 특수성으로부터 이탈하여, 모든 시대와 장소의 인간들에게 해당되는 사건으로 전이되었다. 이러한 전이에 의해 얻는 것도 있었지만, 잃은 것도 있었다. 그러나 공관복음서는 물론이고 바울서신들도 이 전이 속에서 원래의 예수의 역사적인 사건의 차원을 보존하고 있음도 부인할 수 없다. 이제, 십자가 사건의 보편적인 사건으로의 전이가 구체적으로 무엇을 말하는지 살펴보자.

1. 예수의 역사적 사건으로부터 보편적인 사건으로 전환

바울은 예수가 죽은 이후에 예수를 만났다. 처음에는 예수를 따르는 사람들을 박해하다가 예수를 다메섹 도상에서 만나고 나서 개종하였다. 그는 역사적 예수를 만난 적이 없었다. 그에게 당면한 과제는 이 예수의 복음을 이방인들에게 전하는 것이었다. 그는 예수가 우리를 위해 돌아가셨다고 생각하였다. 그리고 그의 시대는 속죄의 시대라고 생각했다. 그는 갈라디아서에서 말하기를, "그런데 내게는 우리 주 예수 그리스도의 십자가 밖에는, 자랑할 것이 아무것도 없다"고 하였다(6:14a). 그에게 그리스도의 십자가와 죽음 그리고 피는 대속을 상징하는 것이었다. 이것으로 개인적으로는 우리가 죄로부터 죽었고, 집단적으로는 세상이 죽었다(6:14b). 바울에게 그리스도의 죽음은 속죄의 죽음으로서 이전의 죄악 속에 있는 개인과 세상이 새롭게 되도록 먼저 죽는 사건이었다. 부활은 나와 세상이 새롭게 되는 사건이었다. 나와 세상이 그리스도의 죽음에 참여하고, 그리스도의 부활에 참여한다. 그리하여 나와 세상을 포로로 잡고 있던 사탄의 세력을 물리치고 해방된다. 이러한 메시지는 당시 로마제국에 의해서 고통당하던 팔레스타인, 소아시아, 그리스의 민중들에게 위안과 희망을 제공해 주었고 삶을 위한 방향 감각을 제공해 주었다. 바울의 메시지는 제국의 지배질서 속에서 고통당하는 농민들이 고난의 짐에서 해방되고, 이들을 착취하고 괴롭혔던 지주들과 이들의 재산 관리인들이 심판받을 날이 올 것이라는 기대감 속에서 열렬히 받아들여졌다.[1] 바울의 종말적인 메시지는 이들에게 해방의 메시지였다.

바울은 "바울적인 기독교(Pauline Christianity)"를 시작한 인물이다.[2] 그의 기독교는 역사적 예수에 대한 이야기에 근거한 것이 아니라, 그가 해석하고 이해한 예수 그리스도의 의미에 기초한 기독교이다. 바울은 그리스도의 십자가와 죽음에 주목했고 그것이 가지는 대속적인 의미를 포착했다. 그뿐 아니라, 그는 성령 즉, 하나님의 영과 그리스도의 영을 선포했다. 이 영은 노예로 만드는 영이 아니라 하나님의 자녀가 되게 하는 영이다(로마 8:15). 이 영은 성령이며, 성령은 율법을 지키므로 오는 것이 아니라, 그리스도의 복음을 믿음으로 말미암아 오셨다(갈라 3:5). 바울은 이 영은 우리를 노예로 얽어 매놓는 온갖 올가미들을 부수고 우리를 자유케 하여 하나님의 나라를 상속하는 자녀로 만든다고 보았다. 이리하여 바울은 죄, 대속적 죽음과 부활 그리고 성령을 중심으로 한 새로운 기독교의 복음을 말했다고 요약할 수 있다. 바울은 더 이상 역사적 예수에 대해서 알기를 원하지

---

1) Richard A. Horsley and Neil Asher Silberman, *The Message and the Kingdom: How Jesus and Paul Ignited a Revolution and Transformed the Ancient World* (Minnea- polis, Minn: Fortress, 2002), p. 146.
2) "바울적인 기독교"라는 말은 위의 Horsley와 Silberman의 책, 148쪽에서 인용.

않는다고 했다. "오직 십자가에 달린 그분밖에는" 아무것도 알지 않기로 했다(고전 2:2). 바울은 "전에는 우리가 육신의 잣대로 그리스도를 알았지만", 이제는 그렇지 않게 되었다고 했다(고후 5:16).

1) 십자가에 대한 관심

왜 바울이 역사적 예수의 사건들에는 무관심하고, 그의 십자가의 의미에 집중했는가? 바울은 예수의 십자가형이 악의 세력의 불의에 의한 억울한 죽음이라는 것에는 덜 관심을 갖고, 예수의 십자가는 세계의 모든 사람의 정치적 운명과 영적인 운명을 결정하는 우주적 차원의 사건이고 신의 사건이라고 이해하였다.[3] 그리하여 바울은 예수라는 이름보다는 보편성을 가진 그리스도라는 칭호를 더 자주 사용한다. 그리하여, "누구든지 그리스도 안에 있으면, 그는 새로운 피조물"이라고 했다(고후 5:17). 그리스도는 하나님과 화해하게 하는 직분을 가졌다고 했다(고후 5:18). 또한 바울은 보편적인 죄의 현실을 전제로 하여 그리스도의 의미를 밝힌다. 예수 사건을 이 보편적인 현실에 응답하는 사건으로 보았다. 로마서는 이것을 잘 보여주고 있다. 로마서 1~2장은 인간의 죄의 보편적 현상에 대해서 깊이 있게 다루고 있다. 이러한 죄의 현실이 얼마나 강고한지 그는 "아, 나는 비참한 사람입니다. 누가 이 죽음의 몸에서 나를 건져 주겠습니까?" 하고 외쳤다(로마 7:24).

바울은 인간의 보편적인 현실로서의 인간의 죄를 들고 있다. 우리 모두는 죄인이다(로마 1:18~3:20). "모든 사람이 죄를 범하였으므로, 하나님의 영광에 이르지 못합니다. 그러나 사람은, 그리스도 예수 안에 있는 속량에 힘입어서, 하나님의 은혜로 값없이 의롭게 하여 주심을 받습니다. 하나님

---

3) Ibid., p.160.

께서 이 예수를 사람에게 속죄제물로 주셨습니다. 누구든지 그 피를 믿으면 속죄함을 받습니다"(로마 3:23~25). 바울은 인간의 죄로 말미암아 예수가 돌아가셨다고 보았다. 동시에 그리스도로서의 예수는 인간의 죄를 극복하였다고 보았다. 그렇다면 여기에서 우리에게 중요한 질문이 생긴다. 과연 바울은 예수의 죽음과 그의 피가 인간을 죄로부터 구원하는 힘이 있다고 보았는가? 파생되는 질문을 제기한다면, 그리스도에 의한 구원(죄사함)이냐, 혹은 그리스도의 피에 의한 구원(죄사함)이냐? 아니면 그리스도의 부활에 의한 구원이냐, 혹은 그리스도의 죽음에 의한 구원이냐?

참고로, 바울서신들이 13편이고, 이중에서 바울이 직접 쓴 진정한 서신들은 7개이다(로마서, 고린도 전서, 후서, 데살로니가 전서, 빌레몬서, 빌립보서, 갈라디아서). 에베소서나 골로새서, 데살로니가 후서는 바울의 진정한 서신이 아닐 가능성이 있고, 디도서, 디모데 전후서는 바울의 이름으로 되어 있지만 바울 전통에 있는 후대 사람의 저작이라고 본다. 그러니 이러한 질문에 대한 대답은 바울의 진정한 서신들로부터 찾아야 할 것이다.

그리스도는 "성경대로 우리 죄를 위하여 죽으셨다"(고전 15:3)고 바울이 전한다. 여기에서 "우리 죄를 위하여"를 어떻게 해석해야 하는가? 우리의 죄를 사해 주기 위하여? 아니면 우리의 죄로 인하여? 다른 바울서신들의 말씀들과 비교해 보면(로마 3:25 등), 아무래도 둘 다 맞는 것으로 보인다. 바울에 의하면 예수는 우리의 죄 때문에 죽었고(로마 4:25, "예수는 우리의 범죄 때문에 죽임을 당하시고, 또한 우리를 의롭게 하시려고 살아나셨습니다"), 동시에, 우리의 죄를 사해주기 위해 죽었다. 문제는 후자 즉 우리의 죄를 사해 주기 위해서라는 입장이다. 이것은 안셀름의 만족설에 가깝고, 이러한 이해는 자칫 기독교를 왜곡시킬 수 있기 때문이다.

속죄론적 죽음을 부각시킨 구절들을 보자. "하나님께서 이 예수를 사람에게 속죄제물로 주셨습니다. 누구든지 그 피를 믿으면 속죄함을 받습니다. 하나님께서 이렇게 하신 것은, 사람들이 이제까지 지은 죄를 너그럽게 보아 주심으로 자기의 의를 나타내시려는 것입니다"(로마 3:25). 좀더 보편적인 표현을 쓴 것은 갈라디아서이다. 바울은 그의 갈라디아서의 서두에서 다음과 같이 그리스도의 죽음의 의미를 해석하고 있다. 이것은 당시 기독교인들에게 익숙했던 매우 전형적인 해석일 것으로 판단된다. "예수 그리스도께서는 하나님 우리 아버지의 뜻을 따라 우리를 이 악한 세대에서 건져 주시려고, 우리의 죄를 대속하기 위하여 자기 몸을 제물로 바치셨습니다"(갈라 1:4). 이러한 희생제물로서의 예수 이해는 바울에게만 국한된 것은 아니다(베드로전 1:2, 19; 3:18; 요한1서 1:7; 2:2; 4:10). 예수의 피를 희생제물로 이해한 것은 초기 기독교 신앙에 깊이 뿌리박혀 있었음을 짐작할 수 있다. 이러한 이해는 예수가 세상 권세들에 의해서 십자가에 억울하게 죽게 되었다는 사실을 지나치고 있다. 다음의 짧은 구절은 위의 구절들을 요약한 것처럼 보인다. "그러므로 지금 우리가 그리스도의 피로 의롭게 되었으니, 그리스도로 말미암아 하나님의 진노에서 구원을 받으리라는 것은 더욱 확실합니다"(로마 5:9). 이어서 바울은 예수가 하나님과 우리 사이에 화해를 이룬 자라고 정의한다. "지금 그로 말미암아 하나님과 (죄인인) 우리 사이에 화해가 이루어졌습니다"(로마 5:11). 바울은 아담과 그리스도를 비교하면서 아담을 통하여 죄가 들어와 모든 사람이 죄를 짓게 되었고, 이 죄를 사해 주는 은혜는 그리스도로 말미암아 왔다고 했다(로마 5:12~21). 여기에서도 예수의 역사적 삶보다는 예수의 죽음에 의한 구원자의 직분, 혹은 대신 희생된 구속자로서의 직분이 강조되고 있다.

바울은 한 개인으로서의 예수의 특수한 역사적 사건에 관심하는 게 아니라, 그의 사건을 온 인류를 구속한 일반적인 구속사로 변화시켰음을 알 수 있다. 바울은 예수를 보편적 구속자로 이해함으로써, 예수에 대한, 예수를 둘러싼 역사적 사실들을 중요하지 않은 것으로 취급하였다. 여기에서 우리는 바울이 예수 그리스도의 역사적 사건들보다 그의 인격과 기능을 중시했음을 이해할 수 있다. 즉, 우리가 그를 믿으면 그의 인격 안에서 영원한 생명을 누리게 된다고 했다(로마 5:21).

모든 사람이 죄인인데 예수는 유월절 양으로 이 모든 이들을 위해 희생 당하셨다고 하는 그의 메시지는 그의 창작물이 아니라 그 당시의 기독교 인들 간의 한 지배적인 전승이었던 것 같다. 그는 이러한 전승을 들었다고 기록하였다(고전 15:3~5). 그는 이러한 전승을 그대로 받아들이면서 나아가서 이것을 다양하게 해석하였던 것으로 보인다. 우선 그리스도의 희생은 우리를 위한 사랑의 희생이므로 우리는 이제부터 예수 그리스도를 위해서 살아야 한다(고후 5:15, 갈라 2:20). 바울은 감옥에서, 살든지 죽든지 자신으로 말미암아 그리스도가 존귀하게 되는 것을 바란다고 썼다(빌립 1:20). 그리스도가 바울 자신을 위해 돌아가셨으니, 바울 자신도 그리스도를 위해 살게 되었다. 그리하여 바울을 비롯한 그리스도인들은 하나님의 나라를 추구한다. 그것은 "의와 평화와 기쁨"이다(로마 14:15~17). 그리고 그의 희생은 우리를 율법의 저주에서 해방시켜 주었다(갈라 3:13).

바울서신에서 피력된 그리스도의 피 혹은 희생의 기능들을 정리하면 다음과 같다. 1) 죄를 사해 줌(속죄), 2) 율법으로부터 해방시켜 줌(갈라 3:13), 3) 평화(골로 1:20), 4) 하나님과 인간의 화해(골로 1:22), 5) 그리스도와 함께 살게 함(데살전 5:10), 6) 하나님의 나라에 참여함(로마 14:17).

2) 세례를 통한 그리스도의 죽음에의 참여(로마 6장)

바울은 로마서에서 자신의 신학사상을 다른 서신에서보다 가장 체계적으로 논하였다. 그는 인간의 보편적인 죄의 현실에 대해 1~3장, 7장(율법과 죄)을 할애하여 논하였다. 그리고 하나님의 의가 그리스도를 통하여 온다고 하면서 그리스도의 믿음이 결정적임을 설명한다(4, 5장). 이어서 6

장에서는 우리는 세례를 통해 그리스도와 함께 죽음을 죽는다고 선언을 한다. 그리스도와 함께 죽는다는 것은 곧 죄에 대해 죽는 것임을 분명히 하고 있다(6:11). 그리스도와 함께 죽었으면 그리스도와 함께 다시 산다는 것을 믿어야 한다(6:8). 그리하여 믿는 사람은 정의의 도구가 되어야 한다(6:13). 이전에는 죄에 빠져 불의의 도구였지만, 이제는 그리스도의 죽음에 참여하여 불의와 싸우는 하나님의 정의의 연장이 되었다.

세례로 그리스도와 함께 묻혔고, 그리스도의 부활로 일으키심을 받았다(골로 2:12). 바울은 골로새서 2장 15절에서 모든 통치자들과 권력자들의 무장을 해제시키고, 그들을 그리스도의 개선 행진에 포로로 내세우심으로써 사람들의 구경거리로 삼았다고 하였다. 이것을 볼 때, 세례에 의한 그리스도의 죽음에의 참여는 곧 죄를 사해 주는 것이고, 동시에 인간이 새로운 변화를 입어 정의를 세우는 연장이 되는 것을 의미한다. 이것은 전형적인 서사적 승리자 그리스도 속죄 모델을 나타내고 있다고 하겠다. 다음의 성령에 의한 구원사상도 마찬가지로 서사적 승리자 모델을 나타낸다.

3) 성령에 의한 새로운 삶(로마 8장)

그런데 바울은 로마서 8장에 와서 죽음을 넘어 생명을 얻게 하는 존재로서 성령을 소개한다. "예수를 죽은 사람들 가운데서 살리신 분의 영이 여러분 안에 살고 계시면, 그리스도를 죽은 사람들 가운데서 살리신 분께서, 여러분 안에 계신 자기의 영으로 여러분의 죽을 몸도 살리실 것입니다"(로마 8:11). 이것은 앞에서 대속의 피를 강조한 바울의 주장과 확연히 다른 논지이다. 그리스도의 피에 의한 구원이 아니라, 하나님의 영에 의한 인간의 구원이라고 한다면, 로마서 3장 25절에 나오는, 성부 하나님이 예수를 속죄제물로 바친다는 관점은 성립될 수 없는 모순으로 보인다.

바울은 성령과 노예의 영을 대조시킨다(8:15). 성령은 생명과 평화를 가

저오고 자녀와 상속자가 되게 하는데, 노예의 영은 곧 육신의 욕망은 세상 권세를 따르는 것이며 이는 하나님과 대적하는 것이라고 보았다(8:6~7). 성령을 받은 사람은 그리스도와 함께 고난당하고, 그리스도와 함께 하나님의 나라의 공동상속자, 즉 역사의 주인이 된다(8:17). 이 영은 아들 그리스도의 영이다(갈라 4:6). 이 영에 의해서 믿음의 사람들은 하나님이 세우신 상속자가 된다(갈라 4:7). 이것은 우리 안에 그리스도의 형상이 이루어짐을 의미한다(갈라 5:19). 그리스도의 형상이 됨은 그리스도의 영을 따름으로, 더 큰 자유와 영광에 이르는 것을 의미한다. 즉, 고린도후서에서 바울은 문자 즉 율법은 사람을 죽이지만, 영은 사람을 살린다고 하면서(고후 3:6), 주님은 영이고, 주님의 영이 계신 곳에는 자유함이 있다고 한다(고후 3:17). 영이신 주께서 하는 일은 우리를 주님의 모습으로 변화시켜 더 큰 영광에 이르게 하는 것이라고 한다(고후 3:18).

2. 바울의 "죽음, 속죄제물, 그리스도의 피"에 대한 해석

로마서 3장 25절: "하나님께서 이 예수를 사람에게 속죄제물로 주셨습니다. 누구든지 그 피를 믿으면 속죄함을 받습니다." "그러나 우리가 아직 죄인으로 있을 때에, 그리스도께서는 우리를 위하여 죽으심으로써, 하나님께서 우리에게 주시는 사랑을 나타내셨습니다. 그러므로 지금 우리가 그리스도의 피로 의롭게 되었으니, 그리스도로 말미암아 하나님의 진노에서 구원을 받으리라는 것은 더욱 확실합니다"(로마 5:8~9). 진노, 그리스도의 피, 죽음 등의 용어는 안셀름의 만족설을 떠올린다. 그런데 바울은 만족설이 가지고 있는 기독교인들의 새로운 생활의 윤리의 부재를 넘어선다. 예를 들어, 그는 고린도후서에서 "그리스도께서 모든 사람을 대신하여 죽으신 것은, 살아 있는 사람들이 이제부터는 자기들 스스로를 위하여 살지 않고, 자기들을 대신하여 죽으셨다가 살아나신 그를 위하여 살게 하려는 것"이라고 하였다(고후 5:15). 이는 더 이상 죄의 길 즉 세상 권세와 죽음의 권세의 길을 따르지 말고, 하나님 나라의 평화와 정의를 따르라는 것으로 해석하는 것이 맞다.

즉, 십자가는 우리를 바꾸어 주고 새로운 삶을 시작하게 한다. 그리스도의 십자가의 피로 평화를 이루신다(골로 1:20). 그리고 그리스도로 인하여 만물이 하나님과 화해를 이룬다. 그리스도의 피가 우리의 양심을 깨끗하게 하여 살아 계신 하나님을 섬기게 한다(히브리 9:14).

그뿐만 아니라, 요한계시록에 나오는 그리스도의 피의 상징은 만족설과는 다르게, 종말적이고 새로운 역사와 세상의 시작을 여는 상징이다. 그리스도의 피로 옷을 희게 하여 입고 그리스도의 편에 선 무리들을 보자(계시 7:14). 만약 계시록적인 종말 차원에서 그리스도의 피를 이해한다면, 그것은 만족설과는 전연 다른 이해이며, 역사적 정치적 역동성을 갖는 "피"라고 하겠다.

나는 위버(J. Denny Weaver)와 베커(J. Christiaan Becker) 등이 바울의 대속론적인 언어들 즉, 그리스도의 십자가, 피, 희생제물, 부활 등의 언어들을 안셀름의 만족설의 관점에서가 아니라, 묵시종말적인 관점에서 해석해야 한다고 한 것에 전적으로 동감한다.[4] 이들은 바울은 그리스도의 희생을 묵시종말적인 사건으로 재해석하였다고 보았다.[5] 이들에 의하면, 죽음과 부활은 신학적으로 연결된 사건이다. 신학적으로 볼 때 죽음 자체에 이미 부활이 예견된다. 따라서 그리스도의 죽음은 악의 세력에 대한 그리스도의 승리로 연결된 사건이었다. 따라서 그리스도의 죽음은 곧 악의 세

---

4) J. Denny Weaver, *The Nonviolent Atonement* (Grand Rapids, Mich.: Wm. B. Eerdmans, 2001), pp. 51~58; J. Christiaan Becker, *Paul the Apostle: The Triumph of God in Life and Thought* (Philadelphia: Fortress, 1980), pp. 135~81.

5) Weaver, Ibid., p. 52.

력에 대한 심판이요 인간의 죄에 대한 심판이며, 악한 세력의 죄를 낱낱이 드러내는 사건이다. 그리스도의 십자가 앞에서 우리는 그동안 악의 세력에 줄을 대고 있었던 우리의 죄를 고백하고, 마음을 돌이킨다. 우리의 죄가 십자가 속에서 심판받았기 때문이다. 우리가 십자가의 죽음에 동참함으로써 이전의 우리도 그리스도와 함께 죽는다. 우리 속에 있던 "죽음, 죄, 율법, 육"이 십자가에 달린다. 즉 이 죽음의 세력이 심판을 받는다. 죄악에 빠진 모든 것들이 그리스도의 죽음과 함께 심판받고 함께 죽는다. 부활에 의해서 이렇게 죽은 우리들과 세상은 새롭게 변화되어 신의 지배 속으로 들어간다. "예수는 우리의 범죄 때문에 죽임을 당하시고, 또한 우리를 의롭게 하시려고 살아나셨습니다"(로마 4:25). 이렇게 볼 때, 바울의 그리스도의 십자가와 죽음에 의해 이루어진 대속은 서사적 승리자 그리스도 모델의 대속이었다. 즉 그리스도의 죽음은 악의 세력을 물리치고 새로운 세상 즉 하나님의 지배가 이루어지는 세상의 전조라고 볼 수 있다.

결국 그리스도의 죽음과 희생을 어떻게 보아야 하는가? 1) 십자가는 악의 세력의 심판을 의미한다. 그리스도의 십자가는 개인의 죄에 대한 심판만이 아니라, 우주적, 세계적, 구조적인 세력의 실상에 대한 폭로와 심판의 의미를 가진다. 2) 십자가의 심판으로 인해서, 개인으로서 우리의 죄(옛 인간)가 깨끗해지고 새로워진다. 십자가는 개인의 회개요, 이전의 자아가 죽는 것을 상징한다. 3) 그러므로, 십자가는 아직 구원의 완성에 당도한 것이 아니라, 구원을 위한 준비 단계, 즉 이전의 자아가 심판을 받고 죽은 상태를 가리킨다. 4) 십자가가 세상과 인간 개인들에 대한 심판을 의미한다면, 여기에는 세상과 개인의 새로운 회복과 구원을 말하는 부활과 하나님의 종말적 지배의 차원이 요구된다. 이 점들이 안셀름의 속죄론과 다른 점이다. 안셀름은 예수의 희생에 의해서 그 공로로 우리가 구원을 받게 되었다고 한다. 안셀름은 부활과 하나님의 지배(하나님의 나라)를 그의 구속론에서 중요한 위치에 놓지 않는다. 다만, 그리스도의 십자가 죽음이 개인 (들)의 구원의 완성을 이루어 놓는 것으로 본다.

오늘날 한국교회는 십자가와 그리스도의 보혈을 개인의 구원을 위한 필요충분조건으로 보고 있다(안셀름의 만족설). 이것은 그리스도의 피를 믿으면 속죄함을 얻는다는 바울의 말(로마 3:25; 5:9)을 오해한 것에서 기인한다. 그리스도의 피와 죽음은 악의 세력에 지배하던 옛 시대에 종지부를 찍는 것을 의미한다. 그리스도의 피와 희생은 악의 세력에 대한 심판이며 폭로라고 할 때, 그 피를 믿으면 속죄함을 얻는다는 것은 그리스도의 피가 가지는 심판의 힘을 믿는 것을 의미한다.

그렇다면 많은 찬송가들이 속죄론적인 내용을 가지고 있는데, 이러한 전통을 완전히 무시해도 되는 것인가? "죄악에 물든 영혼들을 주께서 피로 씻어주네"(251장). "이 벌레 같은 날 위해 그 보혈 흘렸네"(151장). "웬말인가 날 위하여 돌아가셨나 이 벌레 같은 날 위해 큰 해받으셨나"(143장). "고통스런 긴 시간 인류의 죄 지시고 하나님의 어린양 죽으시기까지도 악의 힘과 싸우며 홀로 견디셨도다"(구 찬송가 143장). "예수여 예수여 나의 죄 위하여 보배피를 흘리니 죄인 받으소서"(144장).

오늘날 많은 사람이 주가 고생했는데 나의 고생은 아무것도 아니라는 생각에 큰 위로를 받는다. 나의 고난을 십자가에 투영하고, 나보다 먼저 고난당한 주님으로부터 회복의 힘을 얻는다. 십자가는 회복과 위로의 힘을 갖는다. 이러한 차원도 신앙의 실존 속에 존재하고 있음을 부정할 수 없다. 흑인 크리스천들은 십자가로부터 영성적인 힘을 얻어 왔다. 따라서 십자가에 심판과 회개의 의미만을 부여할 수는 없다고 본다. 십자가는 세상의 짐을 지고 가는 우리들로부터 그 짐을 덜어주는 위로의 힘을 갖는다. 그런데, 우리가 깨끗하게 되는 것은 저절로 혹은 마술적으로 되는 것이 아니라, 우리가 실존적으로 그리스도의 죽음에 참여함을 통해서 가능하다.

즉, 죄인들은 옛 인간됨이 죽어야 깨끗해질 수 있다. 옛 인간의 죽음이 세례요, 그리스도의 죽음에의 참여를 말한다. 그렇다고 고생의 짐을 지고 사는 사람들을 죄인이라고 낙인찍을 수는 없다. 그들은 죄의식에 사로잡혀 있는 것이 아니라, 가난과 질병과 외로움과 다른 이유들로 하루하루의 무게에 짓눌려 고생하며 사는 사람들이다. 이들에게 십자가는 무조건 위로가 된다. 주님이 나보다 먼저 그런 고생을 했다는 것을 보며, 위로를 얻고, 살아야 할 이유를 갖게 된다. 이들은 십자가의 의미를 찬송가를 통해 전해 듣는다. 이러한 찬송가들은 그런 면에서 의미가 있지만, 기독교 신앙을 왜곡시키는 측면도 있음을 인정하지 않을 수 없다.

3. 바울의 구원론의 기본 패턴

1) 성령으로 그리스도와 함께 죽고 함께 산다(성령에 의한 구원)

로마서 4장 25절의 메시지 "예수는 우리의 범죄 때문에 죽임을 당하시고, 또한 우리를 의롭게 하시려고 살아나셨습니다"는 우리를 의롭게 하는 것은 그리스도의 죽음과 피가 아니라 부활임을 분명히 하고 있다. 그리스도의 죽음은 우리의 범죄로 죽임을 당했다. "우리는 우리의 옛사람이 그리스도와 함께 십자가에 달려서 죽은 것이, 죄의 몸을 멸하여서, 우리가 다시는 죄의 노예가 되지 않게 하려는 것임을 압니다. … 그리스도와 함께 죽었으면, 그와 함께 우리도 또한 살아날 것임을 믿습니다"(로마 6:6~8). 이 텍스트의 패턴은 그리스도의 운명과 우리의 운명이 같다는 것을 보여준다. 우리가 그리스도의 십자가와 함께 죽고, 그리스도의 부활과 함께 사는 것을 말한다. 그리스도 안에서의 우리의 운명이 요점 요약(recapitulation)으로 재연된다. 그리스도와 함께 죽는다는 것은 곧 죄에 대해서 죽는 것이고 죄로부터 해방됨을 말한다. 그렇다면 그리스도의 피는 상징적인 의미를 갖는 것이라고 하겠다. 그리스도의 피에 의해서 우리가 죄에서 해방되고 깨끗해진다면, 그것은 우리가 그리스도의 죽음에의 참여에 의해서 죄로부터 해방된다는 것이고, 그렇다면 믿음이란 그리스도의 피를 믿음이요, 그것은 곧 우리가 그리스도와 함께 그의 죽음에 참여함을 인정함을 말한다. 이리하여 세례에 새로운 의미가 더해졌다. 세례는 "인간의 변혁과 거듭남"을 상징한다. 거듭남의 세례는 성령의 세례가 된다. 이제 내가 사는 것은 그리스도가 내 안에 사는 것이 되었다(갈라 2:20). 세례는 성령 안에서 예수와의 진정한 합일을 가져온다.6) 세상의 육의 영을 따르던 우리가 세례를 통하여 그리스도의 영을 따르는 새로운 인간으로 변혁된다. "그러므로 우리는 그분의 죽으심과 연합하는 세례를 받음으로써, 그분과 함께 묻혔습니다. 이것은 그리스도께서 죽은 사람들 가운데서 아버지의 영광으로 살리심을 받은 것과 같이, 우리도 새로운 생명 가운데서 살아가게 하려는 것입니다" (로마 6:4). 여기에서 우리가 짐작할 수 있는 것은 바울은 우리가 믿음을 통하여 예수 그리스도와 연합하기 때문에 그의 죽음과 부활에 참여한다고 생각하고 있으며, 죽음 속에서 죄로부터 해방되었고(즉 죄가 깨끗해져서 새롭게 거듭나게 되었고) 부활로 새로운 생명의 삶을 살 수 있게 되었다고 이해하고 있다는 것이다(로마 5:5). 그러므로 바울은 죄로부터의 해방은 인간의 완전한 변화를 의미했다. 우리가 그리스도인 예수와 연합하면 의의 길을 따르게 되며, 하나님의 나라를 선취하며 산다. 이것은 로마서 6장 15절 이후에 나오는 "의의 종"이라는 말에서 분명해진다.

　　바울은 인간의 완전한 변화는 부활에 의해서 이루어진다고 분명히 말한다. 그리스도의 죽음과 피보다 그리스도의 부활에 대해서 더 많이 할애하고 있는 고린도전서에서 바울은 부활의 현실에 대해 15장 전체에 걸쳐

---

6) *The Message and the Kingdom*, p. 161.

길고 자세한 언급을 하고 있다. 여기에서 부활은 인간의 완전한 변화를 가져온다고 했다. 즉, 부활에 의해서 우리는 다 변화를 입을 것인데, 썩을 몸이 썩지 않을 몸으로, 변화될 것이다(52절). 그리고 그리스도의 부활이 죄와 죽음의 권세에 대한 최종적인 승리를 가져온다(55절). 로마서 12장은 변화를 입은 사람들의 새로운 삶을 잘 보여주고 있다. 그의 말 가운데 예수의 말과 유사한 인상적인 말은 "네 원수가 주리거든 먹을 것을 주고, 그가 목말라 하거든 마실 것을 주어라"는 것이다(로마 12:20).

바울은 그리스도의 피에 의해서 은혜 아래 있게 되었다는 것을 오해해서 죄를 계속 지어도 계속 은혜 속에 있을 수 있다는 생각은 버려야 한다고 단호히 말한다. 그리스도의 은혜로 "죄의 종"에서 "의의 종"으로 변화되어, "삶의 열매"를 구체적으로 맺어야 한다고 선언한다(로마 6:15~23). 이것은 안셀름의 만족설적 속죄론 혹은 루터의 법정에서의 무죄선고적인 속죄론과는 다르다. 즉, 인간의 행동과 내적인 변화 없이 하나님과 속죄양인 그리스도 사이의 거래에 의해서 이루어진 속죄는 인간의 내면과 행동의 변화를 요구하지 않는다. 루터의 경우는 인간의 내적 외적 변화를 동시적으로 요구하지는 않았지만, 은총을 받은 사람은 결과적으로 행동의 변화 즉 사랑과 자비의 실천을 하여야 한다고 강조한 바 있다는 면에서 어느 정도 바울이 갖고 있는 인간의 내적 외적인 변화를 수용하고 있다. 그러나 그 후대의 개신교 정통파 신학자들은 이 인간의 변화를 중요한 요소에서 빠뜨리고 오직 그리스도의 피에 의한 은총만을 강조했다.

2) 하나님의 지혜로서의 십자가

우리는 이미 위에서 십자가의 의미를 확인하면서, 십자가로 인해서 구원의 첫발이 디뎌진 것을 보았다. 십자가는 하나님의 구원 경륜에서 가장 핵심적 위치를 가진다. 그렇기 때문에 기독교의 대표적 상징이기도 하다.

고린도전서 첫 부분에서 바울은 그리스도의 십자가를 하나님의 지혜라고 보았다. "그런데 하나님께서는 지혜 있는 자들을 부끄럽게 하시려고 세상의 약한 것을 택하셨습니다. 하나님께서는 세상에서 비천한 것과 멸시받는 것을 택하셨으니, 곧 잘났다고 하는 것들을 없애시려고, 아무것도 아닌 것들을 택하셨습니다." 그리스도는 "우리에게 하나님으로부터 오는 지혜가 되시고, 의롭게 하여 주심과 구속하여 주심이 되셨습니다."(고전 1:28~31) 바울의 이 말은 누가복음서의 마리아의 찬가(1:46~56, 특히 "제왕들을 왕좌에서 끌어 내리시고 비천한 사람들을 높이셨습니다. 주린 사람들을 좋은 것으로 배부르게 하시고, 부한 사람들을 빈손으로 떠나보내셨습니다")와 예수의 평지설교(6:20~26, 특히 "너희 가난한 사람은 복이 있다")를 떠오르게 한다.

바울은 세상의 통치자들의 지혜는 멸망받을 자들의 지혜이며 그 속에 구원이 없다고 하였다. 그는 이 세상 통치자들 가운데는, 하나님의 지혜를 안 사람이 하나도 없었고, 그들이 알았더라면 예수를 십자가에 못 박지 않았을 것이라고 했다(고전 2:6~8). 여기에서 세상의 통치자는 문자 그대로 세상의 정치 권력자들을 직접적으로 지칭하지는 않는다. 세상을 지배하고 이끄는 세상의 정신적인 체계와 영을 말한다. 이것은 제국주의와 같은 이데올로기란 말에 가까울 수 있다.[7] 제국의 이데올로기는 제국의 주권에 특별한 예외적 지위를 부여하고, 다른 집단이나 성원들 즉 약소민족들과 민중들, 자연, 여성과 어린이들 등은 그 제국의 특별한 지위를 위해 봉사하고 복종하도록 종용하고 강제한다. 이를 거역하면 십자가에 희생된다. 이 세상의 권력자들은 "영광의 주"마저 십자가에 못을 박았다. 세상이 신봉하는 가치가 지배적인 힘을 획득할 때 세상을 지배하는 세상의 통치자가 된

---

7) John Dominic Crossan, *God and Empire: Jesus Against Rome, Then and Now* (New York, N.Y.: HarperCollins, 2007), p.168. 이 책에서 Crossan은 고린도전서 1~4장에 나오는 하나님이 지혜와 세상의 지혜를 잘 해석해 주고 있다.

다. 이것을 "세상의 영"이라고 부른다. 악한 정치 권력자들은 이 세상의 영(즉 세상의 통치자)의 포로가 되며, 그 영이 지시하는 방향으로 권력을 집행한다. 고린도전서 1~4장에서 언급된 세상의 지혜를 따르는 사람들은 악한 정치 세력 속에만 있는 것이 아니라, 교회 공동체 안에도 들어와 있다. 이들은 바울로 파, 아볼로 파, 게바 파, 그리스도 파로 나뉘어져 싸운다고 보았다(1:12). 바울은 "이 세상"을 "육"이라는 말로 표현하기도 한다(3:3).

바울의 언급, "우리는 세상의 영을 받은 것이 아니라, 하나님께로부터 온 영을 받았습니다"(고전 2:12)에서 이 영이 하나님의 지혜를 주며, 혹은 이 영이 하나님의 지혜라는 것을 확인해 주고 있다. 이 지혜는 영세 전에 하나님이 이미 세우신 것이며, 이것을 성령이 계시하여 준다고 했다(2:7, 10). 하나님이 세상을 창조하기 이전부터 세상의 멸망할 지혜를 대신할 지혜를 세웠고, 믿는 자들은 이 지혜로써 세상(과 교회) 속에 살며 세상의 잘못된 지혜를 바로잡는다. 여기에서 하나님의 지혜는 십자가에 달리신 약자 그리스도이다. 바울이 "예수 그리스도 곧 십자가에 달리신 그분밖에는, 아무것도 알지 않기로 작정하였습니다"(2:2)고 한 것은 이 십자가에 달린 분이 세상에 있는 악의 영의 유일한 대안이라는 확신을 표현한 것이다. 바울에 의하면, 우리는 하나님의 지혜인 그리스도를 믿고 따름에 의해서 구원을 받는다. 그리스도는 "우리에게 하나님으로부터 오는 지혜가 되시고, 의롭게 하여 주심과 거룩하게 하여 주심과 구속하여 주심이 되셨습니다"(1:30). 우리는 대속론 모델인 만족설이 주장하는 그리스도의 피에 의해서가 아니라, 지혜이신 그리스도에 대한 믿음에 기초한 그리스도(영)를 따름으로 구원을 얻는다. 여기에서 우리는 그리스도를 따름이라는 말을 2000년 전의 예수 그리스도의 행위를 똑같이 따르는 것으로 오해하지 말자. 그리스도가 그의 삶에서 표현한 하나님의 지혜를 따름을 가리킨다. 바울은 이 하나님의 지혜를 지배권력을 강화하는 세상의 지혜에 대치시킨다. 바울이 말하는 하나님의 지혜는 지배와 전쟁과 위계가 아니라 참여와 평화와 평등을 지향한다. 이것이 그리스도가 지향하는 지점이다. 그리고 하나님의 지혜는 이 피조 세계가 지배자들의 전유물이 아니라, 모든 민중이 함께 누리고 함께 책임지는 곳임을 말하고 있다. 즉 하나님의 지혜와 영(그리스도)은 사회적 약자가 주인으로 대접받는 세상을 지향한다.

이제 우리는 그리스도의 십자가와 피가 무엇을 가리키는지 짐작할 수 있다. 그리스도의 십자가와 피는 그 자체로 구원을 일으키는 것이 아니라, 그리스도의 삶 전체를 가리키는 상징이 된다. 그리스도의 피가 마술적인 힘을 가지고 우리를 죄와 악으로부터 구원해 주는 것이 아니라, 그리스도의 십자가가 가리키는 그리스도의 전체적인 지향점과 그의 삶의 중심인 그리스도의 영 혹은 그의 형태인 게슈탈트를 따르는 것으로부터 구원을 얻는다고 해야 한다. 십자가는 이 세상의 지혜인 악한 영과 권세에 대적하는 하나님의 지혜를 상징한다. 이것은 강함이 아니라 약함의 지혜요, 지배가 아니라 섬김의 지혜이다. 바울은 자신의 약점을 자랑한다고 하였다. 그는 가난하였고, 감옥에 여러 번 갇혔고, 매 맞았고, 여러 차례 죽을 뻔했고, 위험에 빠졌고, 굶주리고 목마르고 헐벗고 고난당하는 빈자였다(고후 11:23~30). 바울은 예수를 따른 인물이었고, 자신의 상황에서 예수와 같이 살았다. 바울은 예수의 충실한 제자였다.

그렇다면 바울은, 비록 예수에 비해서 불분명한 언어로 혼란을 주는 측면이 없진 않았지만, 세상권력들에 의해서 고통당하는 약자들에 대한 관심과 그들의 해방과 자유를 위하여 하나님의 나라를 선포했던 예수를 충실하게 따르고 계승한 사도였다고 결론 맺어도 좋을 듯하다. 그는 그가 살았던 새로운 역사적 지리적 상황 속에서 제기되는 신앙과 문화와 정치체제의 문제들에 대해서 예수 그리스도의 입장에서 충실하게 대응하였다. 그의 신학은 개인의 창작이 아니라 당시의 기독교인들의 전체적인 관점들을 잘 종합하고 그것을 더 높게 발전시킨 것이었다. 그는 팔레스타인을 넘어서 소아시아, 그리스, 로마에 이르는 넓은 지역에서 하나님의 나라의 평등과 비폭력, 사랑의 질서인 교회들을 형성했다. 교회들은 바울과 그의 동료들의 노력에 의해 광범위한 연대를 형성하였다. 이것은 로마제국의 질서에 대응하는 새로운 질서의 연대였다. 헌데 바울이 로마서 13장에서 모든 권세에 복종하라고 한 것이 그의 하나님의 나라를 위한 헌신과 불일치하는 것으로 보인다. 다른 사람에 의해서 첨가된 부분을 뺀 그의 진정한 서신들의 언어가 대체로 해방의 언어였다고 한다면, 로마서 13장의 이 말씀은 예외인 것처럼 보인다. 그러나 바울이 여기에서 권세는 선한 권력이어야 한다는 것을 명시했음을 볼 때, 그의 진정한 입장을 이해할 수 있게 된다. 바울은 이제 싹트고 있는 작은 교회들을 보호하기 위해서 "전략적으로" 외형적인 국가와 직접적인 갈등을 원하지 않은 것으로 보인다. 바울은 국가 자체가 악한 것이 아니라 국가를 폭력적으로 만드는 영적인 권세가 악한 것으로 보았다. 그는 세상 권세(세상의 영)가 이끄는 질서는 폭력과 죽음을 가져온다고 보았고, 이에 대조되는 질서인 하나님 나라의 질서로서 교회를 세우고 그 연대를 위해 헌신하였다.

바울은 예수를 어떻게 따라야 하는지를 보여준 한 전형이라고 할 수 있다. 예수를 따른다는 것은 예수의 정신, 즉 예수의 영을 따르는 것이지, 그와 똑같이 되는 것을 의미하지 않는다. 바울이 예수와 행동이나 말에서 일치할 수는 없었지만, 그의 정신에 충실하였다고 본다. 새로운 시대 상황과 장소에서 갈릴리 이전의 예수를 그대로 재연할 수는 없다. 바울처럼 새로운 상황에 적합하게 예수의 정신을 살리는 것이어야 한다. 이것이 민중신학자 서남동이 말하는 우리의 상황에서의 예수를 재연하는 것이라고 본다.[8]

---

8) 서남동, 『민중신학의 탐구』, 79쪽.

제11장
속죄론과 한국교회

1. 보수화된 한국교회

한국의 개신교를 대표하는 대형 교회들은 중산층들끼리 모여서 즐기는 사교장으로 변했다. 서민들의 삶이나 한국 사회경제 문제, 한반도에서의 통일과 평화문제, 약자들의 인권문제 등에 대해서는 표피적인 관심을 보이거나 아예 무관심하다. 그러나 한반도의 문제를 놓고는 보수주의 내지는 근본주의적 폭력성마저 보이고 있다. 다른 종교에 관해서 관용이나 공존을 하려 하지 않고 공격적이다. 그러나 자체 안에서는 위계주의, 권위주의, 부패와 불법, 심지어 세습을 저지르기도 한다. 그러면서도 자신만이 옳다는 독선주의에 빠져 있다. 한국교회가 왜 이렇게 되었는가? 왜 이렇게 사회에 대해서 무관심하고 정치적으로 보수화되었는가?

한국교회가 정치적, 사회적으로 보수화된 이유를 두 가지로 나누어 생각해 볼 수 있다. 첫째, 몇몇 대형교회로 대표되는 한국의 개신교가 인적,

물질적 자원이 커지고 개교회와 교회 연합체들을 지배하고 있는 지도세력들이 사회적으로 가진 자들로 이루어져 있기 때문에 자연스럽게 보수화로 기울어지고 있는 것으로 보인다. 둘째, 한국교회의 보수신앙이 정치적, 사회적 보수성을 가져왔다. 사실 전자와 후자는 상호작용한다. 물질적인 부가 커지면서 보수화되었는지 아니면 보수적인 신앙 때문에 사회적, 정치적 보수화가 이루어졌는지 가늠하기 어려우나 이 둘이 함께 작용하고 있는 것만은 사실이다. 이 장에서는 한국교회가 보수적이고 파행적으로 움직이고 있는 문제의 근원에는 신학적인 문제가 자리하고 있다고 판단하며, 그 핵심에는 피의 희생에 의한 속죄론, 그중에서 안셀름적인 만족설이 자리 잡고 있다는 문제의식을 가지고 이 문제에 집중하려고 한다. 또한 이 장에서, 안셀름적인 피의 희생의 속죄론이 평화를 위협하는 근본주의적 정치윤리를 낳는 원인이 된다는 것도 분석하게 될 것이다. 피의 희생의 속죄론이 한국교회를 물질주의와 축복, 성공주의 그리고 사회정의에 대한 무관심으로 가게 하는 신학적 원인이 된다는 것은 이미 다른 장에서 강조되었다. 그렇다면 이러한 만인을 위한 피의 희생의 속죄론이 중세 안셀름에 의해서 창안되어 종교개혁의 속죄론으로 자리 잡고, 이것이 한국교회의 대표적 속죄론으로 되는 과정을 살펴보고자 한다. 이 논의 과정을 주도할 우리의 문제의식은 다음과 같다. 과연 그리스도의 십자가와 죽음은 우리를 구원해 줄 수 있는가?

새 찬송가 415장은 한국교회가 애창하는 곡이다. 그 가사에 특별한 끌림이 있다. "십자가 그늘 아래 나 쉬기 원하네, 저 햇볕 심히 뜨겁고 또 짐이 무거워 이 광야 같은 세상에 늘 방황할 때에 주 십자가의 그늘에 내 쉴 곳 찾았네." 그런데 이 찬송가의 원래의 가사를 번역하면 다음과 같다.

예수의 십자가 그늘 아래 나 있기 원하네

그것은 거친 땅에 있는 큰 바위의 그늘,

광야에 있는 안식처,

나그네가 쉴 공간,

한낮의 뜨거운 열기와 하루의 힘든 일과 후 우리가 갈 곳.

사실 십자가는 가장 심한 형벌이며, 가장 두려워해야 할 대상이다. 그런데 십자가 아래에서 "내 쉴 곳을 찾았네"라고 할 때, 엄청난 의미의 변화가 발생한다.

전통적으로 신자들은 십자가를 바라보면서 많은 은총을 경험한다. 특히 고난당하고 있는 민중들은 십자가를 보면서 예수의 연대를 경험한다. 그리고 힘을 얻는다. 예수가 나보다 먼저 저런 험한 고난을 당하셨는데 "지금 나에게 닥친 이런 고난쯤이야" 하는 위로와 힘을 얻는다. 어려움과 고난을 당하고 있는 사람들에게 십자가는 큰 위로와 힘이 되어준다. 여기에 십자가의 *끄는* 힘이 있다.

그런데 이 찬송가 2절을 해석하면 다음과 같다.

예수의 십자가 위에서 나를 위해 고난당하고 돌아가시는

분의 형상을 보네.

찔림받은 가슴에 눈물 흘리며

나는 두 가지의 경이(wonders)를 고백하네.

그분의 영광스러운 사랑과

나의 무가치함.

기독교에서 십자가만큼 논란을 불러오는 주제는 없을 것 같다. 가장 치욕적이고 고통스러운 부정적인 경험을 가리키면서, 동시에 가장 성스럽고 효과적인 구원이고, 가장 깊은 사랑의 표현이며, 그것을 통하여 참 생명을 얻는다는 이 이중적이고, 모순적인 차원이 십자가 안에 있다. 분명, 십자가는 가장 강력한 상징이며, 가장 중요한 현실이고 사건이다. 십자가, 특히 그리스도의 피의 기능에 대한 논의는 오늘날의 신학계와 교회에서 가장 중요한 논제가 되었다. 왜냐하면 십자가와 그리스도의 피를 어떻게 이해하느냐에 따라, 기독교의 내적인 모습이 좌우되기 때문이다.

우리의 십자가 이해는 적어도 칼 마르크스가 1843년에 발표한 『헤겔의 법철학 비판에 대하여』의 서문에 실린 다음의 종교적 고난에 관한 설명을 넘어설 수 있어야 한다.

"종교적 고난이란 실제적 고난의 표현이며, 동시에, 실제적 고난에 대한 저항이다. 종교란 억압받는 피조물의 한숨, 심장 없는 세상의 심장, 영혼 없는 상황의 영혼이다. 종교란 민중의 아편이다."

마르크스는 종교적 고난 즉 십자가는 고난에 대한 진실된 표현이며 이에 대한 저항이라고 올바르게 해석하였다. 그러나 그는 종교는 민중의 아편이라는 말로 마무리하면서 종교적 고난의 의미를 평가절하하였다. 마르크스에게 종교는 희망을 제공하기는커녕 우리를 정신적으로 몽롱하고 무기력하게 만들고, 현실을 왜곡시키는 아편에 불과하다. 전통적인 십자가 이해에도 이러한 아편적인 요소가 없다고 할 수 없다. 위에 제시된 찬송가 2절에서는 두 가지의 경이 중 하나가 우리의 "무가치함"이라고 했다. 우리의 찬송가들은 즐겨 인간을 버러지라고 묘사하고 있다. 십자가에서 드러나는 경이가 예수 그리스도의 영광된 사랑의 고난과, 이에 대조된 우리들의 무가치함이라면 십자가는 인간을 피동적이게 하고, 무기력하게 만드는 아편일 뿐이다. 마르크스는 당시 기독교 교회에서 통용되고 있던 종교의 기능 특히 십자가(종교적 고난)의 기능에 대해서 정확하게 간파하고 있었던 것이다. 마르크스를 넘어서는 새로운 십자가 이해는 없는 것인가?

2. 십자가에 대한 다양한 이해

기독교 전통은 십자가를 어떻게 이해해 왔는가? 전통적인 이해는 십자가가 우리의 죄를 깨끗하게 한다는 이해이다. 그런데 이와 같은 이해는 기독교의 역사 속에서 가장 지배적인 것이 되었기 때문에 누구도 이에 대해서 반대할 수 없었고, 가장 정통적인 신앙으로 인정되었다. 이렇게 된 가장 중요한 요인은 성서에 이러한 내용이 나오기 때문이고, 대다수의 기독교인들이 이 사상을 진리로 받아들이고 있고, 신학자들도 이를 무비판적으로 수용하고 있기 때문이다. 이 문제를 어떻게 해결할 수 있는가? 이러한 텍스트들, 구절들을 무시하면 가장 쉽게 해결되겠지만, 그렇게 하면 자의적이 되므로 그렇게 할 수도 없다.

십자가와 관련된 일반적인 신앙고백은 이런 것이다. 즉, "우리 모든 사람이 피할 수 없는 죄를 지었기 때문에 신에게 잘못하였고, 이것은 신의 정의를 위반하는 것이다. 그런데 우리가 심판받고 죽어야 마땅하지만, 아무 죄가 없는 예수가 자진하여 우리를 대신하여 죽었기 때문에 우리는 하나님의 심판을 받지 않고 용서받게 되었다. 예수의 피에 의해서 우리의 죄가 깨끗해진다."

기독교 전통에서 그리스도의 죽음과 구원을 연결시킨 학설로서 캔터베리의 안셀름(1033~1109)의 만족설이나 피터 아벨라르드(1079~1142)의 도덕적 감화설을 들 수 있다. 전자 만족설에서는 그리스도의 죽음이 구원을 이루고, 악의 세력에 의한 죽음이 아니라, 하나님에 의한 죽음이 된다. 도덕적 감화설에서도 그리스도의 십자가와 죽음이 구원을 위해 중요한 역할을 한다. 이 모델에서도 그리스도의 죽음은 하나님의 사랑의 표현이며 구원의 수단이 된다. 세 번째 모델은 메노나이트 신학자 데니 위버(J. Denny Weaver)가 제시한 서사적 승리자 그리스도(Narrative Christus Victor) 모델이다. 이것은 고전적 배상설의 변형이다.

고전적 배상이론은 나중에 20세기 중후반의 유명한 스웨덴계의 신학자 구스타프 아울렌에 의해서 승리자 그리스도(Christus Victor)라는 이름이 붙여졌다. 이 배상설은 이레니우스, 오리겐, 니사의 그레고리, 어거스틴, 크리소스톰 등과 같은 고대 교부들에 의해서 주장되었고, 성서적 전거는 디모데 전서 2:6, 마태복음 2:28, 히브리서 9:15 등이다(대속물, 배상). 이 고전적 배상이론은 사탄에게 무죄한 예수 그리스도를 미끼로 내어주고 사탄을 사로잡는다는 신화적인 이야기를 모델로 하고 있다. 배상설에서 죄 없는 자 예수의 고난과 죽음은 사탄에게 지불되는 배상금이다. 그러나 예수의 희생은 실제로는 악마에게 배상금을 지불한 것이 아니라, 희생(약함)을 통하여 악마를 꾀어 사로잡는 묘수였다. 고전적 배상설과 서사적 승리자 그리스도 모델은 그 기조에서는 같지만, 고전적 배상설은 신화적인 언어들, 특히 꾀임, 배상금, 미끼 등의 언어들을 사용하는 데에 비하여, 서사적 모델은 그렇지 않고 성서의 이야기에 근거하고 있다는 점에서 차이가 있다.

위버에 의하면, 서사적 승리자 그리스도 모델은 공관복음서들과 요한계시록의 서사 즉, 예수는 결국 부활에 의하여 악의 지배를 이기고 하나님 지배의 새로운 시대를 열었다는 이야기에 기초한다. 이 모델에서는 십자가와 죽음은 하나님의 사랑의 결과가 아니라, 신의 지배를 반대하는 악한 세력에 의한 결과이다. 이 모델에서는 부활은 하나님의 통치가 악의 세력을 물리치고 승리하는 것을 가리킨다. 부활은 하나님의 구원의 역사 속에서 중요한 위치를 차지한다. 위버는 단언하기를, 서사적 승리자 그리스도 모델에서는 그리스도의 죽음은 하나님의 사랑의 행위도 아니며 구원의 행위도 아니라고 했다. 그리스도의 죽음은 하나님의 지배와 악의 세력을 구별해 주는 궁극적인 지표이다.[1] 첨가하면, 서사적 승리자 그리스도 모델은 예수의 죽음과 부활뿐 아니라, 역사적 예수의 활동과 사명, 특히 그의 하나님의 나라를 위한 활동 전체를 조망 속에 포함한다. 예수를 따르는 우리는 지금까지 악의 세력과 손잡았던 삶에서 변화되어, 예수의 편에 서서 사탄의 세력과 맞설 수 있게 된다.

이에 비해서, 만족설이나 도덕적 감화의 모델은 예수의 삶의 일부 즉 죽음에 초점을 맞추고 있다. 서사적 승리자 그리스도의 모델은 우주적이면서 동시에 사회적·역사적인 구원관을 담고 있는 것에 비해서, 전자의 두 모델들은 개인의 구원에 초점을 맞춘다. 콘스탄틴 대제 이후 기독교가 공인된 종교가 되면서 교회는 지배질서에 적응하기 시작하였다. 후에 언급될 것이지만, 이러한 교회의 적응은 지배질서에 대해 저항하는 모티브를 가진 승리자 그리스도 모델을 약화시키는 원인이 되었다. 그리스도는 세상 권세에 대항하는 존재가 아니라, 세상 권세의 우두머리로 고백되기 시작하면서 서사적 승리자 그리스도 모델은 뒤로 물러나고 대리적 희생의 속죄론이 부각되었다. 안셀름의 만족설은 대리적 희생의 속죄론의 완결형이라고 할 수 있다. 그러면 여기에서 안셀름의 모델을 살펴보기로 하자.

3. 만족설이란 무엇인가?

11세기 캔터베리의 안셀름이 만든 속죄론인 "만족설"은 그의 성서 이

---

1) J. Denny Weaver, *The Nonviolent Atonement* (Grand Rapids, Mich.: Wm. B. Eerdmans, 2001), p. 45.

해와 중세의 철학적 신관과 어우러져서 형성되었다. 그의 대표적인 저작인 Cur Deus Homo(왜 신은 인간이 되었는가)에서는 바울의 저작들과 복음서들을 많이 인용하고 있으며 동시에 중세철학적 사고의 과정을 밟고 있다. 안셀름의 대화 파트너였던 보소(Boso)라는 인물은 신이 전능하시다면 말씀으로 창조했듯이 말씀으로 인간의 죄를 바로잡아 주고 용서해 주실 수도 있었을 텐데 왜 굳이 분노하여 죄 없는 신의 아들을 희생시켰느냐고 질문한다. 신의 진노는 징벌하려는 의지 외에 아무것도 아니지 않느냐는 것이다.[2] 보소의 질문 중에서 특히 설득력이 있는 부분을 인용하면,

> 그런데, 하나님이 기뻐하는 자라고 하며 사랑하는 아들이라고 불렀고 신의 아들과 동일시된 그 사람〔예수 – 역자 주〕을 그렇게 취급하는 것이 정말 바르고 합리적인 일인가를 어떻게 증명할 수 있겠습니까? 죄인을 대신하여 가장 바른 사람을 죽음으로 넘기는 것이 무슨 정의란 말입니까? 만약 어떤 사람이 죄 있는 자를 방면시키기 위해 죄 없는 자를 징벌한다면 그 사람은 비난받아야 할 것이 아닙니까? … 만약 신이 의인을 징벌하는 방법 외에는 죄인을 구원하실 수 없다면, 신의 전능은 어디에 있는 것입니까? 만약 신이 그렇게 하실 수 있으면서도 그렇게 하지 않으신다면 어떻게 신의 지혜와 정의를 두둔할 수 있겠습니까?[3]

이러한 보소의 도전에 안셀름의 대답은 이러하였다. 신은 그리스도를 죽게 강제하지 않았다. 오히려 그리스도가 자발적으로 죽은 것이다. 그가 복종하여 죽음을 죽어 준 것이 아니라, 정의를 지키라는 명령을 그가 확고히 따르다 보니, 그것이 그의 죽음을 불러일으킨 것이라고 대답하였다. 즉,

---

2) St. Anselm, *Why God Became Man* (Albany, N.Y.: AGI Books, 1969) Book One, chap 6, p. 70.
3) 안셀름의 위의 책, Book One, chap 8, p. 75.

그리스도는 신의 강제에 의해 죽은 것이 아니라, 자기의 선택에 의해서 인류를 구원하기 위해 죽은 것이라고 하였다.[4] 그러나 안셀름은 다음의 말을 첨가한다. 이것은 "성부가 아들에게 죽음을 명령했다고 말할 수도 있다." 그리스도는 성부의 명령을 따랐던 것이다. 즉 그리스도는 아버지가 준 잔을 마셨던 것이다(마태 26:39).[5] 안셀름은 성부와 성자 모두 인간을 구원하려는 의지를 가지고 있었고, 아들의 복종은 이러한 의지의 표현이었다고 보았다. 이 복종이 성부에게 만족을 가져왔다. 성부의 명예와 정의가 이 복종으로 말미암아 회복되었다. 이렇게 볼 때, 이 성부 하나님은 인간의 구원보다는 신의 만족을 더 우선시한 것으로 보일 수 있다. 신의 명예회복이 전제조건이 되고 그 뒤에 신의 사랑이 따른다. 명예회복과 만족이 우선이고 신의 사랑은 종속변수가 된다. 이것이 안셀름의 속죄론의 결정적인 문제점이 된다. 안셀름은 봉건시대에 백성들이 봉건영주에게 불복종했을 때 그에 상응하는 만족이 있어야 방면되는 시대의 정신을 그의 신 이해에 투영하였다. 신은 봉건 영주와 같이 진노하고 심판하는 존재였던 것이다.

안셀름의 만족설은 배상설(ransom theory)에 대한 대답으로 제시되었다. 안셀름에 의하면, 배상설은 악마에 대해 보상을 주고 악마의 포로로 잡혀 있는 인간들을 구출해 낸다는 것인데, 이것은 신이 전능하지 못하여 악마에게 배상금을 내는 것이 되므로 인정할 수 없는 이론이 된다는 것이다. 안셀름은 배상설의 약점 즉 악마 혹은 사탄이 신에 대등한 존재로 간주하게 되는 논리적 한계를 잘 지적하였다. 안셀름에게 있어서 신은 전능한 존재요 가장 위대한 존재이며, 그 누구도 그의 전능 앞에서는 무기력한 존재이다. 그의 저서 Proslogion(신의 존재에 관한 논의, 1077~1078년에 저작)에

---

4) Ibid., pp. 75~77.
5) Ibid., p. 77.

서 그의 유명한 신에 대한 정의를 만날 수 있다. 그는 신은 "생각할 수 있는 그 어떤 것보다 위대한 분"으로 정의하면서 신을 "완전히 전능하시고, 정의롭고, 선하시며, 진실하시며, 지혜로우시며, 불멸하시며, 부패하지 않으며, 아름다우시며, 영원한 분"이라고 정의하고 있다. 또한 신은 "우연적"이거나, "관계적"인 존재가 아니며, 따라서 다른 어떠한 존재에 의해서도 영향을 받지 않는다.[6] 이러한 신 앞에서는 아무도 자유롭지 못하며, 누구도 스스로 자신을 구원할 수 없다. 오직 죄 없는 자의 대리적 속죄만이 구원할 수 있다.

안셀름의 속죄론은 오늘날의 관점에서 중요한 다음 몇 가지의 의미들을 던져주고 있다. 첫째, 안셀름의 만족설은 당시의 지배질서를 뒷받침하는 위계질서(교황, 황제, 혹은 봉건영주를 정점으로 한 위계질서)를 잘 반영할 뿐 아니라, 그것을 강화하는 신관을 가지고 있다. 둘째, 만족설에서는 인간들이 자기 구원에 관한 무기력한 상태, 즉 인간은 자기 구원을 위해 아무것도 할 수 없음을 전제하고 있다. 그러므로 안셀름의 만족설에서는 지배질서에 대한 비판적인 활동이나 해방운동은 안 되는 것으로 전제된다. 제국의 철저한 지배질서의 인정을 전제로 깔고 있다. 셋째로, 배상설은 악마에게 배상했지만, 만족설은 그것을 신에게 지불한다. 신의 영광과 명예를 더럽힌 것에 대해 인간은 그것을 회복해야 할 뿐 아니라 만족시켜 주어야 한다. 여기에서 신의 속성은 심판하고 분노하며 절대적 지배를 강요한다. 이러한 신은 함께 고통당하는 사랑과 자비의 속성을 갖지 않는다. 넷째로, 그런데 이 세상은 오늘날에도 여전히 죄가 넘친다. 이것에 대해서 신은 진노한다. 진노하는 신을 만족시켜 주는 방법은 무엇인가? 그것은 악한 세력

---

6) Darby Kathleen Ray, "Anselm of Caterbury", *Empire and the Christian Tradition,* Kwok Pui-lan, Don H. Compier, and Joerg Rieger, eds. (Minneapolis, MN: Fortress, 2007), p. 128에서 인용.

을 신의 이름으로 징벌하는 것이다. 신의 이름으로 특정 세력을 악으로 규정하는 경우도 생긴다(부시 대통령의 악의 축 발언). 이것은 십자군이 불신자들(무슬림, 타종교인들, 오늘날의 알카에다)에게 폭력을 사용하는 것을 정당화하는 길을 열어준다.

이 모델의 파생적 약점을 더 살펴보자. 이 모델의 서사는 예수의 역사적인 이야기와 맞지 않으며, 나아가 예수의 역사적인 삶을 왜곡할 수 있다. 또 다른 약점은 악을 저지른 인간이나 악한 세력이 이 세상의 악에 대해 책임을 질 필요가 없다는 점이다. 이 모델의 또 다른 약점은 구원과 인간의 책임 즉 구원과 윤리의 분리에 있다는 것이다. 구원은 전적으로 신이 하는 것이며, 여기에 인간의 변화나 능동적인 행동의 참여, 즉 예수의 윤리적 말씀들은 경청할 필요가 없게 된다.[7]

결국, 이 모델에서는 윤리가 구원으로부터 이탈하게 되는데, 그렇다면 안셀름 모델을 오늘날 그대로 전수받은 보수적 근본주의적 기성교회들 안에 윤리는 전연 없는 것인가? 윤리가 전연 없는 것은 아니다. 이들은 제국의 윤리, 자본의 윤리를 따르는 경향을 보이고 있다. 힘 있는 자(황제, 제국, 부자들, 권력자들, 로마, 미국)의 말을 따르는 것이 곧 윤리적 행동이 된다. 다른 한편으로는, 안셀름의 만족설은 왜곡된 윤리관을 낳을 수도 있다. 즉 예수를 따르는 것이 윤리라고 한다면, 우리들은 예수처럼 고난받는 종이 되어야 한다. 이렇게 되면, 고난과 희생은 예수를 따르는 일이고 바람직한 일이 되므로, 사회적 약자들, 유색인들, 가부장제하에서의 여자들이 지금 고난당하는 것은 나쁜 일이 아니라 오히려 장려해야 할 일이 된다. 그리하여 기성의 잘못된 구조에 대해서 아무 문제제기를 하지 못할 뿐 아니라, 구조악을 조장하는 것이 된다. 여성의 경우, 이미 가부장제하에서 희생양

---

7) 이 점에 대해서는 위버가 잘 밝혀 놓았다. 위의 책 79쪽을 참고하라.

이 되고 있는 여성들에게 가부장제를 옹호하도록 하게 하며, 여성인 자기 자신에 대해서는 신경 쓰지 않고 오히려 군림하는 남자들을 더욱 잘 보살피는 것이 미덕이라고 생각하게 만든다. 이 모델은 이미 고통당하고 있는 희생자들에게 고통과 희생을 더 부과할 수 있다.

안셀름의 만족설을 신봉하는 사람들이 다수였던 것에 반해, 아벨라르드의 도덕적 감화설은 소수에 의해 신봉되었다. 도덕적 감화설의 요점은, 그리스도의 자발적인 고난과 죽음이 하나님의 사랑의 증거가 되므로, 우리들도 이러한 사랑을 실천하기 위해서 자발적인 고난과 희생을 당할 태세를 갖추어야 한다는 것이다. 희생당한 그리스도는 하나님의 사랑의 최고 모범이 된다. 우리들도 그와 같이 사랑해야 한다. 도덕적 감화설은 만족설과 마찬가지로 이미 희생되고 있는 자들에게 더 큰 희생을 요구하는 측면이 있다. 이 모델에 의하면, 오직 죄 없이 고난당하는 자만이 우리의 도덕적 양심을 바로잡아 줄 수 있다. 이것은 고난 자체에 영광을 돌리는 것이 된다. 도덕적 감화설에서 그리스도가 자발적으로 고난을 당했지만, 그 고난은 하나님이 용납하거나 원했던 것이 된다. 이에 비해, 만족설에서는 그리스도의 고난은 하나님의 정의를 위해 만족을 가져다주는 것이므로, 예수의 고난과 죽음은 더욱 하나님이 원했던 것이 된다.

그러나 공관복음서의 기록을 보면, 예수의 죽음은 하나님이 원한 것이 아니었음을 알 수 있다. 그는 죽기 위해서 일한 것이 아니라, 그의 사명 즉 하나님의 통치를 위한 사명을 다하다가 하나님의 통치에 반대하는 세력에 의해서 죽임을 당했다. 자살한 것이 아니라 타살되었다. 그리스도의 죽음은 남에게 보이기 위한 모범된 죽음도 아니고, 하나님의 손상된 정의와 명예에 만족을 주기 위한 죽음도 아니다. 예수는 죽고자 한 것이 아니라, 폭력적 악의 세력에 저항하였을 뿐이다. 그의 죽음은 신이 원했던 것도 아니고, 예수 자신이 선택했던 것도 아니다.[8] 그가 죽기를 각오했던 것은 분명한 것 같다. 악의 세력이 너무 강했으며, 그렇다고 그것을 피해서는 안 된다고 판단했다. 죽기를 각오한 것과 죽기를 원하는 것은 다르다. 죽기를 각오한 것과 죽기 위해 일하는 것도 다르다. 신이 예수의 죽음을 준비했던 것도 아니다. 예수의 죽음 그 자체가 구원과 악에의 승리를 가져오지 않는다. 예수는 죽임을 당했기 때문이다. 신의 지배의 궁극적인 힘은 예수의 부활에서 드러났다.[9]

4. 서사적 승리자 그리스도 모델

서사적 승리자 그리스도 모델에서 하나님은 예수의 죽음을 어떻게 대하였는가? 여기에서 하나님은 예수의 십자가에서의 고통과 죽음에 참여하였다고밖에 볼 수 없다. 이 모델에서는 죄 없고 정의로운 예수와 같은 의인의 고난에 동참하는 하나님의 상(像)을 상정하지 않을 수 없다. 여기에서 하나님은 예수의 고통을 즐긴다든가, 무관심한다든가, 혹은 그것에 아무 영향을 받지 않는, 신플라톤적인, 무감각한 초월신으로 이해될 수 없게 된다. 이 모델의 신관념은 약자와 사랑의 연대를 하며, 함께 동고동락하는 신이다.

서사적 승리자 그리스도 모델에서는 십자가보다는 부활이 더 구원적이라는 것을 확인한다. 여성신학자들 특히 흑인 여성신학자들은 십자가의 희생이 속죄적이고 구원적인 힘을 가진다면 그것은 이미 희생되고 있는 유색인종들, 흑인들, 특히 흑인 여성들에게 희생을 더욱 강요하는 것이 된다고 비판한다. 이들은 오히려 예수의 역사적인 삶에서 나타나는 해방의 모습이 구원하는 힘을 보여주고 있다고 한다. 흑인 여성신학자 델로리스

---

8) 이 점에 대해서는 Weaver가 잘 정리해 주고 있다. 그의 책, 133쪽 참조.
9) Ibid.

일리엄스는 다음과 같이 주장하였다. "인간은 그리스도의 죽음으로 구원받는 것이 아니라, 예수의 생명을 살리는 사목적 비전에 의해서 구원을 얻는다. 십자가의 피에는 신적인 것이 없다. 신은 흑인 여성들이 대신 고통당하는 일들을 원하지 않으신다. 그러므로 기독교 신앙이 그러한 것을 인정할 수 없다. 예수도 대신 고통당하는 자로 오지 않았다. 예수는 생명을 위해서 오셨다. … 크리스천으로서의 흑인 여성들은 십자가를 잊을 수 없다. 그러나 십자가에 영광 돌릴 수도 없다. 그렇게 한다면 그것은 고난을 영광되게 하는 것이며, 착취를 신성한 것으로 만드는 것이 된다. 그렇게 하는 것은 더러운 죄에 영광 돌리는 것이 된다."[10] 인류 중에서 가장 고통 속에 있다고 할 수 있는 흑인 여성들의 부르짖음은 약자의 고통을 더하게 하는 희생의 속죄론은 버려야 한다는 것이다. 소위 고통의 해석학 혹은 희생의 해석학은 이미 억눌려서 고통당하고 있는 민중들에게 더욱 고통을 강요하는 것이다.[11]

그렇다면, 다시 이전의 질문으로 돌아가서, 십자가의 죽음은 구원적인 힘을 갖지 못하는가? 이것은 고통당하는 자의 억울한 죽음이며, 그렇기 때문에 이것을 높이는 것은 억울하게 고통당하는 것을 더 강화할 뿐인가? 이 점에 대해서 여성신학자들 사이뿐 아니라, 다른 해방신학자들, 민중신학자들 사이에도 많은 토론이 있었다. 십자가에는 해방적이고 구원적인 힘이 없는 것인가? 델로리스 윌리엄스는 십자가는 약자에게 고난과 폭력을 가하는 상징이며, 폭력적인 것에서 좋은 것이 나올 수 없다고 했다. 이에 반해, 조앤 터렐은 흑인 교회에서 예수의 고난을 긍정적으로 받아들였

---

10) Dolores S. Williams, *Sisters in the Wilderness: The Challenge of Womanist God-Talk* (Maryknoll, N. Y.: orbis Books, 1993), p. 167.

11) Weaver, p. 167. 위버에 따르면, 이러한 주장을 한 흑인 여성신학자는 JoAnne Marie Terrell, 다음의 그녀의 저서를 참조해야 한다. JoAnne Marie Terrell, *Power in the Blood? The Cross in African American Experiences* (Maryknoll, N.Y.: orbis Books, 1998).

던 점을 중시해야 한다고 보고, 빈 십자가(empty cross)는 "신의 지속적인 힘주심과 그리스도의 영과 하나님의 백성 사이의 지속적인 중재를 상징한다"고 보았다.12) 나는 이러한 토론을 종식시키는 방안으로 그리스도의 피를 상징으로 볼 것을 제안한다. 그리스도의 피는 그리스도의 역사적인 삶의 지향을 상징하며, 그의 사명의 열정과 하나님에 대한 충성을 상징하는 것으로 본다면, 그리스도의 피는 우리에게 새로운 마음을 가지게 하여 역사적인 예수를 따르게 하는 힘이 된다는 점을 확인할 수 있다.

5. 종교개혁의 속죄론은 만족설인가?

학자들마다 다른 의견을 가지고 있는 것 같다. 아울렌은 루터, 칼빈의 속죄론을 승리자 그리스도의 모델에 넣었다. 그러나 거의 확실한 것은 루터와 칼빈은 매우 안셀름적인 속죄론에 가깝다고 하겠다. 안셀름이 그리스도와 신과의 관계에서 그리스도가 죄인을 대신하여 하나님의 정의를 만족시키기 위해 죽은 것으로 보았다면, 루터와 칼빈은 신의 법에 대한 인간의 침해에 대해서 신은 법정의 판사 혹은 검사의 자리에 있고, 인간이 피고의 자리에 있는데, 그리스도의 자발적인 고난에 의해서 피고의 자리에 있는 우리 인간들이 무죄를 선고받는 것으로 이해했다. 루터와 칼빈은 안셀름의 만족설을 사법재판적인 개념을 가지고 더 강한 만족설로 만들었다는 주장은 일리가 있다.13) 우리는 죄인이면서 동시에 의인이다. 한편으로 우

---

12) Weaver가 Terrell의 생각을 정리한 것을 여기에 직접 인용하였다. Weaver, p. 168. Terrell, p. 125 참조.

13) 여성신학자인 Catherine Pickstock은 안셀름보다 루터와 칼빈이 더 심한 "신의 아들에 대한 학대"(divine child abuse)의 면을 보이고 있다고 주장한다. 그녀의 책, *After Writing on the Lturgical Consummation of Philosophy* (Oxford: Blackwell, 1998) 참조하시오. Weaver, p.188.

리는 그리스도의 은혜에 의해서, 믿음으로 의인이 되었다(로마 1:17). 의인이 된 것은 우리가 내외적으로 완전히 변화를 입어서 그렇게 된 것이 아니라, 그냥 무죄를 선고받았기 때문이다. 그냥 선고만 받았으므로 죄인으로 남는다. 그러나 그 선고는 실제적인 선고이다. 그러므로 우리는 타자들에게 사랑의 행동을 해야 한다. 루터와 칼빈은 사랑의 행동을 매우 강조했지만, 그 후의 개신교주의자들은 사랑의 행동에 대한 강조를 약화시키고, 마음과 행동의 변화와 상관없이 우리가 무죄를 선고받았다는 것만을 강조하였다. 여기에서 구원과 윤리의 분리가 일어났다. 우리는 행위로 구원받는 것이 아니라, 믿음(일종의 마음의 상태)으로 구원받는다고 보았다. 좋은 행위와 무관한 은총과 믿음에 의한 구원을 강조한 개신교회는 사회적 윤리를 상실하게 되었다. 이제 개신교회는 잘못을 저질렀어도 무조건 용서를 받는다는 맹신을 강화하게 되었다.

물론 루터와 칼빈의 속죄론이 전적으로 만족설인 것만은 아니었다. 이들 종교개혁자들의 속죄론에는 도덕적 감화설과 승리자 그리스도 모델의 측면이 포함된다. 종교개혁자들이 정리한 그리스도의 삼중적 직분 즉 예언자, 제사장, 왕의 직분은 다양한 모델들을 모두 수용할 수 있었다. 예언자로서의 그리스도는 하나님에게 이르는 길을 미리 보여주었으므로 이것은 아벨라르드의 도덕적 감화설에 해당된다. 제사장으로서의 그리스도는 우리들의 죄를 대신하여 희생제물이 되어 주었다는 점에서 안셀름의 만족설에 가깝다. 왕으로서의 그리스도는 사탄을 물리치고 승리하는 그리스도의 상과 가깝다. 그런데 후대의 개신교도들은 이중에서 제사장으로서의 그리스도를 강조하게 되어 오늘날 개신교회의 속죄 메시지는 만족설적인 속죄론이 되었다. 종교개혁의 법정적(judicial) 무죄선고의 속죄 모델은 오늘날 한국교회에 이어져 오고 있다. 이것은 함축적 만족설이라고 하겠다. 비록 종교개혁의 속죄론 모델이 안셀름의 속죄론과는 달리, 피에 의한 대속적 희생을 분명한 언어로 표현으로 하고 있지는 않지만 내용에서는 그것을 함축하고 있다.

6. 만족설과 기독교 보수주의, 근본주의

우리나라의 대표적인 대형교회인 여의도순복음교회가 선포하고 있는 물질적 축복의 복음은 예수의 피의 희생에 의한 속죄의 교리에 근거한다. 예수가 우리를 위해 피 흘려 희생하여 우리가 짊어져야 할 모든 죄와 악을 대신 짊어지셨고, 우리를 위해 마련된 것은 하나님의 자비와 축복이다. 이러한 축복의 메시지는 1960~80년대의 경제개발 시기의 사회적인 요구와 잘 맞아 떨어졌고, 순복음교회는 이른바 "맘몬"적 기독교의 전형을 이루게 되었다. 오늘날 자주 듣는 "예수믿고 부자되라"는 선포는 이러한 자본주의적 기독교를 잘 반영해 주고 있다.

또 다른 예를 들어보면, 2003년 3월 1일 반핵반김자유통일 국민대회에서 한국의 대표적 개신교 지도자가 다음과 같이 기도하였다고 한다. "'미친개 김정일 처단 2000만 북한동포 탈출!' 외신기자들과 미 대통령 부시와 미국의 상하원의원들의 마음을 붙잡을 수 있도록 영어로 기도합시다! 미국은 우리의 혈맹입니다. 우리는 미국을 사랑합니다. 아이 러브 유 유에스에이! 아이 러브 유 아메리카! 통성기도만이 미국의 마음을 움직일 수 있습니다. 쓰러질 때까지 우십시오. 미국이 우리를 지켜보고 있습니다."[14]

여기에서 한국의 보수적인 기독교의 사회적 윤리의 내용이 얼마나 이 세상적인지, 특히 얼마나 미국 편향적인지를 알 수 있다. 일제강점기에 일본에 의지해야 살 수 있다고 외치던 무리들이 이젠 미국과 손을 잡아야 살

---

14) 이숙진, "한국교회사에 나타난 기독교 배타주의" 제1회 공동학술대회 「한국기독교의 배타주의 – 근원과 현상」(2008년 9월 30일), 13쪽에서 인용함.

수 있다고 한다. 예수의 윤리가 아니라, 세상의 윤리, 즉 세상권세가 제시하는 윤리를 따르고 있다. 예수의 급진적 말씀들 즉, 오른 뺨을 때리면 왼 뺨을 돌려 대라, 네 속옷을 가지려는 사람에게 겉옷까지도 내주어라, 억지로 오 리를 가자고 하거든 십 리를 가주어라, 원수를 사랑하여라, 너희를 박해하는 자들을 위하여 기도하여라(마태 5:38~43) 등과 같은 예수의 명령들은 배제된다. 근본주의자들은 끊임없이 악한 존재들을 찾아 사냥할 것이며, 악(예, 김정일)을 제거한다는 명목으로 가장 힘이 없는 계층의 인간들(북한 주민들)을 희생양 삼기를 주저하지 않을 것으로 보인다. 근본주의자들은 이른바 "구원하는 폭력"을 생각하는 것 같다. 악을 제거하기 위해서는 전쟁이나 폭력도 불사하고 있다.

요약하면, 피의 대리적 희생에 의한 속죄론은 예수의 윤리를 배제하고, 세상의 윤리를 따르게 한다. 이러한 속죄론은 현존의 사회적 질서에 잘 적응하는 기독교를 만들어 놓았다. 그런데 이러한 속죄론이 신의 이름으로 폭력에 뛰어들게 할 수 있다는 데에 문제가 있다.

7. 근본주의자들이 폭력적이 될 수 있는 이유

근본주의자들이 폭력적인 성향을 보이게 된 신학적인 이유는 이들이 피의 속죄, 대리적 희생양의 구원론을 확신하고 있기 때문으로 보이며, 나아가서 이들이 이러한 속죄제에 관한 성서의 구절들을 그대로 지금에 적용하듯이, 성경의 폭력적인 구절들도 그대로 계시로 보기 때문이라고 본다. 예로, 시편 58장 10절: "착한 사람들이 악인의 피로 발을 씻고 그 보복 당함을 보고 기뻐하게 하소서"가 있는데, 이러한 구절은 성경에 스며든 "구원의 폭력"을 증거하고 있다. 근본주의자들이 거룩한 폭력이 정당화될 수 있다고 믿는 이유는 인간들이 사탄의 세계 속에 빠져 있기 때문에 이 사탄을 제거하기 위해서는 폭력도 정당화될 수 있다고 믿기 때문이다. 거룩한 폭력은 정당한 전쟁 이론(just war theory)으로 다시 강화되었다.

근본주의자들의 신앙고백의 중심에는 거룩한 신의 진노를 만족시키기 위한 피의 속죄론이 깃들어 있음을 지적해야 한다. 근본주의적 속죄론은 대리적 희생에 의한 속죄론 혹은 만족설과 같다. 먼저 보았지만, 안셀름의 신은 "생각할 수 있는 그 무엇보다도 위대하신 분"이며 "완전한 능력, 정의, 선, 진리, 지혜, 불멸, 부패할 수 없음, 미, 영원"의 존재이며, 우연적이지 않고 관계적이지 않으며, 따라서 아무에게도 영향을 받지 않는 절대 자존의 존재이다. 이처럼 절대적으로 순수한 하나님은 인간의 죄와 악에 대해서 참지 못하고 진노하신다. 이 진노하시는 하나님은 "불경건한" 세력들을 그냥 놔둘 수 없다. 안셀름의 이러한 신학이 당시의 "불경건한" 무슬렘들과 유대인들을 공격했던 십자군의 신학에 잘 사용되었다.15) 이 십자군의 신앙이 오늘날 남북한의 상황에서 북한의 "불경건한" 세력들을 몰아내야 한다는 신념으로 이어진다. "경건한" 자들은 전능하고 정의로운 신의 영광과 명예를 위해서 언제든지 악한 이들과 싸울 태세를 갖추어야 한다고 믿고 있다.

8. 하나님의 지혜가 깃든 십자가

안셀름의 죄인을 징벌하는(사실은 그리스도를 대신 징벌하는) 신은 수도자였던 루터의 초기 신앙에서 지배적이었다. 그것은 믿음을 통한, 은혜에 의한 칭의의 교리로 일단 극복되는 듯했다. 그러나 그 칭의의 교리가 법정적

---

15) 안셀름의 이러한 신관은 Darby K. Ray, "Anselm of Canterbury", *Empire and the Christian Tradition*, Kwok Pui-lan, Don H. Compie and Joerg Rieger, eds. (Minneapolis, MN: Fortress, 2007), pp. 123~131을 참조, 인용하였음.

인 메타포를 사용하게 되면서 만족설이 개신교 안으로 스며들게 되었다.

이러한 만족설의 개신교회 안으로의 진입은 개신교회가 지배사회에 적응하기 시작하면서 더욱 강화되었다. 종교개혁에 저항했던 재세례파들의 급진적 종교개혁은 예수 그리스도가 평화의 왕이라고 외쳤다. 재세례파는 주님인 그리스도가 주인이 되는 세상을 꿈꾸었다. 그리스도의 나라는 세상권력이 지배하고 있는 이 세상에 대립한다. 이 세상은 폭력적이기 때문이다. 재세례파는 루터와 칼빈의 교회는 이 세상에 잘 적응하는 교회라고 보았다. 재세례파들의 구속론의 모델은 서사적 승리자 그리스도 모델이다. 그러나 이 모델은 개신교회가 기존 지배질서에 적응해 가면서 변형되거나 사라지게 된다. 이것은 종교개혁자 루터 개인 안에서 이미 일어났다. 루터는 영주들의 보호가 필요했고, 급진적 종교개혁을 요구한 농민들의 요구를 받아들일 수 없었기 때문이다. 구원과 윤리가 분리되는 만족설적인 구속론은 종교개혁 이후 역사 속에서 승하였고, 보다 성서적인 서사적 승리자 그리스도 모델은 점점 더 역사 속에서 사라졌다.

우리의 질문 즉, "십자가는 우리의 죄를 깨끗하게 하는가?"에 대한 대답을 위하여 나는 두 가지의 접근법을 사용하고자 한다. 하나는 신앙의 언어는 실체적 언어가 아니라 상징적 언어라는 접근법이다. 즉 예수의 피, 대속의 죽음과 같은 언어는 상징 언어이며, 실체적 언어가 아니라는 것이다. 그렇기 때문에 해석되어야 한다는 것이다. 두 번째 접근법은 예수의 십자가를 종말론적인 테두리 안에서 이해하는 방식이다. 여기에서는 두 번째 종말론적인 접근법은 다음 장으로 미루고, 상징적 접근법만을 사용하고자 한다.

피는 고난, 죽음을 상징한다. 이것은 또한 예수의 하나님에 대한 충성, 예수의 정열, 특히 하나님의 나라를 향한 정열을 상징한다. 피는 예수의 믿음과 정신을 상징하는 강력한 표현이라고 해석하는 것이 낫지, 피를 실제의 피로 생각하고 이 피에 의해서 우리가 변화되고 구원을 얻는다고 믿는 것은 잘못이다. 이처럼 그리스도의 피를 그리스도의 중심, 특히 그의 열정에 의한 고난을 상징하는 것으로 해석하게 되면 우리는 문자 그대로 그리스도의 피에 의해서 구원을 얻는다든지, 우리의 죄가 깨끗하여 졌다든지 할 수 없게 된다. 만약 그리스도의 피가 구원을 위해 유일하게 효력이 있는 것이라고 한다면, 그리스도의 부활은 구원의 차원에서 설 자리가 없게 된다.

십자가는 예수의 하나님의 나라를 위한 열정의 결과이며, 그의 피는 그의 하나님에 대한 충성의 표지이며, 우리가 그 피를 믿고 존중하는 것은 그것이 하나님에의 충성을 가장 철저히 보여준 표지이기 때문이다. 그리스도의 피로 우리의 죄가 사해지고 해방된다는 모티브는 바울서신에도 나오고 요한계시록(1:5)에도 나온다. 요한계시록의 피는 그리스도의 고난과 충성을 상징한다. 그 고난이 우리를 해방하여 주는 힘을 가진다. 큰 환난 속에서도 신앙을 지킨 수많은 사람이 흰 두루마기를 입고 있는데 그것이 희게 된 것은 어린양의 피에 두루마기를 빨았기 때문이었다(7:14). 이들은 고난 속에서도 그리스도를 따른 사람들이다. 여기에서 예수의 피를 속죄의 피로 해석하게 되면, 구원은 윤리(인간의 책임) 없이 가능하게 된다. 그러나 예수의 피를 예수의 하나님 나라의 의를 위한 열정과 행동을 상징하는 것으로 해석하면, 예수를 따름의 윤리는 구원의 필수적인 요소가 된다.

십자가를 고린도전서 1, 2장에 나오는 약함의 지혜의 관점에서 볼 수 있다. 즉, 십자가는 세상의 지혜의 눈으로 보면 어리석음이고 거리낌이고, 패배와 약함이지만, 이 속에 하나님의 진정한 지혜가 있다. 이것이 성서의 기본 모티브인 것으로 보인다. 이것이 자기 비움(케노시스)의 영성을 말한 빌립보서의 기본 기조이며, 비폭력적 구속론의 기조를 이룬다. 이 패배처럼 보이는 십자가의 죽음은 부활에 의해서, 그리스도의 십자가를 자신들의 승리라고 믿었던 세상 권세를 누르고 그 안에 갇혔던 그리스도의 사람들을 해방시킨다. 이러한 기조의 이야기가 신약성서가 전하는 메시지이다.

제12장
정치윤리: 근본주의 vs. 민중신학

1. 기독교 근본주의

민중신학자 안병무는 근본주의가 민중신학의 최대의 적이라고 말한 적이 있다. 그 말을 들을 당시에는 그냥 흘려보냈는데 요즘에 와서 그의 본뜻을 새삼 되새기게 된다. 그동안 민중신학을 정치신학이라고 비판하여 왔던 기독교 근본주의가 최근에 한국정치에 본격적으로 개입하면서 일반 신학계와 교회뿐 아니라 다른 종교인들과 일반시민에게 큰 충격을 주고 있다. 오늘날 아이러니하게도 민중신학은 비정치화된 모습을 보이는 반면, 기독교 근본주의와 보수주의는 급속히 정치화되어 가고 있다.

이 장에서 논자는 다음과 같은 점들을 논의해 보려고 한다. 첫째, 최근 한국의 현상인 기독교 근본주의자들의 정치 참여 현상을 살펴보려고 한다. 둘째로, 민중신학도 정치를 가장 중요한 범주로 삼고 있는데, 민중신학과 정치화된 근본주의 신학은 어떻게 다른가 하는 점이다. 이 다른 점의 뿌리를 밝히려면 양자가 가지고 있는 현실에 대한 이해(understanding)의 차이, 이해 방법의 차이, 즉 해석학적 차이가 무엇인가를 밝혀야 한다. 인식은 이해를 목표로 한다. 민중신학이나 기독교 근본주의는 각각의 인식의 틀, 이해를 위한 방법을 가지고 있다. 여기에서 양자 간의 차이를 분석함으로써 정치신학인 기독교 근본주의와 민중신학이 같은 정치문제를 다루지만 각각 서로 다른 자료들을 활용하고, 인식에 이르는 과정에서 다르기 때문에 결국 서로 다른 정치윤리에 이르고 있음을 나타내 보일 것이다.

기독교 근본주의는 서양으로부터 한국에 개신교가 전래될 때 함께 들어와 한국의 교회 안에 깊이 뿌리를 내리게 되었다. 선교 초기에 한국에 들어온 서양의 개신교 선교사 중에는 보수주의자 혹은 근본주의자들이 대다수를 차지했다. 기독교 근본주의는 종교개혁에 뿌리를 두고 있다. 종교개혁적 신학이 경직화된 한 형태가 근본주의라고 하겠다. 한국의 근본주의는 최근까지 정치에 대해서 별로 관심을 표하지 않았었다. 반면에 진보적인 기독교인들의 정치적인 비판과 발언에 대해서는 비신앙적이라고 비판하기를 주저하지 않았었다. 그러나 놀랍게도, 최근에 기독교 보수주의자들 중 근본주의자들과 오순절주의자들이 현실정치에 깊게 참여하고 있다. 이들이 기독교 정당 창설을 시도했으나 실패로 끝나면서, 준정치적 활동조직인 뉴 라이트(New Right)라는 운동을 조직하였다.1) 이러한 기독교

---

1) 한나라당의 보수 일부와 기독교 보수주의자(이들은 자신을 "뉴 라이트"라고 부르면서 기독당을 만들려고 했던 근본주의자들과 차이를 두려고 했다)들이 최근 "기독교 사회책임"과 "뉴 라이트 네트워크"라는 기독교 NGO를 결성하고 정치화하고 있는 것도 주목할 수 있다. 이들은 충청권에 행정도시를 건설하여 서울과 수도권에 개발이 집중되는 것을 막으려고 하는 정부 정책에 반대하는 캠페인을 벌였으며, 미국으로부터의 전시작전권 환수를 반대하였고, 사립학교법 재개정 요구를 통하여 비리가 많은 사학재단들의 입장을 옹호하고 나섰다. 이들은 한국의 선진화를 위해 캠페인을 벌이고 있으며 이것은 현재의 이명박 정부의 이념적 기초가 되었다. 선진국화는 미국과 혈맹의 관계를 강화하자는 것이며, 미국과의 FTA 체결을 통하여

보수주의자들의 정치적인 움직임을 상당수의 대표적 대형교회들이 인적
물적으로 도와주고 있다. 기독교 뉴 라이트를 포함한 정치세력화를 시도
하고 있는 근본주의자들의 특징은 자신들은 선하고 자기들과 다른 생각을
품는 자들은 악하다고 믿는 것이다. 이들이 현실을 보는 눈은 이분법적이
다. 거의 절대에 가까운 선악 이분법을 가지고 있다.

그런데, 민중신학도 가진 자 못가진자, 억누르는 자 억눌리는 자, 선과
악 등 둘로 나누어 보는 경향이 없지 않다. 그렇다면 민중신학자도 이분법
주의자라고 해야 하지 않는가? 그렇다면, 민중신학이 어느 점에서 근본주
의의 이분법과 다른 것인가를 분명하게 보여주어야 한다. 그래야만 근본
주의를 비판할 수 있는 근거가 마련될 수 있을 것이다.

민중신학자 김용복은 "정치적 메시아니즘"(political messianism)과 "메
시아적 정치"(messianic politics)를 구별한 적이 있다.2) 그는 메시아적 정치
는 고난받는 민중의 정치이며, 그것의 목표는 권력을 잡는 것이 아니라,
권력을 인간화하고 순화시키는 것이라고 정의하였다. 반면에 정치적 메시
아니즘은 자신의 권력 취득은 곧 이 세상을 유토피아를 만드는 전초라고
하는 망상을 가지고 있다고 했다. 그리고 과학주의, 테크노크라시, 공산주
의적 유토피아주의, 대동아공영권을 내세웠던 일본 제국주의 등이 여기에
속한다고 하였다. 그렇다면, 근본주의적 정치신학은 위의 두 가지 중에서
정치적 메시아니즘에 속한다고 말할 수 있을 것이다. 왜냐하면 근본주의
의 정치사상은 정치권력을 잡는 것을 목표로 하며, 자신들만이 하나님의
뜻을 받들어 실행에 옮길 수 있는 진실된 도구라고 믿기 때문이다. 근본주

미국식으로 (즉, 미국의 정책을 모방하여) 한국사회를 변화시키는 것을 말하는 것으로 보인
다. 미국을 맹목적으로 추종한다는 면에서 이들의 운동을 "미국 근본주의"라고 부를 수도 있
지 않을까 생각한다.
2) 김용복, "메시아와 민중: 정치적 메시아니즘에 대항한 메시아적 정치", 『민중과 한국신학』,
NCC신학연구위원회(한국신학연구소, 1982), 287쪽 이하.

의자들은 자신들이 죄인이며 오류에 빠질 수 있음을 반성할 수 있는 내적 공간을 갖지 않는다.

한국의 기독교 근본주의는 민중신학에 과제를 던져주고 있다. 첫째로, 개신교 일각에서 급성장하고 있는 정치화된 근본주의의 등장은 민중신학의 정치신학적 성격과 근본주의의 정치신학적 성격의 차이를 분명히 해야 하는 과제를 던져주고 있다. 둘째로, 민중신학과 근본주의는 모두 정치윤리를 가지고 있는데, 그 안에 있는 근본적인 차이가 무엇인가를 밝혀야 한다. 셋째로 이러한 논의는 해석학의 문제로 연결된다. 즉 근본주의의 잘못된 정치성은 그것이 가진 해석학적 이해의 결함에 유래한다. 그러므로 양쪽의 이해에 이르는 해석학적인 과정에서의 차이를 분명하게 밝혀야 할 과제가 생긴다. 이와 같이 민중신학과 근본주의를 상호 비교하고 그 차이점을 발견하면 각각의 내면적 차이를 더 분명하게 알 수 있다.

이 장은 먼저, 최근에 일어나고 있는 근본주의 정치화 현상을 보여줄 것이고, 그 다음에는 근본주의적 정치와 민중신학적 정치와 윤리를 비교할 것이며, 마지막으로, 양자의 해석학을 비교 분석해 볼 것이다.

2. 한국의 기독교 근본주자들의 사회 인식과 행동

최근의 한국 근본주의자들은 이전의 근본주의자들에 비교해서 신학과 사회적 태도에서 차별성을 보여주고 있다. 과거의 근본주의자들은 다음 몇 가지의 교의를 근본적인 진리로 믿었다. 즉, 1) 성서에 기록되어 있는 기적 특히 그리스도의 처녀탄생은 역사적인 사실이다. 2) 성서의 특별 계시이론 혹은 무오류설, 3) 그리스도의 피는 대속의 피로서 신의 진노를 "달래주며"(placate), 회개한 죄인에게 구원을 가져다준다. 4) 그리스도는 재림하셔서 온 세상을 다스리신다. 여기에 나는 다음의 것을 추가하고자 한다. 5) 즉, 선과 악, 혹은 적과 친구로 세상을 이분법적으로 나누는 관점이다. 사실 이들 교리들은 상호 연결되어 있음을 볼 수 있다. 예를 들어, 만족설이라고 명명해도 좋을 대리적 피의 속죄와 성서의 무오류설 즉 문자주의는 서로 연결되며 이것은 다시 선과 악이라고 하는 이분법의 세계관과 연결된다. 반면, 오늘날 한국의 근본주의자들은 교리적이기보다는 정치적인 편이다. 그리하여 첫 4개의 교의보다는 5번째의 것 즉 현실을 선악, 흑백으로 나누어 보는 이분법적인 사고가 지배적이 된다. 예를 들어, 미국은 우리 편, 공산주의는 적이라고 믿는다. 근본주의자들은 한국 전체를 기독교적인 복음으로 다스리고자 한다. 즉, 근본주의자들은 신정주의적(theocratic)인 요소를 갖고 있다. 이 사회를 자신들 즉 선한 이들이 지배해야 하고, 복음화해야 한다고 믿는다. 이리하여 한국의 근본주의자들은 2004년 총선을 겨냥해서 정당을 창설하고 후보를 공천했다. 그러나 결과는 대패였고 한 사람도 국회에 진출할 수 없었다. 이들은 "정치 복음화"를 내걸었지만, 사실 그것은 반공주의, 자유민주주의 그리고 한미 간의 혈맹적 공조 등과 같은 이데올로기였다.

한국에는 보수적 기독교인들을 구성하는 요소로 복음주의자, 근본주의자, 오순절주의자 등이 있는데, 이중에 근본주의자들이 가장 과격하고 행동적이며, 이분법적 관점을 가지고 있다. 근본주의자들은 매우 경직되어 있어서 자신들과 다른 사고방식에 대해서 불안해할 뿐 아니라, 적대적으로 바라본다. 이들에게 공산주의와 북한은 가장 불안하고 적대적인 존재가 된다. 오늘날 한국 근본주의자들의 가장 근본적 교의는 반공주의라고 생각된다.

근본주의적인 정치 발언은 순복음교회의 오순절주의, 일부의 복음주의 그리고 근본주의 세력에 의해서 행해지고 있다. 그리고 이러한 움직임의 주축은 여의도순복음교회를 비롯한 일부 대형교회들의 목사와 신도들이다.

3. 정치신학과 신학적 정치

이 논자는 몰트만이 정치신학을 매우 좁게 정의하고 있다고 판단하고 있다. 몰트만은 정치신학은 정치에 관한 신학이 아니며, 신학을 정치화하는 것을 원하지 않는다고 말했다. 몰트만은 대신 "신학의 정치적인 기능에 비추어서 신학 자체를 분석하고 재구성하는 것"이 정치신학의 목적이라고 했다. "왜냐하면 모든 신학이 의식적으로든 무의식적으로든 정치적 기능을 하기 때문이다. 따라서 정치신학은 이러한 정치적인 기능을 명확하게 드러내며 그것을 비판적으로 분석하는 것을 목적으로 하는 것"이라고 했다.[3] 그러나 이 논자는 정치신학의 목적은 몰트만이 정의내린 것에 국한되어서는 안 된다고 생각한다. 정치신학이란 기존 신학의 정치성을 분석, 비판하는 데에 머무르는 게 아니라, 스스로 정의와 평화를 위하여 최선의 정치적인 선택의 길을 제시해야 한다고 본다. 이것은 나중에 논의될 실천적 지혜 즉 프로네시스(Phronesis)와 연결된다.

이에 비해 신학적 정치는 기독교의 성서적, 신학적 원칙과 정치윤리의 지침에 의거하여 행하는 정치라고 하겠다. 그런 면에서 최근의 근본주의자들의 정치참여는 신학적 정치라고 할 수 있다. 기독교 진보주의자들의 정치참여도 신학적 정치이다. 민중신학적 정치가 근본주의적(신학적) 정치와 다른 것은 민중신학은 전해진 진리와 당위성에 대해서 비판적인 거리를 둔다는 점이다. 근본주의자들은 이러한 비판적인 거리가 없기 때문에

---

3) Arne Rasmusson, *The Church as Polis: From Political Theology to Theological Politics as Exemplified by Juergen Moltmann and Stanley Hauerwas* (Notre Dame, Indiana: University of Notre Dame Press, 1995) p. 47.

종종 이데올로기의 포로가 된다. 예를 들어, 미국의 경우 네오콘과 근본주의자들은 "미국적 애국주의"와 자본주의 정신을 자신들의 최고 이념으로 생각하고 있다. 이들은 시장경제, 민주적 자본주의, 자유민주주의, 반공주의 등의 이념과 자신들을 결합시킨다. 이들에게는 이러한 사회적 이념이나 관점이 권위 있는 복음에 해당하는 지위를 갖는다. 따라서 근본주의적 정치에는 구호나 이념은 있는데 종말론적, 초월적인 유보(즉, 비판적 거리)가 없다. 이것은 메시아적 정치가 아닌 정치적 메시아니즘이기 때문이다.

민중신학은 어떠한가? 민중신학도 마찬가지로 일정한 사회적 이념과 결합된 것이며, 결국 이데올로기일 뿐인가? 민중신학적 해석학은 이러한 사회적 이념들과 거리를 두는 초월적이며 창조적이고 비판적인 공간과 거리를 가지는가? 결론적으로 말하면, 민중신학은 경직화된 이데올로기가 되어서는 안 된다. 민중신학은 결정된 이념이 아니라, 그러한 이념을 비판하는 도구에 더 가깝다. 민중신학은 변화하는 과정 속에 있는 상황과 대화를 하며 거기에서 최선의 행동을 발견하려고 한다. 이데올로기에 바탕을 둔 정해진 대답으로 시대와 장소에 적합한 최선의 행동을 찾을 수는 없다. 민중신학은 이데올로기에 의존하지 않고, 민중의 요청에 응답하여 최선의 실천을 추구한다. 이것은 실천적 지혜(phronesis)를 추구하는 것이라고 해도 무방할 것이라고 본다. 우리는 어떻게 변화하는 상황 속에서 가장 적합한 행동을 위한 선택인 실천적 지혜를 구할 수 있는가? 민중신학은 진정한 정치신학과 신학적 정치를 이루기 위해 노력해야 하는데, 그 중심개념은 역시 예수의 십자가이다. 여기에서 예수의 이야기 특히 예수의 십자가가 우리의 정치신학적 프로네시스를 다르게 만들어 준다고 본다. 바울 사도가 이 점을 분명하게 인식하고 있다. 그는 "예수 그리스도 곧 십자가에 달리신 그분밖에는, 아무것도 알지 않기로 작정하였다"고 선언하였다(고전 2:2). 바울은 다시 "내게는 우리 주 예수 그리스도의 십자가밖에는, 자랑할 것이 아무것도 없습니다"라고 하면서 십자가로부터 오는 지혜를 찾는다. "십자가의 말씀이 멸망하는 자들에게는 어리석은 것이지만, 구원을 받는 사람인 우리에게는 하나님의 능력입니다"(고전 1:18). 바울은 이어서, "우리는 그리스도를 전하되, 십자가에 달리신 분으로 전합니다. 이것은 유대 사람에게는 거리낌이고, 이방 사람에게는 어리석음이지만, 부르심을 받은 사람에게는, 유대 사람에게나 그리스 사람에게나, 그리스도는 하나님의 능력이요, 하나님의 지혜입니다"(2:23~24). 이런 의미에서 민중신학의 형태를 가진 정치신학은 세상적인 영광과 출세를 추구하는 지혜가 아니라, 십자가의 고난을 받아들이는 지혜를 추구한다. 민중신학은 사회적인 이념과 동일시되지 않는다. 비록 그 이념들을 활용하고 일부를 수용하여 자신의 내용에 포함시키기는 하지만 오히려 민중신학은 예수의 이야기와 자신을 결합시킨다. 그리고 성서와 예수의 이야기에 기초하여 오늘의 현실 속에서의 실천적 지혜를 구하려고 한다.

반면에 근본주의자들의 이념들은 성서로부터 특히 정치적 사건으로서의 예수의 십자가로부터 나오지 않는다. 그것은 대부분 이미 만들어진 율법과 같은 것들이다. 근본주의자들에게는 예수가 어떻게 살았는가가 중요한 것이 아니라, 성서의 문자와 그 무오류성이 더 중요한 가치가 된다. 근본주의자들은 우리 현실의 문제들에 대해 이미 기성화된 대답을 가지고 있다. 그들의 정치 행위들을 위한 신학적 처방은 근본적인 교의에 의해서 결정되어진다. 성서의 풍부한 이야기, 특히 예수의 역사적 삶의 이야기는 사라지고, 몇 가지의 근본교의로 축소되고 환원된다. 그러므로 복잡한 정치현실에 비해, 근본주의자들의 신학적 정치는 너무나 단순하고 흑백 이분법적이어서 현실의 문제를 정당하게 접근하여 해결할 수 없다.

4. 선악 이분법과 심사숙고(thoughtfulness)

상황은 항상 변한다. 우리들의 윤리적 판단은 상황의 변화를 고려해야 한다. 변화하는 상황에 적용할 윤리적 처방이 항상 일정할 수 없다. 그러나 근본주의자들은 상황의 변화에 상관없이 일정한 처방을 들이대는 경향이 있다. 왜냐하면 이들에게는 선악의 이분법적 사고구조가 있기 때문이다. 선악의 이분법적 사고구조는 심사숙고와 거리가 멀다. 상황에 대한 심사숙고, 행동의 근거를 마련하기 위한 텍스트에 대한 심사숙고가 불필요하다. 근본주의자들에게는 대답은 이미 주어져 있다. 변화하는 상황 속에서 최상의 선(善)을 만들어 내려고 생각하는 것이 심사숙고라고 하고, 이것을 우리는 프로네시스(실천적 지혜)라고 부른다. 프로네시스는 변화하는 상황 속에서 정의를 위해 가장 적합한 행동을 하는 것을 가리킨다.[4] 민중신학은 상황에 대한 연구와 적합한 행동을 위한 심사숙고를 강조하는 데에 반하여 근본주의 신학은 이것을 무시한다.

근본주의자들이 왜 심사숙고를 하지 않는가? 그것은 이들이 고대의 마니주의자(Manichean)에 가깝기 때문이다. 마니주의자들에게 세계는 선과 악의 싸움터이며, 악은 선과 마찬가지로 분명한 실체를 가지고 있다. 우리는 가끔 악이 분명한 모습으로 드러나기를 원한다. 그러나 사람들은 악하다가도 선하기도 하며, 대부분의 사람들은 자기도 모르게 악을 저지르기도 하지만, 그러나 대체로 선을 추구하려고 한다. 선한 사람들이 모여 있지만 이들의 업적의 결과는 남들을 억압하고 악을 저지르는 것이 될 때도 있다. 할리우드 영화에서는 악한 사람은 악하게 생겼는데, 현실에서는 그렇

---

4) Shaun Gallaher, "The Place of *Phronesis* in Postmodern Hermeneutics", *The Very Idea of Radical Hermeneutics* (New Jersey: Humanities Press, 1997) ed., Roy Martinez, p.28.

지 않다. 그렇게 큰 악을 저질렀던 히틀러나 스탈린도 평범하다. 그러나 악은 존재하며, 악은 처음부터 악이라고 하는 실체 혹은 대상으로 존재하지 않는다. 신학적 정치의 목적은 악을 제거하고 선을 증가시키는 것이라고 하겠다. 그런데 현실은 항상 악과 선이 혼합되어 있기 마련이다. 악만으로 똘똘 뭉쳐 있어서 악이 스스로 자존하는 모습으로 나타난다면, 그것만 제거해 버리면 되지만, 현실은 그렇지 않다. 악이 분명하게 드러날 때가 있다. 그러나 대부분의 경우 악은 선과 섞여 있다.

어거스틴은 악을 선의 부재(privatio boni)라고 했고, 한나 아렌트는 어거스틴의 악의 개념을 나치 학살을 경험한 유대인으로서 새롭게 해석했는데, 그는 이것을 악의 평범성(the banality of evil)이라는 말로 표현했다. 아렌트는 히틀러의 부하로 유대인을 학살하는 일을 담당했던 아이히만의 전범재판에 참관하게 되었다. 재판 과정에서 아이히만은 계속 무죄를 주장했는데 자신은 다만 법과 의무를 따라 행동했을 뿐이며, 이것은 칸트의 윤리적 가르침에 부응한 것이었다고 주장했다. 그렇게 엄청난 악을 저질렀던 아이히만은 악의 화신이 아니라, 다만 규율을 지키는 평범한 시민이었다는 것을 발견하고 아렌트는 경악했던 것이다. 악이 더럽고 추한 모습으로 나타나는 것이 아니라, 평범한 모습으로 나타났던 것이다. 그리하여 아렌트는 악의 평범성, 진부성을 발견했고, 결국 악의 근원은 생각 없음(thoughtlessness)이라고 결론졌다. 우리 모두는 이러한 생각 없음의 습관화(thoughtless habituation)에 빠지기가 쉽다는 것이다. 기존의 질서에 대해서 아무 생각 없이 굴종하며 그것에 순응하고 있다는 것이다. 여기에서 악이 나타난다.5)

---

5) Jean Bethke Elshtain, *Augustine and the Limits of Politics* (Notre Dame, Indiana: University of Notre Dame Press, 1995) chap4. "Augustine's Evil; Aredt's Eichmann" 참조. St. Augustine, *City of God* XI, chap 9.

악은 자신의 행동이나 생각에 대해서 의식적으로든 혹은 무의식적으로든 깊이 생각(반성)하지 않는 사람들로부터 비롯된다는 것이 4세기의 어거스틴과 20세기의 아렌트에 의해서 발견된 중요한 통찰이다. 악이 역사 속에서 실체적인 모습으로 나타나지 않지만, 그러나 악은 실제로 존재하기 때문에 우리는 심사숙고해야 한다. 그 심사숙고는 악이 어떻게 진행되고 있는가를 발견하는 것으로부터 그 악을 어떻게 제거할 수 있겠는가 하는 데까지 이르러야 한다. 이러한 모든 과정을 프로네시스를 찾는 과정이라고 본다.

논자는 지금까지 악은 평범한, 생각 없는, 비판정신이 없는 삶에서 비롯된다는 것을 밝혔다. 아이히만의 경우 그는 생각 없이 기존 질서가 시키는 대로 습관적으로 살았다. 그 결과 엄청난 악으로 나타났다. 근본주의자들은 보수적인 근본 교리에 따라 살자는 것이며, 이것은 옛것으로 돌아가자는 것으로 요약된다. 이에 비해서 민중신학은 기존의 당연한 것들을 비판정신을 가지고 뒤집는 것으로부터 시작한다. 민중신학은 기존의 견고한 사회적 규범들을 의심에 붙인다. 민중신학은 기성교회의 대부분에서 통용되고 있는, 지배적인 신앙의 양태를 의문에 붙인다.

그러므로 오늘날의 민중신학은 깨어 있는 소수자를 위한 신학이다. 오늘날의 물질문명 속에서 대다수의 사람들은 기존질서에 대해서 의심하지 않고 생각없이 순응하고 있다. 그리하여 기존질서로부터 잉태되고 있는 악의 형성에 공헌하고 있다. 이제 민중신학은 이러한 흐름을 단호히 끊어야 한다. 우선 한국교회의 기본 흐름의 맥을 바꿔야 한다. 그 가장 민감한 곳이 어디인가? 나는 그것은 개신교의 속죄론과 신앙 즉 믿음으로 의롭다 함을 얻는다는 의인 사상을 뒤집어야 한다고 본다. 왜냐하면 이것이 한국 기독교의 보수화의 첫 단추였기 때문이다. 속죄론에 대해서는 이미 많은 장에서 다루고 있으므로 이 장에서는 의인론을 다루고자 한다.

5. 민중신학의 해석학

민중신학의 해석학을 분명히 드러내는 방도가 하나 있는데 그것은 민중신학에 반대가 되는 근본주의 신학의 해석학과 민중신학의 해석학이 어떻게 다르냐를 살피는 방법이다. 실제로 이 장에서는 그러한 방법을 사용하고 있다. 주지하듯이 근본주의 신학은 개신교 특히 종교개혁의 산물이다. "말씀으로만", "은혜로만" 그리고 "믿음으로만"의 구호로 일어난 종교개혁의 가르침 중에 말씀중심은 곧 성서문자중심으로 그리고 나아가서는 문자주의, 율법주의로 이어졌고, "믿음과 은혜로만"의 개신교의 노선은 정의를 위한 기독자적인 사회적 행동과 참여를 배제하면서 종교와 사회, 신앙과 정치를 구분하여 교회를 게토화하는 데에 결정적인 역할을 했다. 개신교회의 사회적 무관심은 약자에 대해 억압적인 기존 지배질서에 대해 묵종 혹은 굴종으로 이어졌다. 그러나 근본주의는 억압적 기존 지배질서를 암묵적으로 인정하고 지원하는 것에 만족하지 않고, 한 걸음 더 나아가서 이것을 수호하기 위해 정치세력화하고 있다.

그렇다면, 민중신학은 루터의 개신교적 신앙노선에 문제점이 없는가를 살피는 일이 필요하며, 이를 위해서 민중신학은 새롭게(!) 성서로 되돌아가야 한다. 그동안 한국의 개신교는 바울서신 그리고 공관복음서 등 성서를 루터의 프리즘, 나아가서 순복음적 프리즘을 통해서 보았기 때문에 역사적 예수 그리고 역사적 바울의 입장과는 전연 다르게 성서를 해석해 왔다. 새롭게 성서로 돌아가자는 것은 지난날에 있었던 편견과 프리즘을 벗어 버리고 성서를 새롭게 읽자는 것이다. 이제 한국 개신교의 해석학의 문제점들을 지적하려 한다.

개신교의 "성서로만"의 구호는 성서의 말씀과 문자 자체에만 권위를 두는 경향이 있다. 그러나 말씀만에 성서해석학적인 비중을 둔다면, 그것은 문자중심의 해석, 그것의 극단적인 형태인 축자영감설로 발전할 수 있다. 성서의 무오류설도 이 발전과정에서 나왔다. 그리고 성서의 문자적 해석도 개인적인 영성적 입장에서 이루어졌다.

이에 비해서, 민중신학은 성서의 텍스트만이 아니라 텍스트의 콘텍스트 즉 그 당시의 정치, 경제, 사회, 문화적 상황과의 관련 속에서 텍스트를 읽고 그 의미를 이해하려고 한다. 그러므로 민중신학적 이해는 외피적인 문자에 초점을 맞추지 않는다. 그 문자들을 실제 사회의 역동적, 구조적, 체제적인 배경 속에서 읽고자 한다. 성서 텍스트는 개인의 영성적인 메시지만을 가지고 있는 것이 아니라, 정치·경제적인 내용을 가지고 있다. 그러나 개신교의 성서 해석은 개인·영성적으로 환원하는 경향이 있다. 이러한 일면적인 성서해석을 극복하는 것이 민중신학적 해석학의 과제이다. 콘텍스트 없이 텍스트만 가지고 해석하면 그것은 해석학적 순환이 없는 단순한 문자주의에 머무르게 되어, 현실과 괴리되는 이해에 도달하고 만다. 민중신학은 텍스트를 둘러싼 "그때, 그곳"의 콘텍스트뿐 아니라 오늘날 민중의 현실인 "지금, 여기"의 콘텍스트에서 출발하여 텍스트를 해석하고 이해한다.

개신교의 "은혜로만"과 "믿음으로만"은 성서의 말씀을 개인적이고 영성적인 것으로 해석하게 만들었다. 그리하여 성서의 말씀이 신앙적 실천을 요구한다는 점을 간과했다. 교회 안에서의 예배를 강조했고, 사회적 활동에 대해서는 등한시하거나, 자선사업을 하는 정도였다. 새벽기도회, 금요철야기도회, 부흥회 중심으로 교회 활동이 이루어지는 것도 바로 개신교적인 은혜론, 신앙론에서 비롯되었다. 이러한 것을 볼 때, 바울의 복음에 대한 이해를 개신교적으로 혹은 루터적으로(오직 믿음으로만, 성서로만, 은혜로만) 하는 것을 뛰어넘어 정치신학적으로 새롭게 하는 노력이 필요한데, 다행히 최근에 주로 미국에서 바울에 대한 새로운 정치신학적인 이해가 많이 나오고 있다.

그러나 민중신학자 안병무는 바울을 충분히 정치신학적으로 이해하는 일을 소홀히 했다. 그리하여 바울을 인간론적으로 읽었다. 안병무는 바울이 죄와 은총, 인의, 평화, 화해, 믿음, 죽음 등의 인간학적이며 실존적인 문제를 다루었다고 보았다. 그리하여 안병무의 바울관은 인간학적이며 실존적이지 정치신학적이지 않았다. 예를 들어 보자. 그는 천사, 주권자, 권세, 높음, 깊음, 현재 일, 장래 일, 삶, 죽음 등을 당시의 우주관의 표현으로만 보았다(로마 8:38~39).[6] 이것들을 제국의 정치권력과 그 속에 얽혀 있는 삶으로 보지 않았다. 안병무는 바울이 1세기 그리스 지역의 점성술, 유대교, 이방종교, 자연신관 등에 대항하여 그리스도의 복음을 전한 순수 종교적인 인물이라고 생각한 것으로 보인다. 그러나 오늘날의 연구에 의하면 바울을 로마제국의 정치적 억압의 콘텍스트에서 이해해야 한다는 결론이 나오고 있다.

안병무의 공헌은 역사적 예수를 정치신학적으로 연구했었다는 데에 있다. 그의 70년대의 역사적 예수 연구는 당시의 세계적 학자들과 어깨를 나란히 하는 것이었고, 세계 신학에 공헌한 바가 컸다. 안병무의 예수 연구는 오늘날 크로산, 호슬리[7] 등의 역사적 예수의 연구에 견줄 수 있을 것이다. 그러나 안병무는 여기에서 멈추었고 바울에 가서는 정치신학적이 아니라 실존주의적, 인간학적인 이해를 보이고 있다. 여기에서 기존의 민중신학이 정치신학적으로 충분히 나아가지 못하게 된 것이 아닌가 생각한다. 결국 안병무도 바울을 개신교적으로 혹은 루터적인 관점(인간학적인 관점)으로 읽었다. 행위(율법)로가 아니라, 믿음(fides)으로 의롭다고 인정받

---

6) 안병무, 『생명을 살리는 신앙』(한국신학연구소, 1997), 234쪽.
7) 존 크로산이 지은 책은 많다. 『예수: 사회적 혁명가의 전기』(한국기독교연구소, 2001) 등이 있다. 리차드 호슬리의 책도 많이 나와 있다. 『예수와 제국』(한국기독교연구소, 2004), 『크리스마스의 해방』(다산글방, 2001) 등이 있다.

는다는 말을 루터의 관점이 아니라 정치신학적으로 읽으면 바울 당시에 그리스도에의 믿음은 또 다른 유형의 믿음에 대한 대항을 의미하는 것이 된다. 그것은 가이사 아우구스투스에 대한 믿음에 대한 대항이었다. 바울의 믿음은 정복자 가이사에 대한 믿음이 아니라, 십자가에 달리신 고난받은 자에 대한 믿음이었다. 그리고 평화를 얻는다고 하는 것은 가이사(권력)에 의한 로마의 평화(팍스 로마나)가 아니라, 그리스도를 믿음으로 얻는 평화를 의미했다. 여기에서 믿음은 예수 그리스도의(혹은 그의 하나님의) 신실하심(faithfulness)과 통하는데, 이것은 아우구스투스의 신실함과는 다른 종류였다. 당시에 『아우구스투스 평전』(Acts of Augustus)이라는 책이 있었는데 그 책에 믿음, 평화, 의로움 등등의 개념이 중요한 것으로 나온다. 바울은 이러한 로마적인 개념 언어에 대항해서 그리스도적인 언어를 내세웠다. 이렇게 바울은 로마권력에 저항했고, 그의 교회 즉 에클레시아는 로마제국에 대항한 대안 공동체였다.[8]

　예를 들어, 전통적인 개신교에서는 정욕(육)에 굴복하지 말라는 말을 그냥 개인적인 음탕함 등으로 해석하고 개인윤리로 보았는데 이젠 이것을 정치적으로 해석해야 할 것이다. 즉, 우리를 얽어매고 있는 구조적 억압기제가 육에 해당하는 것이며 이것을 벗어던지자는 것으로 읽어야 한다. 나는 바울이 희망에 대해서 쓴 구절에 감동받는다. 로마서 8장 24~25절에 소망에 대한 구절이 나오는데("눈에 보이는 소망은 소망이 아닙니다." hope against hope), 이것은 우리가 일반적으로 희망하는 것을 넘어서는 희망, 즉 기득권을 챙겨서 더 잘 되고자 하는 그런 희망, 육의 법 테두리에서의 희망이 아니라, 이런

---

8) *Paul and Empire*, ed. Richard Horsley, (Harrisburg, Penn: Trinity Press international, 1997), pp. 140~147. 또 중요한 책으로 Richard Horsley and Neil Asher Silberman, *The Message and the Kingdom: How Jesus and Paul ignited a Revolution and Transform the Ancient World* (Minneapolis: Fortress, 1997) 등이 있다.

것을 뛰어넘어선 희망을 말한다. 이렇게 우리는 바울을 정치적, 사회적 그리고 개인적·영성적인 것을 포함하여 통전적으로(wholistically) 그리고 우리 시대의 현실에 맞게(contextually) 읽어야 한다.

또 다른 예를 들어보자. 로마서 7장 22절 이하에 이런 말씀이 있다. "나는 속사람으로는 하나님의 법을 즐거워하나, 내 지체 속에는 다른 법이 있어서 내 마음의 법과 맞서서 싸우고, 내 지체 속에 있는 죄의 법에다 나를 사로잡는 것을 봅니다. 아, 나는 비참한 사람입니다." 이것을 인간학적, 실존주의적으로 읽지 않고 정치신학적으로 해석한다면 어떻게 될 수 있는가? 오늘의 현실에서 볼 때 육의 법은 무엇일까? 그것은 기득권이며, 현재로 만족하지 못하는 욕심이 아닌가? 오늘날 우리를 옥죄고 있는 신자유주의 경쟁구조, 한반도에서의 반공, 전쟁주의 들이 아닌가? 이것들은 우리를 포로로 만들고, 우리의 마음은 원하지 않는데, 육신으로는 우리가 이런 법을 따르고 있는 현실을 가리키는 것은 아닌가?

그렇다면, 영을 따르는 삶은 무엇인가? 그것은 우리를 노예로 얽어매어 놓는 그 법으로부터 해방하는 삶이다. 여기에 그리스도를 믿는 신앙의 요체가 있다. 이제 우리는 연습이 필요한데, 그것은 루터의 인간학적, 실존적인 눈으로 바울을 읽는 것이 아니라, 성서 그 자체로 바울을 읽는 연습이 필요하다. 우리에게 이미 들어와 습관화되어 버린 바울에 대한 편견을 과감하게 벗겨내는 노력이 필요하다.

바울을 인간학적, 실존주의적으로 이해할 때 바울이 말하는 "이 시대의 권세" "세상의 통치자들"(로마 5~8장; 고전 2:8) 등은 단지 율법, 죄, 죽음으로 해석된다(루돌프 불트만).[9] 이러한 해석은 성서 말씀 그 자체에 대한 왜곡이다. 이러한 왜곡이 우리 개신교회 안에 깊이 뿌리박고 있다. 그러나

---

9) *Paul and Empire*, p. 176.

우리가 이것을 "성서적으로" 해석한다면 여기에서 "세상의 통치자"들은 바로 제국의 정치적 통치자를 말한다. 로마의 가이사가 우리의 지혜, 구원자, 의롭게 해 주는 자, 거룩하게 하는 자가 아니라, 바로 예수 그리스도가 "우리에게 하나님으로부터 오는 지혜가 되시고, 의롭게 하여 주심과 거룩하게 하여 주심과 구속하여 주심"이 된다는 것으로 해석할 수 있다. 구원자(soter)는 가이사가 아니라, 그리스도임을 바울은 주장하고 있다.

안병무와는[10] 달리 김창락은 주로 바울에 대한 연구에 집중했다. 김창락은 바울의 서신 특히 그가 집중 연구한 갈라디아서는 하나의 사회적 갈등의 산물이라고 보았다. 싸움은 주로 유대계 그리스도인과 이방 그리스도인 (그리스계 그리스도인) 사이의 싸움이었다. 여기에서 바울은 유대계 그리스도인들 중 일부가 가지고 있던 유대주의적 전통의 고수(할례 강요, 율법 강조)에 대해서 공략했다. 김창락에 따르면, 바울은 그리스도 공동체 안에 들어온 이방인들은 유대적 그리스도인들에 의해 이등국민 취급을 받았다는 것이다.[11] 이러한 갈등과 차별의 구조 속에서 바울은 율법이 아니라, 은혜와 믿음으로 의롭다함을 받는다고 주장했다고 해석했다. 김창락은 바울의 의인론(義認論)은 이렇게 갈등과 억압이 있는 곳에서 해방의 복음이 될 수 있다고 주장한다. 김창락은 갈라디아서 메시지의 배경이 되는 가장 중요한 모순을 유대계 그리스도인과 비유대계 그리스도인 사이의 대립갈등이라고 보면서 이것이야말로 "원시 그리스도교회의 최대의 위기"라고 보았던 것이다.[12] 그는 이 위기를 극복하기 위하여 바울이 다음과 같이

---

10) 안병무가 바울을 비정치신학적, 실존주의적으로만 해석했다고 볼 수는 없다. 그는 바울이 죄를 구조적인 측면으로 이해했다고 했다. 죄를 추상적으로 혹은 개인적인 것으로 보지 않고 체제에 의해 규정되는 것으로 보았고, 그것은 곧 소유욕, 독점욕, 곧 공(公)의 사유화로 보았다. 그리고 사탄을 구조악이라고 보았다. 이것은 다분히 신앙의 구조적인 접근이며 정치신학적인 접근이라고 하겠다. 안병무, 『민중신학 이야기』(한국신학연구소, 1987) 198~203쪽.
11) 김창락, 『갈라디아서』 대한기독교서회 창립 100주년 기념 성서주석(대한기독교서회, 1999), 76쪽.

선언하였다고 보았다. "누구든지 그리스도와 연합하여 세례를 받은 사람은, 그리스도로 옷을 입은 사람입니다. 유대 사람이나 그리스 사람이나, 종이나 자유인이나, 남자나 여자나 차별이 없습니다. 그것은 여러분이 그리스도 예수 안에서 다 하나이기 때문입니다"(갈라 3:28). 이 텍스트를 보면, 바울의 오직 하나의 관심은 그리스도 교회 안의 화평, 평등, 우애, 하나됨인 것을 알게 된다. 김창락에 대한 나의 비판의 요점은 그는 바울이 로마제국 하에서 그에 대항하는 대안 공동체로서의 에클레시아를 꿈꾸었다는 것을 간과했다는 점이다.

그런데, 바울은 교회 안의 일에만 관심을 가지고 있었고 당시 억압적인 세력이었던 로마제국에 대해서는 무관심했던 것인가? 다른 바울서신에서는 세상권세에 대해서 언급하고 있었는데, 왜 갈라디아서에서만은 그렇지 않았는가? 물론 갈라디아서에서도 "악한 세대"(1:4)를 언급하지 않은 것은 아니다. 바울은 갈라디아서에서 갈라디아 교회의 문제점 즉 유대인과 이방인, 남자와 여자, 자유인과 종 사이의 차별의 현실을 보았고 이것을 극복하는 것이 무엇보다도 중요함을 느꼈다. 그런데 이것이야말로 에클레시아를 둘러싼 바깥 세계와의 긴장을 조성하는 것이 되었다. 바울은 그레꼬-로망 문화와 정치 제도 및 가부장제에 반대되는 대안적 공동체를 형성했던 것이다. 당시 로마제국이 지배하고 있던 그리스 지역에서는 남녀가 불평등했고, 특히 노예제도가 강고하게 존재했다. 바울은 이러한 로마의 지배적 체제에 대항하는 대안적 평등 공동체 형성에 최선을 다했던 것이다. 이것을 향한 길목에 유대주의, 율법주의 등이 가로막고 있었다. 그리고 로마의 지배질서를 대신할 수 있는 대안적 세계를 위한 근거를 십자가에 달린 그리스도에서 발견했던 것이다.

---

12) 위의 같은 책, 157쪽.

바울은 로마제국의 억압적이고 불평등한 질서를 극복하려 했다. 그의 방법은 비폭력적이었고 평화적인 것이었다. 그는 로마의 힘에 의한 거짓 평화와 불평등 구조로부터는 구원을 얻을 수 없다고 보고, 그리스도의 십자가를 내세웠다. 바울은 로마의 권력 근본주의자들, 유대교의 율법 근본주의자들과 싸웠고, 이 싸움은 팍스 로마나를 대신할 수 있는 평등공동체, 섬기는 공동체를 위한 싸움이었다.

6. 근본주의와 제국주의 그리고 민중의 저항

근본주의자들은 성서로부터 자신들이 필요한 부분을 선택한다. 그런 면에서 이들은 진정한 축자영감주의자도 아니다. 이들이 자신의 메시지를 위해 성서 텍스트를 선택하는 기준은 무엇이었나? 예를 들어, 순복음교회는 요한 3서 2절의 말씀을 재해석하여 텍스트 선택과 해석의 기준(해석학적 열쇠)으로 사용하고 있다. 그렇다면, 오늘날 빠르게 정치세력화하고 있는 한국의 근본주의자들의 해석학적 열쇠는 무엇인가? 오늘날 미국 중심의 신제국주의 시대에 근본주의자들은 크게 보아 제국인 미국을 옹호하는 친미적 사상을 가지고 있다. 한국의 근본주의자들과 네오콘은 미국의 근본주의자들과 네오콘과 손을 잡고 있으며, 이 둘은 모두 미국 중심의 세계질서 그리고 경제의 세계화를 열광적으로 지지하고 있으며, 이것에 저항하고 있는 북한을 악으로 규정하고 있다. 미국의 보호 아래 경제발전, 부국강국화를 추구하며 분배와 평등에 대한 요구를 잠재우고 있다. 그리고 북한과 교류 확대를 추구하는 세력에 대해서 강한 불신을 가지고 있다. 그리하여 기회가 있을 때마다 정치세력화하여 자신들의 입장에 동조하는 정치세력을 지지한다.

신제국주의 즉 가이사의 복음과 이에 저항하는 민중적 십자가의 복음이 존재한다. 한국의 교회적 지형을 보면 이 양대 진영 사이에 대다수의 침묵하는 복음주의적 기독교인들과 교회가 있다. 침묵은 힘 있는 자에 대한 동조와 지배질서에 대한 묵종으로 나타난다. 민중신학은 이제 대안적 에클레시아를 건설하여 제국의 복음에 저항할 수 있는 대안을 마련해야 할 것이다.

이러한 대안적 에클레시아는 해석학적 공동체이다. 그것은 심사숙고하는 공동체, 돌아가는 사태를 주의 깊게 주시하면서 성령의 움직임을 분간하는 공동체이다. 대부분의 교회가 생각 없이 주어진 조건을 받아들이며 개인적 영성의 문제에만 관심을 기울일 때에 자연과 민중은 피폐해지고, 생명은 죽어가며, 평화는 깨진다. 바울이 그러했듯이 대안적 교회공동체들을 조직하고 이들 간의 연대를 위해 힘쓰며, 악을 억제하는 복음을 선포해야 할 때이다.

제13장
제국과 민중

　한국의 역사 그리고 그 안에서의 민중운동을 경험적 근거로 하는 신학이 지금까지의 민중신학이었다. 그러나 이주 노동자들과 외국인들이 한국 사회 속에 실질적으로 참여하고 있는 지구화된 시대에서 오늘날의 민중신학은 더 이상 한국이라고 하는 울타리 안에서의 경험만을 성찰할 수 없게 되었다. 더 이상 민중을 한국의 민중에 국한시킬 수 없게 되었다. 민중은 지구적으로 특히 아시아적으로 존재하며, 전 세계 특히 아시아의 민중적 삶이 한국인들의 삶을 일정하게 규정하고 있는 상황에서 민중신학의 테두리를 한국과 한국인으로 한정시킬 수 없게 되었다. 오늘날 한국인들은 중국인들의 저임금으로 생산된 값싼 물건들을 소비하고 있고, 남미와 아프리카인들의 노동착취로 생산된 커피를 마신다. 이러한 상황에서 민중신학은 더 이상 한국 민중의 경험에만 기반한 신학이 될 수 없게 되었다. 한국 사람들은 세계의 다른 사람들과의 긴밀한 관계 속에서 존재한다. 이렇게 볼 때 민중신학은 더 이상 민족적 신학이 되기가 어렵다. 민중신학에서의 민중은 외국인들을 포함한 다양한 약자들과 소수자들의 연대로서 오늘날 지구화된 자본주의의 지배체제와 그것을 지탱하고 있는 제국의 폭력 그리고 독재자들의 무력에 의해 인간성이 상실되고 참여가 배제된 자들이 자신의 인간성의 회복과 자기 역사와 운명의 주인이 되고자 하는 열망을 상징하는 언어이다. 민중은 사회적, 역사적, 개인적 해방의 열망을 가진 모든 피지배자들을 상징한다.

신학적 이론은 실천에 의해서 내용이 결정된다(informed by practice). 이것은 민중신학의 기본 방법을 암시한다. 여기에서 실천은 주로 사회 운동을 가리킨다. 민중신학은 예수 그리스도를 중심으로 하고 있으며 예수 그리스도의 관점(그의 생각, 그의 운동)에서 사회 운동적인 경험을 성찰한다. 동시에, 민중신학은 사회 운동의 경험에 기초하여 예수 그리스도를 이해한다. 민중신학은 예수 중심의 신학, 실천을 성찰하는 신학, 실천에 의해 신학적 내용의 형태가 결정되는(in-formed) 신학이다. 민중신학은 민중의 집단적인 운동을 예수(와 성서)의 관점에서 보며, 동시에 민중운동의 관점에서 예수(와 성서)를 보는 작업으로서 이 양자를 오늘의 민중운동에 공헌하는 방향에서 종합한다.

지구화란 로컬은 적어지고, 글로벌이 확대되었음을 말한다. 지구적 시장이 전 세계 어디든지 지배하고 있다. 한국의 마켓에 가보면 미국이나 일본에서 볼 수 있는 상품들이 즐비하다. 그럼에도 로컬은 엄연히 존재한다. 특히 한국과 같이 고난의 역사가 점철되어 있는 나라일수록 그 콘텍스트는 독특하며 그만큼 콘텍스트를 담는 신학이 요구된다. 오늘날 한국이 처해 있는 상황을 가장 잘 설명해 주는 것은 남북한을 둘러싼 갈등과 평화의 문제이다. 현재의 문제는 민족적인 문제이며 동시에 국제적인 문제이고, 이것은 제국과 약소국 간의 문제이기도 하다. 이 장에서 본 연구자가 주로 다루고자 하는 것은 제국 안에서의 민족과 민중의 관계를 어떻게 볼 수 있느냐는 것이다.

민족이 가치의 면에서 지상적인 것은 아니다. 다만 다수의 민중의 생명을 보호하기 위해서는 민족(방어적 개념, 건설적 개념으로서)이 요구된다. 민족을 말할 때 민중을 함께 고려해야 한다. 민중 없이 민족은 무의미하다. 민족은 민중을 보호하기 위한 수단의 성격을 가지고 있다. 구약의 율법과 예언서들은 민중의 보호를 우선시했다. 예언자들은 민중을 억압하는 이스라엘 민족의 지배세력을 질타하였다. 민족이 민중을 보호할 수 없다면 그것은 존재의 가치가 없다는 것이고 그것은 구약 예언자들의 정신이기도 했다. 민중은 그만큼 신의 보호 대상이었다.

민중은 온갖 약자를 표현하는 총칭언어이다. 민중은 가상적인 통합된 집단을 가리키는데, 그 민중 안을 들여다보면 소수자 집단들을 비롯한 다양한 집단 그리고 더 많이 흩어져 있는 약자인 민중 개인들이 존재할 것이며, 이들의 가상적인 연대를 상정할 때 민중을 생각하게 되는 것이다. 그런 면에서 민중은 살아 있는 존재들을 일정한 의미를 가진 존재로 뭉뚱그리는 가상적, 상징적 개념이다. 그런 의미에서 민중은 역사에 의해 만들어진 개념이며 상징이다.

1. 제국, 민족, 민중

조선에 개신교가 처음 소개되었을 때의 상황은 제국주의의 지배에 의해 나라가 멸망하고, 나라를 잃은 민중들은 유리방황하게 되었을 때였다. 위기감과 불안감에 휩싸인 조선의 민중들이 개신교회에 몰려들었다. 그리하여 한국의 개신교회는 민중적, 민족적 성격을 강하게 띠게 되었다. 예를 들어, 한국 기독교는 일제로부터 독립을 위한 3·1 독립운동을 신앙적 사건으로 생각하고 있다. 민족과 민중은 한국의 기독교와 뗄 수 없는 관계였다.

민중신학자 안병무는 한국역사 속에 민족은 있었어도 민중은 없었다고 했다. 민족이라고 하는 테두리에 의해서 가리어지고 감추어졌던 민중, 그 민중은 사실상 민족이 위기에 처해 있을 때마다 그 위기에서 나라와 민족을 구하기 위해서 일어났었다. 민족이 위기에 닥쳤을 때 가장 고통당했던 세력도 민중이었다. 나라의 주권을 빼앗겼을 때마다 민중은 저항의 길을 택했고 고난당했다. 그리고 평상시에 민중은 민족의 이름으로 희생당해 왔다. 역사적으로 볼 때, 민중은 민족의 지배계층의 사치와 영광을 위해 동원되어 왔다. 1960~70년대 동안에는 민족의 부흥을 위해 동원된 수많은 노동자 농민 등 민중계층들이 저임금과 비인간적인 노동 환경으로 희생당했다. 이러한 희생을 양산하는 체제에 저항하였던 세력들은 탄압당하였다. 그런데도 이러한 희생양을 창출하였던 박정희가 오늘날 민족의 영웅으로 칭송되고 있다.

민족과 민중은 나뉠 수 없지만, 그렇다고 동일하지 않다. 그동안 민중은 민족의 그늘 속에서 가려졌을 뿐이다. 그만큼 민족(nation)이 역사의 무대에서 주역을 차지했던 것이다. 민중은 조역인 것처럼 보였지만, 사실은 민중이 역사의 진정한 주역이었다. 역사라고 하는 강물의 표면 밑에서 도도히 흐르고 있는 거대한 물흐름이 민중의 역사였음을 보지 못하였던 것이다. 한국의 역사 속에서 민족과 민중은 공동운명체이지만, 많은 경우 민족을 위해 민중은 동원되고 희생되었다. 민족이 부강해지면 민중의 형편이 나아질 수 있지만, 그렇다고 항상 그랬던 것은 아니다. 아니, 민족이 부강해지면 민중의 형편이 상대적으로 더 나빠졌던 것이 그동안의 경험이었다. 그렇다고 민중이 민족을 배제할 수 없었다. 민족은 민중을 보호하는 외피의 역할도 하기 때문이다. 단일민족으로 구성되어 있는 한반도의 경우 민족 없이 민중이 홀로 설 수 없었다. 민족과 민중은 불가분리한 관계에 있으며, 민족은 민중을 억압할 수도 있고, 보호할 수도 있고 중립적일 수도 있다.1) 때로는 민족과 민중이 구별되지 않을 때도 있었다. 그러나 상황의 변화에 따라 민족과 민중이 구분됨이 드러나기도 한다. 극단적인 경우, 민족의 발전을 위하여 민중이 동원되고 희생되었다. 이것은 박정희 시대에 나타났고, 오늘날의 지구화의 상황 속에서 민족주의적인 에토스가 다시 부흥되고, 민중의 희생 위에 경제개발을 추진했던 박정희가 다시 추앙되고 있다. 민족의 부강을 위해 신자유주의적 정책을 채택하고 있는데, 이것은 민중을 더욱 열악한 상황으로 몰아넣는다. 그리하여 민중을 다양한 방식으로 수탈하는 신자유주의의 구조 속에서 민족과 민중의 상황과 운명은 확연하게 구별되고 차이가 난다. 특히 빈부 격차의 확대를 매개로 하여 한국 경제가 발전되고 있는 상황은 민족과 민중의 운명이 크게 다르다는 것을 보여준다. 특히 외국인 이주 노동자들이 한국 사회에 대거 진출하고 있고 한국과 세계가 거의 구별이 어려워진 지구화의 시대에 민족과 민중은 더욱 구별된다.

민족과 민중에 대응하여 제국이 있다. 미국, 중국, 일본 등 제국 혹은 강대국들이 한국 민족과 민중의 과거, 현재, 미래에 대단히 큰 영향을 미치고 있는 것이 사실이다. 오늘날 민족은 둘로 갈라져 있다. 제국을 어떻게 보느냐로 민족 내부에서 그 입장이 갈리고 있다. 특히 민중과 민족의 지배자 사이에 입장의 차이가 두드러졌다. 그러나 제국에 대응하여 민족과 민중이 같은 입장을 가지고 힘을 합칠 때도 있었다. 제국이 지배하고 막강한 영향력을 발휘하고 있는 오늘날 약소민족들에게 있어서 민족은 긍정적인

---

1) 남북한을 단일민족으로 보았던 것이 그동안의 정설이었다. 그러나 오늘날 많은 민족이 이주 노동자로 한국에 들어와 일하고 있고 한국인과 결혼하여 한국인으로 살고 있다. 예전의 역사 속에서 북방민족과의 혼혈이 있었던 것을 차치하고라도 오늘의 이러한 현상을 볼 때 한민족은 더 이상 단일민족이라고 부르기가 어렵게 되었다. 그러나 아직도 민족의 개념은 유효하며 기본개념으로 서 있다. 왜냐하면 이들 이주민들도 한민족의 운명에 절대적으로 의존하기 때문이다. 한국 민족은 곧 한국이라는 나라와 동일시되고 있다.

의미를 가질 수 있다. 그럼에도 민족은 양면성과 모호성을 가진 실체라는 것을 위에서 지적한 바 있다. 제국은 민족과 국가들의 네트워크를 말한다. 많은 민족(ethnos)을 제국 안에 거느리고 그것을 통합하여 강력한 힘을 발휘한다. 물론 그 네트워크 안에 지배적인 민족(ethnos)이 있는 것이 사실이다. 미국 안에는 백인들이며, 옛 로마제국에는 로마인들이었다.

한국의 정치신학이며 상황신학인 민중신학은 민족과 민중의 역동적인 관계를 규명하여야 하며, 동시에 제국과 민족/민중의 관계를 성서적 관점에서 특히 예수의 이야기에 기초하여 규명해야 한다. 성서에는 제국, 민중, 민족의 역동적인 관계의 이야기들로 가득 차 있다. 심지어 이 삼자의 역동적인 관계가 표면에 드러나 있지 않은 텍스트들조차도 이것을 고려하지 않고서는 제대로 이해할 수 없다. 동시에 민중신학은 그 실천적인 근거를 사회 운동에 두어야 한다.[2]

가난한 자의 입장에서 계시와 성서를 보고 신학을 한다는 것은 신학적인 방법과 합리적인 선택에 의해서 결정되어 들어온 것은 아니다. 그것은 불합리한 입장에서 결정되어 들어온 것이다. 이렇게 불합리한 것은 신적인 어리석음처럼 보인다. 합리적인 입장에서 보면 민중에 대한 우선적인 선택은 합리적이지 않으며 부적합한 것이 분명하다. 가난한 자의 선택은 계시 그 자체에서 온 것이다. 인자는 이 세상의 가난한 사람들 가운데 계신다. 한국 대다수 교회들은 이 계시를 받아들이지 않고 있다는 점에서 반 성서적이고 반 그리스도적이다. 가난한 이들에 대한 관심을 오히려 비복

---

[2] 본 필자는 민중신학자로서 활동하고 있지만 민중신학은 이러저러한 것이라고 단정적으로 말할 형편은 되지 못한다. 한국에는 다양한 입장의 민중신학이 있다. 포스트 식민주의자들, 포스트 모던주의자들, 민중교회 목회자들, 한국과 동양의 전통사상에 기울어져 있는 신학자들 중에 민중신학자로 자신의 정체성을 밝히는 경우가 많다. 이들 모두 다양한 입장에서 민중신학을 건설하고 있다. 그러므로 본 필자를 포함하여 어느 누구도 민중신학은 이러한 것이라고 단정적인 언급을 하기 어려운 상황에 놓여 있다는 것을 밝히고자 한다.

음적인 것으로 간주하는 교회를 많이 보게 된다. 그러나 우리가 그리스도를 고백할 때, 그리스도가 가난한 자와 함께 했던 나사렛 예수임을 고백하는 것이 무엇보다도 중요하다.[3]

가난한 자들에 대한 관심을 비복음적으로 보게 된 것은 기독교가 가진 자들의 편에 섰기 때문이었다. 사실, 기독교는 4세기 이후 로마제국 하에서 지배종교가 되었다. 그리고 16세기 이후 가장 부강한 서구의 종교, 제국의 종교가 되었다. 그런데 우리나라의 경우, 이러한 제국의 종교인 기독교가 다른 제국인 일본에 저항하는 강력한 도구의 역할을 하여 주었다. 조선의 그리스도인들은 서구제국의 힘 일부(조선의 독립과 개화를 도와주었던 서구 기독교)의 도움을 받으며 일본제국주의에 저항했다. 3·1 독립운동은 기독교와 천도교 등이 중심이 되어 이루어진 운동이었다. 지금 한국교회가 취하는 미국에 대한 의존적인 태도는 그때 형성된 것이라고 할 수 있다. 이름난 사립학교들이 미국인 선교사들에 의해서 지어졌다. 오늘날 한국 대부분의 보수 교회들이 취하는 대미의존적인 자세는 이러한 역사적인 배경 속에서 나온 것이다. 한국 기독교는 서구제국에 약할 수밖에 없는 태생적인 한계를 안고 태어났다. 미국을 지지하며, 북한에 대한 지원 및 화해의 노력을 무산시키려 하고 있는 일부 한국교회의 모습은 태생적인 조건들을 극복하지 못한 사례가 아닌가 한다.

2. 제국, 민족, 민중의 역학 관계에 대한 성서적인 검토

본 연구자는 구약과 신약을 제국과 약소국 사이에서의 민족과 민중의 파노라마로 읽어야 한다고 본다. 성서 특히 구약은 물론 신약까지도 민중

---

3) Jon Sobrino and Ignacio Ellacuria, *Systematic Theology: Perspectives from Liberation Theology* (New York, N.Y.: Orbis Books, 1993/96) p. 144.

적, 민족적 운동의 과정을 보도하고 있다. 성서를 읽어보면 민족과 민중 그리고 제국의 관계 속에서 야훼신앙이 진전되고 발전되었다는 것을 알게 된다. 십자가의 사건도 제국과 민중 그리고 민족(ethnos)의 힘의 관계 속에서 나타난 사건이었다. 이것을 간과하고 추상적이고 보편적인 희생과 사랑의 사건으로 본다면 그 의미의 중요한 부분을 잃는다. 예수는 하나님의 나라 운동을 전개했다. 예수의 하나님 나라 운동은 제국과 민중과 민족의 콘텍스트 속에서 선포되었고, 또 그것의 관점에서 이해되어야 한다. 예수의 하나님 나라는 제국에 반대되고, 민중을 보호하는 사회적 프로그램의 성격을 가졌다. 예수는 이러한 콘텍스트를 배경으로 하여 하나님의 나라 운동을 했으며 이것으로 십자가에 달렸다.

　예수의 공생애는 로마제국하의 시기였다. 이미 로마의 황제 아우구스투스(BC 27~AD 14년 동안 로마를 지배)가 전 세계를 지배하고 있었고 팍스 로마나를 구가하고 있었다. 팍스 로마나는 힘에 의한 평화였으며 이것은 다른 민족과 민중에게는 엄청난 죽음, 착취, 재앙을 가져다주었다. 마태복음에 의하면, 예수가 공생애를 시작하기 전 광야에서 마귀로부터 3가지의 시험을 받았다. 하나는 돌이 떡이 되게 하라는 것이고, 예수의 응답은 사람이 떡으로만 사는 것이 아니라는 것이었다. 두 번째의 유혹은 거룩한 도시의 성전 꼭대기에서 죽음을 무릅쓰고 뛰어내려서 하나님의 천사들이 받아주는가를 시험하라는 것이었다. 예수는 하나님은 우리가 시험할 대상이 아니라는 대답을 주었다. 마지막으로 마귀는 예수에게 제국의 질서(평화)와 영광을 보여주면서 사탄을 섬기면 그것을 주겠다고 한다. 예수는 이를 사탄이라고 부르고 물리쳤다. 예수의 가장 큰 적은 제국의 힘과 영광 속에 깃들여 있는 사탄의 힘이었다. 예수의 하나님 나라 운동은 이러한 제국의 사탄과의 싸움으로 이어졌다. 이 제국은 부와 물질을 숭상하며, 신을 조롱하고, 힘으로 질서를 지킨다.

한반도는 제국과의 관계 속에 존재하여 왔고 앞으로도 그리할 것이다. 한민족은 제국의 간섭과 지배의 위협 아래에 존재하는 작은 민족이다. 이것은 한반도의 지정학적인 형편에서 어쩔 수 없는 운명이었다. 이스라엘의 역사적 운명과 한반도의 운명은 매우 유사하다. 지정학적으로, 이스라엘의 전략적인 가치는 상업과 군사적으로 중요하였다. 이스라엘은 이집트로부터 아시아로 그리고 아시아 즉 메소포타미아와 시리아로부터 이집트로의 상업적, 군사적 통행로였다. 한반도는 일본의 대륙진출의 교두보이자 통로였고, 중국과 러시아의 대양 진출로였다. 냉전시대 동안에 남북한의 분계선은 미소 양대 세력의 최전방의 대치점이 되었다. 한국인들은 대국들, 제국들 사이에서 대리전을 치르기도 하였다.

한반도의 문제는 제국들 간의 문제이다. 북핵 문제를 놓고 6자회담을 열고 있는 것도 이것의 단적인 예이다. 미국, 일본, 러시아, 중국, 남북한. 이러한 구도에서 나오는 긴장과 모순의 해결은 중동사태의 해결과 더불어 21세기 인류문명의 가장 중요한 문제들 중의 하나이다. 일제의 한반도 지배도 가츠라-태프트 조약과 같은 일본과 미국의 비밀협약의 산물이자, 일본의 제국주의적인 침략 진출의 산물이고, 남북한의 분단도 미소 양대 제국 간의 힘의 균형과 타협의 산물이었다. 그리하여 한반도의 분단은 민족과 제국 간의 문제가 되어 버렸다. 한반도의 역사는 민족 내부의 개혁과 반개혁의 갈등과 대결 그리고 한반도와 제국과의 긍정적 혹은 부정적인 관계성 속에서 규정되었다.

이스라엘이 남북으로 갈라져서 서로 형제국가이면서도 적대관계를 가졌다는 것은 우리 한반도의 경우와 너무나도 유사하다. 한반도가 중국, 일본, 러시아 등 강력한 제국들 사이에 끼어 있었듯이, 이스라엘도 남서쪽으로는 이집트, 동북쪽으로는 메소포타미아의 세력인 아시리아(BC 9세기)와 신바빌론(612~538) 그리고 페르시아(6세기), 마케도니아 (332~198), 로마,

이집트 등의 제국들 틈에 끼어 있었다. 이러한 지정학적인 배경 속에서 남북 이스라엘이 야훼 신앙의 전통을 공유하는 같은 민족이었듯이, 한반도의 남북은 같은 민족종교의 전통을 나눈 같은 민족이다. 이런 면에서 성서는 우리들에게 더 많은 계시적인 내용을 제공해 주고 있다.

성서 기자들은 이 남북이 하나의 공동체임을 고백하고 있다. 열왕기는 남북조 왕국의 역사를 연대별로 기록했고, 역대기는 남왕국의 역사만을 기록하며, 북왕국 역사는 남왕국과 관계된 부분만 거론했다. 다윗 시대에는 다양한 적들을 굴복시켰다. 팔레스타인(Philistines), 암몬(Ammon), 모압(Moab), 에돔(Edom), 아람-다마스쿠스(Aram-Damascus), 아람-조바(Aram-Zobah) 등 이스라엘과 유다의 동북쪽에 있는 이들 주변 나라들을 정복하고 굴복시켰다. 이러한 헤게모니는 솔로몬 시대에 흔들리기 시작하였다. 솔로몬 시기에 아람-다마스쿠스가 분리되어 나갔고, 에돔도 저항하기 시작하였다. 모압은 계속 남북조 이스라엘의 지배하에 있었다가, 아합이 죽자 폭동을 일으켜 이스라엘과 유다로부터 독립되었다. 기원전 9세기 아람-다마스쿠스는 이스라엘과 유다와 끈질기게 전쟁했던 적국이었다. 다마스쿠스인들은 9세기 말까지 지속적으로 이스라엘과 전쟁했다.[4] 제국과의 관계를 보면, 아시리아 제국은 8세기 중반에 시로-팔레스타인 지역에서 지배적인 힘으로 나타났다. 그리하여 북왕국을 패망시키고, 남왕국을 약 1세기 동안 속국으로 삼았다. 약간의 간격이 있은 후, 신바빌론 제국이 이 지역의 지배자로 등장, 남왕국을 멸망시켰다. 이집트는 그 중간에 이스라엘을 침략했다(열왕상 14:25~28; 열왕하 23:29~35). 그러나 유다는 북왕국이 아시리아에 의해 멸망당하고 예루살렘마저도 아시리아의 점령하에 놓여 있을 때 그리고 신바빌론이 예루살렘을 함락했을 때에 이집트의 힘

---

4) Norman Gottwald, *The Politics of Ancient Israel* (Louisville, Kentucky: West- minster John Knox Press, 2001), p. 87.

을 빌리려고 했지만 실제로 이루어지지는 않았다(열왕하 18:21; 예레 37:5~10; 44:30). 또한, 국제관계와 전쟁이 남북조 각각에 매우 다르게 얽혀 있음을 볼 수 있다. 남왕국 아하스는 아시리아의 티글랏필레셋에 도움을 요청하여, 시리아(수도 다마스커스)의 르신(Rezin)과 북이스라엘의 베가(Pekah)의 협공을 막는다. 이러한 내용은 열왕기하 16장 5절과 이사야 7장 1절 이하에 동시에 나온다.[5]

한반도는 중국, 일본, 러시아, 미국에 둘러싸여 있고 중국의 침략, 일본의 지배를 받았었다. 일본과는 수차례의 전쟁이 있었고, 중국과도 마찬가지였다. 한일 간 화해의 신학을 형성하기 위해서는 평화와 정의 및 생명에 기초한 신학이 교류되어야 한다. 양국 간의 갈등의 요소들, 즉, 독도문제, EEZ의 문제, 무역역조의 문제, 야스쿠니 문제, 과거사의 문제, 북일 간의 문제 등도 평화와 정의 및 생명의 입장에서 풀어가야 하며, 신학이 여기에 기여하여야 한다.

3. 제국의 모호성의 혼동을 넘어서

페르시아의 지배는 유다를 오히려 강화시켜 주었다. 페르시아는 유배된 유대인들을 다시 돌려보내 유다의 재건을 도왔다. 이때가 에즈라-느헤미야 시대였다. 페르시아는 바빌론의 포로로부터 유다를 구해서 식민지 유다의 재건을 도왔다. 고레스(사이러스)는 해방자, 메시아로 간주되었다. 이것은 이사야 40~55장에서 잘 나타난다. 페르시아는 유다에게 재정적인 지원과 군사적인 보호를 제공하기까지 하면서 유다의 종교, 문화, 군사, 시민적 삶의 구조를 재건하는 데에 지원하여 주었다.[6]

---

5) 위의 책, p. 88.
6) Gottwald, p. 105.

여기에서 제국의 다양한 모습을 볼 수 있다. 즉, 제국은 자비로울 수도 있고 악하거나 잔인할 수도 있다. 제국 미국이 한국인들에게 어떤 존재인가를 놓고 많은 논쟁이 벌어지고 있다. 이사야 선지자가 보듯이 자비로운 페르시아냐 아니면 신바빌론과 같은 극악한 존재냐? 간단히 흑백을 나누기는 어렵다. 분명한 것은 미국이 북한과의 적대적인 관계를 갖고 있으며, 남한에 군사, 정치, 경제적으로 절대적인 영향을 미치고 있다는 점에서 미국과 한반도와의 관계는 예사로운 것이 아니다. 그렇다고 적대적인 관계를 갖기에는 제국들 사이에 끼어 있는 한국의 입장에서 불가하다. 한반도의 관점에서 보면, 미국과 일본의 연합적인 관계, 지구의 대부분의 문제에 미국이 개입되어 있고 여기에 준(準, semi) 제국으로서 일본을 개입시키고, 동반자로서 참여시키고 있다는 점은 한반도에 위협적인 전조를 던져주고 있다. 일본은 한반도와 바다를 사이로 한 이웃 국가이면서도, 가끔 강력한 제국으로 등장하여 조선을 침략하고 급기야는 식민지로 지배하였다. 한국 기독교는 종종 일제를 바빌론 포로기로 비유했다. 그리고 미국을 페르시아로, 맥아더와 같은 사람을 고레스로 비유하고자 했다.

또 다른 제국 이집트는 강대국이었지만, 자기 나라의 문제에 골몰했다. 이집트는 이스라엘에 매우 가까운 나라였으므로 자연스레 관계가 많았다. 이집트는 이스라엘에 큰 영향을 주었는데, 적대적일 때도 있었지만, 이스라엘과는 친근한 관계를 가질 때도 있었다. 예수가 어렸을 적에 이집트로 내려갔던 얘기나 요셉 이야기, 야곱과 그 아들들의 이집트 체재 이야기로부터 이집트의 억압 속에서 모세가 히브리인들을 해방시킨 이야기 등에서 보듯이 이집트는 이스라엘에 매우 중요한 작용을 했다.

미국을 로마로 보느냐 아니면 페르시아, 혹은 이집트로 보느냐 등도 제국의 애매모함을 말해준다. 아우구스투스의 팍스 로마나는 팍스 아메리카나와 종종 비교된다. 이에 대항한 새로운 문명, 이것을 포스트 문명

(post civilization)이라고 볼 수 있는데, 이것은 곧 포스트제국의 시대라고 할 것이다. 이것이 예수의 하나님의 나라 운동이며, 이것이 바울의 그리스도의 주권 사상이다. 어쨌든 제국으로서의 미국은 하나님의 경륜에 어긋난다. 미제국은 자신이 힘을 더욱 강화, 유지하기 위해 타민족과 민중의 희생을 요구하며 착취할 것이다. 이러한 미국의 입장은 한반도에서 자주 드러나고 있다. 미국은 한민족의 장래 문제를 자신의 기본 관심으로 삼지 않는다. 기본 관심은 미국제국의 이익이다.

일본이 야스쿠니 신사에 참배하는 것은 일본을 아시리아나 신바빌론으로 보게 한다. 아시리아나 신바빌론은 모두 국가적, 민족적 신을 섬기고 이것을 다른 민족에게 강요했다. 그러나 성서는 심지어 신바빌론도 긍정적으로 볼 때가 있었다. 예레미야는 바빌론에 친화적이었다. 무능한 왕권에게 유대민족주의를 내세워 바빌론으로부터 독립을 꾀하려고 했던 한나니아를 예레미야는 조롱했다. 예레미야는 당시의 정세를 정확하게 보았다고 하겠다. 예레미야는 민족주의적인 믿음만 가지고는 복잡한 정세에서 유대민족이 살아남을 수 없다는 것을 알았다. 예레미야는 민족과 민중의 입장에서 국제정세를 보았다. 예레미야는 유대민족의 지도자들이 민족주의를 내걸면서 제국과의 전쟁을 불사하는 모험을 감행하려고 하는 무모함을 질타하였다. 예레미야는 민족과 민중의 생명을 중시하였다. 특히 전쟁이 일어나면 아무 죄 없이 죽을 수밖에 없는 민중의 생명을 보호하려고 하였다. 예레미야의 이러한 입장은 예수의 정치적인 입장과 거의 같은 것처럼 보인다. 기원후 1세기 초 유대의 역사적 상황은 유대인들이 민족의 독립과 정체성을 찾기 위해 로마제국과의 한판 전쟁을 벌이는 방향으로 흘러가고 있었다. 이러한 역사적 상황 속에서 공생애를 지냈던 예수는 전쟁의 위험을 막기 위해 평화를 외쳤고, 원수들을 사랑하라고 하였으며, 유대사회의 내적인 갱신을 위한 운동을 벌렸다. 예수는 전쟁에 의한 생명파괴를 지혜롭게 피하고 생명을 보호하려고 하였다. 예수는 제국에 대응하여 젤롯당과 같은 민족주의자들처럼 무모한 모험주의를 감행하려고 하지 않았다. 예수는 로마에 직접적으로 저항하지 않았지만 결국 로마에 의해서 순교당했다.[7]

예레미야는 유대민족의 내부적인 개혁을 추구했고, 그것의 기초는 모세의 계약법 전통이었다. 그는 정의를 외쳤고, 민중의 보호를 가르쳤다. 예레미야는 정의에 기초한 내부적인 개혁과 정신적인 변화를 위해 노력하지 않고 주어진 현실 속에서 안주하며 민족을 지킬 수 있다고 하는 비현실적인 믿음이 갖는 한계를 꿰뚫어보았던 것이다. 예레미야의 이러한 내부 개혁적인 메시지는 제국의 지배 시대에 약소민족들이 경청해야 할 것이다. 만약에 사회 운동이 의식의 변혁운동이고 문화변혁운동을 중요하게 포함하는 것이라면, 예레미야의 민족과 민중 전체의 철저한 회심, 돌아섬, 내적인 변화의 메시지는 여기에 적합하다고 하겠다. 그리고 이러한 민족 전체의 집단적인 회심의 요청은 모든 예언자들의 기본 메시지였다. 오늘날 사회 운동은 이러한 예언자들의 입장에서 출발해야 한다. 예언자들은 민족과 민중의 영적인 상태의 변화를 요구했다. 이것은 의식의 변화를 말한다. 우리 민족은 안전하며 모든 것은 저절로 잘 해결될 것이라고 하는 거짓된 안전의식을 가지고 있다. 집단적인 개혁의 노력이 없이 다 잘 되어

---

7) Marcus J. Borg, *Jesus A New Vision: Spirit, Culture, and the Life of Discipleship* (San Francisco: Harper & Row, 1987), p. 92 참조. 보르그에 의하면, 기원전 63년에 있었던 로마에 의한 팔레스타인의 복속은 정치적 경제적 억압과 갈등을 가져왔다. 로마의 지배하에서의 이중 세금, 유대 종교에 대한 억압 등은 유대인들의 민족적인 감정을 상하게 하였다. 유대인들은 토라에 기초한 "성결의 정치(the politics of holiness)"로 로마의 이방종교문화의 지배를 막으려고 하였다. 이러한 모순과 갈등은 예수 시대에 와서 증폭되고 있었다. 예수가 활동하던 시기는 전쟁을 향해 가는 시기였다. 예수의 생애 동안에 전쟁이 일어나지는 않았지만 그가 십자가 처형을 당한 후 한 세대가 지난 AD 67~70년에 유대-로마 전쟁이 일어나 예루살렘이 멸망되었다.

간 것이라고 하는 거짓된 안심으로부터 벗어나는 것이 급선무이며, 이것이 사회 운동의 필요성을 말해준다. 예레미야는 바빌론의 침략은 이것을 막지 못했던 유다 지배층에 대한 하나님의 심판이라고 보았다. 제국의 시대에서 고민하고 민중의 구원을 위해 고민하던 예레미야의 모습에서 오늘날 필요한 신학자적인 자세를 발견할 수 있다. 제국 세력 앞에서 위기에 놓여 있는 민족과 민중의 현실을 보고도 하나님의 축복만을 설교하고 있는 한국교회에 대해 우리는 어떻게 해야 하는가. 한국교회는 제국의 모호성에 현혹되어 있는 것은 아닌가? 제국이 우리들을 잘 보호해 주고, 잘 인도해 줄 것이라고 하는 허위의식에 빠져 있는 것은 아닌가? 신자유주의 정책 등 제국이 원하는 것을 다 들어주고 하라는 대로 하면 되는 건가? 한국 대형교회의 목사들이 외치고 있듯이 제국에게 우리의 운명을 맡기면, 우리는 안전해지는 건가? 제국의 한쪽(미국)만 믿고 한반도를 둘러싼 다른 제국이나 세력에 대해서는 호전적이기까지 하는 한국교회는 예수와 예레미야의 모습과는 다른 모습을 보이고 있는 것은 아닌가?

4. 예수의 하나님의 나라 운동은 반제국 운동

하나님 나라 운동이 가지는 의미는 첫째, 지배자들에 대한 심판의 의미, 둘째, 이스라엘의 갱신의 상징으로서의 의미를 가진다. 셋째, 위의 두 번째 의미와 연결되어, 보다 적극적인 대안적 의미를 가지는데, 특히 제국과 그 예속에 대한 대안으로서의 의미를 갖는다. "예수의 하나님의 나라"와 "바울의 그리스도의 주권" 사상은 모두 "2차적, 부정적으로"(secondarily and negatively) 로마제국에 저항하지만, "1차적, 긍정적으로"(primarily and positively)는 "지역적, 일상적, 매일의 차원"에서의 지구적 정의를 추구하는 신적인 프로그램이라고 하겠다.[8] 하나님의 나라 운동은 구체적으로 다음의 의미를 가진다. 1) 이것은 무엇보다도 의식개혁운동이다. 하나님의 나라 운동은 진정한 민중운동의 원형이다. 정의에 기반한 민중운동은 곧 사회 운동이며 이것은 곧 하나님의 나라 운동이다. 2) 의식개혁운동으로서의 하나님의 나라 운동은 여기에서만 멈추지 않는다. 의식개혁은 곧 사회제도적 개혁을 동반한다. 의식개혁은 보다 근본적인 것이며, 항상 제도적인 변환을 수반한다. 그렇다고 제도적인 개혁이 운동의 전체가 아니다. 보다 근본적이고 전체적인 것은 의식의 변화, 문화의 변화이다.

예수는 유대의 경직된 종교와 싸우고 유대의 지배체제와 싸웠으며, 그것이 결탁하고 있는 로마체제에 반대하는 운동 즉 하나님의 나라 운동을 벌였다. 구체적으로는 피폐한 민중들의 삶을 다시 세우는 일이었다. 이를 위해서 병약자들의 병을 고쳐서 정상적인 생활을 하게 도와주었고, 굶주린 자들을 보호하였다. 그가 했던 일 중에 많은 부분은 병자들을 고쳐주는 것이었다. 병자들이야말로 가장 무기력한 존재였다. 예수는 사물이 갖고 있는 문제의 뿌리까지 들여다볼 수 있는 눈을 가지고 있었으며, 이러한 병자들과 가난한 자들을 낳는 체제에 대해서 비판하였다. 그리하여 종교와 지배질서를 묶은 성전 지배질서를 정화하려고 하였다. 그리고 이것의 옹호자들, 바리새인들, 사두개인들, 제사장들 그리고 헤롯당들에 대해서 강한 비판을 가하였다. 이것의 결과로 예수는 사형당했다.

바울은 주로 유대계 크리스천들과 투쟁하였다. 이것은 주로 좁은 유대주의가 크리스천 신앙 안에 들어오는 것을 막고, 크리스천 신앙이 보다 보편적인 가치, 보편적인 사랑과 정의의 가치를 옹호하는 것이 되기를 원했다. 좁은 유대민족주의와 제국의 보편적인 현세적 문명에 대신하여 새로운 보편적인 문명이 필요하다고 보았고 그것이 예수 복음의 실체라고 생

---

8) John Dominic Crossan and Jonathan L. Reed, *In search of Paul* (N.Y.,: Harper, 2004) p. 412.

각했다. 그리하여 예수와 바울은 공통적으로 제국주의적인 힘에 의한 평화의 문명을 대신할 수 있는 보편적인 평화, 힘에 의한 승리에 기반한 평화(peace by victory through force)가 아니라 사랑과 겸손한 봉사를 수반하는 믿음에 의한 평화를 추구했던 것이다.

예수의 근본적인 메시지와 실천은 하나님의 나라와 하나님의 지배를 위한 것이었다. 이것은 대부분의 성서학자들의 공통된 의견이다. 복음서들은 예수가 하나님의 나라, 하나님의 통치의 화신이라고 할 정도로 하나님의 통치를 위해 전념하고 있었음을 보여준다. 그의 하나님의 통치를 위한 복음의 메시지는 그의 십자가에 의해서 그 극점에 이르렀고, 그의 부활에 의해서 완성되었다. 여기까지는 대부분의 신학자들이 합의하는 부분이다. 그러나 그 다음부터는 그 해석에서 차이를 보여 왔다. 민중신학자들은 정치적 해석을 선택한다. 민중신학은 하나님의 통치가 갖고 있는 정치적인 함의를 중시한다. 복음서를 정치적인 상황에 근거하여 해석하며, 예수의 메시지를 당시의 지정학적인 상황 속에서 읽는다. 유다를 둘러싼 로마제국의 상황 속에서 유다의 지배계급은 로마제국에 의존하여 자기들의 지위를 유지하면서, 로마제국의 체제를 유지하는 데에 도움을 주었다. 유다 민족주의자들은 "성결의 정치"를 앞세워 무모하게 로마제국에 저항하였다.[9] 예수는 이러한 상황 속에서 평화와 정의를 추구하였다. 이것은 하나님 나라 운동의 요체였다.

5. 제국의 질서에 편입된 민족국가

1990년대 초 소련과 동구 사회주의권 등 현실 사회주의권이 붕괴된 이

---

9) 성결의 정치에 대한 설명은 위의 각주 7번에 있다.

후 세계질서는 미국을 정점으로 하는 제국의 질서에 편입되었다. 미국은 월등한 경제력과 군사력으로 세계를 지배하며 민족국가들의 방어벽을 무력하게 만들어 세계를 하나의 시장으로 통합하였다. 미국은 유럽연합이나 중국 및 일본 등 준-제국들과 일정한 협력관계를 맺으며 약소국가들을 다양한 방법으로 강요해 제국의 질서 속에 편입시켰다. 이러한 질서에 순응하지 않는 민족국가들은 도태되고 희생양이 되었다. 북한, 쿠바 등이 미국으로부터 경제제재, 군사적 제재를 받았다. 특히 북한은 기아로 인한 수백만 명의 희생자를 냈고, 경제적인 위기가 지속되고 있다. 이리하여 오늘날 신자유주의 정책을 기조로 하지 않는 국가는 거의 없다. 그러한 정책을 통해 노동의 유연화를 실현하지 않으면 곧 경제적 파산 위기에 당면하게 된다. 노동자들, 농민들 등 민중을 통제하는 것이 신자유주의의 요체이다.

오늘의 세계질서는 민중과 자연의 희생 위에 세워졌다. 오늘날에는 민족이나 국가가 더 이상 민중을 보호하는 외피의 노릇을 하기 힘들게 되었다. 민족과 국가가 제국의 논리를 좇아가고 제국의 질서에 참여하고 있기 때문이다. 지식을 만들고 퍼뜨리는 학계나 언론계도 같은 제국의 논리를 정당화해 주고 있다. 이들도 제국의 질서에 순응하지 않으면 도태되기 때문이다.

6. 민중과 자연을 희생양으로 삼는 세계에 대한 심판과 구원

제국은 자신들의 힘을 유지하고 제국의 질서를 유지하기 위해서 희생양을 필요로 한다. 제국은 인간의 집단적인 욕망의 최대 표현이다. 이것은 신을 대신하려고 하는 인간의 반신적(反神的)인 욕망이며 일정하게 희생양을 요구하는 악마적인 존재이다. 구체적으로 말하면, 제국의 신자유주의 정책은 민중을 희생양으로 삼고 고난의 영속적 순환 구조 안으로 묶어 놓는다. 미국의 침략을 받은 이라크는 제국에 의해 희생된 한 예라고 하겠다. 제국의 잘못으로 이라크와 미국의 민중들(이라크에 파병된 미군들은 대부분 민중 출신의 젊은이들)이 죽어가고 있다. 제국을 위한 대리전쟁이었던 한국전쟁도 제국들이 마련한 희생제사였다. 희생제사에는 대신 죽는 존재들이 있다. 이들은 아무 죄 없이 죽는 희생양이며 민중들이다. 죄 없는 민중이 희생당한다는 것은 희생양을 만드는 사회체제가 죄악과 모순이라는 것을 입증한다. 인간 삶의 다방면에서 예전보다 경쟁이 더 치열해졌다. 이러한 상황 속에서 수많은 낙오자들이 발생하게 되었지만 이 낙오자들을 보호하는 복지사회 시스템과 정책들은 점점 사라져 가고 있다. 오늘날의 세계는 약자들을 희생양으로 내모는 세계가 되어 버렸다.

지구적 신자유주의 시장 체제의 무한 경쟁구조 속에서 낙오되는 사회적 약자들, 특히 제3세계 내의 사회적 약자들이 가장 큰 희생을 당하고 있지만, 이에 못지않게 큰 피해를 입는 것이 자연이다. 우리의 자연환경은 무차별적으로 착취당하고 있다. 지구 기후 변화 등 환경파괴에 의해 가장 피해를 보는 사람들은 지구촌의 사회적 약자들이다. 이들은 자연재해에 의해서 뿐 아니라 신자유주의적 체제에 의해서 희생당하고 있다. 이들은 죄를 저지르는 존재가 아니라, 죄의 구조에 의해서 죄를 당하는(being sinned against) 존재들이다.

제국은 말할 것도 없고, 민족(국가)은 민중에게 항상 선하지 않았다. 많은 경우, 민중에게 해를 끼친다. 특히 민족과 국가가 신자유주의의 정책을 앞장서서 택한 결과는 민족의 지배계층(경제적 강자들, 특히 재벌들)을 살찌우는 것으로 나타나고 있다. 민족은 곧 지배계층이라는 등식이 역사 속에서 반복되어 왔다. 민족이 가지는 적극적인 가치를 과신할 수 없다. 제국과 민족은 힘을 합쳐 오늘날 희생양들을 영속적으로 만들어 내는 구조를 만들어 놓았다. 이 구조에 동의하고 참여하여 혜택을 보는 사람들은 이 구조

가 희생양을 생산하는 일에 참여하는 공범이기 때문에 이들 안에서는 진정한 해방이 존재할 수 없다.10)

오늘날 민중은 아무리 노력하고 발버둥을 쳐도 못살고 존경은커녕 멸시당하지 않으면 다행이다. 이 세상에서는 유전무죄, 무전유죄가 통한다. 그래도 옛날에는 아무리 못살아도 혼자 공부 열심히 하면 좋은 대학을 가고 잘살 수 있었다. 요즘에는 못사는 사람은 좋은 대학에 가기가 힘든 세상이 되었다. 빈익빈 부익부, 세대를 넘어 가난과 부가 대물림하는 세상으로 고정되어 가고 있다. 이러한 사정에 대해서 욥은 저항하고 있다.

> 어찌하여 악인이 생존하고 장수하며 세력이 강하냐
>
> 그들의 후손이 앞에서 그들과 함께 굳게 서고 자손이
>
> 그들의 목전에서 그러하구나
>
> 그들의 집이 평안하여 두려움이 없고 하나님의 매가
>
> 그들 위에 임하지 아니하며
>
> 그들의 수소는 새끼를 배고 그들의 암소는 낙태하는 일이 없이 새끼를 낳는구나.
>
> - 욥기 21:7~10

미국에서 활동한 프랑스인 문화학자 르네 지라르는 욥을 전형적인 희생양으로 보았다. 욥의 세 친구는 욥에게 그에게 닥친 모든 불행과 재앙은 욥의 잘못에 의해서 된 것이지 결코 사회구조에 의해서 이루어진 것이 아닌 것이고 그 잘못을 신이 벌하신 것이라고 설득했다. 이 설득이 통한다면

---

10) Walter Wink, "The Gladsome Doctrine of Sin", *The Living Pulpit*, the electronic edition, Oct-Dec, 1999: pp. 4~5에서 Wink는 구원은 절대 초월자로부터 올 수 있다고 한다. 여기에서 절대 초월자란 다름 아니라, 불의한 구조를 초월한 존재를 가리킨다. 불의한 구조 속에 참여하는 자(神)로부터 구원이 올 수 없다.

무죄한 자의 고난과 희생은 응당한 것이 된다. 그의 잘못의 대가로 얻은 당연한 결과가 된다. 이렇게 되면 희생양을 양산하는 체제는 유지되고 만다. 욥은 이것의 부당함을 고발하였다.[11] 성서에는 욥 외에도 희생양들이 많이 나온다. 레위기의 희생제사를 논외로 하더라도, 여성신학자들이 부각시킨 레위인의 첩, 입다의 딸(이들은 잔인하게 희생제물로 바쳐졌다) 이야기 등을 들 수 있다. 예수의 이야기 중에 예수 주위에 몰렸던 많은 사람이 당시의 사회적 희생양들이었다. 우리가 무엇보다도 주목할 대상은 그 시대의 희생양의 체제에 의해서 희생되었던 예수이다. 그는 희생양이 된 민중의 대표였다. 이와 같이 희생과 희생자가 요구하는 정의라는 주제는 기독교에서 가장 중요한 주제가 되었다. 희생양을 어떻게 이해해야 하느냐는 민중신학에서 중요한 주제로 자리 잡았다.

희생양으로 내몰고 있는 경제·정치적 구조에 덧붙여서 이러한 구조에 대한 철학적·신학적·종교적 정당화가 동시에 진행되고 있다. 희생양의 구조는 고난당하는 민중들의 자발적인 동의를 구한다. 이러한 동의가 굳건히 자리 잡힌 사회일수록 겉으로는 안정되어 보이지만 속으로 갈등과 불의가 판을 친다. 예수는 반복되는 예배의식보다는 먼저 형제들과 화해를 하라고 했고(마태 5:23~24), 호세아의 말을 빌려서 신은 희생제사보다는 자비를 원하신다고 선포했다(마태 9:13). 예수의 정의는 사랑과 자비의 정의인 것인데 반하여, 강자의 정의는 보복 심판적 정의 즉, 잘못에 대한 응분의 대가를 치름에 의한 정의였다. 전문적인 용어를 사용하면, 예수의 정의는 distributive justice(분배적 정의)라고 하고, 강자의 정의는 retributive justice(보복적 정의)라고 할 수 있을 것이다.

오늘날의 희생양을 양산하는 지구적 구조는 보복적 정의에 기반하여

---

11) René Girard, Job, *the Victim of His People* (Stanford, CA: Stanford University Press, 1987)

성립되어 있다. 즉 민중이 사회에서 버림받는 희생양으로 전락하게 된 것은 민중이 뭔가 잘못했고 흠이 있기 때문이라는 것이다. 그렇기 때문에 그 값을 치른다는 것이다. 이러한 관점에서는 그들을 도와줄 필요가 없지만 만약 도와준다면 시혜적인 수준에서 할 수는 있을 것이라는 것이다. 보복적 정의는 심판과 징벌을 필수적인 과정으로 간주한다. 그렇다면 오늘날의 민중이 무엇을 잘못했는가? 무엇을 잘못하였기에 운명의 신으로부터 이러한 징벌을 받는 것인가? 도덕적인 해이? 부지런하지 않은 것? 사실, 가진 자들이 더 그러하지 아니한가? 욥이 탄식한 것처럼 강한 자들은 편히 쉬고 노는데 더욱 강해지고 더 부자가 되는 것이 오늘의 현실이 아닌가? 가난한 자, 약한 자는 그들의 가난과 사회적 약함 때문에 고통받는 것이라고 말하는 것이 더 정직한 것은 아닌가? 강자들은 민중은 이 사회적 구조 속에서 적응할 수 있는 능력이 없기 때문에 희생양으로 내몰리는 것이라고 설명한다. 그러나 그 적응능력을 갖지 못하는 것도 사실은 그들의 약함과 가난함에서 비롯된다. 민중은 오늘의 신자유주의적인 강자 중심의 체계 아래에서 생존을 위한 적응능력을 키울 형편에 있지 않다. 민중이 이 부적응 때문에 운명(신)으로부터 벌을 받는다고 말할 수 있겠는가? 만약 그러한 신성이라면 예수의 자비의 하나님과는 너무나 거리가 멀다.

오늘날의 세계는 이러한 희생양을 만드는 구조를 영구화하려는 강한 집념을 보이고 있다. 이것은 지구화 과정 속에서 제국의 세계 지배 정책과 신자유주의 정책에 의해서 강화되고 있다. 이 정책들은 철학적·종교적·신학적인 정당화를 동원하여 이에 저항하는 모든 세력들을 무능력자 혹은 부적응자로 내몬다. 사람들은 낙인찍는 일을 쉽게 모방한다.[12] 지구화와

---

12) 대중들이 소위 "왕따시키기"라고 하는 희생양 만들기를 모방(mimesis)하려는 욕망 때문에 이러한 부정적인 모방이 쉽게 전염된다는 점을 Renê Girard는 그의 여러 저서에서 분석하였다. 이러한 부정적인 모방이 일어나는 사회는 그만큼 희생양을 양산해 내며, 이러한 사회를

제국의 시대에 낙오자로 몰린 민중은 사회에 대해 아무런 발언권을 가지지 못한다. 한국의 민중 아니, 아시아의 민중은 죽었다는 발언이 나올 정도이다. 그러나 이러한 희생양을 양산하는 체제가 항상 절대적으로 강고한 것은 아니다. 이러한 희생양의 체제(the scapegoat mechanism)의 틈새에서 약자들의 연대인 민중과 다중이 성장하고 있다. 그들은 새로운 꿈을 꾸고 있다. 그들은 희생양을 생산하는 체제의 맥을 끊는 새로운 삶의 질서를 꿈꾼다. 오늘날의 민중과 다중은 이것을 예수가 보여준 활동과 말씀 특히 그의 하나님의 나라 운동에서 발견한다. 약자들은 자신들의 보호자로서 신을 찾는다. 그 신은 그의 아들인 예수를 보냈다. 예수를 통하여 약자들을 보호하였다. 요한복음에서는 예수가 예수 자신과 성령을 변호자(the Paraclete, Counsellor)로 불렀다고 보도하고 있다. 예수와 성령은 억압적인 세계 질서 속에서 민중의 입장을 변호하는 변호자인 것이다.

그럼에도 우리는 민중의 미래 역사에 대해서 낙관할 수는 없다. 예수에 의해서 성령이 보내졌고 성령이 우리와 함께 한다는 것을 믿고 경험하고 있다고 하더라도 현실을 쉽게 낙관할 수 없다. 민중의 희생을 강요하고 있는 세력과 체제는 여전히 강고하다. 그러나 예수를 사랑하는 그 하나님은 우리를 사랑할 뿐 아니라 이 우주의 모든 생명을 사랑하신다. 하나님은 성령 속에서 민중과 자연의 고난에 함께 참여하시며 우리에게 힘을 주시며 새로운 미래를 보여주신다. 그 힘에 의지하며 우리는 절망과 고난을 딛고 일어나서 하나님이 허락하시는 희망과 기쁨에 동참한다.

그는 "원시적"(primitive)이라고 하였다. Job, p. 122. 이외에 *Things Hidden since the Foundation of the World* (Stanford, CA: Stanford University Press, 1987) 등을 참조할 것.

7. 희생양이 구원의 메신저이다

오늘날 이 세계는 지속적으로 희생양을 만들어 내고 있다. 이 장에서 희생양을 만들어 내는 것은 제국의 질서라고 진단하였고, 구원은 이러한 희생양을 만들어서 모든 세계의 모순을 이들에게 덮어 씌워 희생제물로 이 세상의 질서에 종지부를 찍고, 모든 피조물이 신이 주신 풍성한 생명을 누릴 수 있는 새로운 질서를 만드는 것이라고 보았다. 이것은 곧 하나님의 통치, 즉 하나님 나라의 전조라고 하겠다. 구원은 신에 의해서 이루어지는 것이지만, 구원의 신의 메신저 역할은 민중이 담당한다. 희생양인 민중들로부터 구원의 메시지가 나온다.

이것은 요한계시록에 나오는 말씀에서도 확인된다. 제국의 시대에는 정도의 차이가 있지만 각국의 모든 민중이 함께 고난을 당한다(계시 7:9 이하). 이들은 하나님과 그리스도의 구원을 선포하는 메신저이다.

제14장
다른 종교의 경전과 성서:
영과 기를 중심으로

계시적인 자료들이 신학의 전거가 된다면, 그 전거가 될 수 있는 것들을 찾아내는 과정 자체가 민중신학의 중요한 부분이다. 서남동에 기대어, 민중신학적 해석학의 핵심을 다음과 같이 말할 수 있다. 즉, 성서적 전거, 교회사적 전거, 한국 민중운동사적 전거들의 "합류" 속에서 "현재의 성령의 역사"를 분간해 내는 작업이 "성령론적 공시적 해석"이며 이 해석은 지금의 해방을 위한 현실의 경험과 맥락이 맞기 때문에, 즉 현실 속에서 영의 역사 즉 생명, 새로움, 정의, 사랑, 평화, 민중의 참여와 주체됨, 현실에의 조명 등이 일어나기에 적합성이 주어지는 것으로 이해된다.[1] 서남동은 탈기독교, 탈신학 혹은 반신학이라는 언어를 사용하면서, 기독교 특히 서구 기독교의 속박에서부터 벗어나서 자유의 영이 마련하는 해방의 대양에서 헤엄치기를 원하였다. 그에게 중요한 것은 기독교라는 테두리나 신학

---

1) 서남동, 『민중신학의 탐구』(한길사, 1983), 78~79쪽.

이 아니라, 민중의 해방이요 자유였다. 그렇기 때문에 그는 굳이 기독교적 신학을 원하지 않았고, 더더욱 서구의 신학적 테두리 속에 스스로를 가두는 것을 질색하였다. 민중신학은 민중과 민중운동에 참여하는 사람들에게 설득력을 가질 때 힘을 가진다. 그렇기 때문에 민중신학을 위한 전거는 굳이 성서나 교회의 전통에만 국한되지 않는다. 민중신학은 기독교 경전만이 오늘날 민중의 삶을 규정할 수 있다고 생각하는 낡은 생각에 동의하지 않는다. 민중신학은 아시아의 전통적 자료들 중에서 기독교 성서만큼 계시성을 가진 것들이 있다고 보며, 그것을 찾아 나선다. 그중 하나가 동학이다.

1. 민중 전통과의 합류

1) 다른 종교와의 연대적인 만남

민중신학은 성서적 민중 전통과 한국적 민중 전통 특히 지금의 민중해방운동 안에서의 합류 과정을 주축으로 하는 신학이다. 성서적 민중 전통은 안병무를 비롯한 많은 민중 성서신학자들의 노력과 해외의 급진적 성서해석학자들의 노력으로 많이 발굴되었고 지금도 발굴되고 있다. 한국 민중 전통의 발굴은 우리 민중신학자들의 몫이다. 위에서 나는 민중신학의 전거가 될 수 있는 자료들을 성서와 성서 외의 다양한 민중 전통의 경전들 속에서 발견되고 있음을 지적했다. 문제는 한국의 토착적 민중 전통의 경전과 자료 속에서 어떤 것이 해방을 위해 권위 있는 전거가 될 수 있는가 하는 것이다. 기독교 중심, 그리스도 중심의 서양신학에서는 성서와 교회 사적 자료 외에 다른 자료들을 전거로 사용하기를 꺼릴 뿐 아니라 배격한다. 칼 바르트와 같은 신학자들은 성서 그리고 그리스도 밖에서는 구원이 없음을 분명히 하고 있는데 이는 개신교와 가톨릭 모두 공통된다. 이러한 기독교 우월주의 혹은 절대주의의 상황에서 다원주의의 신학자들은 새로운 대안을 내놓고 있다.

종교다원주의 신학자 폴 니터는 종교는 많은 경우 악을 저지를 수 있는데, 이것을 막는 종교의 정당성은 올바른 실천(orthopraxis)과 지구적 평화와 정의에 좌우된다고 했다.2) 니터는 자신을 다원주의자라고 부르기보다는 상호주의자(mutualist)로 부르는 것을 선호했다. 그리고 그는 자신을 비롯하여 우리들 모두를 포용주의자(inclusivists)라고 주장했다. 니터는 포용주의를 다음과 같이 정의하였다. 즉, 다른 종교들의 미와 진리를 인정하되 그것을 우리의 기준에 따라 판단하며, 다른 종교들로부터 배움으로써 우리 자신의 비전을 확대하고 심화한다. 동시에 다른 종교도 이 확대된 우리의 비전을 배워 자신의 것을 실현하는 것을 기대하는 사람들의 입장을 포용주의라고 하였다.3) 상호주의자들은 상대방의 종교 안에 "도전하는"(challenging) 것과 "강력한 새로운 통찰"의 요소들이 발견되면 그것을 받아들이는데, 그 이유는 자기 종교 안에도 이미 그러한 요소들이 존재하기 때문이라고 하였다.4) 상호주의자들은 다른 종교들로부터 배워 자기의 신학사상의 폭과 깊이를 넓힌다. 이들은 다른 종교를 친구 대하듯이 우정과 환대를 갖고 대화한다. 이들은 상호 간에 서로 배울 수 있다는 것을 강조한다. 대화를 강조한다. 대화는 곧 서로 배우기 때문이지 한 쪽을 다른한 쪽으로 편입시키기 위한 것이 아니다. 이것은 상호주의이며, 포괄주의이기는 하지만 한쪽에 의한 다른 쪽의 편입이 아니라 상호적 포괄주의(mutual inclusivism)이다. 이것은 최근 일각에서 일어나고 있는 포스트모더

2) S. Mark Heim, *Salvations: Truth and Difference in Religion* (Maryknoll: Orbis Books, 1995), p. 77.
3) Harold Wells, *The Christic Center: Life-Giving and Liberating* (Maryknoll: Orbis Books, 2004) p. 209에서 재인용. Paul Knitter, *Introducing Theologies of Religions* (Maryknoll, Orbis Books, 2002).
4) 재인용, Wells, p. 209.

니즘의 분리 다원주의(pluralism of separation)보다는 연대 다원주의 (pluralism of solidarity)를 채택한다. 상호배움(mutual learning)을 추구하는 입장은 기독교 우월주의, 배타주의, 종교적 제국주의(religious imperialism)를 배격한다.

다른 종교의 진정성과 정당성을 인정한다는 것은 다른 종교와 우리의 종교가 서로 독립되어 상호 인정한다는 것을 의미한다. 그러나 이것은 상호배움의 과정을 배제하는 것이 아니다. 우리는 다른 종교로부터 배움으로써 우리의 좁은 울타리와 (근본주의적이고 배타적인) 좁은 관점에서 벗어날 수 있다. 특히 다른 종교들과 기독교가 대화하는 과정에서 커다란 득을 얻을 수 있다고 하는 보다 적극적인 긍정과 인정의 자세를 가져야 한다. 기독교도 다른 종교들과 마찬가지로 다른 사상과 종교들을 흡수하면서 자기의 것을 형성하여 왔다. 세계가 하나로 가까워지면서 각각의 종교들은 각기 자기의 특색을 가지고 전 지구적 영성을 형성하는 데 공헌하고 있다. 그렇다고 우리가 인류 보편적인 종교를 추구하자고 주장하는 것은 결코 아니다. 오늘날의 지구화 시대에는 다른 종교들과의 연대 속에서 대화를 하며 나아가서 상호배움을 추구해야 한다. 그리하여 다른 종교의 통찰력으로부터 도움을 받으면 자기의 종교를 더욱 바르게 이해할 수 있다.

2) 다른 종교와의 관계 - 내적, 유기적 관계(inner, organic relation)

신학 속에서 이루어지는 다른 종교와의 만남의 관계는 외적인 비교나 병존의 관계가 아니라, 상호적인 침투가 일어나는 내적, 유기적인 관계이며, 이것은 상호 간의 내적인 변화를 수반한다. 그렇다면 기독교의 순수성은 사라지는가? 순수한 기독교는 원래부터 존재치 않았을지 모른다. 만약 기독교의 순수성이 있다고 한다면 그것은 역사적 예수에 기인한다고 할 수 있다. 그러나 예수에 대한 그리스도적 고백은 시대에 따라서 변화했고,

그만큼 기독교도 변화해 왔다. 오늘날 세계 각국과 대륙에서 발전하고 있는 다양한 신학은 다양한 기독교를 대변하고 있다. 예를 들어, 유교와 공산주의의 영향 속에 있는 중국의 기독교는 서구의 기독교와 매우 다르며, 특히 토속 종교의 세례를 듬뿍 받은 아프리카의 기독교와 서구의 기독교는 더욱 그러하다. 또한 서구의 기독교만이 기독교의 표준이 될 수는 없다. 서구의 기독교도 지역 기독교일 뿐이다. 적어도 신학 세계에서 이러한 다름은 더 선명하게 드러날 수밖에 없다. 민중신학은 기독교의 세례와 민중 전통의 세례를 함께 받은 토착적 신학이다.

다른 종교 문화의 토양 속에 기독교 복음이 전해졌다고 하면, 그 복음은 변화하는가, 아니면 그 복음은 변화되지 않고 토양만 변화하는가? 전통적으로는 토양도 변하지 않고 복음도 변하지 않는다고 보았다. 즉 서로 변화가 없는 외적인 관계로만 보았던 것이다. 그러나 이것은 현실을 잘못 본 것이다. 위대한 종교일수록 그 토양에 있는 좋은 자양분을 흡수하여 아름다운 꽃과 열매를 맺는다. 그 자양분이 빈약하면 보잘것없는 꽃이나 열매를 맺지만 자양분이 풍부한 곳에서는 아름답고 풍성한 열매를 맺는다. 그렇다고 해서 그 나무의 열매가 다른 종류의 열매일 수 없듯이 기독교가 다른 종교로 바뀌는 게 아니고 기독교로 남는다. 다만 변화된 기독교가 될 뿐이다. 다른 종교로 돌연변이하거나 진화하는 게 아니라, 잘될 경우, 보다 성숙한 기독교로 변화된다. 그러나 잘못되면 낮은 수준의 기독교로 전락할 수도 있다. 어떤 것이 더 성숙하고 발전된 변화인지 판단하게 하는 기준은, 위에서도 언급되었듯이, "올바른 실천(orthopraxis)과 지구적 평화와 정의"라고 하겠다. 기준 둘을 더한다면, 그것은 민중의 해방(역사의 주체됨)과 올바른 이론이다. 위의 올바른 실천 속에 민중의 해방이 포함될 것이므로 중복이 되는 감이 없지 않지만 분명히 확인하기 위해서이다. 그리고 합류를 올바른 이론에 기초하지 않은 채 진행한다면 지성적인 사람들에게 설득력을 상실하게 될 것이다.

3) 상호배움

서로 다른 두 전통의 대화는 상호배움을 생산해 낸다. 대화와 상호배움은 언어의 장벽을 넘어선 소통의 사건을 일으키신 성령께서 주시는 영적인 선물이다. 성령은 상호배움을 통하여 대화 당사자의 이해 지평을 넓혀 준다. 상호배움이란 상대방의 것 중에서 나에게 적합한 것을 나의 것으로 만들어 사용하는 것을 말한다. 여기에서는 우리와 비슷한 것을 배워 가져오기도 하지만 중요한 것은 우리 안에 없는 것을 가지고 들어올 때이다. 동양의 오랜 전통 속에서 발전된 개념들을 기독교 안으로 끌어들이는 경우를 말한다. 이질적인 것의 존재는 대화를 더욱 역동적이게 만들고 대화의 차원을 높여줄 수 있다. 이질적인 것과의 대화를 가능하게 해 주는 것은 양쪽을 이어주는 공통분모이다. 이질적인 것이 공통분모를 포함하고 있다면 대화가 가능해진다. 그 공통분모는 민중의 해방, 올바른 실천, 지구적 평화와 정의에 대한 관심이다. 이 공통분모가 이질적인 것과 대화를 하고 그것으로부터 배울 수 있게 하는 용기의 원동력이 된다.

그러나 대화의 상대방이 이질적인 것으로만 구성된 것은 아니다. 유사한 것들도 많이 있다. 유사한 것은 대화를 위해 필요한 것이다. 유사한 것은 대화를 위해 윤활유의 역할을 하는 것이지 상호배움을 유발하지는 않는다. 배움을 유발하는 것은 상대방 속에 있는 이질적인 것이다. 이 이질적인 것이 들어와 우리 속에 있는 것들을 변화시켜 놓는다. 그것은 이질적인 것 속에 우리가 이제까지 접하지 못했던 통찰력이 담겨 있기 때문이다. 그 이질적인 것이 진실을 드러내 주기 때문에 우리의 주목을 끄는 것이며 우리는 그것을 통하여 진리의 다른 면을 접하고 깨달아 알게 된다.

상호배움을 왜 굳이 추진하느냐는 반대의 목소리가 나올 수 있다. 모든 종교는 나름의 독자성과 이질성을 갖고 있는데 그것을 존중하고 그것을 있는 대로 바라볼 것이지 그것을 포용하려고 한다면 결국 종교적 제국주의가 아닌가고 반론을 제기할 수 있다. 다른 종교의 어떤 면을 끌어다 활용하는 것은 옳지 못하며 그것은 신크래티즘(제설혼합주의)일 뿐이라고 한다. 이러한 주장이 일리가 없는 것은 아니며, 진실된 것임에 틀림없다. 이들의 주장처럼 굳이 다른 종교를 가위질하고 기독교의 순수성을 손상시킬 필요가 없을지도 모른다. 그러나 이들의 주장 뒤에는 이데올로기가 숨어 있음도 지적해야 한다. 순수하고 구별된 고유한 기독교는 따로 없다. 정체성을 유지하는 것이 중요하고 정체성을 보호하는 것은 구원적인 의미를 갖고 있다. 그러나 그 정체성이 열려 있는 것이 아니라 닫혀 있어서 발전적 변화를 차단하는 것이라면 그것은 해방이 아니라 질곡이 된다. 기독교가 예수 그리스도를 중심으로 두지 않을 수 없는 것은 기독교가 자기 정체성을 갖고 있다는 것을 의미한다. 이러한 자기 정체성을 가진 것(entity)만이 자기 변화를 할 수 있다.

2. 동학과 기독교의 합류 – 영과 기를 중심으로

성서나 동학의 경전 모두 이미지 언어, 상징적인 언어를 사용하고 있다. 신학은 이러한 메타포적, 상징적 언어들을 해석하고 다른 개념들과 연계하고 재구성하여 신학적인 사상을 형성한다. 성서에서 풍부한 내용을 가진 상징적 언어 중에 영이 있고, 동학에서는 이에 대응하는 언어로 기(氣)가 있다. 성서의 영은 매우 넓은 의미를 가질 뿐 아니라, 이것으로 기독교가 서고 넘어지는 가장 기초적인 언어이다. 성서에서 이 영은 한편으로는 신적인 인격을 지칭하기도 하고, 바람과 같이 자연적인 현상, 생명의 기운과 같이 자연적이고 생물학적 기운을 의미하기도 한다. 영만큼 정의 내리기가 어려운 존재는 없다. 영은 숨이며 이 숨은 우리 안에 들어와 대상이 되지 않고 우리가 볼 수 있는 눈을 제공해 주는 주체가 된다. 영은 우리가 볼 수 있는 대상이 아니라 우리를 보게 하는 빛이다. 빛은 볼 수 없지만 보이는 물체를 통해서 그 조명을 볼 수 있다. 생명을 주는 자인 영은 모든 생명의 원천이다. 영은 공동체에서 경험되어지는 분이며 동시에 홀로 있을 때에도 경험되어지는 분이다. 나보다도 더 가까이에 계신 분이다. 영은 우리를 새로 태어나게 하는 어머니와 같은 존재이다. 생명의 영은 이름이 없지만 세상에 생명을 불어넣어 주며, 우리가 새롭게 거듭나게 함으로써 세상을 바꾸시는 분이다. 영은 깊은 절망으로부터 소생시키며, 삶의 희망을 놓지 않게 하며, 삶을 건강한 것으로 변화시켜 주는 힘이다. 영은 치유하고 살리는 기운이다. 영은 자연의 생명을 소생시키면서 동시에 인간 사회에 정의와 평화를 세우는 힘이기도 하다. 영은 파라클레트로서 위로자이다. 고난당하는 사람들에게 위로자, 힘을 주는 자이다. 영은 물, 불, 구름, 빛, 인장, 비둘기, 치유의 손 등으로 표현되기도 한다.

영에 관한 연구서적이 수없이 많다. 그리하여 영 이론의 중복이나 동어 반복의 현상마저 나타나고 있다. 이러한 현상이 왜 일어나는 것일까? 서구의 영에 관한 언술은 레토릭한(수사학적) 접근법에 의해서 형성되었기 때문이다. 이것은 거의 예외가 없다. 좀더 연구해 보아야 하겠지만, 콩가(Yives Congar), 발타사(Hans Urs von Balthasar), 몰트만(Juergen Moltmann), 월리스(Mark Wallace), 케르케이넨(Veli-Matti Kaerkkaeinen), 맥페이(Sallie McFague) 등 서구 대부분의 성령론자들은 레토릭 방법에 치중하여 경험적인 검증을 거치지 않고 있다고 판단된다. 그렇기 때문에 '화려하다' 할 정도로 성령에 대해서 논의하지만 (특히 몰트만, 월리스, 맥페이) 그것이 서양적 관념주의로 흐르는 경향이 있음을 지적할 수밖에 없다. 즉 성령을 생기, 녹색(Green), 어머니로 보지만 이것들도 이 신학자들에 의해 관념(idea)으로 취급되고 있다.

동학의 기(혹은 지기)와 영을 함께 생각해 볼 때 우리는 영에 대한 서양의 관념주의적 레토릭을 극복할 수 있지 않을까 판단한다. 이제 동학에서 말하는 기에 대해 알아보자.

동학의 창시자 수운 최제우는 '지기금지 원위대강(至氣今至 願爲大降)'의 8자로 시작하고 본주문은 '시천주조화정 영세불망만사지(侍天主造化定永世不忘萬事知)'로 13자, 모두 21자의 주문을 가르치면서 처음 두 글자 지기(至氣)에 대해서 다음과 같이 설명하였다. 지는 지극한 것이며, 기는 "허령(虛靈)이 창창하여 일에 간섭하지 아니함이 없고 일에 명령하지 아니함이 없으나, 그러나 모양이 있는 것 같으나 형상하기 어렵고 들리는 듯하나 보기는 어려우니, 이것은 혼원한 한 기운"이라고 하였다.5) 기는 온 우주에 가득 차 있으며, 기는 역동적으로 존재성이 되기를 준비한 상태를 말한다. 수심정기를 강조하고 인간의 마음이 가장 중요하다고 설파했던 동학의 2대 교주 해월 최시형에 의하면, "움직이는 것은 기운(氣)이요 움직이고자 하는 것은 마음"이라고 하였다.6) 다시 수운은 시천주의 모실 시(侍)자를 설명하기를, 내유신령(內有神靈) 외유기화(外有氣化)라고 하였다. 내 안에 신령이 계시면 밖으로 기화가 일어난다는 것이다. 기화란 만물이 서로 합력하여 조화를 이루는 것인데 기화가 잘 일어나려면 인간의 마음이 바르게 정립되어야 한다. 내유신령은 인간의 마음속에 신령함이 있어 한울님을 따르는 바른 마음을 갖는 것을 말한다. 해월은 기화를 더 구체적으로 해석하였다. 해월은 기화를 상부상조로써 서로가 서로를 육성하고 기르는 것이며 동시에 한울이 한울을 키우는 것이라고 하였다. 물물천 사사천(物物天 事事天, 물건마다 한울이요 일마다 한울이라) 하는 것은 곧 이천식천(以天食

5) 『천도교 경전』(천도교중앙총본부 출판부, 2002), 33~34쪽.
6) 위의 책, "천지인, 귀신, 음양", 267쪽.

天)으로 이어지며 이것은 종족과 종족의 연대적 성장발전을 도모하는 것으로서 이것을 총괄적으로 말하면 以天食天(한울로써 한울을 먹는 것)이라 하였고 이천식천은 다시 기화라고 하였다.[7] 그러므로, 기화란 사물과 인간들이 자신의 생명을 실현하도록 하는 모든 우주적 사회적 작용을 가리킨다고 하겠다. 해월에게는 수운과 같은 인격적인 초월적 신 이해가 약해졌다고 생각된다. 그것은 수운이 접신의 신비한 경험을 더 많이 했고, 해월은 수운에 비해 사색과 수신 및 실천에 더 익숙했기 때문이 아닌가 생각한다. 해월이 수운 선생의 가르침을 확고하게 믿고 따랐으며, 수운 선생을 깊이 존경했던 것을 보면 해월과 수운의 사상에 거리가 있다고 말하기는 어렵다. 수운은 한울님 즉 천주를 인격적인 신으로 보고 그것으로부터 나오는 능력을 지기라고 봄으로써 한울님과 지기를 구분한 것처럼 생각된다. 해월은 한울님 즉 천주와 지기 사이를 구분하지 않고 하나로 통합하였다는 느낌이 든다. 그러나 해월의 다음 말에서 한울님의 인격성, 전능성이 엿보인다. "한울님이 간섭하지 않으면 고요한 한 물건 덩어리니 이것을 죽었다고 하는 것이요, 한울님이 항상 간섭하면 지혜로운 한 영물이니 이것을 살았다고 말하는 것이라. 사람의 일동일정이 어찌 한울님의 시키는 바가 아니겠는가. 부지런하여 힘써 행하면 한울님이 감동하고 땅이 응하여 감히 통하게 되는 것은 한울님이 아니고 무엇이리오."[8] 여기에서 기와 연결하여 통한다는 말이 자주 나온다. 만물과 육신은 소위 기통한다는 것이다. 질병도 기가 통하지 않을 때 걸리는 것이다. 마음을 바르게 하여 기가 통하게 하면 질병도 다 낫는다. 해월은 다음과 같이 만물이 통해야 함을 말한다.

"우주 만물이 모두 한 기운과 한 마음으로 꿰뚫어졌느니라."[9]

---

7)『천도교 경전』, 364~66쪽.
8) 해월, "도결",『천도교 경전』, 263~64쪽.

마음에 욕심이 없고 오염되지 않으면 천지의 기와 정신이 내 몸 안에 들어와 나는 건강해지고 다시 나로부터 기화가 일어나 천지가 평화로워진다. 개인과 공동체 및 사회 모든 체제 속에서 생명의 기가 통해야 한다. 나의 마음이 和하지 않으면 기운이 그 도수(강도)를 잃는다. 즉 생명력을 잃는다. 나의 마음이 하늘과 합쳐지면 모심(侍)이 있고, 마음이 한곳에 모아지며 (定), 앎(知)이 있다. 해월은 사람의 마음이 가장 중요함을 가르쳤다. 그는 비유하기를, 사람의 마음은 곧 천지에 해가 떠 있는 것과 같고, 마음은 해와 같아서 마음이 맑으면 천지가 환하게 보이고 만물의 이치를 환하게 꿰뚫는다고 하였다(知).10)

해월은 동학의 중심된 가르침은 무위이화와 수심정기라고 가르쳤다. 무위이화는 고래로부터 내려온 전통적인 가르침을 이어받고 한 단계 그 이해의 깊이를 심화시켰고, 수심정기는 고래의 가르침을 뛰어넘는 동학 특유의 것임을 강조하고 있다. 본 연구자가 보기에도 해월의 가장 중요한 가르침은 수심정기라고 하겠다. 무위이화는 수심정기로 뒷받침되지 않고서는 그 의미의 역동성을 다 이해할 수 없다. 동학은 천지 세계를 변혁하여 보국안민하는 민중운동의 교이고 학이었다. 해월의 글을 다시 보자.

십삼자로써 만물화생의 근본을 알고 무위이화로써 사람이 만물과 더불어 천리와 천도에 순응함을 안 연후에 수심정기로써 천지가 크게 화하는 원기를 회복하면 능히 도에 가까울진저.11)

동학 특히 해월의 동학은 천지운행의 한울님의 조화는 원래 올바른 길을

---

9) "영부주문" 같은 책, 294쪽.
10) "천지인, 귀신, 음양", 같은 책, 269쪽.
11) 해월신사법설 "기타" 같은 책, 422쪽.

가는 성질을 가지고 있지만 인간이 영특한 존재라서 그 운행을 바르게 하기도 하고 그르게 하기도 한다고 믿었다. 한울님은 계시지만 최령자(最靈者)인 인간이 없으면 움직이지 않으시는 ― 혹은 움직임이 느리시는 ― 분이다. 한울님은 선천개벽을 통해 천지만물을 창조하였지만, 후천개벽은 최령자인 인간과의 협력 없이는 노이무공(勞而無功, 노력하지만 효과가 없다)하다고 하였다.

기는 만물 속에 움직이고 있는 생명의 역동적인 기운이다. 인간도 기운이며 인간의 기운은 만물의 기운과 통하고, 인간의 수심정기한 올바른 기운은 만물의 원기를 더욱 튼튼하게 만들어 준다.[12] 수심정기와 무위이화의 역동적인 결합의 도인 동학은 이를 통하여 국내외의 악한 세력을 물리치며 안으로 평화와 생명이 넘치는 공동체를 창조하는 후천개벽을 열어가려고 하였다.

이제 동학과 기독교를 영과 기를 중심으로 하여 서로배움의 가능성을 살펴보자. 합류는 서로배움을 수반하고, 서로배움의 결과가 합류가 아닐까 생각한다.

1) 수심정기와 영에 의한 신격화(theosis)

기독교의 구원론에서는 주로 동방과 서방의 구원론이란 두 유형이 존재한다. 서방은 가톨릭과 개신교를 막론하고, 그리스도의 은혜와 그리스도에 대한 믿음을 통한 피동적인 구원이 강조되었다. 따라서 인간의 자기 구원을 위한 능동적인 참여와 공헌의 자리가 부족하다. 서방교회 안에서는 이러한 문제점을 극복하기 위하여 "그리스도를 본받아"(imitatio Christi), 제자직(discipleship)을 구원의 전제조건으로 보았던 신비주의나 소종파들

---

12) "도결", 같은 책, 261쪽.

의 구원관이 없었던 것은 아니다. 이러한 후자의 주장에는 항상 성령의 역동적인 역할이 강조되었다. 서방교회의 주류에서는 성령이 약화되었지만 비주류, 소종파, 신비주의 계열에서는 성령이 부각된다(요아킴 플로리스, 토마스 뮌처). 동방 교회에서는 구원을 위한 성령의 역할이 가장 중요하다. 그리스도가 구원에 참여하지만 ― 그리스도가 신과 합일하였던 것도 성령의 역할이었듯이 ― 성령은 인간들을 감동시켜 신과 합일하게 하여 신적인 인간화(theosis), 즉 신 안에 있는 인간이 되게 하는 일에 주도적인 분으로 이해되었다. 신과의 합일을 통한 구원이 동방교회의 가르침이다. 동방교회의 신격화의 내용을 좀더 자세하게 들여다보자.

동방교회의 인간의 신격화(theosis)는 성령 안에 거하는 존재 그리고 인간과 하느님의 합일되는 신비한 체험을 강조한다. 그러나 동방교회에서는 이러한 신격화된 인간이 이제 사회와 역사 속에서 변혁하는 존재가 되었다고 보지 않는다. 신격화된 인간은 역동적인 역사 참여자가 아니다. 오히려 역동적인 역사 참여는 아이러니컬하게도 서방교회에서 나타났다. 예를 들어, 칼빈주의자들의 사회와 경제에의 역동적인 참여는 칭의와 성화의 교리 그리고 예정선택론에서 비롯되었다. 동방교회의 비사회적 비역동적인 구원관은 영의 역동적인 성격과는 매우 배치된다.

이에 비해서 동학의 수심정기는 위에서 지적한 대로 사회참여적이고 후천개벽의 혁명 사상을 담고 있다. 해월은 모든 사람이 수심정기하면 성인(聖人)이 될 수 있다고 하였다. 해월에 의하면, 수심정기는 바로 천지를 내 마음에 가까이 하는 것이고, 수심정기는 천지가 운절되는 기운을 다시 보충하는 것이라고 하였다.[13] 수심정기를 통하여 인간의 성인됨은 곧 천지를 움직이는 일에 동참하는 것이다. 물론 해월의 수심정기관은 다시 도

---

13)『천도교 경전』, 300쪽, 302쪽.

교의 사상인 무위이화와 연결됨으로써 역동성이 상실될 수 있는 측면이 있다. 그러나 무위이화의 천리를 따르는 길은 곧 역동적인 사회역사참여로 연결된다는 것이 동학의 가르침이다. 이것이 동학농민혁명이다. 잘못되고 있는 천지운행, 역사의 흐름을 바로잡는 것이 수심정기 무위이화이다. 수심정기는 무위이화의 전제조건이다.

2) 사회 속에서의 영과 기 - 위험한 기억 vs. 조화, 기화, 무위이화

월리스(Wallace)는 성서 특히 누가복음서를 분석하면서 성령은, 첫째로, 사회 속의 기성 권력 관계들을 전복하는 힘인 것을 확인하였다. 예수는 성령의 임재를 경험하면서 기존 권력 질서를 넘어서는 새로운 질서의 도래를 선언하였다. 두 번째로 성서가 증언해 주는 것은 성령을 담지한 사람들은 기성 권력이 가지고 있는 폭력의 위협 아래 있다는 것이다. 즉 성령을 담지한 사람들에게는 고난이 따른다. 성령의 경험과 고난은 깊은 관계를 가진다. 그리고 그 고난 속에서의 성령 체험은 고난 속에서도 "불가능한 희망"을 품게 한다(로마 5:4~5). 셋째로, 성서에 나타나는 성령 경험은 폭력과 억압의 구조에 대조되며, 다양성과 다름을 존중하고, 장려하며, 폭력을 부정하는 대안적 공동체의 형성으로 이어지며, 이러한 공동체는 영에 의해 채워진다고 본다.[14] 이러한 면에서 볼 때, 성서 가운데 신약성서, 그중에서도 예수에 대한 기록인 복음서들은 기성질서의 눈에서 볼 때에는 위험하기 짝이 없는 기억들이다. 이러한 "위험한" 말들이 동학의 지기(至氣)와 관련될 수 있는가?

동학의 문헌들도 성서와 같이 위험한 내용을 포함하고 있다. 수운의 지기 경험은 국제 정세에 대한 걱정과 조선의 장래에 대한 통한의 경험 속에

---

14) Wallace, pp. 123~28.

서 이루어지고 있다. 실제로 지기의 경험은 이러한 불안과 절망 속에서 마음의 안정과 희망을 가져다준다. 그의 "안심가"는 절망에서 소망의 신명으로 변화하는 모습을 잘 그려주고 있다. 그의 "포덕문"은 서양의 침략과 국내에서의 악질의 창궐로 위기감이 고조되는 가운데에 이를 극복할 보국안민의 계책으로 동학의 지기, 천주 사상을 내게 되었음을 보여준다.

그런데, 수운의 세상 위기에 대한 접근법은 지극히 동양적이다. 즉 그 문제의 근원에 대해서 직접적인 방책을 펴지 않고 오히려 자연적인 조화, 즉 무위이화 혹은 선약(仙藥)을 그 대답으로 내놓고 있다. 용담유사 가운데 안심가의 일부를 인용한다.

> 소위 서학하는 사람 암만 봐도 명인 없네
> …
> 이내선약 당할소냐 만세명인 나뿐이다
> 가련하다 가련하다 아국운수 가련하다
> …
> 내가 또한 신선되어 비상천 한다 해도
> 개같은 왜적놈을 한울님께 조화받아
> 일야에 멸하고서 전지무궁 하여놓고
> 대보단에 맹세하고 한의원수 갚아보세[15]

수운의 역사 인식은 매우 급진적이지만, 그것에 대한 대응 방식은 도교적인 무위이화, 조화의 방법이다. 기독교와 동학은 영을 받은 사람들과 공동체들이 하는, 악한 세상에 대응하는 방식에서 그 이치에서는 다르지만

---

15) 『천도교 경전』, 160~63쪽.

결과에서는 같다. 동학이 그렇게 했듯이, 기독교도 세상에 대조되는 공동체를 형성했고, 세상에 직접적인 저항을 한 것이 아니라, 평화적으로 접근했다. 동학의 창시자들은 무위이화, 수심정기, 조화라는 개념을 가지고 접근하였기 때문에 의도적으로 전복하는 행위를 한 것이 아니라, 저절로 세상이 바뀌도록 자신을 성찰하고 대안적 공동체의식을 고조시켰던 것이다. 그러면, 그 이치는 어디에서 다른가?

기독교에서는 기성 권력 관계에 대항하는 위험한 기억을 면면히 이어주는 존재를 영이라고 생각하였다. 그리스도의 영으로서의 성령은 신자들이 예수의 전복(subversion)하는 삶을 기억하게 하고 그의 모범을 따르며 세상을 바꿔 나가는 삶을 살도록 인도한다. 그리스도의 영을 따르는 사람들은 자신의 결단에 의해 이 세상을 사는데, 그리스도의 삶의 관점에서 올바른 영을 분간하면서 스스로 실천하는 것이다. 그리하여 이 시대 속에서 "예수의 뒤를 따름이" 바로 "성령 안에 있는 삶"인 것이다.16) 영을 따르는 삶은 인간의 자기 주체성을 존중하면서 동시에 자신을 뛰어넘는 그리스도의 삶을 본받는 것을 지향하기 때문에, 운명론적이지 않을 뿐 아니라, 아무리 강고한 운명적인 힘도 극복해 나가는 더 큰 주체성을 가져다준다. 이에 비하여, 동학에서는 인간 안에 있는 지기를 바르게 하면 자연적으로 천지의 지기가 조화를 일으켜, 즉 무위(無爲)하지만 결국 세상은 바르게 조화를 이룬다는 믿음을 가지고 있다. 인간만이 천지인 삼재(三才) 중에서 최령자(最靈者)이므로,17) 인간이 수심정기하고 성경신(誠敬信)하는 것이 세상을 변화하는 데에 필수적이다. 기독교에서는 영에 의한 예수의 위험한 기억이 신자들을 역사 변혁에 참여시키는 것이라고 보는 것에 반하여, 동학에서는 수심정기하여 무위이화의 조화를 일으켜 세상을 새롭게 바꾼다고 보

---

16) 위르겐 몰트만, 『생명의 영』(대한기독교서회, 1992), 208쪽.
17) 수운, "논학문", 『천도교 경전』, 24쪽.

았다.

배영순은 동학의 시운관에 대해 다음과 같이 비판하였다. 그는 시천주 조화정에서 시천주는 조화정의 원인이며 조화정을 시천주의 결과라고 한다. 그런데, 실제에 있어서는 이 둘 사이에 원인-결과의 관계가 성립되지 않는다고 보았다. 그 이유는 수운의 시운관 때문이라고 하였다. 배영순은 주역의 순환론적 운세관과 내용적으로 동일한 운수관이 수운의 사상 속에 많이 들어 있음을 지적하면서, 그 예로 "일성일쇠(一盛一衰)"(『용담유사』, 권학가), "윤회(輪廻)같이 돌린 운수(運數)"(『용담유사』, 교훈가) 등과 같은 수운의 말은 운세의 주기적 순환을 가리키고 있다고 했다. 수운은 이 이치를 운자래이복지(運自來而復之, 운은 저 스스로 회복한다)라고도 하였다.[18] 그리고 수운은 이러한 순환적인 운수관을 가지고 있어서 인간의 능동적인 참여와는 일정한 거리가 있다. 수운이 조화를 무위이화로 본 것도 인간의 의도적 노력과 무관하게 세상이 돌아간다는 것을 보여준다. 인간이 수심정기만 하면 세상이 올바르게 기화해 나간다는 것이다. 따라서 수운은 "'시천주'에 부합하는 행(行)을 구체적으로 제시할 수 없었다"고 평가할 만하다. 수운은 "인간 사회에서의 무위이화의 行"의 의미를 분명하게 설명해 내지 못했다는 점이 한계라고 할 수 있을 것이다. 그리하여 당대의 사회가 어디로 가야 하며, 사람들은 어떻게 행동해야 하는지를 분명하게 밝히지 못하였다고 배영순은 보았다.[19] 배영순은 수운이 시천주가 가지는 사회적·실천적 의미가 무엇이며, 그것이 조화를 어떻게 이루는가에 대해서 분명하게 설명해 주지 못하였다고 비판한다. 배영순은 다음과 같이 주장한다. 즉, "동학의 '조화'론은 어디까지나 역학적 운세관에 입각한 것이었으

---

18) 裵英淳, "동학사상의 기본구조 – 本呪文 '侍天主造化定'의 체용론적 분석을 중심으로" 동학사상의 새로운 조명 (경북, 경산시: 영남대학교 출판부, 1998), 79쪽. 運自來而復之는 수운의 저술 중 말기 저술, 즉 처형되기 바로 전해의 저술인 "不然其然"에 나오는 구절이다.
19) 배영순, 위의 책, 81쪽.

며 그 운세는 '천주'와는 별개의 독립적으로 운행하는 '自來而復之'하는 것일 뿐이다."[20]

그러나 시천주 조화정 그리고 무위이화를 오늘날의 상황 속에서 새롭게 해석해 낼 수 있는 길은 과연 없는가? 물론 배영순의 주장대로 수운에게 순환적이면서도 운명적인 성격을 가진 운세관이 있기는 한데, 그것을 부정해서는 안 된다고 본다. 그러나 수운이 인간의 책임과 행동의 자세를 제시했다는 점도 부정해서는 안 된다. 수운은 예수와 마찬가지로 직접 지배질서와 대결하지 않았지만, 지배질서로부터 위험한 인물로 지목되어 극형을 당했다. 예수가 그러했듯이 수운도 어떻게 살아야 새로운 세상을 맞이하는 데에 적합한지를 민중에게 보여주었다. 즉 시천주하는 삶이 어떠해야만 하는가를 분명하게 보여주었다. 그리고 그러한 삶의 질이 이 세상의 조화를 이룰 것이라고 보았던 것이지 막연히 우주 자연의 이법적인 질서에 의해 그렇게 될 것이라고 하는 운세관에만 빠져 있었던 것은 아니다. 시천주 사상은 모든 사람, 특히 당시에 소외되어 있던 민중과 부녀자들이 하늘을 모시고 있다고 하는, 사회관에 일대 혁신을 가져왔다.[21] 그리고 수운은 당시의 시대적 당면과제와 모순점들을 구체적으로 파악하면서 그것을 극복하고자 하는 열망을 분명하게 보여주었다. 그 한 예를 용담유사의 "안심가"에서 볼 수 있다.

기장하다 기장하다 내집 부녀 기장하다
내가 또한 신선되어 비상천(飛上天)한다 해도
개같은 왜적놈을 한울님께 조화(造化)받아
일야(一夜)에 멸하고서 전지무궁(傳之無窮)하여 놓고

---

20) 배영순, 위의 책, 91쪽.
21) 특히 "안심가"에서 부녀자들을 특별히 거론하고 있다.

대보단(大報壇)에 맹세하고 한(汗)의 원수(怨讐) 갚아보세[22]

위의 인용문에서 우리는 수운이 결코 운명론적인 운세관에만 매몰되어 있었던 것은 아니라는 것을 볼 수 있다. 그에게 운세관이 있었다면 그것은 민중에게 희망을 주는 운세관이었다. 희망이 불가능한 상황 속에서 희망을 불러일으키는 운세의 주인인 한울님의 힘을 의지하자는 것이었다. 수운은 지기(至氣)이신 한울님은 민중에게 희망을 줄 뿐만 아니라, 민중들이 수심정기하여 올바르게 살 수 있게 하고, 질병으로부터 해방시켜 주며, 가난 속에서도 안빈낙도하여 소망을 가지고 기쁘게 살며, 결코 흔들림이 없어, 각자위심하여 뿔뿔이 흩어지지 않는다. 즉, 모심(侍)이 가지고 있는 깊은 뜻(내유신령, 외유기화)을 알고 결코 흔들리지 않으며(各知不移), 공동의 힘을 모은다. 그러할 때 개벽을 일으킬 수 있다는 가르침을 민중에게 준 것이다. 이렇게 볼 때, 수운의 운세관은 희망을 주기 위한 수단으로 사용되었지 그것 자체에만 의존했다고 볼 수 없다. 그런 면에서 위의 배영순의 논지는 옳지 않다고 판단된다.

나아가서, 무위이화는 수심정기와 연결해서 생각해야 한다. 무위이화를 인위적 실천이 없이도 저절로 이루어진다는 피동적 조화 사상으로 이해해서는 안 된다. 무위의 반대인 유위(有爲, 인간의 자의적 행위)에 의해 이루어진 세상은 혼란 그대로이고, 약육강식의 세상이다. 당시 조선 말기의 사회의 모습은 인간의 유위에 의해서 만들어진 모습이며 이것은 잘못된 것으로 타파되어야 할 것이었다. 후천개벽은 무위이화로 이루어져야 한다. 그것은 천도를 따름에 의해서 가능하다. 즉 천도를 따르는 것은 곧 수심정기하는 것이며, 이것은 기존사회의 방식과는 전연 다른 새로운 방식 즉,

---

22) "용담유사", 『천도교 경전』, 162~63쪽.

천주를 모시는 삶의 방식을 말한다. 따라서, 무위이화는 우리의 삶이 천도를 따르는 실천의 삶에 의해서 가능한 것이지, 아무 노력 없이 저절로 그렇게 될 것이라고 믿는 수동성에 의해서 가능해지는 것이 아님을 알 수 있다. 그런 면에서 1894년 이후의 동학혁명운동은 실천적 무위이화의 한 모습이라고 말할 수 있다.[23]

3) 우주 속에서의 영과 기: 만물의 생명 그리고 공경

기독교에서는 우주 속에서의 영을 새롭게 이해하고 있다. 이러한 노력은 최근 많은 신학자들에 의해서 진행되고 있다. 이들 서양 신학자들은 영과 우주와의 관계를 페리코레틱한 관계, 영의 머묾(indwelling)으로 이해하고 있다. 그리고 루아흐(ruach, 신적인 영)는 신적이면서도 동물적인 생명의 기로서 만물에게 생명력을 불러일으키는 생명의 영이다. 루아흐는 개인, 사회 그리고 우주 속에서 자유롭게 활동하는 하나님의 영이다. 이 하나님의 영인 루아흐는 생명과 관련되어 있는데, 생명은 정신만이 아니라 육체와 물질을 아우른다는 면에서 그것은 육체와 물질의 근본이 되기도 한다. 그럼에도 불구하고 여기에 이분법(dualism)이 존재한다. 즉, 생명은 하나님에게로 돌아가고, 육체는 흙으로 돌아간다는 것이 기독교의 기본적인 관점이므로, 생명은 신적인 것이며, 육체는 피조물이라고 하는 이분법이 존재한다. 이에 비해서 동학에서는 동양의 철학적 전통에 따라 기의 취산(聚散)작용에 의해 정신, 육체, 물질이 생기기도 하고 사라지기도 한다고 본다. 그리고 기는 만물의 원천이며 기본 구성단위가 된다. 그러나 루아흐 영은 "만물의 생명"의 원천일 뿐, 만물의 기본 구성단위가 아니다. 나중에

---

23) 박맹수는 무위이화의 속뜻을 "당시 동점해 오는 서구 제국주의 열강의 조선침략에서 비롯된 모순을 '無爲'化하자는 뜻이 포함되어" 있다고 보았다. "동학과 전통종교와의 교섭,『동학사상의 새로운 조명』(경산: 영남대 출판부, 1998.) 134쪽.

기독교의 삼위일체론에서 성령이 위격화됨으로써 "생명의 영"으로서의 영 이해가 약화되고, 우주와 영과의 관계가 더욱 멀어졌다.

이제 동학에서는 우주와 자연 생태계를 어떻게 보고 있는가를 좀더 구체적으로 논의해 보려고 한다. 해월에 의하면 천지인은 원래 한 이치기운(一理氣而已)일 뿐이라고 하였다. 이어서, 사람은 바로 한울 덩어리요, 한울은 바로 만물의 정기(人是天塊 天是萬物之精也)라고 하였다.[24] 여기에서 정기를 말하는 精은 무엇인가? 이것은 물질 안에 있는 생명의 기를 말한다. 그렇다면 인간 안에 있는 한울은 만물 속에도 있다. 그리고 천지인 삼재 중에 인(人)이 최령자라고 하였다. 인간이 우주에 미치는 영향력과 책임은 가장 크다고 하겠다. 그뿐 아니라, 한울도 인간에 의존한다. 그런데 생명의 관점에서 보면, 인간은 자연, 우주에 의존한다. 해월은 이것을 '天依人人依食'이라고 하였다.[25] 해월의 글을 인용해 보자.

> 한울은 사람에 의지하고 사람은 먹는데 의지하나니, 만사를 안다는 것은 밥 한 그릇을 먹는 이치를 아는데 있느니라. 사람은 밥에 의지하여 그 생성을 돕고 한울은 사람에 의지하여 그 조화를 나타내는 것이니라.[26]

그 의존의 방향이 천(天) → 인(人) → 식(食)이 된다. 식(食)은 땅에서 나오는 것이므로 인간은 자연에 의존되어 있다는 것이다. 이 말은 자연을 공경하라는 것과 연결되며, 심지어 땅 위를 나무신을 신고 함부로 걸어서 훼손하거나 물을 함부로 버린다든가 침을 뱉어서도 안 된다는 것이다. 동학의 생태환경에 대한 이러한 자세는 시천주, 敬, 以天食天, 事事天, 物物天

---

24) 『천도교 경전』, 265쪽.
25) 위의 같은 책, 254쪽.
26) Ibid.

의 사상에서 비롯된다. 동학사상에 내포되어 있는 이러한 풍부한 영적 자원들은 오늘날 생태신학을 형성하는 데에 도움이 된다. 서양의 생태신학이 복잡하고 추상적이고 관념적인 경향이 있는 것에 비하여 동학은 직접적이고 솔직하며 담백한 논리를 제공하여 주어 명쾌한 생태사상을 제공해 준다.

3. 상호 다름을 존중하는 자세

동아시아에서 살고 있는 우리들의 기독교 신앙은 동양의 기(氣) 개념에 의해서 보다 동양적 기독교 신앙을 가질 수 있게 되지 않을까 생각한다. 특히 동양적 수신(修身)의 전통 속에서 기를 경험하는 것은 곧 영을 경험하는 것이 될 수 있다. 따라서 무미건조한 서양적 영 체험과 서양의 또 다른 형태인 펜테코스탈 교회의 떠들썩한 영 체험을 넘어선 동양적 영 체험은 바로 기를 통한 것이 될 수 있지 않을까 생각한다. 우리는 정좌(定座) 속에서 호흡을 조절(조식, 調息)하며, 기를 우리 안에 모을 수 있으며, 이 속에서 영을 체험하며 영의 힘을 얻을 수 있다. 이러한 영 체험의 방법은 기독교 동방교회의 신비 전통인 헤시카즘(Hesychasm)의 방식과 유사하다.

그러나 우리가 여기에서 지적해야 할 것은 영의 전통과 기의 전통은 다르다는 점이며, 너무 무리하게 영과 기를 일치시키는 것은 위험할 수도 있다는 것이다. 양대 전통의 독자성을 충분히 존중해 줄 필요가 있으며, 그렇게 해야만 양대 전통 각각의 높은 가치들을 손상하지 않는 범위 내에서 대화가 가능할 것이다. 동시에, 양쪽의 다른 점에 얽매여서 서로의 의미적인 침투와 융합을 시도하는 것을 아예 단념하는 것도 바람직하지 않다고 생각한다. 상호의 다름을 인정하고 존중하는 범위 안에서 서로배움의 텍스트의 상호적 읽기(intertextuality)가 필요하다. 텍스트 간의 서로배움과 읽기를 통한 종합이 양쪽을 혼합하자는 것은 아닐 것이다. 각각이 가지고 있는 다른 점과 한계와 장점이 어디에 있는가를 살펴보는 것에서부터 우리는 새로운 이해의 단계, 즉 지평의 확장을 시도할 수 있을 것이다.27)

---

27) 영과 기에 대한 신학적 연구로서 대만 신학자 장춘센의 『하늘과 사람은 하나다』(분도출판사, 1991, 이정배 번역)를 추천할 수 있다. 특히 이 책의 제4부, 145~191쪽을 보라.

제15장
21세기 교회론과 기독 운동의 방향

1. 기독 운동이 다시 필요한 한국교회

한국교회를 둘러보자. 예수가 한국교회에 오시면 한국교회가 예수를 반길까? 아니, 예수가 한국교회를 좋아할까? 마치 예수가 유대의 예루살렘 성전에 가서 성전을 파괴하려고 했듯이 오늘의 한국교회를 그렇게 하려 하지 않았을까? 예전의 유대의 성전 질서가 그러했듯이, 오늘날의 한국교회의 상당수는 하나님의 이름으로 평화를 버리고 부자들을 축복하며, 갈등 심지어 전쟁마저도 조장하고 있는 것은 아닌가? 한국교회를 대표하는 일부 대형교회들은 과연 평화세력인가? 한국교회는 예수를 예배하면서 또다시 예수를 배반하고 있는 것은 아닌가? 아니, 예수를 죽이고 있는 것은 아닌? 예수의 전복적인 기억이 더 이상 기억되지 않고, 단순한 종교적인 예식만을 반복하는 회칠한 무덤이 되고 만 것은 아닌가? 그리고 그 중심 메시지는 헌금 많이 해서 축복받으라는 것, 돈 많이 벌라는 것이 이닌가? "예수 믿고 부자 되세요."가 중심 메시지가 되어 버린 것은 아닌가? 그리고 그런 비판의 소리를 내는 우리는 얼마나 잘하고 있는데? 모두 뼈아픈 질문들이다.[1]

한국교회는 매우 물량적이고 자본주의적이다. 돈으로 축복을 계산하고, 큰 교회일수록 예수를 잘 따르는 교회요, 대형교회의 담임목사가 위대한 성직자로 꼽힌다. 대형교회일수록 사회에 무관심하고 보수적이다. 작은 교회들도 대형교회를 보고 따른다. 한국 개신교 교회 안에는, 온갖 비리가 발생하고 있고, 비민주적인 관행, 여성 비하의 풍조가 일반 사회보다 증폭되어 존재한다. 한국교회는 한국의 가장 전투적인 보수세력을 대표하고 있다. 한국교회는 정치적 무관심에서 정치와의 야합으로 넘어가고 있다.

한국교회는 보수화되어 있고, 교회들은 끼리끼리의 모임, 사교 모임, 중산층들끼리 모여서 서로 즐기는 교회가 되어 버렸다. 이렇다 보니까, 사회적인 문제, 정치적, 정책적 문제들과 같이 성원들의 인화와 개인적인 유대관계에 무관한 문제들에 대해서는 알레르기 반응을 일으킨다. 한국의 민족문제, 통일문제, 인권문제 등에 대해서는 표피적인 관련을 갖거나 아예 무관심하다.

이러한 한국교회의 풍토 속에서 우리는 한국 기독 운동의 새로운 지평을 말하려 한다. 그간 한국교회의 역사 속에도 훌륭한 기독 운동의 전통이

---

1) 논자 자신을 반성하면서 이 글을 쓴다. 이 글 이면에는 나(우리)에 대한 반성이 깔려 있다. 심지어 여기에서 주장하고 있는 나의 논지 자체가 한국교회를 바르게 "세우는" 일에 덕이 되지 않을 수도 있겠다는 걱정도 있다. 그러나 이 논자가 한국교회를 세우는 일에 일조하겠다는 마음에는 변함이 없다. 이 논자는 한국교회를 비판하지만 사랑한다. 못난 자식이라도 내 자식이 아닐 수 없고 사랑하지 않을 수 없는 것처럼 나도 한국교회를 사랑하지 않을 수 없다. 그 못남은 곧 나의 못남일 수 있기 때문이다. 우리가 내 자식에 대해 무관심할 수 없는 것처럼, 우리는 한국교회에 무관심할 수 없다. 나와 우리와 한국교회는 공동운명체이기 때문이다. 부모와 자식을 버리고 나만 독야청청할 수는 없다. 위선자일 뿐이다.

존재했다. 오늘날의 기독 운동은 1919년 3·1 독립운동과 그 전후의 민족 독립을 위한 운동에서부터 1970~80년대의 민주화운동 그리고 오늘날의 한반도 평화와 통일 운동에 이르기까지 기독 운동이 전개해 온 전통을 이어받아야 할 것은 물론이다. 그리고 그러한 전통에 기대어 21세기의 새로운 상황에서 새로운 기독 운동의 전개를 모색해야 할 것이다.

우리의 기독 운동이 과거로 회귀할 것인가? 그럴 수는 없다. 그렇다면 현재와 미래를 위해서 탈바꿈해야 할 것인가? 그렇다. 그렇다면 과거와 완전히 단절해야 하는가? 그렇게 하는 것은 지혜롭지 못하다. 그렇다고 과거를 반복해서는 안 되는 것이다. 미래는 과거를 재창조하는 것이 아닌가? 여기에서 재창조란 과거의 것이 오늘날에 맞지 않을 때에는 과감하게 수정 보완하는 것을 포함한다. 아예 과거와는 다르게 새롭게 창조해야 할지도 모른다. 다만 우리가 잊지 말아야 할 것은 과거의 운동 속에서 살아 움직였던 "하나님의 영"을 지속적으로 간직해야 한다는 것이다. 하나님의 영을 간직한다는 것은 하나님의 영에 동참한다는 것을 말하며, 이것은 하나님의 선교, 즉 하나님의 나라 운동에 동참한다는 것을 말하며, 이것은 예전에도 그랬지만 오늘날에도 하나님의 정의와 평화를 오늘에 구현시키는 것을 말한다.

2. 오늘날의 상황과 기독 운동의 다양한 유형들

21세기 전체 시기 동안에 우리의 현실을 이끄는 세력은 아마도 제국이 아닐까 생각한다. 실제로 21세기 초반의 상황은 첨단 과학기술과 막대한 자본이 결합할 뿐만 아니라 군사적인 힘이 결합된 제국(들)에 의한 세계지배의 상황을 말한다. 제국은 이라크를 침략했고, 그것으로 인해서 테러와의 전쟁이 지속되고 있다. 이렇게 폭력이 상존하는 지역이 있는가 하면 한반도와 같이 언제 (핵)전쟁이 일어날지 모르는 위험한 지대가 있고, 이러한 위험의 상황 속에서도 글로벌 자본주의는 우리의 집단·사회적, 개인적 삶 속에 깊이 파고 들어와 직접적인 영향을 끼치고 있다. 많은 사람이 취업위 기와 불안한 경제적 상황 속에서 불안정한 삶을 이어가고 있다.

1970~80년대까지만 해도 기독교 사회 운동에 가담했던 사람들은 민 주화가 이루어지면 상황이 매우 좋아질 것이라고 생각했다. 그러나 그렇 지 않았고, 기독교운동은 이러한 상황 앞에서 무력감을 갖게 되었다. 사회 ·경제적 약자들의 삶은 여전히 불안하고 어렵다. 유신-군부 독재의 "귀신" 을 내쫓았더니 다른 더 강력한 "귀신"이 들어와 자리를 차지하고 있는 형 세이다. 이 새 귀신을 신자유주의 혹은 지구적 시장자본주의(Global Market Capi- talism)라고도 명명할 수 있을지 모르겠다. 산업화가 이루어졌지만 산 업화의 혜택이 소수의 국민들에게만 돌아가서 20:80의 사회가 되고 말았 다.

1970~80년대 물질적 재화 생산을 주종으로 하는 이른바 굴뚝산업 중 심의 산업화시대에는 경제가 확장되고 지속적인 발전이 이루어져서 서민 들의 삶도 상당히 개선되었다. 21세기 디지털시대를 맞이하여 비-물질적 인(im- material) 재화를 생산하는 정보와 지식 산업시대에 접어들면서 예전 의 기층민중은 다양한 계층과 집단으로 분화되었고, 나름대로 다원사회의 일원으로 편입되었다. 오늘날의 사회는 다양한 집단과 계층과 계급으로 분화된 사회이다. 이러한 다원사회에서는 마르크스주의에 기초한 계급이 론 등 거대담론이 그 영향력을 잃었다. 그리하여 다원성을 담을 수 있는 사회, 문화, 정치 이론을 구하게 되었다. 참여적 이론, 실천적 신학이론도 여기에 발을 맞추어야 한다. 그러나 새로운 상황에서의 기독 운동을 위한 새로운 참여적 (신학)이론을 형성하는 과정에서 다양한 이론들이 등장하고 있다. 어떤 이론은 아직 덜 체계화되어 있고, 어떤 이론은 보다 정교화되었

다. 이러한 다양한 이론들은 예수시대에도 있었다고 본다. 예수시대에 당면했던 로마제국 하에서의 이스라엘인들의 상황극복을 위한 다양한 모색과 이론들은 이른바, 젤롯, 바리새, 에세네, 헤롯당, 예수공동체 등등의 예수 당시의 사회적 운동체에서 발견된다.

이 논자는 오늘날의 기독 운동 진영과 그 주변에는 몇 가지 유형의 실천이론적 담론이 떠다니는 것을 감지한다. 그것을 다음과 같이 몇 가지 유형으로 나누어보려고 한다.

1) 동양적 전통문화 및 생태주의

전통적인 민중론으로부터 탈피한 일부 담론가들이 여기에 속하며 기독 운동의 중요한 부분을 차지하고 있다. 오늘날 기독 운동 일각에서 일어나고 있는 전통문화주의자들과 생태주의자들의 합일 및 연대의 모습을 쉽게 탐지할 수 있다. 즉, 동양적 전통주의와 생태주의가 하나로 결합되고 있는 추세가 엿보이고 있는데, 이 두 가지가 연합될 수 있는 이유는 동양적 전통이 생태주의와 그 정신적인 뿌리에서 서로 가깝기 때문이다.[2] 서양의 생태주의는 동양의 전통문화 특히 불교 전통에 힘입은 바가 크다. 식자들 간에는 서양의 물질문명, 과학주의의 비생명적, 비생태적인 요소들에 식상하여 자연 생태계 보존이 해방의 처음이요 마지막이라는 확신을 가지고 도시물질문명을 등지고 시골로 자연으로 들어가 대안적인 삶과 공동체를 일구려고 시도하는 사람들이 있다. 이들은 직접적으로 정치에 참여하

---

[2] 1960년대 이후부터 서양의 여성주의자들 중에는 여성적 본성과 지구 사이에 유사성이 있다고 보았다. 어머니 지구의 개념도 이에 상응한다. 지구가 생명을 잉태시키듯이 여성도 그러하며, 지구가 남성적인 과학기술문명의 수탈로 신음하고 있듯이 여성도 남성적 가부장질서에서 신음하고 있다는 점에서 여성주의와 생태주의는 만난다고 보았다. 오늘날 한국의 담론 세계를 보면, 동양적 문화전통주의와 생태주의는 담론적인 차원에서 일치하고 있음을 확인할 수 있다.

지 않는다. 왜냐하면 정치에 참여하기에는 이들의 관점은 너무나 근본적이기 때문이다. 이들은 정치적인 것은 이데올로기적이지 않을 수 없고 현실 타협적이기 때문에, 순수하지 않다고 본다. 이 유형은 전통적 기독교 운동에서 분류되고 있는 종파(the sect)에 가깝다고 하겠다. 일부 메노나이트 교도들은 순수 자연주의에 귀의하여 현대 물질문명으로부터 등을 돌리고 있다. 전통적 종파주의자들도 정치에 직접적으로 참여하는 것을 꺼린다. 기독 운동의 지평에서 볼 때 동양적 전통주의자들과 생태주의자들은 이른바 순수주의에 속한다. 동양적 전통주의자들은 보수적 교회주의자들로부터 배척받는 경우가 많다. 동양적 전통주의는 기독교 유일주의를 비판한다. 그리하여 지금까지 많은 토착화 신학자들과 문화신학자들이 교권에 의해서 탄압받고 희생되었다.

동양적 전통주의자들이 생태주의를 수용하는 경향이 있다는 것은 위에서 지적하였다. 이들은 또한 정치에 참여한다거나 정치적인 입장을 표명하는 정치운동보다는 문화운동 즉, 학술모임, 다양한 문화예술 활동 등 문화적 담론적 활동에 치중한다. 구체적인 사회 정치적 상황으로부터 몇 발 뒤로 후퇴하여 관찰하며 비판적 담론을 형성한다. 그러한 면에서 참여적 기독 운동에 대해 직간접적인 영향을 미친다.

이 유형에는 토착화신학자들이 주류를 이루었다가 근래에는 과거 민중주의를 내세웠던 사람들 중 일부가 참여하고 있어 담론적인 수준에서는 매우 강하게 펼쳐지고 있다. 이 유형의 강점은 종교다원주의를 수용할 뿐 아니라 구현해 준다는 것이며 그러한 면에서 종교 간의 화해와 협력에 도움을 준다. 또한 기독교에 대한 이해의 폭을 넓혀준다. 이 유형의 특징으로 몇 가지가 있을 수 있다. 첫째, 기독교의 일부 측면만을 강조하는 경우가 있다. 즉, 이들 중 일부는 기독교 성서의 예언자적이고 정치적인 전통(출애굽, 예언서, 역사적 예수)에 대해서는 덜 관심을 가지며 오히려 잠언, 시편 등에 나오는 동양적이고 잠언적인 지혜의 구절들에 관심을 보이는 경향을 가지고 있으며, 나아가서는 역사적 예수와 그의 가르침을 동양적으로 채색하는 경향을 보여주고 있다. 둘째로, 이들의 신학적 논의 안에는 무리한 주장이 포함되기도 한다. 이들은 종교 간의 유사성과 상통성을 강조하다 보니까, 종교 각자가 가지고 있는 독특성과 고유성을 손상시킬 수 있다. 예수와 부처가 그리고 기독교와 도교가 상호 대체될 수는 없을 것이다. 각각은 자기의 독특한 메시지를 가지고 있으며 특유한 빛깔로 구원의 길을 제시하고 있다. 무리하게 수렴하려고 하기보다는 각각의 독특성을 서로 존중하고 서로 배우는 일이 필요하다. 셋째로, 이들이 보이는 기독 운동은 담론적인 수준에 머무르고 있다는 약점이 있다. 다시 말하면, 이들의 기독 운동은 저술, 토론, 강연, 출판 운동의 수준이지 사회·정치적으로 직접적인 행동에 이르지 못하는 경향이 있다. 이들의 운동은 대중의 의식 변화를 위해 노력한다. 예를 들어, 다른 종교와의 대화가 강조되고, 인간이 자연의 일부에 지나지 않는 유한한 존재로 인식할 것을 강조한다. 이것으로 오늘날의 물질문명에 대응하는 대안적인 의식과 새로운 인간으로 거듭날 것을 촉구한다. 새로운 의식과 새로운 인간의 창조는 사회적, 구조적인 변화를 동반해야 하는데 이 후자에 대해서는 상대적으로 무관심하기 때문에 그 담론이 자기 완결을 위한 중요 부분, 즉 사회윤리적인 대안과 실천적인 요소가 부족하다는 약점을 가지고 있다. 이른바 문화주의에 빠질 수 있다. 넷째로, 이 유형에 속하는 이론가들은 담론의 적합성(relevance)을 오늘의 사회정치적인 상황에 두기보다는 동양적 전통과 가치와의 일치 혹은 근접하는가에 두는 경향이 있다. 즉, 오늘의 상황보다는 과거의 자료에 더 관심을 가진다. 그리하여 오늘의 상황에 대한 이해도 그만큼 과거의 입장에서 하기 때문에 때때로 시의에 적합하지 않을 수 있다. 오늘날의 상황에 대한 이해의 조명을 비추어 주기는 하지만 그것이 현실 개혁을 위한 실천적인 지혜를 제공하기에는 역부족일 수 있다. 이 유형은 기독 운동의 시대적, 실천적 요청에 미흡할 수 있다. 마지막으로, 이 유형은 인간과 현실을 비정치적, 혹은 비구조적으로 볼 수 있다. 즉 인간을 개인으로만 보는 경향이 있으며 구조 속에서의 인간을 보지 못하는 경향이 있다. 따라서 비정치적일 수 있다. 기독 운동에 정치적인 요소가 없으면 예언자적 성격을 잃게 된다.

2) 소수자 정치담론주의

소수자 정치담론은 비교적 젊은 민중신학자들로부터 나오고 있다. 이들은 1970~80년대의 민중개념은 오늘날 사회학적인 구성개념으로 사용될 수 없다고 본다. 그리고 민중에 상응하는 운동 즉 민중적 운동도 더 이상 존재하지 않는다고 판단한다. 오늘날에는 민중을 대신하여 이해관계와 소외의 양태가 다양한 소수자들(minorities)이 사회학적 집단구성인자가 된다고 보고 있다. 이들 소장 학자들에 의하면 소수자에 대응하는 다수자는 정상인이 되고 소수자들은 비정상으로 간주된다. 다수자는 정상인으로 시대를 지배하고 이끌어 가는 집단을 말한다. 다수자 집단들이 형성하는 지식체계나 제도는 소수자들을 억압하고 주체성을 왜곡시키는 기제의 역할을 하므로 신학자들은 (혹은 크리스천들은) 이 소수자들이 자기 주체성을 회복하고 자신의 주장을 관철시킬 수 있도록 지원해야 한다고 주장한다. 소수자 집단들로 장애인, 외국인 근로자, 여성, 성적 소수자, 실업자, 일용직 노동자, 비정규 노동자 등을 들 수 있다.

이 유형의 담론가들은 사회 전체 혹은 민중전체를 관통하여 설명할 수 있는 종합적 담론이 성립될 수 없다는 해체 지향의 담론을 펼치고 있다. 그리하여 오늘날의 거대한 악의 구조에 대항한 대안적인 체제와 질서를 말하는 것을 꺼려한다. 이들은 지향해야 할 대안 사회를 이론적으로 구성한다는 것은 곧 유토피아를 그리는 것이요, 그것은 다시 우리를 가두는 질곡이 되고 말 것이므로 철저히 해체시켜야 한다고 믿는다. 그것이 기존의 사회이든 혹은 대안 사회이든 그것들을 설명할 체계적 지식과 이론들은 사회의 다양한 구성원들의 독특한 주체성을 무시하기 때문에 이러한 지식과 이론들을 철저하게 분석하고 해체시키는 것이 신학자의 중요한 역할이라고 본다. 지식인들은 억압받고 있는 소수자 집단의 입장에서 기성의 이론과 제도들을 비평해야 할 뿐 아니라, 소수자들의 말과 생각이 잘 전달될 수 있도록 매개자의 역할을 해야 한다고 보고 있다. 소수자 정치 담론자들은 기성의 사회를 대신할 대안과 그 정책을 내는 것 자체를 꺼려한다. 왜냐하면 그것이 우리를 획일화하고 억압하는 기제로 작용할 위험이 있기 때문이다. 결국 소수자 정치담론자들이 선택할 수 있는 길은 소수자 집단들이 각각의 자기 정체성을 확고히 하면서 자기해방의 과정을 밟는 길이다.

이러한 이론이 가질 수 있는 특징은 다음과 같다. 첫째로, 대안적인 사회와 정책을 형성하는 것을 거부하거나 꺼리기 때문에 결국 사회적인 보수성을 띨 수 있다. 둘째로, 소수자들이 각각 자기의 독특한 정체성을 지니고 있음을 강조한 나머지 소수자 집단들 안에 공통된 요소들이 있을 수 있음을 간과할 수 있다. 실제로 민중 혹은 다중 대신에 고립 분산된 소수자 집단이 운동의 궁극적인 단위라고 고집하는 것에서 이것을 발견하게 된다. 오늘날의 신자유주의적인 세계화시대에 다양한 약자 집단들은 연대하여 공동대처를 할 필요가 있다. 그러한 공동의 연대 속에서 새로운 사회학적 주체집단이 나타날 수 있다. 우리는 이것을 민중 혹은 다중이라고 부를 수 있을 것이다.3) 이런 면에서 민중 혹은 다중이라는 개념은 여전히 유효

---

3) Antonio Negri and Michael Hardt, *Multitude* (New York, N.Y.: Penguin Books, 2004) pp. 107~114. 네그리와 하트는 다중(multitude)이라는 개념을 가지고 다양한 다수의 사람들을 가리키는바, 다중은 하나로 일치된 집단을 가리키는 것이 아니라 독특성을 가지면서도

하다. 셋째로, 소수자 담론자들은 제한된 정치 개념을 가지고 있다. 사회 전체적인 변화를 모색하는 대안 이론이 없다는 것도 정치성의 부족을 가져오지만, 긍정적이고 적극적인 정치 참여나 정책을 만드는 일을 꺼리는 것도 이들의 정치성을 약화시키는 원인이 된다.[4] 이것은 해체주의적 성향에서 비롯된 것이 아닌가 생각한다.[5]

3) 급진적 민중주의

급진적 민중주의의 운동은 1970~80년대 동안에 한국을 민주화하고 개혁하는 일에 있어 가장 큰 역할을 담당하였다. 민주와 독재, 정의와 불의가 분명하게 갈려져 있었던 상황에서 급진적 민중주의는 한쪽을 분명하게 택하고 운동의 역량을 결집시켰다. 이러한 운동 유형은 지금도 이어져 오고 있다. 한미 FTA 반대운동에 참여하고 있는 민중운동가들, 평화통일 운동에 참여하고 있는 인사들 중 일부는 급진적인 행동 양식을 보이고 있다. 그러나, 포스트모던 시대인 오늘날에는 모든 사회적 정치적 이슈들이 복잡한 원인과 발전을 내포하고 있어서 분명한 대답이나 처방에 이르기가 어려운 모호성을 포함하고 있다. 그래서 양단간 분명한 입장을 취하기가 어려운 상황에 자주 직면하게 된다. 이러한 상황에서 급진적인 민중주의는 한쪽으로 치우치는 판단과 행동을 보일 가능성이 있다. 충분히 지성적인 행동양식이나 태도를 취하기가 어려울 수 있다. 잘못하면 상황을 판단하는 잣대가 획일적일 수도 있다. 그리하여 상황의 복잡성을 바르게 이해

공통성을 가진 다양한 사람들의 집단이라고 주장한다.
4) 여기에서 본 연구자가 쓰는 "정치"란 용어의 의미는 어떤 주어진 상황 속에서 정의를 구현하기 위한 가장 적합한 정책을 도모하기 위해 심사숙고하고 행동하는 모든 과정을 말한다.
5) 이 유형에 대한 논의에 도움을 준 자료는 제3시대 그리스도교연구소 2006년 4월 월례포럼 발표문 정용택, "민중신학과 '정치' - '정치신학'을 향한 '민중신학'의 근본적인 재구성 논의를 제안하며"이다.

하지 못한 채 맹목적인 행동으로 치달을 가능성도 있다.

급진적 민중주의는 기독교 사회 운동의 중요 부분을 차지하고 있다. "사회선교"라는 이름으로 다양한 민중 집단들을 위해 선교, 봉사하고 있는 기독교 민중조직은 오늘날과 같이 다양하게 변화된 사회 속에서 때때로 분출되는 민중들의 요구를 대변하는 역할을 담당하였다. 그러나 다른 한편으로 21세기의 "사회선교"는 사회복지적인 마인드를 가지고 민중의 현실을 접근하는 비급진적인 경향을 보이기도 한다.

급진적 민중주의의 약점으로 몇 가지를 지적한다면 다음과 같다. 사물을 선악으로 나누는 이분법적인 사고에 빠질 위험이 있다. 그렇기 때문에 사물을 단순하게 판단해 버릴 가능성이 있다. 다른 집단이나 개인들과의 연대와 연합에 소홀할 가능성이 있다. 행동양식이 지성적이기보다는 정서적일 가능성이 높다. 급진적 민중주의는 과거 1970~80년대에 적절할 수 있었던 방식이었다. 당시에는 운동의 표적(target)과 악이 분명하였던 시기였고, 그것을 극복하고자 하는 민중들의 열망이 광범위하게 있었으므로, 소수의 지도자들이 민중운동을 급진적으로 이끌고 갈 수 있었다. 그러나 오늘날과 같이 다분화된 사회에서는 소수의 지도자들에 의해서 이끌리는 운동은 더 이상 존재하기 어려워졌다.

우리는 급진적 민중주의가 비급진적인 시대에서는 사회복지주의의 성격을 띨 수 있음을 보았다. 그러나 비급진적인 시대에도 이전의 급진적인 민중주의를 그대로 채택하고 있는 기독 운동이 존재하고 있음도 지적해야 한다. 그런데 이러한 운동 양식은 위에 지적한 약점 때문에 좋은 성과를 내기가 어려울 것이라는 판단이다. 그렇기 때문에 오늘날과 같은 포스트모던 시대에 어떻게 민중적인 입장에서 참여적인 기독 운동을 지속해 나갈 수 있을까 하는 문제의식을 갖게 된다. 우리가 추구하는 기독 운동의 새로운 유형은 급진적 민중주의가 가지고 있는 약점을 극복하는 것이어야 한다. 물론 그것은 소수자 정치담론의 유형도 극복하는 것이어야 한다.

4) 기타 보수주의 운동

여기에는 올드 라이트 운동과 뉴 라이트 운동이 포함된다. 이 연구에서는 보수주의 운동에 대해서 간단히 언급하는 것으로 만족할 것이다. 올드 라이트와 뉴 라이트는 서로 다르다고 주장하지만 근본에 있어서는 차이가 없다고 판단된다. 뉴 라이트에 진보운동 출신자들이 대거 참여하였기 때문에 운동의 전개에서 그 외형적인 양식이 진보운동의 그것과 흡사한 측면이 있다는 점에서 올드 라이트와 차별이 있는 것 같지만, 그 내용에 있어서 뉴 라이트와 올드 라이트 사이에는 차이가 없다. 특기할 것은 뉴 라이트 운동이 포스트모던 시대에 잘 적응하고 확산되고 있다는 사실이다. 이들은 상대적으로 탄탄한 조직력과 자금력 그리고 정책능력을 가지고 정치권과 교회와 손을 잡고 강력한 힘으로 등장하고 있다. 21세기 진보적 기독운동은 뉴 라이트 운동의 대두를 염두에 두며 이 운동을 극복하는 운동의 새로운 지평을 여는 것이어야 할 것이다.

위에서 분석한 기독교 운동의 4가지 유형을 극복하는 21세기 한국의 기독 운동은 어떤 것이어야 하는가? 그 조직 기반은 무엇이며, 어떤 조직이 가능하며, 어떤 과제를 해결하려고 하는 것인가? 이러한 것들을 구체적으로 논의하기에 앞서 우선 기독교 사회 운동의 기본 조직인 교회의 본질은 무엇인가를 살펴보고자 한다.

3. 교회의 본질

교회의 본질은 예수와 성령 사이에서 찾아진다. 교회뿐만 아니라 모든 기독교의 신학적인 논의는 이 둘을 어떻게 종합하느냐에 따라서 그 성패가 달려 있다고 해도 과언이 아니다. 교회는 예수 그리스도를 기반으로 이루어졌지만, 동시에 성령의 역사 속에서 만들어졌다. 동방교회의 신학자 중 최고의 교회론자라고 하는 지지울라스(John Zizioulas)는 집단적인 인격(corporate personality)으로서의 그리스도라는 관념으로 유명하다.6) 이러한 집단적인 그리스도관은 그리스도가 교회의 몸이라는 관점에서 비롯되었다. 그리스도는 집단의 표상이다. 이러한 동방교회의 입장은 안병무의 집단으로서의 예수론과 매우 유사하다. 그런데 동방교회의 그리스도의 집단적 인격은 사실 성령론적인 이해이다. 성령은 코이노니아로 이해되었다. 그렇다면 집단적 인격은 코이노니아이며, 그리스도의 몸이다. 교회론에서 그리스도론과 성령론은 분리될 수 없다.7) 지지울라스는 교회는 그리스도에 의해서 설립되었고(instituted), 성령에 의해서 구성되었다고(constituted) 하였다.8) 이 동방교회의 신학자는 그리스도 위에 내려오신 성령은 몸(교회)의 지체들 각자 안으로 소통함으로써 이 사람들을 많은 그리스도들(many christs)로 창조하신다고 보았다. 이것이 동방교회의 신화(deification, 神化) 교리의 핵심을 이룬다. 기독론적인 측면이 교회의 객관적 불변의 측면들을 만들었고, 성령론적인 측면은 교회의 주관적인 측면을 창조한다. 다른 말로 하면, 그리스도론은 교회의 안정성을 보장하고, 성령론적인 측면은 교회의 역동적인 측면을 보증한다.

그렇다면 교회는 기적이 일어나는 곳이다. 교회는 구원의 성례전(sacra-ment)이다. 왜냐하면 교회는 죄인들의 모임이기 때문이다. 교회의 교인들

---

6) Veli-Matti Karkkainen, *Toward Pneumatological Theology: Pentecostal and Ecumenical Perspectives on Ecclesiology, Soteriology, and Theology of Mission,* ed., Amos Yong, (Lanham, MD: University Press of America, 2002), p. 85.
7) Ibid., p. 86.
8) Ibid., p. 85.

은 원래 모두가 그렇고 그런 사람들이다. 콤플렉스로 뭉친 사람들이 교회에 나온다. 그런데 이런 사람들이 하나님의 선교 일을 하며 작은 그리스도가 된다. 이 놀라운 기적은 성령의 생명의 힘에서 비롯된다. 가톨릭교회의 신학자 칼 라너의 교회론도 성령론에 기초한다. 교회는 카리스마적인 구조를 가진다. 즉 모든 사람이 성령의 은사(카리스마)로 평등하게 참여한다. 교회는 성령의 자유로운 흐름을 억눌러서는 안 되며, 이 흐름이 가능할 수 있는 공간(room)을 마련해야 한다. 그리고 이 성령의 은사에 대해서 열려 있어야 한다. 비록 이 은사들이 우리를 깜짝 놀라게 하며 쇼킹적인 것이 될 수 있을지라도 말이다. 이러한 은사적 요소들은 교회를 사건화하여 우리를 깜짝 놀라게 한다. 이러한 현상은 성령에 의한 참여적인 교회에서는 빼놓을 수 없는 현상이다.9)

그리스도론을 중심으로 교회를 건설하면 위계적인 교회, 제도적인 교회가 되는 경향이 있다. 그러나 성령은 이러한 위계적 질서에 숨쉴 수 있는 공간을 열어준다. 생명의 기운을 소통하게 한다. 여기에서 놀라운 카리스마적인 일들이 일어날 수 있다. 그러므로 성령을 숨막히게(stifle) 해서는 안된다. 성령론적으로 보면, 구원은 성령의 역할이요 열매이다(이것은 동방교회의 주장이기도 하다). 서방교회는 그리스도론적인 구원론인데 이것은 그리스도가 자기 희생을 통해 신에게 만족을 제공함으로써 인간의 구체적인 참여 없이 법적인 선고의 형식과 같은 방식으로 구원을 얻는 데에 비해서, 동방의 성령론적인 구원은 개인적인 인간과 집단적인 인간(교회, 공동체)이 성령에 의해서 채워질 때, 즉 신화(神化)를 이루고, 하나님의 이미지가 회복되고, 신과 합일이 될 때 구원이 이루어진다. 그러니까 동방교회의 구원론은 인간과 공동체의 능동적인 참여를 강조한다. 이러한 동방교회의 구원관

---

9) Ibid., p. 91

은 일면 민중신학의 구원론과 상통한다. 서남동은 인간의 주체적인 자기 노력으로 스스로를 구원한다고 보았고, 이러한 노력에 성령이 함께 한다고 보았다.

다시 말하지만, 교회는 구원론과 연결된다. 그렇다면 어떻게 해야 구원을 받는가? 구원은 개인적인 경험에서 일어난다. 그러나 집단적인 것으로 나타나는 것이 더 바람직하며, 더 진정한 것이 된다. 그리스도론적으로 구원을 말하게 되면 그 구원은 "그리스도를 통하여" 이루어진다. 동시에 구원은 교회를 통해서 성령에 의하여 일어난다. 교회가 성령에 의해 죄인들, 부족한 사람들이 모여서 예수에 대한 기억과 성령의 현실적인 능력 안에서 뭉치고 자기 자신들의 역량보다도 훨씬 더 큰 일들을 해 내는 은사의 공동체가 될 때 구원은 그 속에 함께 한다. 성령을 통하여 그리스도의 뒤를 따라 약자들과의 "함께 함"에서부터 구원의 가능성이 시작되며, "함께 행동함"을 통해서 구원의 과정이 시작된다.

• 함께 함(being together): 비위계적 평등공동체로 함께 함. 여기에서 모든 사람이 같은 발언권을 가지고, 각인은 자신의 은사(카리즘)를 가지고 공동체에 기여한다. "함께 함"은 홀로 고립되어 존재하는 삶의 모습과는 질적으로 다르게 신의 지배의 현실을 만드는 일에 공헌할 수 있다. 자신만의 고립적인 이해관계에서 벗어나게 하는 초월적인 힘이 이 속에서 작용한다. 이것이 경험적이며 구체적인 성령의 역사가 아닌가?

• 함께 행함(doing together): 홀로 고립되어 있는 존재는 사회적인 행동으로부터 너무 멀리 있다. 공동체 속에서 함께 행함을 통해, 개인은 사회의 중심에 서게 된다. 이것은 곧 개인으로서는 상상할 수 없는 기적과 같은 현실이다. 개인이 역사적이고 사회적으로 의미 있는 행동을 할 수 있

는 여건이 만들어진다. 진정한 공동체적 함께 행함은 신의 지배(Reign of God)가 작동하게 한다. 신의 지배를 위한 행동은 성령의 능력 안에서, 예수에 대한 기억 속에서, 예수를 뒤따르는 행동이다. 이 행동의 구체적인 모습은 이 땅에서 정의와 평화를 위한 민중의 행동 속에서 발견되며, 교회는 이러한 행동 속에 참여해야 한다.

이것은 민중의 한을 풀어주고 고통당하고 있는 민중을 위로하는 일을 핵심으로 포함한다. 그러기 위해서는 교회는 무엇보다도 민중의 이야기가 들려지는 곳이어야 한다. 나아가서 "사건"으로서의 교회이어야 한다. 사건은 사회문화의 변혁운동적인 요소를 가진다. 교회는 구조나 제도가 아니라 참여적 카리스마(은사)에 의한 사건으로 존재한다. 교회에서는 사건으로서의 존재양태가 중심이지, 건물이나 직업적 목회자가 중심이 될 수 없다.

4. 21세기 기독 운동의 조직적 기반

1) 기독 운동의 조직적 기반은 교회로부터 온다

기독 운동의 기본 조직은 어디에 있는가? 한국의 교회들인가, 아니면 교회 안팎의 크리스천들의 모임인가? 기독 운동이 발전하려면 아무래도 교회들이 의식화되어야 하고 그런 의식화된 교회들이 많아져야 한다. 의식화된 교회가 많으면 많을수록 진보적 기독 운동은 강화될 수 있고 조직적 기반도 커진다. 그러나 한국에는 의식화된 교회가 매우 적다. 의식화된 교회를 어떻게 만들 수 있나? 이것을 위해서 어떤 교회여야 하느냐를 놓고 생각해 보아야 한다. 전통 속에서 교회는 다양한 상징으로 표현되었다. 그것은 그리스도의 신비한 몸, 사크라멘트, 제도, 하나님의 백성, 제자들의 공동체, 자매와 형제들의 공동체 등을 들 수 있다. 기독 운동을 위해서는 제자들의 공동체가 가장 잘 어울리는 상징이라고 본다. 형제자매의 공동체는 제자의 공동체와 어울리는 상징이다. 제자들은 모두 형제자매의 관계에 있지 상하의 주종관계가 될 수 없다. 그러한 면에서 제도로서의 교회는 기독 운동에 가장 적절하지 않거나 방해가 되는 상징이 된다. 오늘날 한국의 일반 교회들은 대부분 제도로서의 교회에 해당한다. 제도교회에는 목사를 비롯한 위계질서, 예산, 교회 건물이 중심이 되며, 헌금 강요와 위계질서에의 복종을 강요한다. 평신도와 목회자 및 장로 사이의 위계적 간극이 강조된다. 평신도들은 비주체적으로 성직자들의 말을 따라야 한다. 제도로서의 개신교 교회는 헌금규모, 건물규모, 성직제도 등 위계질서를 내용으로 하는 제도적 교회의 확대재생산을 최고의 목표로 추구하는 경향을 보이고 있다. 여기에서 파생되는 문제들은 다음과 같다.

• 개교회주의: 개신교 제도교회는 개교회주의적 태도를 강하게 보인다. 목회자나 장로 그리고 평신도 교인들은 자기 교회가 발전하고 커지면 그만이라는 식의 개교회주의에 빠진다. 원래 기독 운동은 교회연합적인 운동이어야 한다. 하나의 교회만이 빼어나게 기독 운동에 참여하고 종사한다면 그것은 예외적인 교회일 뿐 기독교 전체를 대변하는 것은 아니다. 많은 교회들이 그러한 운동에 참여할 수 있도록 교회연합과 교회연대적인 노력을 기울여야 한다. 오늘날 제도교회를 대체할 수 있는 대안교회들이 나타나고 있는데 이 교회들은 서로 연대해야 한다. 나아가서 이 교회들은 자신들만의 게토에 머무르는 것이 아니라 일반 제도 교회들을 그들의 운동 속으로 유인하고 이끌어야 한다. 큰 교회일수록 개교회주의를 넘어 전체 교회, 전체 사회로 예수의 정신을 확산해 내는 일이 어려울 수 있다. 왜냐하면 자신들이 지켜야 할 것이 많기 때문이다. 그러나 큰 교회가 작은 교회들 특히 대안적인 진보교회들로부터 배울 수 있는 용기와 겸손이 있

다면 한국교회 전체가 변화될 수 있다. 큰 교회와 대안교회들이 함께 민족, 민중 그리고 이 사회를 위해 함께 일할 수 있는 날이 기독 운동의 새로운 지평이 열리는 날이 될 것이다.

한국의 제도교회들이 개교회주의를 극복하고 연대적인 기독 운동에 참여하기 시작한다면 다음과 같은 결과가 나타날 수 있다. 우선, 교회의 지도자들 특히 목회자들이 권위적이고, 사치한 삶을 살지 않게 될 것이다. 다음으로, 교회의 평신도들이 주체적으로 기독 운동에 참여하게 되면서 교회 안의 위계적 질서가 해소되고 교회의 성원 전체가 형제자매의 관계로 진전될 수 있을 것이다. 또한, 교회의 목표가 자체의 물량적인 성장이 아니라, 예수와 제자들의 운동의 목표였던 이 세상 속에서의 하나님 나라의 확장운동으로 바뀔 수 있다. 물리적인 교회가 목적이 아니라, 그것은 수단일 뿐 하나님의 나라가 목적이 된다. 개교회주의는 물리적인 교회 자체를 목회의 목적이 되게 만든다. 즉, 이것은 수단과 목적을 전도시킨다.

• 교권 교단주의: 제도교회에서는 교권이 강조된다. 교권주의는 기독 운동에 저항하는 성격을 가진다. 교권 자체를 목적으로 생각할 가능성이 높기 때문이다. 교권도 다른 제도와 마찬가지로 수단일 뿐이다. 나아가서 교권이나 교직은 신성한 것이기보다는 기독 운동 즉 선교를 위한 수단에 불과한 것이다. 성직자와 비성직자가 구별 없이 교회연합 일에 참여할 수 있게 만들수록 바람직하다. 민주주의는 간접 민주주의보다는 직접 민주주의일수록 바람직한 것처럼, 교회도 성직자 주도형의 운영보다는 모든 성원들이 같은 권한을 가지고 직접 참여할수록 건강해진다. 기독 운동도 성직자 중심의 운동보다는 성직자 비성직자 구별 없이 평등하게 참여하는 것일수록 건강해진다. 오늘날 한국 기독교 사회 운동은 성직자 중심의 운동이 되고 있는데 이것은 성직주의, 교권주의로부터 온 폐해라고 하겠다.

물론 평신도들이 생업에 종사하느라 기독 운동에 참여할 수 없어 성직자들이 참여한다는 이야기도 성립될 수 있지만 그러나 기독 운동은 평신도들이 성직자에 못지않은 지위를 가지고 참여할 수 있어야 한다. 기독 운동에 평신도들이 중심이 되어 참여하지 않는 것은 교권주의적인 교회의 폐해로부터 비롯되었다. 이런 면에서 교회 안에서도 그러해야 하지만, 기독 운동 안에도 형제자매의 정신이 구현되어야 한다. 사실, 평신도를 지칭하는 'layman'에서 lay는 백성을 뜻하는 laos에서 비롯되었다. 성직자들도 하나님의 백성이라고 할 때 그들도 마찬가지로 평신도들인 것이다. 모든 교인은 형제자매가 된다. 여기에는 목자와 양떼와 같은 구별은 성립되지 않는다.

기독교 에큐메니칼 운동은 교단적, 교회적 교권의 테두리 안에 갇히면 기독 운동이 축소되거나 역동성을 잃게 된다. 보다 넓은 범위를 아우를수록 운동적인 역동성을 높일 수 있다. 즉, 기독 운동은 공식 교단과 공식 교회뿐 아니라, 사회선교 단체들, 자발적인 결사체들, 비공식적 임의 활동 조직들, 지역교회들, 민중교회들, 여성, 청년, 기독학자 및 전문가 그리고 개인들까지도 연대 속에 참여할 수 있도록 개방되어야 한다.

기독 운동을 활성화하기 위해서 교권주의와 함께 불식해야 할 것은 교단주의이다. 한국과 같이 작은 나라에서 기독교의 사회적 영향력은 날로 약화되고 있다. 한국의 근대사 속에서 기독교가 그 사회적 영향력을 크게 행사할 때가 없진 않았지만 오늘날과 같은 다원적 포스트모던의 속기독교 시대에서는 다른 다양한 운동들이 대두됨에 따라서 기독 운동의 영향력은 상대적으로 축소되지 않을 수 없게 되었다. 이러한 추세는 앞으로도 지속될 것이라고 본다. 그런데 이렇게 약화된 한국 기독교의 사회적 영향력은 개교회주의에 의해서 나눠지고 교단주의에 의해서 다시 나뉘어져 결국은 미미한 상태가 되고 있다. 속기독교 시대에 한국 기독교가 사회 속에서 나름대로 적극적인 존재 이유를 가지려면 교단주의, 개교회주의를 넘어서야 한다. 한국 기독 운동의 지형을 들여다보면 구도시의 난개발 지역을 들여다보는 것 같다. 작은 골목길에 의해서 소규모의 구획들로 나뉘어져 교통 체증에 시달리고 있는 구도시처럼 오늘날 한국의 기독 운동은 교단, 직제, 직능, 연령, 성별 등으로 나뉘어 있어 고비용, 비효율에 시달리고 있다. 다른 비유를 들면, 한국의 기독 운동은 영세한 구멍가게처럼 차려져 있다. 고객은 한정되어 있어 구멍가게 주인들은 호객하기 바쁘지만 점점 더 적자를 면치 못한다. 그리하여 하나하나 문을 닫게 되고 그나마 있었던 고객들은 다른 슈퍼마켓으로 발을 돌린다. 그러나, 구멍가게들은 서로 연합하여 큰 마켓으로 통합하려는 의지를 보이지 않고 있다. 그것은 구멍가게 주인들이 혹시나 자기의 지위를 상실할까 두려워하기 때문이다. 그러나 더 큰 문제는 이러한 소규모의 적자 운영의 운동단체들을 통폐합하거나 새로이 창조하기 위한 주도적 생각이나 합의 그리고 실천적인 노력이 없다는 것이다. 그러한 노력을 한다 해도 기득권을 놓지 않으려는 힘이 만만치 않다.

• 보수적이고 근본주의적인 신앙: 이것은 배타적인 이분법적인 사고와 연결된다. 이것은 선악의 흑백을 분명하게 구분하려는 유혹에 빠진다. 그리하여 흑과 백 사이에 있는 현실 대부분의 영역을 간과해 버린다. 다른 의견을 쉽게 매도한다. 반공주의, 반북주의가 기독교 안에서 대두되고 있는 것도 근본주의적 이분법에 기인한다. 오늘날과 같이 다원적인 사회에 역행하여 다른 종교에 대해 배타적 자세를 취한다. 근본주의는 비지성주의를 말한다. 모든 사람은 근본주의에 빠질 수 있는 지성적인 결함을 갖고 있다. 지성주의는 흑과 백 사이에 회색의 영역이 있음을 인정하고 이 영역을 자세히 살펴보기 때문에 극단적인 이분법주의자들에게는 불편한 일이

다. 근본주의자들은 양단간에 무엇인가 확실한 판단 — 그것이 잘못된 것인지 아닌지는 차치하고라도 — 을 내려야 안심한다.

대형교회들의 목사들이 근본주의의 유혹에 넘어갈 가능성이 높은 것은 교인들에게 무언가 확실한 것을 각인시켜야만 이들을 교회에 붙들어 맬 수 있기 때문이다. 근본적인 교리를 각인시킬 뿐 아니라, 여기로부터 파생되는 이데올로기들도 각인시킨다. 그리하여 과학을 농락하며, 다른 종교들을 비난하고, 심지어 같은 기독교의 다른 교단과 다른 교회들마저 배척한다. 지성주의는 비판의식을 조장할 수 있기 때문에 목회자들은 지성주의보다는 근본주의를 택한다. 한국교회가 전반적으로 비지성적이고 감정적인 것은 자기만이 옳다고 하는 개교회주의와 근본주의에 기인한다.

근본주의와 감정주의는 서로 연결된다. 감정주의는 지성적인 의심의 먹구름을 감정에 호소하여 날려 보내준다. 그리하여 비판의식이 높아야 할 젊은이들을 교회당으로 모아 놓고 록 음악과 밴드를 이용하여 감정의 열광에 빠지게 하여 지성적인 비판정신을 잠재운다. 한국교회의 젊은이들을 이렇게 무비판적이고 감정적인 신앙으로 길러낸다면 한국교회의 앞날에 지성적인 기독인들이 적어질 것이다.

근본주의자들의 기독 운동은 지난날의 비활동성에서 벗어나 지금은 맹렬한 정치운동의 지점에 이르렀다. 이들은 가끔 시내 중심가에서 성조기와 태극기를 앞세우고 북한의 인공기를 불태우면서 반공주의를 외친다. 여기에서 끝나지 않고 기독정당을 만들기도 하고, 보수정당과 정치인들과 손을 잡고 보수적인 정권을 창출하는 데에 힘을 보태고 있다.

• 사회적 약자들의 배제: 현대의 교회들은 — 하비 콕스의 관찰대로 — 서로 맞는 사람들이 사회적인 계약을 맺는 방식처럼 모이는 교회를 지향한다. 끼리끼리의 모임, 사교 모임, 중산층들끼리의 모임을 즐기는 교회를

지향한다. 사회적인 문제, 정치적인 문제들과 같이 성원들의 인화와 개인적인 유대관계에 무관한 문제들에 대해서는 알레르기 반응을 보인다.

한국의 개신교회 중에 중대형교회들은 중산층들의 모임이 될 소지가 높다. 교회에서의 헌금 강조는 돈 없는 사람들에게 교회의 문턱을 높인다. 그러다 보니 교회는 "가진 자"들만의 장소가 되었다. 교회에 가난한 사람들의 목소리는 점점 더 약해질 것이고, 부자들의 목소리는 커질 것이 분명하다.

교회 안에서 민중이 은폐되어지고 있다. 민중은 교회 안에서 숨어 지낸다. 왜냐면 그들을 떳떳하게 만들지 않기 때문이다. 마치 가난은 죄인 것처럼 모는 분위기가 한국의 개신교회 안에 존재한다. 가난한 사람들이 참여하는 것을 방해하는, 보이는 혹은 보이지 않는 경계의 선이 쳐져 있다. 이것은 교회의 다양한 제도들에 의해서 강화된다. 돈과 직위가 없는 사람들이 당회나 장로의 직책에 오르기가 불가능한 것이 현실이다.

교회는 이러한 배제의 장벽을 없애는 일에 앞장서야 하며, 나아가서는 평등한 참여의 공동체로 나아갈 때 교회 본래의 정신 특히 예수의 정신에 가까워진다. 여기에서 평등한 참여란 가난하고 지위가 없는 사람들의 참여를 포함한 모든 이들의 동등한 참여를 의미한다. 그러한 면에서 가난하고 지위가 없는 사람들의 참여를 보장하기 위해 교회 안에서는 가난한 자들에 대한 존중과 그들이 복음의 주체가 된다는 것을 강조해야 한다. 이것은 "주의 영이 나에게 내리셨다. 가난한 이들에게 복음을 전하게 하셨다"는 누가복음 4장 18절의 말씀에 의거한다. 예수는 자기 생활비의 전부였던 동전 두 닢을 헌금한 가난한 과부를 칭찬했지만(마가 12:41~44), 이것은 그만큼 가난한 사람들이 교회에 나가 그 제도교회가 부과하는 의무를 다 감당하기가 그렇게 힘들다는 것, 즉 자기의 생명(생활비)을 바치는 결단을 내리지 않고는 가난한 이가 교회에 나가거나, 나가서도 목소리를 내기가 그렇게 어렵다는 것을 역설적으로 말해주고 있다. 그러니 민중은 교회에서 숨어 지내며, 비존재처럼 지낸다. 교회에서 민중이 숨어 있을 수밖에 없기 때문에, 이제 민중은 교회에 더 이상 존재하지 않는 것처럼 보이기까지 한다.

그러나 한국교회는 우선 민중의 교회로 발전해야 한다. 민중을 위한 교회가 아니라, 민중의 동등한 참여를 북돋고 보장하는 민중의 교회, 민중이 주인이 되는 교회가 되어야 한다. 그렇지 않고서는 한국교회는 민중과 민족을 위한 교회가 될 수 없다. 교회가 민중성을 드러내야 한다. 민중의 교회를 지향하는 것이 교회의 진성성의 척도가 되어야 한다.

지금까지 제도교회의 문제점들을 지적하였다. 제도교회 모델은 더 이상 우리 시대정신에 어울리지 않을 뿐 아니라, 사회의 문제집단으로 전락할 위험을 높인다는 점에서 피해야 한다. 이에 제도교회의 약점을 극복할 수 있는 대안교회를 제시하고자 한다. 그것은 내적으로는 형제자매들의 공동체이면서, 밖으로는 제자공동체의 성격을 갖는 형제자매들의 제자공동체이다. 이 교회의 내외적 양면은 서로 분리되어서는 안 된다. 형제자매들의 친교 공동체는 곧 제자직을 충실하게 실천하는 제자공동체로 나아가야 한다.

2) 형제자매들의 제자공동체

기독사회 운동을 위한 바람직한 교회의 상은 형제자매들의 제자공동체라고 말하고자 한다. 형제자매란 상징은 그리스도의 몸을 형성하는 지체와 같이 서로 유기적인 사랑의 관계를 강조한다. 제자라는 상징은 선교적 사명을 띤 존재임을 강조한다. 여기에서 선교란 예수의 하나님 나라 운동과 관련된다. 선교는 예수의 제자로서 이 땅에 하나님의 정의와 평화 즉 하나님의 사랑의 지배가 실현되도록 하는 것을 말한다. 전도는 사람들이 복음을 믿도록 가르치는 것이라고 한다면, 선교는 정치, 사회, 경제 등 모든 영역에서, 하나님의 다스림이 구현되게 하는, 즉 하나님의 나라를 구현하는 인간의 모든 노력을 가리킨다.

교회에 참여하는 모든 성원들은 형제자매이며 친구이다. 각자는 모두 예수의 제자이면서 예수의 형제자매다. 형제자매됨은 성직자 비성직자를 막론하여 모든 구성원들의 관계성을 말해준다. 따라서 형제자매됨은 평신도 안의 관계에 국한되지 않는다. 안수받은 성직자도 당연히 형제자매가 된다. 여기에서 평신도가 주체가 된다는 사상이 나오며, 만인사제직도 형제자매의 공동체에서만 구현된다. 교회는 안수받은 전문 성직자가 존재해야만 교회로 성립되는 것이 아니라, 평신도가 주체됨에 의해서 성립된다. 전문 성직자는 필요하지만 필수적인 것은 아니다. 그러나 형제자매로서의 평신도의 존재는 교회를 위해 필수적이다. 형제자매됨은 남성과 여성 사이에서 구현되어야 할 이상이다. 한국교회에서 지도적인 자리는 남성들이 차지한다. 형제자매의 우애적인 평등관계는 특별히 남녀 성도 간에 적용된다.

형제자매됨은 교인 간의 우애의 돈독함을 가리키는 말인데 교회가 형제자매됨에 머문다면 다시 개교회 중심의 교회로 전락할 수 있다. 같은 종류의 사람들의 친교공동체들은 일종의 게토이다. 교회는 이것을 넘어서서 교회 안의 형제자매됨을 사회 속으로 확장하는 일, 즉 제자로서 하나님의 나라 선교에 참여할 때에 예수의 제자들의 공동체라 할 만하다.

3) 정의와 평화를 위한 선교

예수의 하나님의 나라 운동을 오늘날 한국 상황에서 무엇이라고 말할 수 있을까? 예수의 하나님의 나라 운동은 로마제국의 지배질서에 대응한 것으로서 로마의 불평등, 폭력, 힘에 의한 지배 대신에 사랑과 평화 그리고 정의의 질서를 가리킨다. 여기에서 평화와 정의는 강자를 위한 평화와 정의가 아니라, 약자를 위한 평화와 정의이다. 한반도에서 그리고 남한에서 평화와 정의 그리고 사랑의 질서를 형성해 나가는 것이 바로 기독 운동의 요체라 하겠다. 한반도는 제국인 미국과 주변 강대국들의 영향 속에서 생존하고, 발전하고, 평화를 유지해야 한다. 정의와 평화가 입 맞추는 세상은 사랑에서 출발한다. 생명과 이웃을 사랑하는 그 마음을 가지고 일할 때 정의와 평화가 온다. 예수의 산상수훈에서도 하나님의 나라의 요체는 정의와 평화임을 보여주고 있다. "평화를 이루는 사람은 복이 있다. 그들이 하나님의 자녀라고 불릴 것이다. 의를 위하여 박해를 받은 사람은 복이 있다. 하늘나라가 그들의 것이다"(마태 5:9~10). 여기에서 정의와 평화는 함께 가는 것이며 평화는 단순히 전쟁이 없는 상태를 의미하지 않는다. 민중들의 삶이 보장되는 정의의 질서가 설 때에 진정한 평화가 가능한 것이다. 한편, 누가복음의 평지 설교에서는 가난한 사람, 굶주린 사람, 슬피 우는 사람들이 하나님의 나라의 주인이 된다고 선포하고 있다(누가 6:20~21).

20세기 후반까지의 한국의 기독 운동은 민주화에 초점을 두었다. 이제는 정의와 평화가 가장 중요한 이슈가 되었다. 한반도에서의 전쟁이 없는 평화를 우선적으로 추구하는 일, 나아가서 남북의 통일을 이루는 일, 신자유주의적 시장경제 질서 속에서 약자와 생태환경이 신음하고 있는 상황에서 정의를 추구하는 일 등등은 21세기 기독 운동의 가장 중요한 과제라 하겠다.

기독 운동은 민족을 염두에 두며, 민중에 기반을 두어야 한다고 생각한다. 우리 민중 그리고 개개인들의 삶과 운명은 민족의 현재와 앞날에 맞물려 있기 때문이다. 이라크(그리고 미국의 젊은이들), 팔레스타인(그리고 이스라엘인들)을 보아도 그렇다. 그들의 개인적인 삶은 사회, 정치, 경제적인 역사적 상황에 맞물려 있음을 본다. 한국전쟁도 마찬가지였다. 개인적으로 70

년대를 살았던 나는 역사의 흐름 때문에 많은 고초를 겪었다. IMF 위기로 수많은 사람이 낙망하고 목숨을 잃었다. 이것도 개인의 운명이 나라의 운명과 맞물린 단적인 예이다.

오늘날 광범위한 사회 운동의 연결 및 연대를 통해서만 민족과 민중을 움직일 수 있고, 민중적인 단결과 의식의 첨예화 없이는 힘이 강한 제국의 억압적 영향력으로부터 우리를 보호할 수 없고, 그것들을 막을 수 있는 역량을 강화할 수도 없다. 정치권도 깨어 있는 사회 운동이 있어야 부패하지 않고 국민의 종복으로서의 역할을 다하게 된다. 사회 운동의 중심에 기독 운동이 자리를 잡아야 한다. 그러기 위해서는 교회가 바로서야 한다.

사회 운동이 한 사회의 질적 수준을 결정하는 가장 중요한 요소라는 것은 사회학, 정치학 등에서 이미 입증하고 있다. 한 사회에 사회 운동이 성공적으로 영향력을 미치느냐 그리고 그 영향력이 있는 사회 운동이 얼마나 성숙하며, 인간적이고, 생태 보호적이며, 정의로운 이념을 가지고 있느냐에 따라서 한 사회의 수준이 결정되며, 그 사회의 운명이 결정된다. 한말에 우리나라가 얼마나 많은 고초와 수난을 당했는가? 그 당시에 위기로 몰아넣는 강력한 힘으로부터 민족과 민중을 해방으로 이끌어 낼 수 있는 운동(출애굽과 같은 해방운동)이 있었지만, 철저히 준비된 것이 아니었다. 최근의 이라크를 보라. 이라크의 대량 죽음의 문제는 미국의 제국주의적인 침략에만 그 원인이 있는 것이 아니다. 이라크 국민들이 자신의 나라에 이러한 일들이 없도록 사전에 모든 정지작업을 했어야 했다. 그것을 극복할 만큼 힘 있는 사회 운동이 없었던 것이다. 사회를 이끌어갈 이념적 사상과 그것에 기초한 운동이 없었던 것이다. 우리나라는 항상 전쟁의 위험에 노출되어 있다. 나라의 장래를 걱정하는 사람들이 국민적인 계몽과 개혁운동을 벌려서 이러한 위기를 극복할 수 있는 여건을 만들어야 한다. 그렇지 않으면 우리 사회와 민족에게 크나큰 위기가 닥쳐오게 되어 있다. 교회가 깨어 있어야 한다. 교회는 사회 운동체가 되어야 하며, 목회는 사회 운동의 형태를 띠어야 하며, 선교는 그야말로 사회 운동이어야 한다. 교회는 센터의 역할을 해야 하며, 밖에 나가서 활동하는 전초기지가 되고, 휴식처가 되고, 회복의 집(recovery house)이 되어야 한다.

사회 운동에 참여하는 데에 필요한 교회 상은 참여, 공동체, 사회적 삶, 정의, 정치적 신앙을 북돋는 교회의 상(像), 즉 "형제자매들의 제자공동체"이다. 이것을 위해서는 "작은" 교회를 유지해야 한다. "작다"는 말은 교회 규모의 작음을 뜻하지 않으며, 교회에 불요불급한 제도유지를 위해 가진 재화를 낭비하지 말고, 최대한 줄여서 공공적인 일에 사용하는 것을 뜻한다. 인적 물적 자원을 교회를 유지 발전시키는 데에는 적게 사용하고 하나님의 선교를 위해서, 교회 간의 연대를 위해서는 많이 쓰는 것을 말한다. 오늘날 한국의 교회들은 규모의 대소를 막론하고 "작은" 교회를 실천하지 않고 있다. "작은 교회"는 대형교회에 대칭되는 말은 아니다. 대형교회도 얼마든지 "작은 교회"를 실천할 수 있다. 작은 교회들도 너무 많은 경비를 자기를 위해서, 제도유지를 위해서 쓰는 경우가 있다. 쌓는 교회가 아니라 내주는 교회가 바로 "작은" 교회이다. "작은" 교회는 하나님 나라 운동을 위한 전초기지이며, 제자들의 공동체이다.

5. 교회와 사회 사이의 연결고리 비교회적 기구

교회와 사회 사이에서 기독 운동을 담당할 조직체들이 필요하다. 이러한 조직체들을 편하게 비교회적 기구(Non-Church Organizations, NCO)라고 부르기로 한다. 예를 들어, 목회자정의평화실천연대, 기독교사회선교연대회의, 민중교회연합회, 생명선교연대, 한국기독자교수협의회, KNCC 목요기도회, 크리스천 아카데미, 열린평화포럼, 한국기독학생총연맹(KSCF), 한국기독청년협의회, 기독교환경연대, 한국기독사회문제연구원, YMCA, YWCA, 새길기독사회문화원 등등이 그 예라고 하겠다. 민중신학자 서남동은 이러한 조직들을 "성령의 교회", "민중의 교회"라고 불렀다. 두세 명 이상이 모인 기독자들의 자발적인 활동조직들도 이에 속한다. 넓은 의미에서 이 모든 것들도 교회라고 부를 수 있다.

기독 운동은 교회의 지원하에 NCO와 교회가 더불어 행하는 운동이다. NCO는 교회들을 운동으로 이끌어 내며, 교회는 NCO를 조직하고 지원해야 한다. 교회와 NCO는 공생하면서 서로의 발전을 돕는다. NCO는 평신도들이 주축이 되고 목회자들이 참여하는 방식을 취하는 것이 좋다. 그러나 그 반대도 무방할 것이다. 목회자들은 교회가 활동에 더 우선적인 영역이 되고 평신도들도 교회와 NCO에서 주축 역할을 담당해야 한다.

한국교회와 사회를 전체적으로 조망하면 교회와 사회 가운데 연결망이 존재하고 있음을 발견하게 된다. 그 연결망을 과거에는 KNCC(한국기독교교회협의회), 학생운동체, 교단총회 등이 담당하였다. 그러나 오늘날과 같이 다분화되고 복잡해진 사회에서는 보다 전문성을 가진 NCO들이 나타나야 한다. 그러나 위에서 지적한 것처럼 오늘날 한국 기독 운동의 지형을 볼 때 NCO들의 난립으로 전문성이나 조직의 견실도가 매우 미약하기 때문에 운동성도 떨어져 있다. 그리고 NCO들이 교단과 교회별로 나뉘어져 있어서 대표성에서도 미약하다.

이제는 교단을 뛰어넘는 범 교회연합에 기초한 NCO들이 많이 조직되어야 한다. 이러한 NCO는 기존 교회와 교단 등 교회연합체들과도 대등한 협력관계를 맺는 것이 좋다. 그러나 교회와 교단의 교권주의와 교단적 분리주의가 NCO 활동에 개입되면 잘못된 길로 가게 될 것이다. 교단주의, 개교회주의를 배격하지만, 교단을 배경으로 하는 NCO, 개교회를 배경으로 조직된 NCO들의 존재도 가능하며 중요하다. 다만 개교단과 개교회에 기반한 NCO의 활동은 한계가 있다. 이들은 다른 NCO뿐만 아니라, 다른 교회와 교단과도 연대할 수 있는 태세를 갖추어야 한다.

6. 기독 운동의 구체적인 영역들

나는 기독 운동의 과제는 다음 네 가지의 영역을 가진다고 생각한다. 첫째로 국가와 시민사회의 영역, 둘째로 다른 종교와의 관계 영역, 셋째로 교회에 관한 영역, 넷째로 해외 연대와 관계의 영역이 그것이다. 이 네 가지 영역에서 기독 운동은 전개될 것이며 어느 한 곳도 소홀함이 없어야 할 영역이다.

1) 국가와 시민사회

교회사의 전통, 특히 개신교 전통에서 교회가 국가와 시민사회에 책임적으로 참여하였던 것은 잘 아는 사실이다. 루터는 교회와 국가는 하나님의 양팔로서 하나님의 일을 수행하는 것으로 파악했고, 칼빈은 국가의 모든 일들이 그리스도의 법에 따라서 움직여질 것으로 파악하고 있다. 이러한 국가와 정치 및 일반 사회와 경제에 교회가 활발하게 참여하고 개입하는 전통은 이상하게도 개신교적 정교 분리의 정신으로 말미암아 실종되었었다. 그리하여 개신교회의 국가와 시민사회에 대한 무관심이 지속되어 왔었다. 1970~80년대에 들어서서 한국의 개혁적 개신교도들이 민주화와 인권을 위해 수난을 감수하는 노력을 기울이게 되면서 정치와 종교, 국가와 교회, 시민사회와 교회의 관계가 중요한 이슈로 떠올랐다. 1990년대 이후 한국에서 민주화가 형식적인 차원에서나마 이루어지면서 진보적 기독교 진영은 더 이상 정치와 민중의 현실에 개입하지 않는 경향을 보였다. 민중교회가 생명선교로, 민중신학이 생명신학으로 바뀌었다. 이것은 진보진영의 탈정치화를 의미하는 것이 아닌지 모르겠다. 진보진영의 탈정치화는 최근에 유행하는 문화와 철학 사조인 포스트모더니즘에 의해서 더욱 가속화되었다. 이에 반해서 보수진영은 점점 더 깊게 정치에 개입하고 시민사회에 뛰어들고 있다. 이들의 목소리는 비록 보수담론을 대변하는 것이기는 하지만 사회에서 강한 발언권을 획득하고 있다.

서민들과 민중들의 삶에 직접적인 영향을 주는 정치적이고 국가적인 이슈들에 대해서 기독 운동은 하나님 나라 운동의 정신에 입각하여 분석하고 비판하며 대안까지도 제시하는 기제를 가져야 한다. 지금까지 기독 운동 안에는 국가와 시민사회에 상시적으로 개입할 수 있는 기제를 가지고 있지 않았다. 이것을 위해서는 연구기능, 실천기능이 기독 운동 안에 존재해야 한다. 상당한 재정이 확보되어야 함은 물론이고, 전문적인 역량이 확보되고 실무적인 역량도 있어야 한다.

한국교회는 유럽의 교회 혹은 북미의 교회 그리고 남미의 교회들로부터 배워야 한다. 비록 구미의 선진국가들의 교회가 쇠퇴하고 있지만 이들 교회들은 국가와 시민사회를 위해 체계적으로 봉사하고 참여하고 있다. 한국교회는 재정이 풍부하다는 것을 자랑하고 선교사들을 많이 보내는 것을 자랑하고 있지만 한국의 국가와 시민사회를 위해서 무엇을 하고 있는지 반성해야 한다. 이 분야에서 인재들을 얼마나 키워내고 있는지 자문해야 한다. 한국은 이 점에서 구미 특히 구라파의 교회로부터 배울 수 있기를 바란다.

한국 기독 운동은 시민사회에 대해서도 적극적인 대처를 해야 한다. 시민사회 단체들은 한국의 민주화와 정의, 평화, 생태보존을 위해서 많은 일을 하고 있다. 이러한 시민사회의 노력을 지원하고 한 단계 업그레이드하기 위해서 기독 운동은 참여하고 연대해야 한다. 그러기 위해서는 시민사회 대책팀이 꾸려져야 한다.

시민사회와 국가에 대한 대책 중 하나는 우리 민족의 정신적 문화적 의식의 고양에 관한 것이다. 한국교회가 우리 민족의 정신적인 수준의 고양에 도움이 되어야 한다. 한민족이 다른 민족에 비해서 평화를 더 사랑하고, 이웃 민족에게 정의로우며 협력적이고 질서를 잘 지키는 수준 높은 민족이 되어야 동북아와 아시아의 평화와 민중의 발전에 기여하는 민족이 될 수 있다. 한민족의 의식 개발과 문화의 고양을 위한 일을 기독 운동의 차원에서 전개해야 한다.

2) 다른 종교와의 관계 형성

우리 운동의 중요한 영역으로서 다른 종교와의 보다 유기적인 친분관계를 유지 발전시키는 과제가 있다. 다른 종교와의 관계는 상호 간의 대화로부터, 서로 배움으로, 나아가서는 함께 일하는 관계로 발전되어야 한다. 이것은 정의와 평화의 확장에도 도움을 줄 수 있다.

다른 종교들에 대한 깊은 연구와 대화는 국내적인 평화를 위해서도 도움이 된다. 동시에 우리 종교에 대한 보다 깊은 이해를 위해서도 도움이 된다. 지금까지의 기독 운동은 이 부분에 대해서 소홀하였다. 다른 종교들과의 관계 형성도 표피적이었거나 체계적이지 못하였다. 한국의 사회적인 상황을 개혁하는 데에 종교들의 역할이 매우 중요한 것은 두말할 필요도 없다. 특히 한국과 같이 기독교, 불교, 유교, 천도교, 원불교 등이 정립되어 종교 간에 '어느 정도'라도 평화를 이루는 나라는 많지 않다. 이러한 평화적인 관계를 보다 심화시킬수록 문화와 사회에 공헌하는 것이 된다.

이제 보다 체계적으로 기독 운동 안에 다른 종교들과의 관계개선 및 상호존중과 상호배움 그리고 함께 일하는 연대를 강화할 필요가 있다. 그러기 위해서는 이 과제를 기독 운동의 필수적인 과제로 삼아야 한다. NCO에 다른 종교인들이 스스럼없이 참여할 수 있도록 항상 문을 열어놓아야 한다. 교회적인 행사에 다른 종교인들을 초청하는 것도 장려되어야 한다.

3) 교회에 관한 영역

한국 개신교회에 대한 대책이 여기저기에서 나오고 있고, 교회개혁을 내세우는 단체나 모임도 심심치 않게 등장하고 있지만 그 방향에서 문제가 있을 수 있다. 우리가 위에서 보았듯이 한국교회의 개혁을 위한 대책은 민족과 민중을 위한 기독 운동의 방향에서 마련되어야 한다. 기독 운동의 기반은 교회이기 때문에 교회에 관한 대책 그 자체가 기독 운동의 중요한 요소가 된다. 이를 위해서 한국 개신교회의 신앙의 정체성에 대해서 지속적으로 연구하고 새로운 정체성을 위한 신학적인 작업이 체계적으로 이루어져야 한다.

한국교회를 위한 바람직한 목회 유형 개발이 필요하다. 평신도 중심의 "형제자매들의 제자공동체"가 가장 바람직한 교회유형이라고 한다면 목회도 이러한 유형의 교회를 세우는 것이 되어야 한다. 이러한 유형의 교회들의 경험의 나눔, 연대를 위한 사업은 기독 운동에 중요한 부분이 될 것이다. 그리고 이러한 유형에 합당한 신학적 내용은 무엇인지를 연구해야 한다. 아울러 기존의 제도주의적 교회들의 메시지와 신학적인 내용을 분석하고 비판하는 일도 중요하다.

4) 국제연대의 영역

오늘날과 같이 한 나라 안의 문제가 국제적 지구적인 문제와 연결되었던 적이 익히 없었다. 제국 네트워크에 의한 지구적 지배가 한반도 안에 스며들어와 있다. 한반도의 평화와 통일 그리고 정의를 위해서는 같은 방향에서 일하는 국제적인 연대운동이 필요하다. 우리 민족과 민중의 장래는 아시아 그리고 동북아, 환태평양권의 민족과 민중의 장래에 의해서 결정된다. 그러므로 한국교회는 주변 국가들의 종교인들이나 기독교인들과 깊은 연대 속에서 친교와 서로 배움을 강화해야 한다. 지금처럼 자본주의적인 발상으로 선교와 전도를 하고 있는 한국교회의 모습으로는 주변 국가들의 종교인들과 지성인들로부터 존경을 받기는 어렵다. 한국교회가 이러할진데 어떻게 외국의 동료들에게 한반도의 통일과 평화를 위해서 힘써 달라고 요청할 수 있겠는가? 국제연대를 위해서 한국 기독 운동은 적극적으로 투자하여야 한다. 모임을 유치하고, 다른 나라의 어려운 부분들을 어루만져 주고 방문하고 지원해야 한다.

7. 기독 운동은 하나님의 나라 운동이다

한국 개신교회가 상당한 잠재력이 있기는 하지만 교단·교권주의, 개교회주의, 보수적 근본주의 등으로 민족과 민중과 사회 전체에 긍정적인 기여를 하지 못하고 있다. 동시에 과거의 기독 운동의 패턴이 철저하게 분석되고 극복되지 못하고 있으며 발전된 기독 운동을 위해서 함께 머리를 맞대고 노력하지도 못했음을 지적하였다. 또 현존하는 진보적 기독 운동의 담론을 몇 가지로 나누어 분석하였다. 그것은 동양적 전통주의, 소수자 정치담론, 급진적 민중주의 등이었다. 각각의 담론의 한계를 지적했고 그 대안으로서 교회를 기반으로 하는 하나님의 나라 선교의 정의와 평화를 위한 "기독 운동"을 제시하였다.

이 장에서는 교회가 기독 운동의 중요한 근거가 되며 교회와 사회 사이에 존재하는 "비교회적 기구"인 NCO들을 조직하는 일이 중요하다는 것을 지적하였다. 기독 운동은 교회를 기반으로 교회와 NCO가 함께 연대하여 하나님의 나라운동을 이 땅에 펼치는 것이라고 하겠다. 그리고 교회와 NCO들이 감당해야 할 일들을 살펴보았다. 그것은 국가와 시민사회의 영역, 다른 종교와의 영역, 교회에 관한 영역 그리고 국제적인 연대의 영역이다.

한국의 교회가 우리 사회에 긍정적인 기여를 하는 길은 다양할 수 있다. 그것은 꼭 기독 운동이 아닐 수 있다. 돈을 출연하여 재단을 만든다든가 학교를 설립한다든가 혹은 연구소를 만든다든가 하는 일일 수 있으며, 이로써 한국사회에 기독교적인 공헌을 할 수 있다. 그러나 이러한 일들에 앞서 필요한 일은 한국의 정신문화와 사회의 개혁 그리고 기독교의 원래의 정신(예수의 자기를 희생하는 참여와 봉사정신)을 고양시키기 위한 기독 운동의 활성화이다. 기독 운동은 예수의 정신 특히 그의 하나님의 나라 운동의 정신에 따라 이 사회와 교회가 바로설 수 있도록 봉사하는 일을 말한다. 그것이 상황에 따라서는 정치경제에 대한 예언자적인 비판이 될 수도 있고 때로는 사회봉사가 될 수도 있다. 문제는 이러한 기독 운동을 위해 한국 교회 각각이 변해야 한다는 것이다. 이 운동을 위해 각 교회들이 참여해야 하고 밑거름이 되어야 한다. 한국의 교회가 "형제자매들의 제자공동체"의 모습을 보일수록 기독 운동이 활성화될 수 있을 것이다.

제16장
종말과 희망

이제 이 책의 마지막에 도달했다. 대부분의 조직신학 저술들이 마지막 일에 대하여, 즉 종말에 대하여 논의하는 것으로 끝마치듯이 이제 필자도 종말론으로 이 책을 마무리하려고 한다. 지금까지 토론되었던 모든 논의들은 종말론과 유기적으로 연결되어 있음을 재확인하게 될 것이다. 사실, 종말론이 없는 조직신학은 미완성의 상태, 소금이 짠 맛을 잃은 상태, 신학의 핵심이 빠진 상태와 같다. 신학의 모든 주제들은 종말적인 긴박감을 가진다.

오늘의 우리를 둘러싼 세상은 부조리와 악으로 가득 차 있어 이대로 방치해 두면 세상이 무너질 수밖에 없게 될 것이다. 세상을 지배하고 있는 물신적 가치들은 예수의 사랑과 평화와 평등의 정신과 상극을 이루고 있다. 수많은 사람이 일자리를 잃고 있다. 또 불안정한 고용으로 불안한 삶을 살고 있다. 그런가 하면 공해와 기후변화로 인한 자연과 생명의 파괴가 삶의 질을 악화시키고 있다. 오늘의 정치는 국내외의 대자본에 의해 완전히 종속되어 있다. 그리하여 기성의 정치 정당들은 많은 경우 물신적인 가치를 대변하고 있다. 기독교는 물신이 지배하는 세상에 대항하는 대안들을 보여주는 시대의 희망이 되어야 한다. 그러나 한국의 현실 기독교는 말로는 하나님을 섬긴다고 하면서도 실제로는 물신을 섬기고, 오히려 물신을 따르는 이 세상을 옹호하고 정당화해 주고 있다고 비쳐진다. 2000년 전 예수는 하나님의 나라를 사회적 약자들의 치유와 음식 나눔을 통하여 선포하였다. 그리고 그 시대의 악의 체제에 종말을 선포하였고, 새로운 세계를 삶으로 보여주었다. 그리고 오늘날의 우리들도 그의 종말적인 하나님 나라 운동에 참여할 것을 권유하고 계신다.

성서의 많은 말씀들과 상징들은 종말적인 언어들이다. 이 언어들은 종말적이고 시대 변혁적인 비전을 제시해 준다. 하나님의 나라, 때(카이로스), 영, 육, 몸의 부활, 거듭남, 주님 등은 예수 그리스도와 연관된 종말적 상징 언어들이다. 세례도 결국은 종말적인 사건이다(로마 6:4). 신학은 이러한 상징언어들을 오늘의 현실과 관련해서 종말적인 사건으로 해석한다. 상징언어는 일상적 대상을 가리키는 실체적, 대상적인 언어가 아니라 무엇인가 새롭고 낯선 것을 가리키는 언어이다. 성서에 존재하는 "낯선" 언어들은 새로운 현실을 보여주는 변혁적 언어들이며, 이것들은 시대 변혁적 종말을 위한 원천 자료가 된다. 그런데, 이러한 언어들은 성서에만 있지 않다. 그러므로 성서를 절대적인 위치에 놓아서는 안 된다고 생각한다. 성서가 기독교 종말사상을 위한 가장 중요하고 기본적인 근거가 되지만, 성서에만 갇히면 안 된다. 아시아 문화권에서 발생한 민중신학은 아시아의 다양한 전통과 자료들 속에서 희망의 언어, 종말적인 변혁의 언어들을 찾고 있다. 성서뿐만 아니라 아시아의 많은 종교적 경전과 문헌에는 오늘의 현실을 극복하게 하고 새로운 미래를 위해 통찰력을 주는 언어들이 풍부하게 등장한다. 이것들은 모두 중요한 신학적인 자료가 된다. 앞에서 필자는 동학 경전에 있는 이러한 언어들을 소개한 바 있다. 좀더 많은 아시아의 상징 언어들을 발굴하여야 하는 과제는 다음 기회로 넘기기로 하고, 이 장에서는 주로 성서에 나오는 종말적 언어들을 살펴보려고 한다.

1. 종말적 희망을 위한 상징언어들

위에 열거된 종말적인 상징언어들 외에, 새 하늘과 새 땅, 계시, 나타나심, 영원한 생명, 파루시아(재림) 등 직접적으로 종말을 가리키는 언어들이다. 대부분 성서 언어의 경우, 특히 바울의 언어들에는 종말적인 의미가 담겨 있다. 예수의 말씀과 행동 그리고 고백된 그리스도와 관련된 언어들, 성령에 관한 언급들은 종말적인 희망과 연결되어 있다. 예수의 하나님의 나라에 관한 메시지, 성령의 오심에 대한 말씀, 그의 철저한 사회변혁을 위한 예언들(산상수훈이 전형적인 예) 등은 희망의 상징들이다.

민중신학은 그 해석적 작업을 통하여 신앙적, 상징적 언어를 종말적 역동성을 가진 언어, 혁명성을 가진 언어로 발전시킨다. 민중신학의 해석학이 어떠한 것이기에 종말적인 차원을 부각시키는가? 첫째로, 민중신학은 억압받고 가난한 민중의 관점에서 신앙적 언어를 해석한다. 가난하고 억압받는 민중일수록 현재의 여건과 상황을 타파하고자 하는 열망을 가진다. 그들은 새로운 미래가 오늘 속에 앞당겨지기를 열망한다. 그들은 현재의 잘못된 구조가 끝나기를 원한다. 둘째로, 민중신학의 해석학은 정치적이고 사회적인 해석학이기 때문에 그 언어들은 현재적 구조에 대한 비판적 언어가 된다. 성서적 언어들은 정치적이고 사회적인 면에서 새로운 미래를 보여주는 언어로 해석된다. 셋째로, 성서적 언어 자체가 이미 종말적으로 역동화된 언어이다. 성서시대의 민중들은 오늘날의 일반인들보다 훨씬 더 종말적인 희망을 붙들고 있었기 때문에, 성서의 상징언어들은 원천적으로 종말적이고 변혁적인 언어들이다. 그러므로 신학이 이러한 성서의 언어를 충실하게 읽고 해석한다는 것 자체만으로도 종말적인 성격을 띠게 된다.

성서의 언어와 이야기는 문자 그대로 읽기보다는 상징적인 언어로 읽어야 한다. 이 언어들이 오늘의 현실에 의미 있는 것으로 읽혀질 수 있는 이유는 성서의 언어들이 상징성을 포함하고 있기 때문이다. 그러므로 해석은 주석에 머무를 수 없다. 주석은 성서의 언어와 이야기들을 성서와 그 세계관의 범위 안에서 이해해 보려고 하는 것이다. 해석은 주석의 과거 지향성을 벗어나서 오늘의 현재와 미래를 지향한다. 성서의 상징들이 신적인 현실을 가리키므로, 그 성격상 종말적인 것이 사실이지만, 성서에는 직접적으로 종말을 말하는 텍스트들이 있다. 이사야서, 요엘서를 비롯한 예언서들과 신약의 요한계시록 등이 대표적이다. 그러나 이러한 종말적인 언어들마저도 상징성을 가진다. 따라서 이들은 문자적인 의미를 넘어선 잠재적이고, 숨겨진 의미를 가진다. 우리는 이러한 숨겨진 의미들에 대해서 침묵할 수도 있을 것이다. 이것이 부정의 신학이다. 부정의 신학은 언어들 앞에서 침묵한다. 부정의 신학은 상징적 언어의 이면에 어떤 의미가 담겨 있는지를 말로 표현하지 않고 묵상하고 침묵한다. 부정의 신학은 이데올로기 비판의 근거가 된다. 그러나 민중신학은 부정의 신학에 머무를 수 없다. 민중신학은 혹시 잘못된 해석이 될 수도 있고 이데올로기로 전락할 수 있다는 위험부담을 안고 있기에 우리는 열린 자세로 해석을 시도한다. 상징언어 뒤에 숨겨진 잠재된 의미가 무엇인가, 그 언어가 가리키고자 하는 새로운 현실이 무엇인가를 규명함으로써, 새로운 희망을 찾는다. 상징 언어들은, 성실한 신학자의 해석에 의하여, 우리의 현재의 삶을 새롭게 조명해 주고, 현재의 삶이 종말적인 새로운 것이 되도록 변혁한다. 우리 인간들은 이러한 것을 잘 의식하지 못하지만, 이러한 상징적인 언어들 안에서 태어나고 그 안에서 살다 간다. 우리는 그냥 동물적으로, 운명적으로 살다 가는 것이 아니라, 그 종말과 희망의 빛 아래에서 능동적으로 살아야 하는 존재이다.

오늘날의 제도교회들은 이러한 상징들을 현실의 제도교회와 체제에 잘 적응하도록 상징언어의 종말적인 기능을 삭제하고, 순치적인 기능을 강화하고 있다. 많은 경우 제도교회들은 이 상징들을 현실과 역사로부터 이탈하는 방식으로 해석한다. 그리하여 이 상징들을 역사적 현실의 모순과 "잔인함"을 드러내는 것이 아니라, 오히려 덮어 두고, 역사적 현실이 아닌 환상을 조성하는 방향으로 해석한다. 그러나 성서의 많은 상징들은 역사 변혁적이고 종말적인 것으로서, 현실의 역사와 사회를 향한 상징들이다. 신학은 이러한 역사변혁적인 종말적인 상징들을 살려낼 책임을 진다. 그러나 신학은 미래종말적인 언술에만 빠져 있어서는 안 된다. 오늘의 현실 자체를 근본적으로 파헤쳐 나가야 한다. 그렇지 않으면 역사를 환상으로 오해하도록 만들 수 있기 때문이다. 그러므로 신학에서 중요한 과제는 미래적 희망과 현재의 고난 사이에서 균형과 연결을 이루는 일이다. 고난과 희망을 연결하는 작업은 역사를 해피엔딩으로 장식하는 환상에 의해서 하는 것이 아니라, 오늘의 잘못된 현실에 대한 깊은 성찰로부터 실행해야 한다. 이 책을 쓰는 시점은 전 세계적인 경제위기에 의한 절망의 시기이다. 이 상황에서 희망을 말한다는 것은 무의미한 것처럼 보인다. 희망을 말해야 한다면 그 희망의 근거도 말해야 한다. 희망할 수 없는 상황 속에서 어디에서 희망을 찾을 수 있는가?

2. 많은 사람에게 부어지는 영

진정한 희망은 희망이 없는 곳에서 발견된다. 역설적으로, 희망이 없는 곳에서 희망이 일어난다. 즉, 희망은 희망이 없는 곳에서 우리의 능동적이고 창의적인 참여를 통해서 만들어질 수 있고 현실로 나타난다. 수많은 사람인 다중(multitude, 多衆)의 의식적 노력과 연대와 참여 없이는 새로운 역사를 꿈꾸는 종말적 희망이 나타날 수 없다. 이 희망의 근거는 민중 전통과 성서전통과의 대화 속에서 발견되며, 오늘날의 다중의 연대적인 운동의 현장에서 자라난다.

종말적 희망을 발생시키는 다중의 운동이란 무엇인가? 지난 세기까지의 민중운동은 그 참여자들의 계층이나 계급이 일정하게 제한되었었다. 노동자 계층과 계급을 중심한 생산자들, 지식인 계층들이 그 주축을 이루었고, 이들이 전통적인 민중운동의 참여자였다. 그러나 오늘날 지구화되고 인터넷 등으로 수많은 다중들이 순식간에 같은 지식과 정보를 공유할 수 있는 시기가 도래함으로써 이러한 제한이 무너졌다. 그렇기 때문에 특정한 계급과 계층, 집단을 넘어 수많은 다중들이 연대 속에서 함께 행동할 수 있는 가능성이 생기게 되었다. 이들은 각각 다른 계층과 직업과 취미 등 다양한 집단에 속하고 있지만, 인터넷 안팎에서(오프라인과 온라인에서) 만나서 의견을 교환하고 뜻을 함께 할 수 있게 되었다. 이 속에서 많은 사람이 같은 꿈을 꿀 수 있게 되었다. 문제는 어떤 꿈이냐다. 수많은 매체들이 다양한 정보와 가치를 전해주고 있는데, 이 속에서 다중을 이끌 수 있는 대안적인 삶의 가치들이 전해질 수 있겠는가에 앞으로의 운동이 달려 있다고 해도 과언이 아니다. 그러나 운동은 이러한 다중 전체를 향한 방식으로만 전개되지 않는다. 다양한 집단들과 계층들은 각각 자기의 입장에서 새로운 현실에 대한 꿈을 꾼다. 이 집단들은 서로 영향을 주고받으면서 각개 약진한다. 교육기관들, 언론단체와 기관들, 노동조합들, 학생들, 이밖에 다양한 단체들은 각각 자신의 입장에서 새로운 현실을 추구한다. 이러한 다양한 단체들, 기관들, 집단들, 개인들의 모든 노력이 모아져서 다중의 운동이 형성된다. 2008년 5월에 시작되었던 촛불집회는 다중의 운동이었다. 이 수많은 다양한 집단들과 개인들이 같은 꿈을 꿀 수 있게 된다면 새로운 시대가 열릴 수 있다. 우리는 크고 작은 운동들이 모아져서 많은 사람이 한 마음으로 같은 꿈을 꾸는 때가 오기를 기대한다. 요엘서는 이러한 때를 예언하고 있다.

> 내가 모든 사람에게 나의 영을 부어 주겠다.
>
> 너희의 아들딸은 예언을 하고,
>
> 노인들은 꿈을 꾸고,
>
> 젊은이들은 환상을 볼 것이다.
>
> 그때가 되면,
>
> 종들에게까지도 남녀를 가리지 않고
>
> 나의 영을 부어 주겠다. (2:28~9)

종말은 모든 사람에게 하나님의 영이 부어지는 희망의 날이다. 역사 속의 크고 작은 민중의 자기 해방을 위한 움직임들은 이러한 종말을 미리 보여주는 전조적인 사건들이다. 이러한 움직임들은 모든 사람이 영을 받고 함께 꿈을 꾸고, 함께 새로운 미래를 전망하는 그 날을 목표로 한다.

희망의 상징들은 성서에 풍부하게 나타나 있다. 그러나 실제로 희망을 실천하는 인간의 노력이 없이는 희망은 거짓 환상에 불과하다. 희망은 다수의 집단과 개인들의 의식적인 노력의 축적 속에서 발생된다. 창조적이고 의식적인 노력이 없는 곳에서는 종말적 희망은 없고 환상과 우연만 있을 뿐이다.

민중신학은 처음부터 민중이 역사의 주체가 되는 것을 지향해 왔다. 민중이 역사의 주체가 된다는 것은 종말적인 희망을 담고 있다. 민중신학은 성서뿐만 아니라 아시아의 다양한 전통 속에 나타나는 종말적인 상징들을 수용하고 활용한다. 미륵불교의 종말사상, 동학의 후천개벽사상 등은 풍부한 신학적 통찰을 준다. 이러한 사상들은 공통적인 관점이 있는데 그것은 인간이 최고의 영적인 존재이며 책임적인 존재라는 관점이다. 이것은 또한 성서에 나온 종말사상의 중심을 이루기도 한다. 민중신학이 말하는 종말사상의 중심에는 인간이 最靈者(최령자)가 된다는 것,[1] 즉 모든 인간이 역사의 주체가 되는 종말의 희망이 있다.

예수 그리스도는 성령을 약속하였다. 성령의 오심은 예수의 종말적인 희망을 구현하는 하나님의 나라를 잇게 하는 약속이었다. 예수는 자신이 그러했듯이(마태 3:16), 예수를 따르는 자들은 이 성령의 세례를 듬뿍 받기를 원하셨다. 실제로 초대 교인들이 성령의 세례를 받았다. 첫 오순절 때 베드로가 행한 설교의 말씀은 위에 인용된 요엘서 2장의 메시지였다(행전 2:17~18). 하나님의 영이면서 그리스도의 영인 성령은 예수 그리스도와 직접적으로 함께 하지 않는 우리 인간들에게 오셔서 예수를 기억하게 하며, 예수가 기대했던 것을 오늘에 되살리게 하는 보혜사이며 새로운 생명의 힘을 주는 분이다. 성령은 우리를 통하여 새로운 일을 하신다. 성령은 현재에 불연속을 가져온다. 현재의 모든 모순과 죽음을 일으키는 세상 영의 움직임에 거슬러, 성령은 새로운 움직임(민중의 정의와 평화 운동)을 일으킨다. 성령에 의해서 일어나는 불연속의 사건들은 새로운 시대를 연다.

종말은 죽음 이후에 있을 다른 세상에서의 종말이 아니라, 이 역사 안에서의 종말이다. 그렇다면 우리가 죽으면 이 역사와 이 세상을 뒤로 하고 비역사적인 다른 세상으로 진입해 들어가는 것 아닌가? 즉, 종말은 죽음

---

1) 최령자는 동학으로부터 빌려온 언어로서 천지인 삼재(三才) 중에서 인간이 최고의 영적인 존재로서 하나님도 인간의 도움이 없이는 움직일 수 없을 정도로 인간에 의존한다는 의미를 갖는다. 이에 대해서는 16장에 자세한 설명이 있다.

이후의 초역사적인 사건인가? 내가 죽으면 나의 영혼은 죽지 않고 이 우주의 밖으로 빠져 나가는 것인가? 죽은 자가 간다고 하는 죽음의 장소인 하데스나 게헨나는 어디에 있는 것인가? 죽은 자와 종말과의 관계는 무엇인가? 요한계시록 기자는 죽은 자들은 부활에 의해서 다시 역사 속으로 진입해 들어온다고 보았다. 그렇다면, 죽은 상태는 바울의 말대로 "잠시 잠들어 있는 상태"로 보아야 한다(고전 15:18, 20). 기독교 신앙은 역사 안에서의 신앙이다. 죽음은 역사적인 활동에서 일시적으로 퇴장하는 것일 뿐, 영원히 이 역사와 이 우주의 바깥으로 이탈하는 것이 아니다. 종말은 하나님의 주권의 회복을 포함하며, 하나님의 역사의 새로운 시작이며, 억울하게 죽은 자들을 신원(伸寃)하고, 하나님의 공의가 세워지는 것을 의미한다. 이러한 일은 이 역사 속에서 이루어져야 할 일들이지 저 세상적인 환상의 세계에서 이루어질 것이 아니다.

그런데 역사는 정말 이렇게 하나님의 주권의 회복을 향하여 진행될까? 아니면, 세상의 권세에 의해서 핵전쟁이 일어나 파국으로 가고 결국 이 지구는 멸망하고 말까? 아니면, 인류의 물질문명이 자연생태계 파괴와 지구 온난화와 오존층 파괴 등을 일으켜 결국 지구가 멸망되고 말까? 아니면, 결국 수억 년 후에 이 우주는 대수축(Big Crunch)과 블랙홀 생성에 의해서 사라지게 될까? 기독교 신앙의 관점에서 볼 때, 종말은 이렇게 말할 수 있다. 즉, 하나님은 모든 인류와 피조물을 사랑하시기 때문에 이들이 하나님의 주권이 회복되도록 하나님에게 순종한다면, 하나님은 종말을 구원의 완성으로 만드실 것이다. 이러한 신념이 기독교의 종말신앙이다. 그러므로 기독교인들은 끊임없이 종말의 희망을 안고 악의 영(체제)과 대적하며, 하나님의 공의와 평화를 세우기 위하여 싸워야 한다.

3. 민중이 역사의 주체됨은 종말적 희망이면서 현재에 구현되어야 할 것

서양의 진보적인 신학자인 테드 피터스와 같은 이는 인간을 "피조된 공동 창조자"라고 하였지만, 동양 사상인 동학(東學)에서는 인간은 최령자이며 신에게 협조할 수 있는 유일한 존재로 격상시키고 있다. 피터스는 "율법의 폭정에서 자유를 얻고 성령의 내주함을 입은 그리스도인들은 사랑의 능력으로 공동의 창조를 추구하는 윤리를 발전시킬 수 있다"고 본다.[2] 하나님의 공동 창조자인 인간은 성령을 부음(세례)받은 사람들이다. 동학(東學)에서는 신은 인간에 의존하면서 세상을 창조하고 조화를 이룬다고 보았다. 신의 일은 인간에 의해서 실현된다. 신이 아무리 아름다운 세상을 창조한다 하더라도 인간이 이를 무시하고 남획하고 파괴한다면 생명이 깃들 수 없게 된다. 오늘날 지구적 위기의 상황을 볼 때, 인간의 위치가 얼마나 중요한가를 실감할 수 있다. 인간은 미래적으로 최령자가 되어야 하는 존재이면서, 동시에 현재적으로 최령자이기도 하다. 즉 모든 사람이 하나님의 영의 부음을 받은 사람들이 되어야 한다. 최령자들은 "새 하늘과 새 땅"을 창조하는 동역자이다.

민중신학자 안병무는 역사 속에서 계속적으로 터져 나온 민중의 봉기는 종말적인 예수 사건이라고 하였다. 한 세대가 30년이라고 한다면, 사회운동의 사이클은 대체로 30년을 주기로 하여 바뀌는 것 같다. 새 하늘과 새 땅은 30년을 주기로 새로운 모습으로 나타나는 것이 아닌가 생각한다. 남한정부 수립 후 새롭게 시작된 한국 기독학생운동도 30년을 주기로 그 패러다임이 바뀌었고, 한국의 산업선교 운동도 1960년부터 1990년경까

---

2) 테드 피터스『하나님 – 세계의 미래』, 이세형 역, (컨콜디아사, 2006), 628쪽.

지 약 30년을 걸쳐 준비하고 성장하고 쇠퇴의 길을 걸었으며, 동학농민운동도 1860년대에서 1890년대까지 진행되었고, 그 이후 1919년의 3·1운동까지 30년 동안은 새로운 민족운동이 전개되었던 것을 볼 때, 역사적으로 사회 운동은 약 30년을 주기로 하여 변화하고 있음을 알 수 있다. 그때마다 우리는 새 하늘과 새 땅을 일면으로나마 보았고 또 구현했다. 민중은 30년간의 자기 노력 끝자락에서 겨우 하나님의 영을 집단적으로 경험할 수 있었던 것이 아닌가. 1970년대부터 시작했던 한국의 민주화운동은 2000년대에 와서 새로운 타입의 운동에 자리를 내어주고 있는 것이 아닌가 생각한다. 2008년 5~6월의 촛불시위는 새로운 패러다임의 사회 운동의 전조를 보여준 사건이라고 본다. 새로운 30년간의 사회 운동이 시작되었다. 문제는 영의 세례를 받은 최령자인 우리들이 어떻게 이것을 이끌어 갈 것인가에 있다. 2000년대의 가장 중요한 화두는 어떻게 하면 민중의 삶과 생태계를 보호하면서 모든 사람이 정신적으로 풍부한 삶을 살 수 있는가 하는 문제이다. 오늘의 우리 시대는 가난한 사람은 더욱 가난에 내몰리고, 자연은 파괴되어 가고 있다. 민중의 삶의 보호, 생태계의 보호와 물질적인 풍부 사이에는 명백한 대립이 보인다. 생태계를 보호하는 정신과 이에 근거한 새로운 과학 기술과 민중의 삶을 보장하는 복지 체제의 발전이 시급하다. 자본축적에 눈이 어두워 투기, 착취, 남용을 일삼는 오늘날의 자본주의적 경제질서와 정치질서를 막고 대안적 질서를 실현시키는 과제도 시급하다. 이것들은 약자인 민중의 역사 참여 속에서 구현될 수 있다.

민중이 역사의 주체됨은 종말적 구원의 사건이다. 그러나 이 사건은 이 역사 속에서 오늘도 지속적으로 일어나야 할 현재적 사건이기도 하다. 이 사건은 오늘의 교회와 사회와 정치 속에서 현재화되어야 한다. 즉, 종말적 신앙은 목회자나 엘리트 교인 중심이 아니라 서민적인 평신도들 특히 여성들과 젊은이들이 주인이 되는 교회, 민중이 주체로 참여하는 사회, 민중을 섬기는 정치가 되게 하는 현재적 노력을 촉구한다.

4. 하나님의 나라, 성령의 나라

하나님의 나라는 예수의 핵심 메시지이다. 하나님의 나라는 예수 당시
의 기존 지배질서와 맘몬의 지배질서에 대조되는 하나님의 주권이 지배하
는 질서를 말한다. 예수는 권력과 맘몬과 이에 기반한 인간의 영적 교만이
하나님을 대신하여 이 세상을 지배하고 있는 것에 제동을 걸었고, 이에 대
응하여 생명을 살리는 새로운 질서를 상징하여 하나님의 나라를 제시하였
다. 이러한 하나님의 나라는 성령의 나라의 형태를 가진다. 즉 성령의 나라
에서는 모든 사람이 형제자매이며, 친구가 된다. 요한복음서 기자는 이것
을 예수의 입을 통해서 확인시켜 주고 있다(15:15). 바울 사도는 이 나라를
그리스도와 더불어 공동의 상속자들의 나라로 보았다(로마 8:17). 하나님
나라의 백성들이 상속자로서, 자녀로서 그리고 그리스도의 친구로서 하나
님의 나라의 역사 속에 참여한다면, 이것은 인간의 역사가 어떻게 되어야
하는지를 보여준다. 즉, 하나님의 백성인 민중이 역사의 주체가 되어야 한
다는 것을 보여준다. 몰트만은 삼위일체의 하나님이 상징하는 세상은 "한
지배자의 단일군주 체제가 아니라, 특권과 억압이 없는 인간의 사귐"이라
고 옳게 말했다.[3]

12세기 시토 교단의 수도원장이었던 피오레의 요아킴은 성령의 나라
를 아버지의 나라와 아들의 나라와 비교하면서 요한복음서에서 말한 친구
관계의 관점으로 성령의 나라를 부각시켰다. 즉, 아버지의 나라는 "노예들
의 예속 상태", "두려움의 상태", "노예들의 상태", "청소년의 상태", "성운

---

3) J. Moltmann, *Trinitaet und Reich Gottes* (Muenchen: Chr Kaiser Verlag, 1980), 몰트만,
『삼위일체와 하나님의 나라』 김균진 역, 237쪽.

의 빛 가운데에 있는 상태"라고 한다면, 이에 (순서적으로) 대응하여 아들의 나라는 "자녀들의 예속 상태", "신앙의 상태", "자유로운 자들의 상태", "장년의 상태", "아침노을의 빛 가운데에 있는 상태"라고 할 수 있다. 여기에 대응하여 친구의 나라이며 자유의 나라인 성령의 나라는 다음과 같은 상태에 있다고 보았다. 즉, "자유의 나라", "사랑의 상태", "친구들의 상태", "노년의 상태", "낮의 광명의 가운데에 있는 상태"라고 하였다.4) 요아킴은 성령의 나라는 성령 부음을 받아 완숙하여 성인된 지혜가 넘치는 인간들이 친구로서의 사귐을 취하는 곳, 억압과 특권이 없는 사랑의 나라이며, 이러한 나라가 그의 시대에 이미 도래하였음을 선포하였다. 요아킴의 성령의 나라는 곧 예수의 하나님의 나라를 새롭게 표현한 것이었다.

5. 새 하늘과 새 땅

필자는 위에서 한국의 최근 역사를 볼 때 거의 30년마다 "새 하늘과 새 땅"이 비록 불완전한 형태였지만 이 땅에 나타났었다는 것을 말한 바 있다. 이 말을 부정하지 않은 채, 필자는 새 하늘과 새 땅의 역사는 매시간, 아니 매순간 이 땅에서 일어나야 한다고 주장하고자 한다. 새 하늘과 새 땅이 도래하는 거룩한 시간은 매순간 역사의 시간 속에 진입해 들어오고 있다. 그러한 역사는 해방의 역사가 된다. 매순간이 하나님 나라의 도래의 순간이 된다는 것은 곧 역사의 시간 속에 새로움과 창조가 발생함을 말하며, 불의와 악이 제거되고 자연과 약자들이 억압으로부터 자유로워져서 생명과 삶이 풍부해지는 것을 의미한다.

지금으로부터 약 30년 전에 서남동은 독재자 박정희가 죽은 다음 새로

---

4) Ibid., 245쪽을 참조함.

운 시대의 문턱에 서서 다음과 같이 전망하였다. "우리는 지금 새 시대의 문턱에 서 있다. 지난 18년간 1인 독재의 한 가름(章)을 넘기고 혹은 해방 이후 36년간의 국토분단의 한 가름을 넘기고 전진의 한 단계를 올라설 수 도 있는 역사의 새로운 가름이 시작되는 문턱에 서게 되었다."5) 그는 우리 가 가야 할 새 땅을 "자유·평등·통일(민족주체), 참여(민중주체), 친교의 공동체"라고 하였다.6) 그는 이어서 성서의 기본 모티브는 새로운 땅으로 향해 나아감에 있다고 보았다. 아브라함과 그의 무리들은 고향과 친척과 집을 떠나 하나님이 보여줄 땅으로 길을 떠났다. 모세와 히브리인들은 이집트를 뒤로 하고 새로운 땅을 향했다.7) 새로운 해방의 역사를 향해서 길을 떠나는 신앙이 성서적 신앙이라고 한다면, 우리는 성서의 모든 내용들을 이러한 "새로운 땅"을 향해 길을 떠나는 해방의 나그네의 관점으로 읽을 수 있다. 예언자들은 당시의 불의를 뒤로 하고 새로운 이스라엘을 건설할 것을 촉구했고, 예수도 당시의 로마지배체제를 대신할 하나님의 나라를 이 땅에 실현하는 길을 떠났다. 신앙이 새 하늘과 새 땅을 향하게 하는 힘 이라고 한다면, 그 신앙은 역사적이고 집단적인 것이다. 이스라엘의 신앙이 바로 그러했다. 새로운 땅과 새 하늘이 개인적인 것이고 비역사적인 것이 아니라, 사회적이고 역사적인 것이었다.

그렇다면 오늘날 21세기에 우리에게 새 하늘과 새 땅은 무엇인가? 위에서 언급되었지만, 우선 정치적으로는, 민중이 주체가 되는 직접민주주의, 삶의 정치, 생활 속의 민주주의, 참여적 민주주의가 정치, 사회, 경제, 언론, 학원, 종교 등 우리 사회의 모든 영역에서 실현되어야 한다. 현재 우리나라 정치에서 절차적 민주주의가 구현되었다고는 하지만, 엘리트 정치

---

5) 서남동, "새 시대의 문턱에 서서", 『민중신학의 탐구』(한길사, 1983), 149쪽.
6) Ibid., 148쪽.
7) Ibid., 149쪽.

인들이 국회를 장악하는 한 엘리트 중심의 제도와 정책을 양산할 수밖에 없을 것이다. 특히 한 당이 절대 다수의 의석을 장악하는 국회의 경우 부유한 계층의 이익을 구현해 내는 정책들이 양산될 것은 분명하다. 이걸 막기 위해서는 사회 전체 안에서의 의사소통이 실현되어야 하며, 그 의사소통은 대다수의 민중의 삶을 배려하는 방향에서 이루어져야 한다. 사회 전체적인 의사소통의 구조를 만들기 위해 생활 민주주의, 즉 국회와 정부 안에서만이 아니라, 삶 전체의 다양한 면에서 민주주의가 실현되어야 한다. 한 나라와 사회의 주요 정책들이 의회를 장악한 일당의 자의로 결정되는 것이 아니라, 정의와 평화의 가치에 입각한 의사소통에 다수의 성원들이 참여하는 삶의 정치에 의해서 결정되도록 해야 한다.

경제적으로는, 화석연료와 천연자원의 대량소비를 낳는 경제성장정책에 대해서 제동을 걸고, 그 대안적인 경제를 실현해야 한다. 이것은 전 세계와 관련된 문제이기도 하다. 현재의 대량소비의 경제구조하에서는 생태환경이 파괴될 수밖에 없다. 소위 선진국들은 소비적 풍요의 물질적 삶을 자제하거나 포기해야 하며, 개발도상국들은 선진국의 전철을 밟지 않도록 해야 한다. 선진국은 그동안 축적했던 부를 제3세계에 나누어 주어야 하며, 특히 후자의 부채를 탕감해 주어야 한다. 돈을 위한 농업이 아니라, 생명을 위한 농업이 일어나야 한다. 먹을거리를 제공해 주는 농업을 방치하고 돈이 되는 산업에만 전념한다면, 위기에 직면하게 될 것이 분명하다. 오늘날 국민경제와 세계경제를 위기로 몰아넣은 금융자본의 횡포를 더 이상 방치해서는 안 된다. 시장과 맘몬(자본)의 만능을 통제하고, 복지국가질서가 회복되어야 한다. 자연파괴를 막고, 자연을 복원하는 데에 우선적인 가치를 두어야 한다. 화석연료 소비에 의존하지 말고, 대안적 에너지개발 기술(태양, 물, 바람, 조류 등)을 발전시켜서 모든 사람이 자연이 제공하는 은혜를 누리면서 높은 삶의 질을 누릴 수 있어야 한다. 어차피 화석연료 특히 석유는 금세기 안에 고갈될 것이다.[8] 금세기 동안에 석유 값은 계속적으로 요동칠 것이며 이에 따라 민중의 경제적 삶은 크게 좌우될 것이다. 이제 검소하고 검약한 삶을 자랑할 수 있는 세상이 되어야 한다. 이러한 가치를 가장 잘 설파한 전통은 우리나라의 동학사상이라고 하겠다. 동학의 해월 선생은 경물(敬物), 즉 자연과 물질을 존중하는 사상, 땅과 그 위에서 하는 모든 일(노동)이 하늘이라는 사상, 즉 물물천(物物天) 사사천(事事天)을 설파하였다. 땅을 보호하고 소중히 여기는 것이 곧 한울을 소중히 아끼는 것이라는 생각은 자연을 존중하면서 그 속에서 하나님의 은총을 경험하게 하는 노동을 중시한다는 것이다. 모든 사람은 이러한 노동을 할 수 있는 권리가 있다. 성서의 많은 곳에 인간과 그의 노동이 자연과 바른 관계 속에서 이루어져야 한다는 가르침이 있다.

사회적으로, 새 하늘과 새 땅은 빈자와 부자, 빈국과 부국의 차이를 없애는 것을 의미한다. 가난한 자들에게 복음을 전하는 것이 메시아인 주님의 기본 사명이었으며, 이것은 은혜의 해의 선포를 의미하였다. 즉 그동안 잡혀 있던 포로들이 자유하고, 억눌린 자들이 풀려나며, 그들을 묶고 있던 모든 사슬들 특히 가난의 사슬, 빚의 사슬이 풀리는 것을 말한다(누가 4:18). 또 이것은 더 이상 억울한 눈물이 없는 세상의 도래를 의미한다(계시 21:4). 요한계시록에는 수많은 억울한 죽음들이 신원(伸寃)되고 있다. 그러나 이러한 억울한 죽음은 과거와 마찬가지로 지금도 계속해서 일어나고 있다. 도처에서 불의한 전쟁으로 약자들이 죽어가고 있다. 인종청소, 학살, 고문, 투옥 등이 일어나고 있고 난민들이 나그네로 세상을 떠돌고 있다. 이들뿐 아니라, 빈국의 민중들은 보다 나은 기회를 얻기 위해 집과 고향과 친척들을 뒤로 하고 떠나고 있다. 이들은 타국에서 빈자로 고생한다. 21세기의

---

8) Clive Ponting, *A New Green History of the World* (New York, N.Y.: Penguin Books, 2007), p .293.

새 하늘과 새 땅은 분명 이러한 사람들이 인간으로서 대접받고 생존권과 인권이 보장받는 것을 가리킨다.

하나님의 영이 많은 사람에게 부어짐으로써 정치, 경제, 사회의 모든 영역에서 이들이 종말적인 대안적 꿈을 꾸게 되고 새로운 삶을 살게 된다. 거짓 영과 이것에 의해서 움직이는 체제가 이 땅을 지배하고 있는 오늘의 상황 속에서 하나님은 우리 인간들에게 생명의 영을 입어 옛 삶을 버리고 새로운 삶을 향하도록 결단하게 한다. 그리고 생명의 영은 맘몬과 제국의 체제의 영에 대항해 선한 싸움을 싸우도록 인도하며, 정치, 경제, 사회 등 모든 영역에서 하나님의 나라의 가치를 구현하게 한다.

6. 몇 가지 첨가

예수는 억압과 가난 속에서 절망하고 있는 민중 가운데에 오셨다. 그의 말씀과 행동에는 강고하게 자리 잡고 있는 지배질서를 바꿀 수 있는 새로운 희망과 비전을 담고 있었다. 그러나 로마제국과 종교권력은 그를 용납하지 않았다. 그의 십자가상에서의 죽음은 지배권력에 의한 것이었다. 예수의 종말적 행위들은 부활에 의해서 승리했다. 예수의 뒤를 따르는 민중의 부활과 승리는 세례를 통해서 보증되었다(로마 6:4). 이제, 예수의 죽음에 참여하는 세례를 받은 우리들은 종말적인 희망 속에 살게 되었다. 수세자들은 예수 그리스도의 공동체 즉 교회를 형성한다. 이들은 그리스도 예수의 뒤를 따라 이 땅에 하나님의 나라, 즉 성령의 나라가 도래했음을 선포하는 하나님의 백성들이다.

성령의 나라는 많은 사람이 성령의 세례를 받아서 새로운 세계를 예언하고 새로운 꿈을 꾸며, 평등자로서 친교하는 현실적 세상을 상징한다. 여기에서 많은 사람이란 민중을 말한다. 이 민중이 성령의 나라 안에서는 더 이상 노예의 상태, 방관자의 상태로 머무르지 않는다. 이들은 새 하늘과 새 땅을 꿈꾸는 자들이다. 그 꿈은 민중의 집단적인 움직임 즉 사회 운동을 통해서 실현된다. 소수에 의한 꿈이 아니라 다수의 꿈이어야 한다. 성서의 예언서들을 보아도 모세, 여호수아, 판관들, 예언자들 등 소수들이 가졌던 꿈을 많은 사람이 가지게 되는 것을 지향하고 있음을 확인할 수 있다(민수 11:25; 예레 31:34; 에스 36:27, 37:5 이하). 이것은 하나님의 영의 부으심으로 가능해진다. 종말 때는 하나님의 영이 뭇사람들에게 부어진다.

많은 사람이, 아니 모든 사람이 하나님의 영에 사로잡혀 예수 그리스도가 선포한 하나님의 나라를 이 땅에 실현해 나간다면, 새 하늘과 새 땅이 도래하기 시작할 것이다. 그때에 사랑과 진실이 만나고, 정의와 평화가 입을 맞추며(시편 85:10), "정의가 주님 앞에 앞서가며, 주께서 가실 길을 닦을 것"이며(시편 85:13), 의의 열매는 평화요, 의의 결실은 영원한 평안과 안전이 되며(이사 32:17), 나라마다 칼을 쳐서 보습을 만들고 창을 두들겨 낫을 만들며(이사 2:4), 이제 더 이상 눈물과 애통과 사망이 없고 이전 것이 다 사라지고 새로운 역사가 시작되는(게시 21:4) 시기를 맞게 될 것이다. 교회는 이러한 때가 올 수 있도록 개척하고 예비해야 한다. 주가 오는 길을 예비하고, 그 길을 곧게 해야 한다.

하나님에 의해서, 예수 그리스도를 통해서 그리고 성령 안에서 도래하는 종말은 사회적 약자들, 민중들에 대한 심판이 아니다. 그것은 많은 사람을 희생양으로 죽이고 가난하게 만드는 체제에 대한 심판이며, 많은 사람을 구원하는 시간이며, 그런 면에서 그것은 파국이 아니라 해방의 사건이다. 그리고 이 해방의 종말은 신에 의해서 일방적으로 이루어지는 것이 아니라, 신의 영을 받은 인간들의 현재적 참여를 통한 신과 인간의 협력에 의해 이루어진다. 그것은 미래에 와야 할 사건이지만, 이미 현재적으로 실현되어야 할 사건이다. 현재적인 실현이 없는 종말은 미래에도 오지 않을 것이다. 그러므로 종말은 현실의 변혁을 위한 영적인 충동을 일으키며, 현실을 꿰뚫어보게 하는 영적인 통찰력을 제공한다. 종말은 지금의 현실이 나아가야 할 목표이자, 늘 새롭게 규정해야 할 역사적 희망이다.

제17장
민중신학이란 무엇인가?

　　민중신학은 한국의 대표적인 신학으로서 이제 국내보다는 전 세계에 더 많이 알려져 있다. Minjung Theology는 세계 신학계에서 고유명사가 된 지 이미 오래고, minjung이라는 말도 그대로 쓰이고 있다. 이와 더불어 민중의 한(恨)을 말하는 han도 사용되고 있다. 민중신학을 주제로 출판된 영문책은 1981년도에 아시아기독교협의회(CCA)와 미국의 Orbis Books 출판사가 공동으로 발행한 Minjung Theology: People as the Subjects of History 등 여러 권이 있으며, 민중신학을 주제로 많은 외국인들과 한국인들이 박사 학위논문을 썼다. 민중신학은 1970년대에 이 땅에서 태어나 70년대 후반에서 80년대를 거쳐 성장 발전하였다가, 오늘의 새로운 상황 속에서 변화를 모색하고 있는 신학이다. 민중신학은 민중의 해방이라고 하는 중심과제를 유지하면서, 시대적 과제에 응답하고자 하는 역동적 해방신학이라고 할 수 있다. 이 장의 목표는 지금까지의 민중신학의 발전 과정을 살펴봄으로써 오늘의 민중신학은 어떤 것일 수 있는가를 모색해 보는 데에 있다.

1. 민중과 민중신학

민중신학이란 민중의 입장에서 신, 자연, 역사를 보며, 민중의 보다 주체적이고 해방된 삶을 추구하고자 하는 한국에서 발생한 상황적 신학이라고 할 수 있다. 그러므로 민중신학은 역지사지(易地思之)의 신학을 말한다. 즉, 신학을 하는 사람이 민중의 자리에 서서 모든 것을 생각해 본다는 것을 의미한다. 민중신학을 하는 사람은 민중의 신을 신고 걸어야 한다고도 말할 수 있다. 그래야 민중의 감정, 소망, 생각, 목적 등을 품고 신학을 할 수 있을 것이기 때문이다. 민중신학을 하는 사람은 항상 민중의 감정, 느낌, 생각을 알 수 있도록 언제나 눈과 귀와 마음을 민중을 향하여 열어 놓아야 한다. 민중신학은 민중의 가슴으로 하는 신학이다. 민중은 고난의 대양(大洋) 속에서 고난과 함께 사는 존재이다. 민중신학은 민중에 대한 부담을 안고 하는 신학이다.

민중이란 누구인가? 우리는 민중이라는 단어에 우선 주목해야 한다. 민중이란 말은 쉽게 말해서 많은 사람을 말한다. 많은 일반대중을 말하므로 일단 소수의 영웅이나 지도자 혹은 엘리트 계층과 반대되는 개념이다. 민중이라는 말은 피지배계층들을 의미하며, 이것은 비슷한 단어들인 백성, 시민, 민족이 의미하는 내용을 일부 포함하지만 그것들과 완전히 동일하지는 않다. 예를 들어 백성은 봉건적 제도 속에서 눌려 있는 피지배계층을 의미하는 반면, 시민은 현대의 민주주의 사회 속에서 자기의 목소리를 내는 참여적 주체자를 의미한다. 그렇다면, 민중은 봉건사회 속에서 억압받던 백성으로부터 주체적 시민으로 변화되어 가는 도상에 있는 존재라 할 수 있다. 따라서 민중은 진정한 민주주의를 만들어 가는 주체자이며 민주주의의 실질적 내용을 결정하는 지표이다. 한 나라의 민중이 시민으로, 즉 사회의 성원이자 주체자인 시민으로 진전되어 가는 과정 속에서 현재 어디에 도달해 있는가에 따라서 그 나라의 민주주의의 수준과 현주소가 결정된다. 오늘날 일부 가진 자들이 시민으로서 혹은 엘리트로서 이 사회를 이끌어 가고 있다. 소수에 의해서 운영되고 있는 사회일수록 비민중적, 비민주적인 사회이다. 결국 우리 사회는 모든 민중들이 이전의 피지배의 상태에서 벗어나 주체자인 시민 혹은 공중(the public)이 되어 사회를 이끌어 가는 민주주의 사회로 발전되어야 한다. 피지배층인 민중이 진정한 시민이 되어 주체적인 시민으로서 역사와 사회에 참여할 수 있는 기회를 많이 만들어야 하겠지마는, 그것보다 더 우선적인 것은 민중을 옭아매어 놓는 구조악들을 개혁하여 억눌려 있는 민중이 해방되고 그래서 민중이 주체자가 되는 일이다. 즉 민중이 시민이 되어야 한다. 왜냐하면 시민적 권리(즉 참여의 권리)를 소수가 독점하고 있기 때문이다. 이 과정이 우선되어야 하는 것이다.

민중은 해방의 몸부림의 과정 속에 존재하는 과정적 존재이며, 변화하는 존재이다. 민중은 지구적 시장경제의 경쟁구조 아래에서 희생당하고 있다. 민중의 자유와 해방을 향한 역사적 진행과정이 이러한 지구적 시장경제체제와 이에 동반한 신자유주의라고 하는 장애물에 의하여 방해받고 멈춰 있다. 민중신학은 민중의 고난에 하나님이 참여하며, 민중의 자유와 해방을 위해 사랑으로 역사하신다는 것을 증거한다. 민중신학은 민중이 걸어가고 있는 "해방의 행진"에 참여한다.

민중신학을 민중의 눈과 민중의 가슴으로 하는 신학이라고 한다면, 민중이 신학 속에서도 주체가 된다. 좀더 정확하게 말하면, 민중과 하나님은 민중신학에서 주체이다. 민중신학에서는 민중과 하나님의 역동적인 관계를 주로 살펴본다. 하나님은 민중이 주체성(subjectivity)을 회복할 수 있도록 도와주는 작인(agent)이다. 민중과 함께 하며 그들에게 힘을 주어 주체자가 되도록 일으켜 주는 동인인 하나님은 영으로 오셔서 민중의 고난, 절망, 슬픔, 기쁨, 희망에 동참하신다. 하나님은 이들의 이러한 감정과 경험들을 스스로 느끼며, 사랑으로 동참하며 구원하신다.

민중신학은 하나님이 민중의 집단적 과거를 수용하시며, 그 과거 속에 이미 참여하셨음을 인정한다. 민중신학은 민중의 과거 역사와 전통 속에 남아 있는 하나님의 사랑과 구원의 흔적들을 추적하여 발굴해 낸다. 민중의 전통 속에 있는 이 흔적들은 민중의 문화적 형식 혹은 그릇 속에 담겨 있다. 따라서 민중신학은 민중의 전통, 동양의 종교문화적 전통을 중시한다. 그리고 그 속에 담겨 있는 민중해방의 전통 즉 하나님의 구원의 족적들을 발굴하여 새롭게 해석하고 오늘의 민중을 위해 활용될 수 있는가를 살핀다. 우리의 민중은 동양과 한국이라고 하는 문화적 영토에서 살아왔기 때문에 그들의 경험은 기독교가 아닌 다양한 종교들의 테두리 속에서 형성되었다. 이러한 다양한 민중적 종교 전통은 민중신학을 위해 방해가 되는 것이 아니라, 오히려 풍부한 자원을 제공해 준다.

민중신학은 민중이라는 인간들의 문제를 다루므로 인간중심의 신학이 아닌가 하는 생각이 들 수 있다. 서구전통에서는 인간중심의 신학이 지배하여 왔다. 민중이 인간이므로 민중신학이 인간중심인 것은 분명하지만, 피지배계층으로서의 인간인 민중은 억압받고 피폐해져 가고 있는 환경, 자연과 함께 해방되어야 할 존재라는 것을 알고 "생명의 신학"이라는 관점에서 환경문제를 함께 다룬다.

나아가서, 민중신학은 민중이 역사적 존재로서 또는 시대 속에서 자기의 역사적 역할을 분명하게 감당하여 왔음을 본다. 역사 속에서 민중은 다양한 모습으로 나타났다. 백성, 민족, 계급, 시민, 공중 등의 모습으로 나타나서 그때마다 시대의 문제들을 감당하였다. 따라서 민중신학은 항상 역사적 변화의 상황을 중시하므로 상황신학(contextual theology)이라고 할 수 있다.

그러면 이제 민중신학이 태동되어 발전되어 온 과정을 살펴보기로 하자.

2. 민중신학의 시작

민중신학이 시작되기 이전에 이미 민중과 함께 동고동락했던 소수 기독교인들의 실천적 활동이 있었다. 민중신학은 그 실천을 신학적으로 그리고 신앙적으로 성찰하는 과정에서 태동된 것이다. 이 실천은 산업선교에 종사했던 목회자, 평신도 그리고 노동자들에 의해서 이루어졌고, 여기에 더해서 기독학생들이 동참하였다. 민중신학이 시작되던 1970년대는 한국사회 속에 큰 변화가 일어나고 있었다. 이미 2차에 걸친 경제개발 5개년 계획에 의하여 한국은 급격히 산업화되고 있었다. 농촌의 가난한 가정의 젊은이들이 대거 서울을 비롯한 대도시로 몰려들면서 값싼 노동력을 파는 노동자가 되었다. 대도시 주변에 광범위하게 빈민촌이 형성되었고, 공장지대에는 노동자들이 집중되었다.

산업선교는 한국에서 1960년대부터 활동을 시작하였다. 처음에는 산업전도 형식으로 노동자들에게 복음을 전달하는 전도활동이었으나, 전도자들이 노동자들의 비참한 생활과 비인간적인 노동조건을 목도하면서, 노동현장에 들어가 노동자의 삶을 살게 된다. 일정한 기간 동안 노동현장에서 경험했던 산업선교 목사 등 실무자들은 노동자들을 위한 의식화 교육을 시작하였고, 노동조합을 만드는 데에 적극적이었다. 산업선교 담당자들의 현장에서의 경험담과 현장에 대한 고발은 당시의 젊은 기독교인들, 학생들에게 신선한 충격이 아닐 수 없었다. 여기에 1970년 11월 청계천 피복노동자 전태일이 노동자들의 비참한 상황을 고발하기 위하여 스스로 분신하여 죽게 된 사건이 일어났다. 이 모든 것은 기독교 지식인들에게 충격적인 일이 아닐 수 없었다. 기독교 대학생들은 당시의 사회적 상황에 대해 대단히 비판적이기 시작하였고, 교회와 학원에 이 사실을 고발하는 활동을 한국기독학생총연맹(KSCF)을 중심으로 적극적으로 전개하게 되었다.

1970년대 동안에는 학생운동, 노동운동과 함께 반정부운동, 민주화운동, 인권운동도 발전했다. 당시 노동자, 농민, 도시빈민 문제들에 대해서 적극적으로 문제를 제기했던 세력은 학생운동 세력과 교회의 진보적인 그룹이었다. 여기에 목사 등 종교인, 교수 등 지식인 세력들이 참여하여 70년대 중반부터는 상당히 큰 운동으로 성장하게 된다. 이리하여 1970년대 전반부터 시작하여, 중반 그리고 그 후반에 이르기까지 기독교인들을 비롯한 수많은 사람이 정치범으로 몰려 감옥에 들어가고, 해직되게 된다. 이러한 상황은 군부정권이 지속되던 1980년대에 들어 광주민주화운동 등으로 이어지면서 더 심각하게 전개된다.

민중신학은 이러한 사건들을 직간접적으로 경험한 신학자, 사제, 평신도들이 이 경험들을 신학적으로 성찰하고 정리하면서 시작된다. 안병무, 서남동 등 신학자들은 이미 1970년대 중반부터 민중을 주제로 하여 중요한 글을 쓰기 시작했다. 안병무는 1975년 감옥에서 나온 동료교수들을 기념하는 자리에서 민중을 주제로 강연하였다. 여기에서 그는 민중을 민족으로부터 구분하자고 주장했다. 그리고 민족의 이름으로 민중을 희생시키고 억압하는 상황에 대해서 비판하였다. 민중은 민족보다 더 근본적인 성원이며, 민중을 보호하지 않고 민족이라는 이름으로 민중을 희생하는 것은 악임을 지적했다. 이러한 민중적 입장은 많은 사람에게 공감을 불러 일으켰다. 안병무의 논지의 일부를 여기에 그대로 인용하고자 한다.

우리 역사에서 민족은 있어도 민중은 없었다. 다시 말하면 실재하는 것은 민중이고, 민족이란 대외관계에서 형성되는 상대적 개념인데 언제나 내세운 것은 민족이었고 민족을 형성한 민중은 민족을 위한다는 이름 밑에 시달림을 당한 채 방치되었다. … 홍경래 사건, 동학혁명, 3·1 운동, 4·19는 민중의 얼이 소생한 것이다.[1]

거의 같은 시기인 1975년 4월, 기독교사상에 서남동은 "'민중의 신학'에 대하여"라는 글을 발표하였다. 서남동은 1974년부터 민중을 여러 강연에서 이야기하고 다녔고 그 결과물로 기독교사상에 1974년 2월에 논문 「예수, 교회사, 한국교회」를 냈는데 이 논문에서 서남동은 "부자와 권력자는 주기도문을 드릴 자격이 없게 되어 있는 것이 기독교"라고 선언했다. 이 논문에 대하여 한 보수적인 교수가 다른 잡지에 논문을 기고하여 비판하였기 때문에 그 교수에 대한 대답이 「'민중의 신학'에 대하여」이다. 그는 이 글에서 다시금 "부자와 가난한 자, 누르는 자와 눌린 자 사이의 화해는 있을 수 없음"을 강조했다. 즉 정의의 하나님의 나라에서는 빈부가 함께 존재할 수 없고 누르는 자가 있을 수 없다는 주장이었다.[2]

위에서 언급한 Minjung Theology: People as the Subjects of History가 출판 될 때 우리말로도 출판되었는데 그 제목이 『민중과 한국신학』(한국신학연구소, 1982)이었다. 지금까지도 『민중과 한국신학』은 민중신학의 가장 대표적인 자료로 평가받고 있다. 아직까지 이 책을 능가할 민중신학 책이 나오지 않고 있다. 이 책은 여러 한국신학자들의 논문들을 모은 것으로서 이것이 출간되는 계기는 1979년 10월 22~24일 동안 "하나님의 백성과 교회의 선교"라는 주제로 서울에서 개최된 국제신학심포지움이었다. 이것은 박정희 군사정부의 삼엄한 경계하에서 한국기독교교회협의

---

1) 동아일보, 1975년 3월 3일자, 서남동, 『민중신학의 탐구』(한길사, 1983), 30쪽에서 재인용.
2) 서남동, 35쪽.

회의 신학위원회가 주관하고, 아시아기독교협의회(CCA)가 협찬하여 개최된 것인데, 아시아 각국의 신학자 17명과 한국 측에서 8명 등 모두 24명이 참석하였다.3) 이 책은 세계 교회와 신학계뿐 아니라, 한국의 신학계에 커다란 반향을 불러일으켰다. 이 책에는 안병무, 서남동, 김용복, 서광선, 현영학 등의 중요한 논문들이 실려 있다.

민중신학의 시작을 이야기할 때 빼놓을 수 없는 것이 있다. 민중신학에 영향을 준 사상적 전통이 있었다. 민중신학은 한국의 민중사상의 영향 속에서 싹텄다고 해도 과언이 아닐 것이다. 가깝게는 함석헌의 씨올사상을 들 수 있고, 좀더 길게는 동학사상과 운동, 삼일운동, 일제하의 민족운동 등을 들 수 있을 것이다. 함석헌은 초기 민중신학자들과 동시대의 인물로서 서남동, 안병무 등과 그 후의 소장 민중신학자들에게 많은 영향을 주었다. 서남동은 함석헌이 1970년 이래『씨올의 소리』등에서 민중을 주제로 외치고 있을 때 일찍 동조하지 못했던 것을 부끄러워했다. 이렇듯 함석헌 사상 등이 민중신학 이전에 민중신학을 준비하고 있었다.4)

3. 민중신학의 활성화 시기(1979~1990년)

『민중과 한국신학』이 출간되기 이전인 1970년대 중후반에 민중신학은 이미 많은 사람의 입에 회자되고 애용되었다. 이 시기에 민중신학자, 민중사회과학자, 민중사학자, 민중예술가 등은 한국신학연구소, 기독교사회문제연구원, 기장 선교교육원 등에서 수시로 모여 민중을 주제로 함께 연구, 논의했다. 민중신학이 대단하게 활성화되기 시작하던 시기는 1979

---

3) *Minjung Theology: People as the Subjects of History* (London; Maryknoll, N.Y; Singapore: Zed/Orbis/CCA, 1983) p. 15. 이후 *Minjung Theology*로 표시.
4) 서남동,『민중신학의 탐구』, 32쪽.

년 서울에서 개최된 국제신학 심포지엄 전후로 잡는 것이 좋을 듯하다. 이 활성화의 시기는 1980년대 중반을 지나 1990년까지의 기간이다. 민중신학의 주요 학자들이 이 시기까지 중요한 저서들을 내어놓은 것으로 보아 알 수 있다. 서남동의『민중신학의 탐구』가 1983년에 출판되었고, 안병무의 중요 작품인『민중신학 이야기』가 1987년에, 그의『갈릴래아의 예수: 예수의 민중운동』이 1990년도에 출판되었다. 1990년은 문민정부가 시작되는 해이기도 하다. 1980년대 후반 이후부터 한국에는 이미 민주주의의 도도한 흐름이 자리를 잡아 거스를 수 없는 물결이 되었다. 1988년도 서울 올림픽은 한국의 경제성장을 세계에 널리 알리는 계기가 되었고 1990년대 들어 문민정부가 시작되자 이전의 군사독재체제는 서서히 역사의 뒤안으로 밀려났다. 민주적 정부가 들어서기 시작하면서 이전의 강압적인 철권정치는 사라졌다. 많은 사람이 정치적 자유를 누리게 되고, 과격한 민중운동은 뒤로 물러나는 상황으로 바뀌게 되었다. 우리는 1990년도까지를 민중신학의 활성화시기 혹은 전성기라고 불러도 무방할 것이라고 본다. 그러면 이 시기 동안에 주요 민중신학자들의 신학사상을 살펴보자.

1) 민중의 책인 성서

성서학자 안병무의 가장 큰 공헌은 마가복음서가 민중의 복음서임을 오클로스의 개념으로 풀어냈던 것이다. 나아가서 그는 성서 전체가 민중의 서(書)라고 하였다. 그의 중요한 논문「마르코 복음의 사회학적 해석」에서 그는 그리스 단어인 ochlos와 laos를 비교하였다. 이 둘은 모두 무리라는 의미를 가지고 있지만, 라오스는 민족, 백성, 하나님의 백성 즉 교회의 회원의 의미를 가지며 오클로스에 비하여 덜 민중적인 의미를 담고 있다.5) 여기에 비하여 마가복음에서 오클로스가 사용되는 콘텍스트를 살펴보면, 오클로스는 우리가 여기에서 사용하는 민중의 의미와 더 가깝다. 그런데 재미있는 것은 마가복음서에서 오클로스가 사용되는 횟수는 38번인데 라오스는 단 두 번 나온다는 것이다. 이 두 번의 경우도 마가가 이사야서를 인용할 때와 대제사장이 말할 때로서 마가의 직접적인 언급에는 나오지 않는다. 마태복음서에서는 오클로스가 49번, 라오스가 14번, 누가복음서에서는 오클로스가 41번, 라오스가 37번이 나온다. 라오스는 사도행전과 바울서신에서 오클로스보다 훨씬 많이 나온다. 교회가 갖추어지는 상황에서 오클로스보다 라오스가 더 애용되었을 것으로 추측된다.

마가복음의 오클로스는 사회적, 정치적, 종교적으로 소외된 사람들로 나타난다. 지배계층들은 숫자가 많은 오클로스를 두려워했다. 오클로스는 예수와 세례 요한을 보호하고 지원하였다. 그들은 소외된 계급들이 모여 있는 집단이라고 할 수 있다. 그들은 예수를 추종했지만, 가끔은 지배계층들의 조작에 의하여 현혹되어 예수에게 등을 돌릴 때도 있었다(예, 마가 15:11). 오클로스에는 항상 가난한 사람들만이 있었던 것은 아니었다. 예를 들어, 세리들도 오클로스에 속했는데, 그들은 사회적, 정치적, 종교적으로 소외되었지만, 경제적으로는 부유했다. 그러나 유대인들에게 있어서 세리들은 죄인들과 마찬가지 취급을 받았다. 따라서 누가복음서에서는 라오스라는 말을 사용하면서 라오스의 범주 속에 세리와 죄인들을 넣지 않으려고 애를 썼던 흔적이 보인다(누가 7:29 참조). 즉 라오스는 순수한 백성들이었고, 이들은 기독교 교회 안에 들어갈 수 있는 백성들로 이해되었다. 이에 비해 오클로스는 그야말로 소외되고 천대받는 병든 자, 가난하여 천대받는 일을 하는 자, 세리, 죄인들의 무리들이 포함되었다. 마가는 이러한 오클로스와 예수의 관계를 가장 돈독한 것으로 그렸던 것이다.

안병무에 의하면, 예수는 오클로스를 동정하여 마치 목자 없는 길 잃은

---

5) 안병무 편, 『사회학적 성서해석』(한국신학연구소, 1983)에 수록되어 있음.

양과 같다고 생각했다. 예수는 오클로스를 자신의 어머니와 형제로 보았다(마가 3:34). 이들은 예수의 주위에 몰려들었고, 예수는 그들을 가르쳤다. 여기에서 안병무의 정교한 비교를 살펴보자. 마가복음 3장 32절에는 무리들인 오클로스가 예수 주위에 앉았는데 이들을 새로운 공동체(가족)의 성원이라고 선언하였다. 이러한 발상은 그 당시의 분위기에서는 받아들일 수 없었던 것이었다. 그리하여 마태복음에서는 오클로스 대신에 제자들로 대체해 버렸고, 누가는 이것을 완전 삭제하였다.[6] 마가복음의 여러 군데를 보면 예수가 오클로스를 가르쳤다고 되어 있다. 특히 10장 1절에는 "예수께서 거기에서 떠나 유대 지방으로 가셨다가, 요단 강 건너편으로 가셨다. 무리가 다시 예수께로 모여드니, 그는 늘 하시는 대로, 다시 그들을 가르치셨다"고 하면서 마가는 "늘 하시는 대로"라는 말을 쓰면서, 오클로스를 가르치는 일이 많았음을 나타내 보였다. 그러나 안병무의 연구에 의하면, 마태와 누가에서는 이러한 일들이 제거되던가 변형되어 보도되고 있다는 것이다. 이렇게 함으로써 오클로스의 지위는 약화되고 대신 예수와 제자들과의 관계가 강화됨으로써 교회 사도의 권위가 확장되고 있음을 볼 수 있다고 주장하였다.[7]

여기에서 알 수 있는 것은 마가의 관점이 민중적이라는 것과 역사적 예수에 대한 기억이 아직도 생생한 가운데 마가복음을 기록했으므로 역사적 예수의 진실된 모습이 많이 들어 있을 것이라는 것이다. 민중신학은 고백된 그리스도보다는 역사적 예수에 더 무게를 둔다. 왜냐하면 고백된 그리스도는 제도화된 교회의 산물일 것이고, 제도화된 교회는 그만큼 민중의 실제적인 문제에 대해 등을 돌릴 것이기 때문이다. 이렇게 안병무는 예

---

6) Ahn Byung-mu, "Jesus and the Minjung in the Gospel of Mark", *Minjung Theology*, p. 141.
7) Ibid., p. 142.

수가 오클로스 즉 민중에게 하나님의 나라를 선포하고 그 미래를 약속하였음을 마가복음서 등에서 증언하고 있다고 하였다. 그러나 안병무를 비롯한 민중신학자들이 오로지 마가복음서를 기반으로 하여 민중신학을 했던 것은 아니다.

안병무는 누가복음의 해방적인 메시지들에 관심을 가졌다. 특히 4장 18~19절에 있는 예수의 공생애를 시작하는 선포는 민중신학에서 가장 많이 애용되고 있다.[8] 결국 민중신학자들은 성서 전체를 민중의 서(書)라고 했다. 이것은 바울을 민중적으로 보자는 것으로 연결되었다. 이것은 안병무에 의해서 적극적으로 이루어졌다. 바울서신에 대한 민중신학적 재평가는 젊은 민중신학자들에 의해서도 이루어지고 있다. 구약의 모세 오경의 전통은 민중해방적인 전통이었음을 민중신학자들은 발견하였다. 야훼는 약자인 이스라엘 백성들을 애굽으로부터 해방시켰고, 야훼신앙은 평등공동체를 형성하는 정신적 지주가 되어 주었다. 이러한 해방의 전통 관점에서 다윗 왕조를 비판적으로 보기도 하였다. 예언서는 민중신학에서 수없이 인용되고 있다.

2) 성서해석의 방법

안병무는 한편으로 역사의 예수를 연구하면서 동시에 역사 속에서 면면히 폭발되었고 오늘날에도 계속되고 있는 민중운동의 사건들 속에서 예수를 찾으려고 했다. 이 둘 즉 역사의 예수와 민중운동의 사건을 연결시킬 수 있는 고리를 안병무는 화산의 맥(脈)이라는 상징으로 표현한다. 그는 "오늘 한국에서 일어나는 민중사건들도 단절된, 독립된 사건들이 아니라, 2천 년 전의 예수사건과 맥을 같이 하는 사건들"이라고 하면서 이러한 사

---

8) 안병무, 『민중신학 이야기』(한국신학연구소, 1987), 78쪽 이하.

건들 속에 그리스도 예수가 나타나고 있다고 보았다.9)

이러한 사건의 해석학은 민중신학에서 공히 받아들여졌다. 안병무가 예수사건과 민중운동의 상관성의 해석학을 제시했다고 한다면, 서남동은 좀더 다양한 민중 전통의 흐름들의 합류 해석학을 내놓았다. 서남동은 자신의 해석학을 사회경제(사)적 방법이라고도 불렀다. 서남동은 사회과학적 성서해석방법을 대거 동원하는 바, 게르트 타이센의 예수운동의 사회학에서부터, 페르난도 벨로의 마가복음의 유물론적 해석, 노만 갓월드의 야훼의 부족들 그리고 안병무의 오클로스 연구에 이르기까지 해방신학적이며 사회과학적인 해석학의 방법론을 종합하여 자신의 해석학을 넓혀 나갔다. 그는 이러한 해석학을 통하여 성서시대의 사회적, 계급적, 경제적, 종교적 문제들을 밝혀 나갈 수 있다고 보았다. 이것을 통하여 십자가의 사건을 종교적인 상징이나 교리적인 문제가 아니라, 정치영역에서 발생한 정치적인 사건임을 분명히 하였다.

이러한 사회과학적, 사회경제(사)적 성서해석방법은 그의 성령론적·공시적 해석과 연결되는 바, 전자는 후자의 준비단계 성격을 가진다. 서남동의 성령론적 해석학의 필요성에 대해서 본 필자는 다음과 같이 말한 적이 있다. 즉, "사회경제적 해석방법은 텍스트에 가미되어 있는 지배자의 이데올로기를 분해하고, 텍스트가 가지고 있는 사회, 정치, 역사적인 배경을 파악함으로써 텍스트가 주는 정치, 사회적인 의미를 부각시켜 준다. 그러나 그 의미는 아직도 '그때, 거기'에서의 의미이지, '지금, 여기'를 위한 의미는 아니다. 이에 성령론적·공시적 해석방법이 요청된다."10)

또한 사회과학적 혹은 사회경제사적 방법 이외에 서남동은 민중의 사

---

9) 위의 같은 책, 35쪽.
10) 권진관, 『성령과 민중: 실천적 신학과 신학적 실천』(한국신학연구소, 1993), 245쪽. 이후 성령과 민중으로 표시됨.

회적 전기의 방법 혹은 문학사회학의 방법이 필요하다고 하였다. 왜냐하면 사회경제사적 방법을 통하여 민중의 외적인 조건을 찾을 수 있다면, 사회전기적 방법, 문학사회학의 방법, 혹은 이야기의 방법을 통하여 민중의 내적인 의식, 집단적 영혼, 갈망을 들여다볼 수 있다고 하였다.11) 어쨌든 이 두 가지 주류의 방법은 성령론적 해석학으로 수렴된다. 서남동은 비록 체계적이고 철저하지는 않지만, 다음과 같이 자신의 성령론적 해석학을 "두 이야기의 합류"라는 상징적 표현을 가지고 설명한다.

> 한국 민중신학의 과제는 기독교의 민중 전통과 한국의 민중 전통이 현재 한국교회의 '신의 선교' 활동에서 합류되고 있는 것을 증언하는 것이다. 현재 눈앞에 전개되는 사실과 사건을 '하나님의 역사개입' 성령의 역사, 출애굽의 사건으로 알고 거기에 동참하고 그것을 신학적으로 해석하는 일이다. 거기에 동참한다는 것은 그 전통을 이어받는다는 것이며 그것을 신학적으로 해석할 때 위에 전제한 전거들이 필요불가결하게 된다. 이것을 필자는 성령론적·공시적 해석(pneumatological-synchronic interpretation)이라 하고, 전통적인 기독론적·통시적 해석(christological- diachronic interpretation)과 대조시킨다(우리는 나사렛 예수에 대해서도 성령론적 해석과 기독론적 해석을 각기 내릴 수 있다). 기독론적 해석에서는 이미 주어진 종교적인 범주에 맞기 때문에 적합성이 주어지는 것이라고 주장하고, 성령론적 해석에서는 지금 현실의 경험과 맥락에 맞기 때문에 적합성이 주어지는 것이라고 주장한다. 기독론적 해석에서는 나사렛 예수가 '나를 위해서' '나를 대신해서' 속죄한 것이지만 성령론적 해석에서는 내가 예수를 재연하는 것이고 지금 예수사건이 다시 발생하는 것으로 생각한다. … 민중신학은 현재 성령의 역사가 문제의 핵심이고 물려받은 전통은 해석의 전거의 구실을 한다고 생각한다.12)

---

11) 서남동, 『민중신학의 탐구』, 48쪽.
12) 위의 같은 책, 78~79쪽.

서남동의 해석학과 안병무의 그것에 그리 큰 차이를 발견할 수 없다. 서남동도 안병무와 같이 사회학적 성서해석학을 받아들였고, 지금 우리 상황 속에서 "예수 사건이 다시 발생하는 것"으로 생각한다고 했다. 서남동이 첨가한 것은 전거라는 말이다. 물려받은 전통을 해석학 속으로 끌어들인 것이다. 서남동은 오늘의 상황을 해석하는 데는 전거들이 필요하다고 했다. 그는 전거들 중에서 한국 크리스천들이 수용할 수 있는 가장 뚜렷한 것들이 셋 있다고 주장했다. 그것들은 출애굽사건과 십자가형사건, 그 전통을 이어받은 교회사 그리고 한국사에 있어서의 민중운동의 전통이다.[13] 여기에서 전거는 계시와 다르게 자신의 내용을 절대적인 것으로 주장하는 것이 아니라, 다만 관계적인 것으로서 우리가 현실을 해석하고 판단하는 데에 참고가 되는 성격을 가지고 있다. 성령론적 방법은 곧 두 이야기의 합류를 말한다.

서남동의 성령론적 해석방법과 이른바 "두 이야기의 합류"는 "민중신학의 대주제는 예수가 아니라 민중이어야 한다"는 그의 신념에서 비롯된다. 예수는 민중을 바르게 이해하기 위한 수단이지, 민중이 예수를 이해하기 위해 동원되는 수단은 아니라는 것이다.[14] 이리하여 서남동은 상황이 텍스트가 되고 텍스트가 콘텍스트가 된다고 본다. 즉 성령론적 해석학은 상황(민중)을 이해하고자 기존의 텍스트들을 전거(reference)로 동원한다. 여기에서 전거라는 말의 의미를 분명하게 해야 한다. 전거를 단순히 참고라는 뜻으로 이해해서는 안 된다. 사실, 오늘의 민중이 처해 있는 상황에 대한 이해는 전거적인 것이 없이는 이해될 수 없다. 어떤 사물에 대한 이해는 전거적인 것들과의 관계 속에서 이루어지는 것이지, 그 사물 자체에 실체(substance)적으로 불변한 것이 있어서 그것을 알게 되면 사물 전체를 알게

---

13) 서남동, 『민중신학의 탐구』, 48쪽.
14) *Minjung Theology*, p. 160.

된다는 논리는 성립되지 않는다. 모든 사물들은 전거적인 것들 속에 존재하며, 그것은 전거들과의 관계 속에서 이해된다. 어떤 것의 의미는 그것이 가지는 전거적 근거 혹은 전거적 체계(referential system)를 고려하지 않고서는 포착할 수 없다. 민중도 마찬가지이다. 따라서 민중을 둘러싼 전거적인 자료들은 그냥 참고하고 버려지는 것이 아니라, 민중을 이해하기 위해 필수적인 것이라는 것, 끊어질 수 없는 관계를 갖고 있음을 잊지 말아야 한다. 전거를 이해를 위한 필수적인 것으로 간주한다면, 서남동의 해석학을 무조건 주관적인 것이라고 간단히 비판해 버릴 수만은 없을 것이다.

안병무, 서남동 등에 의해 발전된 해석학적 방법론은 젊은 세대 민중신학자들에 의해서 보다 많이 토론되었다. 이러한 토론 속에서 보다 명확하게 되고 발전되기도 했다.[15]

3) 민중의 사회전기와 역사

민중의 사회전기라는 개념은 김용복에 의해서 널리 보급되었다. 서남동의 두 이야기의 합류는 김용복의 민중의 사회전기 혹은 민중 이야기의 개념을 받아들여 해석학적으로 발전시킨 것이라고 말해도 크게 틀리지는 않을 것이다. 김용복은 민중은 누구인가라는 문제에서 민중을 알기 위해서는 민중의 사회전기를 들어야 한다고 말한다. 김용복은 민중은 객관화하여 정의내릴 수 없는 존재라고 했다. 만약에 민중을 객관화하여 정의를 내린다면 이것은 민중을 억압하고 지배하는 것이 된다는 것이다. 이렇게 되면 민중은 역사 속에서 역동적으로 행동하는 존재이며 주체인 것을 망

---

15) 중요한 논문들 몇 가지만을 소개하면, 박재순, "1세대 민중신학에 대한 비판과 새로운 모색" 『진통하는 한국교회』, 기사연 무크 1호(민중사, 1988); 강원돈, "신학적 해석학의 새로운 모색", 『1980년대 한국 민중신학의 전개』(한국신학연구소, 1990), 권진관, 『성령과 민중』의 3, 4장 등이다.

각하는 일이 된다. 민중은 역동적이고, 변하며, 복합적이다.16) 즉, 민중은
객관화될 수 있는 고정 불변의 실체가 아니라, 살아 있고 성장하며 활동하
고 자신을 역사 속에서 구현하는 생명체이다. 민중은 개념에 의해서 정의
되어지는 존재가 아니라, 역사라고 하는 커다란 드라마에서 스스로 누구
인가를 결정하는 주체이다. 김용복은 이러한 비결정적 주체로서의 민중과
프롤레타리아를 비교한다. 마르크스주의자들이 정의내린 프롤레타리아
는 경제적으로 정의되어진 존재이다. 즉, 프롤레타리아는 사회 · 경제적,
유물론적인 결정에 의해 가두어진 존재임에 비하여, 민중은 정치적인 존
재로서 주어진 역사적 환경을 뛰어넘는 초월적 존재임을 강조했다.17)

김용복은 민중은 역사를 만들어 나가는 주체임을 거듭 강조하면서, 민
중은 인간 사회를 유지시키기 위해서 역사적 짐을 지고 가는 존재라고 하
였다. 그들은 고난을 통하여 역사를 만들어 나간다. 역사의 유지와 변혁과
창조적인 발전과 문화적인 발전 그리고 정치적 사회적 변혁은 모두 민중
의 인내와 희생적 고난에 기초하고 있다. 따라서 민중의 고난은 사회를 떠
받치는 지줏대라는 것이다.18) 이러한 생각은 자칫 잘못하면 오해받기가
쉽다. 마치 고난이 지속되어야 사회가 유지되고 역사가 발전한다는 식으
로 오해한다면, 이것은 김용복의 생각을 곡해하는 것이 된다. 김용복이 의
미하는 것은 이러한 역사의 짐을 지고 온 민중을 존중해야 하고, 이들이
역사의 주체가 될 수 있도록 그들을 묶어 놓는 족쇄를 풀어서 해방해야 한
다는 것을 뜻한다. 지금 지배자들이 지배하고 있는 구조와 현실은 모두 허
구라는 것을 고발하는 것이다. 김용복은 고난받는 민중은 역사의 주체가

---

16) Kim Yong-bock, "Messiah and Minjung: Discerning Messianic Politics over against
    Political Messianism", *Minjung Theology*, p. 184.
17) Ibid.
18) Kim Yong-bock, *Messiah and Minjung: Christ's Solidarity with the People for New Life*
    (Hong Kong: CCA-Urban Rural Mission, 1992), p. 5.

될 수 있는 자격과 권한이 있다고 외치고 있는 것이다.

김용복에 의하면, 지금까지의 역사는 엘리트와 권력자들에 의해서 쓰였으며 인간 역사는 이들에 의하여 규정되어 왔다고 해도 과언이 아니다. 이리하여 민중은 하찮은 존재로 전락되었으며 이들의 활동은 역사 기록에서 빠지고 각주에나 겨우 자리했다. 그러나 거꾸로 보면, 민중의 이야기가 있었기 때문에 정사(正史)의 허구가 드러나게 된다. 예를 들어, 일본제국주의에 의해 끌려간 정신대의 이야기를 통하여 일본제국의 존재적 근거가 무너지고 말았다. 민중의 이야기는 권력자의 역사를 무너뜨리는 파괴력을 가진다. 한국인들의 고난의 이야기는 일본 역사의 잘못을 드러내는 것이다. 군사정부하에서 투옥되고 고문당한 이야기는 군사정부의 도덕적 근거를 무너뜨리는 데에 부족함이 없다. 그러나 오늘날의 구조는 이러한 억눌린 자들의 이야기들을 무가치한 것으로 취급하고 있다. 이러한 구조에 대항하여 민중신학은 민중의 이야기를 말한다. 민중의 고난의 이야기는 잘못된 체제에 대항한 고발이다. 따라서 민중은 자기의 이야기를 함으로써 자신의 고난과 소망을 표현한다. 동시에 이러한 고난의 이야기는 잘못된 체제에 대한 준엄한 고발이 된다는 것을 김용복은 분명히 하고 있다. 나아가서, 민중 자신의 이야기와 성서의 민중 이야기들을 연결시켜 보면, 억압적인 정치권력의 성격이 분명히 드러난다고 주장한다.[19]

이야기의 방법, 사회전기의 방법은 민중신학이 가장 많이 사용하고 있는 방법이기도 하다. 성서도 민중의 사회전기이다. 민중신학의 기술방법도 사회전기 즉 이야기적인 방식이다. 민중신학자들 중에는 매우 관념적이고 방법론적인 방식으로 글쓰는 사람이 없지는 않으나, 일세대의 민중신학자들은 거의 한결같이 이야기의 방식으로 글을 쓰고 있다. 김용복의 저서들을 보면 이야

---

19) Kim Yong-bock, 『*Messiah and Minjung*』, pp. 72~73. 여기에서 그는 성서도 민중의 사회전기라고 볼 수 있다고 주장하고 있다.

기적 기술방식이 두드러진다. 서광선의 영문 저서 The Korean Minjung in Christ도 자서전적인 이야기 방식을 사용하고 있다.[20] 서남동의 신학적 기술방식도 월등하게 이야기적인 방식이다. 서남동은 한국의 재래적 민담과 소설 등 픽션을 많이 사용한 반면에, 김용복은 정신대 여성의 이야기, 원폭 피해자의 이야기 등 실제 인물들의 이야기를 많이 사용하고 있으며, 서광선은 자신의 전기적 이야기를 사용하여 민중신학적인 논의를 전개한다. 안병무는 자신의 어머니 이야기를 통하여 한 여성 민중의 지혜와 용기 그리고 초월의 능력을 그리고 있다.[21]

4) 정치윤리

민중신학자들에게 정치윤리와 정치사상이 없을 수 없다. 이것은 김용복, 서남동에서 특히 잘 나타나고 있다. 안병무의 정치사상도 여기에 언급되어야 할 것이다. 우선 김용복의 정치윤리사상을 살펴보고자 한다.

김용복은 일찍부터 메시아적 정치라는 사상을 제시하였다. 그는 메시아적 정치는 정치적 메시아니즘과는 달리 고난받는 자들의 정치, 고난받는 자들이 역사의 주인으로 대접하는 정치사상이라고 했다. 이에 반해서 정치적 메시아니즘은 독재적 공산주의를 비롯하여 다양한 형태의 전체주의 즉, 독재주의, 제국주의 그리고 현대의 테크노크라시 등에서 볼 수 있다고 한다. 김용복은 메시아 정치사상을 그의 후의 저서 Messiah and Minjung (1992)에서 더 발전시켰다. 메시아의 정치는 고난받는 종의 정치

---

20) David Kwang-sun Suh, *The Korean Minjung in Christ* (Chiang Mai, Thailand: CCA-Commission on Theological Concerns, 1991). 이 책의 내용에 대해서는 나중에 언급할 것임.

21) 안병무, 『선천댁: 늘 살아 있는 나의 어머니』(범우사, 1996). 이 책에서 안병무는 글자를 읽을 줄 모르는 어머니가 삶의 위기와 굴곡을 겪을 때마다 지혜롭게 헤쳐 나가며, 인생의 길목에서 만난 사람들과 진실스레 만나 그들과 함께 고생스러운 삶을 지혜롭게 풀었던 역정을 풍부하게 전해 주고 있다.

이며, 고난받는 종의 사명은 제국 권력의 내적 본질을 드러내는 것이며, 하나님의 샬롬을 이 땅에 건설하는 것이라고 보았다. 김용복은 이 책에서 메시아 정치의 핵심은 권력을 나눈다는 의미에서의 코이노니아, 힘없고 가난한 사람들의 보호를 의미하는 정의, 에덴 동산의 이야기와 메시아적 비전에 나타나고 있는 샬롬이라고 했다.22)

　　김용복은 메시아의 정치는 예수의 십자가와 부활 그리고 그의 공동체에서 극에 달한다고 말한다. 예수의 십자가 달리심은 하나님의 주권과 로마의 제국주의 사이의 정치적 투쟁을 상징하는 것이다. 그리고 예수의 정치, 즉 고난받는 종의 정치의 기본 윤리는 성서에 나와 있는 대로, "첫째되는 자가 나중되고, 나중되는 자가 첫째되는"(마가 9:35) 질서를 추구한다. 이러한 정치질서는 로마의 정치질서의 정반대이다. 실제로 메시아의 부활에 의해서 메시아 정치는 부활공동체를 형성하는 것으로 귀결되었고, 이 공동체는 다스리는 자가 섬기는 샬롬과 정의와 코이노니아의 질서라는 것이다.23)

　　메시아의 정치에서 민중은 어떠한 역할을 담당하는가? 김용복에 의하면, 민중은 정치에서의 주체이며, 하나님과의 계약 당사자이며, 하나님의 나라를 형성하는 동반자이다. 민중은 참여의 주체이며 메시아의 정치는 참여의 정치이다. 그리고 정치적 제도는 민중을 위해 봉사해야 한다. 이러한 관점에서 모든 정치제도, 예를 들어, 권위주의, 전제주의, 전체주의, 군사주의, 자유주의적 정치체제 등이 평가되어야 한다. 메시아 정치는 나아가서 기존의 정치권력을 변혁하고 길들여서(tame) 민중을 주권자로 섬기게 만드는 일을 해야 한다. 따라서 메시아 정치는 기존의 정치를 비판하는 것에 머무는 것이 아니라, 정치를 변혁하여 주인의 위치를 종의 위치로 바

---

22) *Minjung and Messiah*, p. 87.
23) Ibid., pp. 88~89.

꾸고, 민중의 주권의 기초가 되는 하나님의 주권을 회복하는 일을 감당하는 것이다.[24] 결국 메시아의 정치적 비전은 더 이상 민중이 고난당하지 않는 새로운 공동체와 사회를 만드는 것이다. 이러한 이상을 위해 하나님은 민중운동의 선두에서 지휘하시고 인도하시는 지도자라고 했다.

메시아 정치가 하나님의 주권을 회복하는 것을 목표로 한다면, 메시아의 정치는 자율적이며 자기중심적인 권위를 부정한다. 메시아 정치가 추구하는 것은 무정부주의도 아니고, 위계주의도 아니다. 이것은 민중을 섬기는 정치권력으로 만드는 새로운 지배질서 즉 섬기는 정치제도, dou-larchy(doulos arche)이다. 자유민주주의(liberal democracy)는 이러한 메시아 정치에 한걸음 가까이 가기는 하지만, 그러나 정치권력의 자율이 민중의 주권을 무시한다. 마르크스주의적 권력도 마찬가지로 민중의 이름으로 민중의 주권을 무시한다. 계몽주의의 자율적 이성에 기초한 자율적 권력은 민중의 주권을 진지하게 생각하지 못한다. 따라서 메시아의 정치는 기존 권력의 "존재론적" 지위에 대해서 문제제기한다. 그리고 권력의 지위는 섬기는 자의 지위밖에 될 수 없다는 것을 분명하게 밝힌다. 따라서 권력의 기능은 섬기는 것 하나뿐이다. 권력은 민중을 주권자로 섬겨야 한다.[25]

김용복은 메시아의 민중주체적 정치를 부정하는 정치적 관점 중 주요한 것으로서 이른바 정치적 현실주의(political realism)를 든다. 정치적 현실주의는 정치권력을 타락과 죄의 관점에서 본다. 김용복은 이 관점은 항상 민중주체적 정치관을 배격하는데, 그 이유는 현실주의는 권력자의 입장을 대변하고 있기 때문이라고 지적한다. 현실주의의 대표자인 라인홀드 니버의 근본적인 한계는 성서와 기독교 역사 속에 나오는 메시아 정치의 비전의 상상력과 유산을 무시하고 있다는 점에 있다고 하였다. 니버의 현실주

---

24) Ibid., pp. 89~90.
25) Ibid., p. 97.

의는 메시아 정치의 평화주의적 전통을 공격한다. 동시에 김용복은 세계
교회협의회(WCC) 등에서 주창했던 Responsible Society, JPSS(just, partic-
ipatory, and sustainable society), JPIC(justice, peace, and integrity of creation) 등
의 정치윤리적 사상은 모두 기존의 권력구조의 문제를 심각하게 고려하지
않고 있다는 데에 문제가 있다고 보았다. 그리고 이러한 에큐메니칼 정치
사상들은 민중의 직접 참여적 운동을 고려해야 한다고 했다.26)

　　이제 서남동의 정치윤리관을 보아야겠다. 그의 정치윤리 사상은 '메시
아 왕국'이라는 개념을 중심으로 한다. 메시아 왕국의 도래는 민중이 역사
의 주체가 되는 시기와 일치한다. 메시아 왕국은 신국 혹은 유토피아와 다
르다. 신국(천국 혹은 천당)은 죽은 후에 들어가는 사후세계를 의미하므로 배
격하고, 유토피아는 세상으로부터 등져서 외딴 섬과 같은 곳에서 건설될
수 있는 상상의 나라이므로 반대한다. 메시아 왕국은 썩은 사회가 전체적
으로 새로워지는 후천개벽을 말한다. 왕국이라는 말이 봉건적 냄새를 풍
기므로 서남동은 김용복에 동조하여 메시아 정치가 더 적합할 수 있다고
인정한다.27) 그러나 서남동은 천년왕국 혹은 메시아 왕국을 천국사상에
대비하면서 그의 신학적 정치사상의 중심으로 잡았다.

　　서남동에게 있어서 메시아 왕국은 즉 천년왕국이다. 천년왕국은 지배
자들이 두려워했던 사상이라고 한다. 왜냐하면 천국은 사회변화를 수반하
지 않는 상태에서 도래하지만, 천년왕국은 가진 자들의 소유와 지위에 대
한 위협과 전복을 의미하기 때문이다. 역사적으로, 강자와 부자들은 메시
아 왕국을 이단시하고 불법화했다.28) 그는 불교의 미타신앙과 미륵신앙
을 비교하기도 하면서 메시아 왕국 신앙과 미륵신앙의 공통점을 본다. 즉,

---

26) Ibid., pp. 97~98.
27) 서남동, 『민중신학의 탐구』, 130쪽.
28) 서남동, 『민중신학의 탐구』, 125쪽.

미타불은 현세불이고 미륵불은 차세불, 미래불로서 미타신앙은 사후에 서방정토 극락세계에 왕생하지만, 미륵신앙은 현세에 노력하면 미래에는 세상의 변화 즉 용화세계가 온다는 것을 믿는다. 서남동은 미륵신앙이 새로운 세계를 자력으로 실현하려고 하는 적극적인 신앙이었듯이 천년왕국, 메시아 왕국 신앙도 현세의 변혁을 추구하였다고 보았다. 서남동은 천년왕국, 메시아 왕국을 "몸의 부활"의 사상과 연결하여 그 관계성에 주목하였다. 기독교의 가장 중요한 신앙요소인 몸의 부활을 천국으로의 왕생으로 보지 말고, "이 세계의 불의와 억압에 항거하여 역사의 새 시대에 다시 부활하여 왕생한다는 민중의 의지이며 갈망"으로 보자고 주장한다.[29] 몸의 부활은 "지금의 우리가 아직 가보지 못했고 따라서 그 내용을 상상하기도 어려운 전혀 새로운 세계에로의 전진이며 새 탄생이다. 그는 부활에 대한 전통적 가톨릭교회와 개신교회의 해석을 논의하고 나서는 민중신학적으로 부활을 해석하였다. 즉, "갖가지 사회적 모순이 팽배한 제3세계에서 발생해야 할 십자가에 달리신 자의 사흘 후의 부활은 그의 선교의 작인(作因)이었던 눌린 민중이 도래하는 메시아 왕국의 초대에 응하는 깨어남"이라고 했다.[30] 이리하여 서남동은 부활의 관점에서 민중운동을 본다. 부활의 사건은 민중이 주체로 서는 것을 포함한다. 몸의 부활은 사회적인 변혁을 말한다. 즉 부활의 몸이 이전의 썩을 몸을 버리고 새로운 몸으로 태어나는 것과 마찬가지로 부활의 의미에 포함되는 사회적인 변혁도 단순한 정권교체적인 정치혁명의 테두리에 머무는 것이 아니라, "더 포괄적이며 더 철저한, 종말론적 형태변화(transformation)"를 가리킨다.[31]

안병무의 정치사상과 정치윤리는 아무래도 그의 "사건"론에서 찾아야

29) Ibid., 126~27쪽.
30) Ibid., 130쪽.
31) Ibid., 131쪽.

할 것 같다. 안병무는 예수 그리스도의 인격(person)은 서구교회가 추구해 온 그리스도론을 위한 가장 중요한 범주였다고 보았다. 그리고 그리스도 예수를 인격으로 보지 말고 사건으로 보자는 획기적인 주장을 했다.[32] 예 수는 메시아적 정치를 일으킨 사건이지 인격이 중요한 것이 아니라고 말한다. 예수뿐 아니라, 성령도 하나님도 모두 사건이다. 이러한 사건적인 개념은 곧 관계적 개념으로 연결될 수 있다. 왜냐하면 사건은 관계 속에서 일어나는 것이기 때문이다. 예수의 실체적인 인격에 관심을 갖기보다 예수가 맺었던 관계에 관심을 갖게 된다. 예수는 민중 즉 오클로스와 관계를 가지고 있었고, 당시의 권력자들 즉 성전세력, 로마권력과 관계를 가지고 있었다. 이 속에서 예수의 사건이 일어난 것이다. 관계적 관점에서 볼 때, 예수를 알려면 민중을 알아야 하고, 권력자들의 성격을 알아야 한다는 결론이 나온다. 이러한 관계 속에서 예수는 민중해방의 사건을 일으켰다. 신학은 이 사건에 동참해야 한다. 예수사건은 역사의 과정 속에서 민중의 해방사건으로 계속해서 이어져 왔다. 화산맥이 흘러서 계속 폭발하듯이 민중사건은 원래의 예수사건에 이어 지속적으로 터져 나오고 있는 것이다.

안병무는 현존의 그리스도는 오늘 여기에 민중의 사건을 통하여 나타나고 있다고 주장한다. 그는 2천 년 전의 역사적 예수를 추구하는 것이나 교리상의 그리스도를 추구하는 것은 오늘 우리에게 적절하지 않다고 말한다. 안병무는 이렇게 말한다: "중요한 것은 오늘의 그리스도가 — 나의 언어로는 오늘의 예수사건이 — 어디서 어떻게 일어나느냐 하는 것이다."[33] 예수의 사건은 민중이 주인이 되는 사회를 건설하는 싸움이며 이것은 지금도 줄기차게 일어나고 있다고 본다.

성서학자인 안병무는 정치윤리에 관련하여 중요한 언급을 했다. 즉 윤

---

32) 안병무, 『민중신학 이야기』, 25~26쪽.
33) Ibid., 35쪽.

리적인 활동을 위한 구체적인 행동전략의 문제이다. "어떤 방법으로 싸워야 하는가? 전략전술은 어떠해야 하는가? … 이런 것을 성서에서 찾는다면 그건 웃기는 얘기입니다. 그것은 현실 속에 있는 내가 찾아내야 하는 것입니다." 그는 이어서, "그렇게 하면 성서로부터 유리되는 것이냐? 그렇지 않습니다. 성서는 내게 계속 사랑과 정의의 행동을 하라고 요구해 오는 것입니다. 유리란 있을 수 없어요. … 노동운동, 농민운동의 방법론을 얘기하는 데 있어서는 그리스도인이거나 아니거나 전혀 상관없이 모두 같은 인간의 자격으로서 얘기할 뿐입니다." 민중신학이 지니는 정치윤리의 가능성을 부인하는 것처럼 들리는 듯한 이 말을 안병무는 왜 했을까? 안병무는 신학 특히 성서신학만으로는 세상문제를 다룰 수 있는 방안이 나올 수 없음을 인정했다. 그러나 그는 인간의 양심과 이성으로 그리고 예수의 정신으로 행동전략과 전술을 짠다면 그것은 성서적이고 신학적으로 아무 문제가 될 수 없다고 말했던 것이다. 그것은 마치 예수와 예수의 제자들이 당시의 상황 속에서 바리새인과 젤롯 그리고 사제들의 그것과 다른 일정한 정책과 전략을 가지고 접근하였듯이 우리들도 우리의 새로운 상황 속에서 그러한 것들을 창조해 내야 하는 의무를 안병무가 부인한 것은 아니었다. 다만 안병무는 성서에서 그러한 것을 찾는 것에 대해서 부인한 것이었다. 안병무는 이렇게 말한다. "우리가 '그리스도를 본받는다'('이미타치오 크리스티')고 해서 예수에게서 어떤 행동의 모델을 구한다는 건 잘못입니다. 현장이 다른데 그건 말도 안 되는 얘기지요. 우리의 삶은 우리의 삶인데, 하물며 운동의 전략까지 성서에 요구한다는 건 있을 수 없는 일입니다."[34)]

안병무의 이러한 입장은 예수의 민중해방의 측면을 믿기만 하면 어떠한 행동도 할 수 있다고 하는 불트만식 실존주의적 비정치적 사상의 영향

---

34) Ibid., 250쪽.

에서 온 것일 수도 있다고 본다. 실제로 그는 이러한 것을 언급하는 자리에서 성서로부터 정책 프로그램을 찾아서는 안 된다는 불트만의 정언명령을 우리에게 상기시켜 주고 있다.[35] 그러나 안병무는 실존주의로부터 민중의 정치로 자리를 옮겨 온 신학자이다. 그는 불트만의 실존주의를 민중신학의 언어로 뒤바꾸어 놓은 그러한 신학자는 아니었다. 그가 그렇게 말한 것은 불트만의 신학적 기본 입장에 동조해서가 아니라, 그가 생각하는 성서신학의 한계에 대한 인식 때문이었으리라고 본다. 그는 이렇게 말한다. "… 내가 그 문제를 멀리하려고 해서가 아니라 내겐 그걸 할 능력이 없다는 거예요. 내가 해야 한다는 주제 넘는 생각을 안 하는 것뿐이지요. … 그 일은 현장에 있는 사람들이 해야 하는데 그 분들이 그 일을 자꾸 미루고 있다는 느낌이에요. 그런 일까지 신학하는 사람이 독점해서는 안 된다고 생각해요."[36]

안병무의 다소 미묘한 정치윤리적 관점을 길게 살펴보았다. 안병무는 김용복과 서남동에 비하여 정치권력의 성격 등에 대해서 깊이 들어가지 않았고, 특히 구체적인 행동을 위한 방안에 대한 논의를 매우 제한하였다. 신학은 방향과 깊이의 언어를 생산해 내는 학문이기 때문에 보다 구체적인 행동 프로그램을 제공하는 일은 힘들 수 있다. 그럼에도 불구하고 실천에서 제기되는 문제들을 수렴하여 신학의 입장에서 다루어 보려는 노력을 게을리 해서는 안 될 것이라고 본다. 그리고 젊은 후배 신학자들이 정치윤리의 주제들을 발전시키려고 노력했던 것도 여기에서 지적해야겠다.

5) 죄에 대한 새로운 이해: 한(恨)

민중신학에서 자주 논의되고 있는 중요 사상 중에서 민중의 죄를 한

---

35) Ibid., 77~78쪽.
36) Ibid., 78쪽.

(恨)으로 보는 관점을 빼놓을 수 없다. 한에 대한 연구는 주로 서남동, 문동환, 서광선 등이 해왔다. 문학 쪽에서는 김지하, 『서편제』의 이청준 등이 한에 대한 관심을 보였다. 한은 고난 많은 한국 민중의 독특한 정서로서 많은 학자들에 의해서도 연구되고 있다. 신학에서 한은 무엇인가? 서남동에 의하면, 기독교의 교리적인 문제는 죄의 문제였다. 그러나 민중신학에서는 한의 문제다. 서남동은 죄 즉 범죄는 힘 있는 자가 약한 자에게 덮어씌우는 누명에 불과하며, 민중에게는 죄가 있는 것이 아니라 죄를 당하는 (being sinned against) 것이며, 한이 있을 뿐이라고 주장한다.[37] 서남동은 한을 이렇게 정의한다. "한이란 눌린 자 약한 자가 불의를 당하고 그 권리가 짓밟혀서 참으로 억울하다고 생각할 때, 그 호소를 들어주는 자도, 풀어주겠다는 자도 없는 경우에 생기는 감정 상태이다. 그렇기에 한은 하늘에 호소되는 억울함의 소리, 무명의 무고(無告)의 민중의 소리 바로 그것이다." 이어서 기독교 목회자들은 민중의 한의 소리, 무언의 소리를 듣고 전달하는 매체인 한의 사제가 되어야 한다고 말한다.[38] 즉, 땅에서부터 하늘에 호소하는 아벨의 피 소리, "최저 생계비도 받지 못하는 근로자들의 신음소리, 무직에서 범죄로, 다시 죄수로 떨어져서 국민의 울타리 밖에 추방당한 소외계층의 신음소리", "곡식을 거둔 농민에게 지불되지 아니한 품삯의 소리" 등등 한의 소리를 전달하는 매체가 되고 "저들의 가슴속에 쌓이고 쌓인 한을 풀어주고 위로하는 '한의 사제'"가 될 것을 요구한다.[39]

서광선은 한을 개인적인 정서뿐 아니라, 고난당해 온 한국민들의 집단적인 정서로 본다.[40] 일제강점기에 나라를 잃은 한국 사람들은 모두 한의

37) 『민중신학의 탐구』, 243쪽.
38) Ibid., 44쪽.
39) Ibid., 43쪽, 118쪽.
40) 여기에 서광선이 정의하는 한을 원문 그대로 적는다. "'Han' is a sense of unresolved resentment against injustice suffered, a sense of helpless because of overwhelming

삶을 살 수밖에 없었다. 독립운동은 이러한 한의 폭발이었다고 보았다. 한 국민이 다른 민족으로부터 억압을 받게 되면 국민들은 심리적·정치적 분노, 좌절 그리고 극단적인 무력감에 빠지는 한의 상태에 도달하게 된다. 이 한은 개인적이고 사회적인 자각의식으로 변하여 민중운동으로 발전하게 된다.[41] 따라서 적극적인 면에서 한은 민중운동의 동력이 된다. 그러나 잘못하면 파괴적인 것이 될 수도 있다. 그러나 이재훈이 말한 대로, 민중의 부정적인 증후들은 죄이기 때문에 고쳐야 할 대상이기 이전에 우리 모두에게 주는 "의미, 목적, 미래를 위한 방향"을 담고 있는 메시지를 가지고 있다 하겠다.[42]

작가 이청준은 원한과 한을 구별하면서, 한은 긍정적인 힘을 내는 창조적 미학의 원인이라고 한다. 그는 한을 아픔이라고 말하면서 삶의 불행 속에서 많은 아픔들이 "우리 삶 속으로 융합되어 오래 삭여져 그 삶을 오히려 힘 있게 지탱해 주는 귀한 생명력으로 전환될 수" 있다고 말한다. 그리고 우리 삶의 높은 성취는 그 아픔을 감내해 낸 과정 끝에 가서 성취되는 것이라고 한다. 그는 한의 본질은 그 아픔을 껴안고 초극해 넘어서는 "창조적인 생명력"을 갖는 것이라고 말한다.[43] 대자대비에서 비(悲)는 슬픔을 나타낸다. 슬픔이 없는 마음에 사랑하는 마음이 깃들 수 없다. 시인 김지하도 한의 축적이 없는 곳에 한의 극복도 없고, 깊은 한이 없이는 참된 해탈에 이르지 못한다고 했다. 그러면서 그는 이렇게 말한다. "그러나 이 역설적인 전환은 한의 반복과 복수의 악순환을 끊어 버리는 슬기로운 단

---

odds against, a feeling of acute pain or sorrow." *The Korean Minjung in Christ*, P. 195, 주 1.

41) 서광선, *The Korean Minjung in Christ*, pp. 50~51.

42) 이재훈, "A Study of Han of the Korean People: A Depth Psychological Contribution to the Understanding of the Concept of Han in the Korean Minjung Theology", Ph. D Dissertation for Union Theological Seminary (1989), 167쪽.

43) 이청준 "작가의 말", 『흰옷』(서울: 열림원, 1994), 263쪽.

(斷), 영성적이면서도 공동체적인, 즉 결단을 조건으로 해서만 가능합니다."[44]

결국 한은 우리로 하여금 그 한을 극복하게 하는 힘을 준다고 보겠다. 이 힘은 우리 안에 들어와 있는 내재하시는 하나님의 영의 선물이 아닌가 한다. 한은 주로 한을 경험하는 사람들의 외부요인으로부터 발생한다. 개인적이고 집단적인 한의 해결은 넓게 보아 한을 소화해낼 수 있는 아름다운 마음, 지혜의 마음에서 나온다고 본다. 한은 우리로 하여금 새로운 창조적인 힘, 아름다움을 낼 수 있는 힘을 가져다준다. 이것을 한의 미학적인 차원이라고 해도 좋을 것이다. 실제로 우리의 구원은 아름다움에서 온다. 즉 모든 관계의 정의로운 발전과 점점 더해지는 복잡한 얽힘의 관계 속에서 한의 문제는 해결된다. 관계의 아름다움(관계 속에 들어와 있는 모든 피조물들을 사랑하는 대자대비의 마음상태, 상호존중과 상호발전으로부터 오는 창조적인 조화)은 우리를 구원한다. 서광선은 한은 푸근한 정(情)에 의해 풀어진다고 했다.[45] 푸근한 정은 관계 속에서 특히 사랑의 관계 속에서만 나올 수 있는 감정이다. 정은 관계를 위한 전제조건이며 결과이다. 따라서, 한은 푸근한 정, 관계, 정의, 대자대비, 내면의 아름다움에 의하여 풀어지고 극복되어질 수 있다.

6) 교회에 대한 이해

한 마디로, 민중신학자들의 교회 이해는 매우 진보적이다. 안병무는 마가복음과 마태복음을 교회론석으로 비교하면서, 마가복음서는 민중의 교회를, 마태복음서는 사도의 교회를 추구하고 있다고 말했다. 그는, 마태복음에서는 그리스도 고백을 한 베드로를 축복하면서 그에게 교회의 반석이

---

44) 김지하, 『밥: 김지하 이야기 모음』(왜관: 분도출판사, 1984), 12쪽.
45) *The Korean Minjung in Christ*, p. 50.

되는 지위를 부여하고, 또 그에게 하늘나라의 열쇠를 주겠다고 약속한 반면, 마가복음에서는 제자들 대신에 오클로스를 중심으로 하여 반제도적, 반성직주의적 입장을 보이고 있다고 했다. 안병무는 마태의 사도 우위에 입각한 제도교회의 입장은 AD 50~60년대에 쓰인 바울서신의 사도권 주장에서 크게 영향을 받았던 것으로 추측한다. 안병무는 마가 이후에 예수의 이름으로 모이는 공동체는 비록 단초적이지만 점점 더 성직화되어 갔고, 제도화의 길을 걸었다고 주장한다.[46]

안병무는 교회의 본래의 자리는 예수와 민중이 삶을 가운데 놓고 만난 사건이라고 하면서 민중교회는 이 "비공식화"의 길을 걸으며 제도교회에 대항해 저항해야 하는 운동이라고 주장한다.[47] 기성 제도교회는 도그마와 교리로 무장한 교회인 반면에 민중의 교회는 예수의, 예수에 대한 위험한 이야기가 들려지는 곳이라고 한다. 안병무의 교회론은 서남동의 급진적 교회론과 상통한다.

서남동은 민중의 교회에서는 탈신학화, 탈교리화가 일어난다고 했다. 서남동은 진정한 교회는 그리스도에 대한 교리, 말씀, 신학을 듣는 곳이 아니라, 예수의 위험한 이야기가 들려지는 곳이라고 한다. 그는 대속적인 죽음이 아니라 십자가에서 살해되었고 죽임당한 자가 부활하였다는 것을 이야기하는 곳이 민중의 교회라고 한다. 서남동은 민담과 이야기가 들려지는 곳으로서 민중의 교회를 상정했다. 서남동은 민중의 교회는 기존의 교회 형태처럼 건물이나 조직을 가진 것이 아니라고 주장한다. 오히려 "조직교회를 재활성화시키는 하나님의 입김"이라고 한다.[48] 이러한 공동체는 "암 하아레츠"(땅의 백성)의 공동체로서 지금의 억압적인 구조가 변혁되

---

46) 안병무, 『민중신학 이야기』, 158~59쪽.
47) Ibid., 167쪽.
48) 서남동, 『민중신학의 탐구』, 299~300쪽.

기를 대망하는 천년왕국적인 종말사상에 사로잡혀 있는 공동체라고 본다. 그는 1970년대 일어났던 도시산업선교회, 금요기도회, 목요기도회, 인권위원회, 한국기독학생총연맹 등도 현장교회로서 교회의 제3의 형태인 '성령의 교회' 민중의 교회라고 하였다. 그는 말하기를, 민중의 교회는 "성령의 인도에 따라 사건으로 발생하고 일어날 때 일어나고 꺼질 때 꺼지며 보이는 형태가 없고 자발적으로 명멸하면서 이 속(續) 그리스도교 시대에 '하나님의 선교'를 수행할 것이다"라고 했다.49)

위에서 보듯이, 안병무, 서남동의 교회관은 매우 급진적이었다. 기성교회에 대해 매우 비판적이었다. 따라서 이러한 교회론을 1990년대 이후의 민중교회의 현장에 적용하기가 매우 어려웠다는 평가가 나오고 있다. 김용복의 교회론은 이러한 급진성을 어느 정도 극복한 것이 아닌가 생각된다. 김용복은 민중교회를 "계약공동체"라고 규정하면서, 이러한 계약공동체는 일정한 경제적 이념과 가치관을 가지고 그것들을 실현해 나가는 공동체로서 "현재 사회를 지배하고 있는 자본주의 경제체제"와는 대조되는 공동체라고 말한다.50) 이러한 공동체는 "탁월한 사회적, 정치적 상상력을 민중운동에 불어넣을 수 있다"고 한다. 그리하여 그는 민중교회는 다음과 같은 요소가 있어야 한다고 한다. 첫째, 고백신앙이 공유되고, 둘째로, 새로운 삶의 양식이 창조되고 실행되어야 하며, 셋째로, 이를 위하여 새로운 사회경제적 기반을 민중교회 공동체 안에 구축하고 확산하여야 하며, 넷째로, 이를 위해 새로운 영성 훈련이 필요하다고 했다.51)

---

49) Ibid., 146쪽.
50) 김용복, "한국민중교회론 시론",『신학사상』(한국신학연구소) 1988년 겨울호, 864쪽.
51) Ibid., 860~62쪽.

7)기독교 이외의 민중 종교와 전통

민중신학자들은 서양적인 것을 극복하고 우리의 것, 즉 한국적인 것, 동양적인 것 속에서 초월과 해방의 자료를 찾고자 한다. 성서학자 안병무 자신은 박사학위 논문에서 예수와 공자를 비교했고, 개인적으로 유명한 불교학자 이기영 등과 친하게 지내면서 불교경전과 성서를 함께 읽었고 노장사상에도 깊은 이해가 있었다. 그는 서양적 학문에 대해서 많은 불신을 가졌다.[52] 이러한 불신은 서남동에게서도 발견할 수 있다. 서남동은 서양신학의 내용과 방법 자체에 대해 반기를 들며 자신의 신학을 반(反)신학이라고 하였다.

민중신학자들은 민중의 종교들, 특히 불교, 동학, 도교, 무교 등을 민중신학을 위한 전거로 사용하였다. 불교에 대한 연구는 서남동, 김용복, 서광선, 변선환 등에 의해서 이루어졌다. 민중신학자들은 특히 미륵불교에 대해서 관심을 기울였다. 김용복은 "미륵불의 메시아적 비전과 서방정토의 도래에 대한 기대는 신라 왕조 시기(BC 57~AD 935) 동안의 민중운동에 결정적인 역할을 했고, 통일신라를 위한 기초를 제공했다. 그리고 통일신라와 조선조까지 미륵불은 민중의 반란에 커다란 영향을 미쳤다. 특히 조선 말기에 민중들은 미륵불이 고난당하는 민중들을 이끌고 들어간다고 하는 서방정토 사상 속에서 그들이 그리는 유토피아적 꿈을 발견하였다"고 하였다.[53] 김용복은 동학운동과 동학종교를 민중의 사회전기 속에 편입해 넣었다. 문동환도 그의 민중신학적 교육론에서 동학사상을 깊이 있게 이해하고 활용하였다. 서광선은 한국 불교의 민중적 성격을 긴 논문으로 해명하였다.[54] 그는 이 논문에서 불교의 다른 가르침뿐 아니라 미륵불

---

52) 안병무는 이렇게 말한다: "서남동 선생이 신학은 反신학이 되어야 한다고 갈파하셨는데, 사실은 反학문에까지 나아가야 해요. 서구적인 의미의 학문(Wissenschaft)은 깨져야 해요." 『민중신학 이야기』, 29쪽.

53) Kim Yong-bock, *Messiah and Minjung*, 91쪽.

(Maitreya)에 대해서 자세하게 논의한다. 그의 주장으로 특기할 것 중의 하나는 미륵불교는 가장 밑바닥의 민중들 사이에 널리 전파되었는데, 그 이유는 미륵불이 용화세계라고 하는 메시아적 미래를 제시했을 뿐 아니라, 미륵불교의 간단한 예식방법 즉 간단한 염불을 외는 것으로 미륵불에게 예배드릴 수 있었던 것이 민중들에게 호소력을 가질 수 있었다는 것이다.[55]

　　서광선은 민중의 관점에서 무교에 관한 연구를 함으로써 민중신학에 공헌하였다. 그는 무교 즉 샤머니즘은 "한의 종교"라고 이름하였다. 무당은 억눌린 민중의 아픔에 동참하고 그들의 한을 풀어주는 한의 사제인 것이다. 그는 굿이 공동체적인 축제이고, 신들은 가정이나 공동체와 관련된 신으로 무교가 매우 공동체적이라는 점을 강조하였다. 그는 유교는 머리의 종교이고, 불교는 가슴과 느낌의 종교이며, 샤머니즘은 직관의 종교(a religion of intuition)라고 했다.[56] 그는 이어서 한국인의 기본적인 종교는 샤머니즘이고 한국인의 기본적인 종교 심성은 무교적이라고 보았다. 서광선은 샤머니즘을 민중의 종교라고 부른다.[57]

4. 2세대의 민중신학과 변화된 상황

　　2세대의 민중신학자들은 대부분 1세대 민중신학자들의 직간접적인 제자들이다. 2세대 민중신학자들은 1세대 민중신학자들의 창조적인 통찰력을 그대로 수용하면서 이를 발전시켜 보려고 노력하고 있다. 특히 1987년

---

54) 서광선, *The Korean Minjung in Christ*에 수록되어 있는 5장 "Minjung and Buddhism in Korea"를 가리킨다.
55) 서광선, *The Korean Minjung in Christ*, 154~55쪽.
56) Ibid., 107쪽.
57) Ibid., 108쪽.

한국의 노동자들이 민중의식을 가지고 거대한 힘으로 민중운동을 일으키고 있을 때, 젊은 민중신학자들은 민중신학적으로 민중운동에 공헌해 보려고 노력하였다. 그리하여 적극적으로 사회분석의 방법, 유물론적, 경제사적 방법을 동원하여 당시에 일어나고 있던 민중운동의 정황과 국면을 이해해 보고, 운동에 직간접으로 참여하였다.

같은 시기에(1980년대 중반 이후) 100여 개의 민중교회가 세워졌다. 민중교회들은 각 지역 속에서 십자가를 걸고 작은 건물을 임대하여 민중들이 활동할 수 있는 장을 제공하여 주고 그들의 투쟁에 동참하였다. 그러나 노동자운동과 학생운동이 1980년대 말을 지나면서 점점 약화되어가고, 1990년대에 들어서면서 문민정부가 들어서게 되고, 어느 정도 민주화가 진행되면서 민중교회운동은 이전의 활동을 지속할 수 있는 여건을 잃게 된다. 민중교회가 자신의 정체성을 가지고 보다 확고히 지역에 뿌리를 내리기 위해서는 대형 대중교회와 경쟁하면서 살아남아야 했다. 그리고 기본적인 교인 회원이 있어야 했다. 많은 교인들이 민중교회를 전략적으로 활용하기 위해서 들어왔다가 썰물이 빠져나가듯이 나갔다. 교회의 빈자리를 지키던 민중교회 목회자들은 지금까지의 민중신학과 민중운동 방식에 대해서 반성하기 시작하였다. 그들은 민중교회의 신앙 양식에 변화가 있어야 한다고 생각하고 기존의 급진적 민중신학의 주장들을 순화하여 교회의 존재에 적합할 수 있도록 재해석해야 할 필요성을 느끼기 시작하였다.

오늘날 민중신학은 쇠퇴기에 직면한 것이 아닌가 하는 생각마저 든다. 흩어져 다른 방향으로 민중신학을 하던 학자들이 한자리에 모여 논의하고 모색하는 시기가 되었다고 본다. 그런데 문제는 상황의 변화이다. 상황이 민중신학의 소구력을 약화시키고 있다. 민중신학을 택하는 학생들의 수도 많이 줄고 있으며, 이러한 과목을 여는 학교도 거의 없어졌다. 확실히 민중신학의 붐은 지나간 것이 아닌가 하는 생각이 든다. 그러나 아직도 상당수의 수준급 학자들이 민중신학을 위해 노력하고 매달리고 있다.

변화된 상황 속에서 주목할 점은 민중운동의 퇴조와 시민운동의 급상승이다. 나라가 민주화되었고, 경제적인 여건도 예전보다 나아진 상태에서 민중운동은 자연히 약화될 수밖에 없었을 것이다. 그러나 2000년대에 들어서 시장의 지구화가 거세게 진행되면서 수많은 사람이 실직당하여 민중으로 전락하고 있는 것을 우리는 목도하고 있다. 이러한 상황 속에서 신학이 기여하지 않으면 안 된다고 생각한다.

시장의 세계화가 전 세계적으로 진행됨으로 말미암아, 아시아 각국도 한국과 마찬가지의 상황에 놓여 있다. 이 속에서 한국 민중신학자들은 아시아의 민중신학자들과 강한 연대를 맺어가고 있다. 아시아신학자대회(Congress of Asian Theologians)가 2년에 한 번씩 열리고 있는데, 민중신학자들이 여기에 적극적으로 참여하고 있다. 동시에 한국 민중신학자들은 이미 1997년부터 인도의 달릿 신학자들과 정기적인 대화와 세미나를 갖고 있으며 공동으로 영문 출판을 하고 있다. 달릿(Dalits)은 인도의 불가촉천민(不可觸賤民)이자 가장 천대받고 고난받는 민중으로서 인도 인구의 약 10~20%를 차지하고 있다. 이들과의 긴밀한 협력은 상호 간에 신선한 자극이 되고 있다. 최근에는 한국의 민중신학을 주로 알리기 위해서 국제적인 학술지로서 *Madang*을 발행하고 있다.

5. 민중신학의 과제

첫째, 민중신학은 거의 10여 년 전부터 생명신학에 관심을 가지고 있다. 세계화 시대에 민중만이 고난당하는 것이 아니라, 환경과 모든 피조물이 고난당하고 있고 만물의 생명이 파괴당하고 있는 현실 속에서 민중신학은 인간인 민중의 문제와 환경의 문제를 생명의 차원에서 함께 고려하고 있다. 오늘날 우리에게 주어진 과제는 민중의 해방 즉 가난한 자들의 보호와 자유 그리고 생태환경의 보호 이 두 가지를 동시에 아우르고 실천하는 일이다. 이 둘은 상통하며, 나눌 수 없다. 민중의 해방 즉 역사와 사회의 아래로부터의 변혁과 생태환경에 대한 사랑과 보호 이 두 가지의 과제를 유기적으로 연결시킬 수 있는 통합된 사상을 견고하게 세워야 한다. 따라서 민중신학은 적어도 생명신학적인 요소를 강하게 가져야 한다. 민중의 역사적이고 사회적인 해방이 생태계의 생명 살림과 깊은 유기적인 관계가 있음을 철학적, 신학적으로 해석할 수 있어야 한다.

둘째, 민중교회의 발전을 위하여 민중신학은 교회론을 정립하여야 한다. 교회론은 기독교 사회 운동에 관심을 가지는 사람들에게 가장 중요한 신학적 분야이다. 현실 속에 있는 기독교는 결국 교회로 표현되어야 하기 때문이다. 이 땅의 현실에서 기독교가 어떠한 역할을 담당해야 하는가는 곧 교회는 어떠해야 하는가로 직결된다. 교회 없이 기독교가 사회 속에서 기능을 발휘할 수 없기 때문이다. 사려 깊게 생각하는 사람이라면 사회 운동, 민중운동으로부터 교회를 완전히 분리하지는 않을 것이다. 그리고 한국의 제도교회가 현실적으로 아무리 부패하고 무능하고 비민주적이고 비합리적이고 사회적으로 무관심하고, 교만하고, 자기탐닉적이고, 물질과 대형화를 숭배하고 있다고 할지라도 교회의 가능성을 부인하지 않을 것이다. 교회를 무시하고 교회로부터 완전히 담을 쌓는 것은 우리가 선택할 길이 아니다.

교회는 그리스도께서 팔레스틴 지방에서 하나님 나라를 선포하고 그 실현을 위하여 활동하셨던 것을 오늘날의 역사현실의 정황 속에서 충실하게 실행하여야 한다. 오늘날 한국교회의 사회정의, 경제정의, 민주주의를 위한 참여는 너무나 미미하고, 피상적이어서 한국교회의 예수 따름의 모습은 거의 나타나지 않고 있다. 그렇지 않으면, 예수 따름을 영적인 것으로 만들어 전혀 다른 비여시적이고 비사회적인 개인주의적인 것으로 환원시켜 버렸다. 한국교회는 너무나 개교회주의적이고 개인적 구복적 신앙구조를 가지고 있기 때문에 다른 나라에 비해 더욱 미흡하다. 그리하여, 사회정의를 이루는 일에 무관심하거나 심지어 이러한 활동에 대해 적대감마저 보이고 있다. 뜻있는 사람들은 교회를 등지고, 교회 밖에서 기독교의 정신을 되찾고, 교회를 향해 일종의 공세를 벌여야 한다는 자세까지 보이고 있다. 교회를 비판하고 공세를 벌이는 것은 좋은 일이며, 거기에 동참해야 한다. 그러나 그것으로 끝나면 안 된다. 우리는 교회가 사회 참여를 할 수 있도록 기회를 주어야 한다. 민중신학은 교회를 등져서는 안 되고, 좋은 교회론을 가지고 지속적으로 교회를 설득해야 하는 과제를 가지고 있다.

셋째, 시민과 시민사회의 문제를 민중신학이 적극적으로 다루어야 한다. 오늘날 시민운동 혹은 시민사회 운동이 강력하게 대두되고 있고 역사 진보적인 활동을 전개하고 있음을 목도한다. 이 장 첫 부분에서 본 필자는 민중이 결국은 진정한 시민이 되어야 한다고 주장하였다. 그러나 오늘날의 사회체제는 민중을 민중의 상태에서 헤어 나오지 못하게 붙들어 매어 놓고 있다. 이것을 해방하여 역사와 사회의 주체로 설 수 있도록 해야 한다. 그러나 아직도 민중과 시민과의 관계를 대립적인 것으로 "만" 보는 사람들이 있다. 이들은 민중운동과 시민사회 운동 사이에 거리를 넓히려고 하는 원칙주의자들이다. 민중은 과정적인 개념이요, 시민도 마찬가지이다. 민중은 시민으로 성장할 수 있어야 한다. 민중은 나라와 사회의 주체로서 시민의 권리를 누릴 수 있어야 한다. 오늘날 한국에서 가장 고난당하는 민중은 외국인 노동자들이다. 이들이 한국에서 시민 자격이 없기 때문에 더욱 고난받는 것이다. 시민과 민중은 현재 대립적인 것이 사실이다. 왜냐하면 시민이 이 사회의 주인이고 민중은 객으로 푸대접받고 있기 때문이다. 이러한 대립은 모든 사람이 평등하게 대접받으며 시민적인 권리를 누릴 수 있는 사회를 만들면 해결될 수 있다. 시민운동의 적극적인 측면을 수용하면서, 시민운동이 자기 계급의 이익만을 추구하려고 할 때 이에 대해 비판할 수 있는 민중신학이 되어야 한다고 본다. 따라서 민중신학은 앞으로 시민사회에 대한 연구와 시민사회 운동에의 참여에 관심을 기울여야 할 것이다.

넷째, 민중신학이 앞으로 다루어야 할 주제들은 수없이 많다. 그중 하나만 말하고 끝맺으려 한다. 민중신학자와 민중 사이의 괴리를 뛰어넘어야 하는 문제는 항상 심각한 것이다. 민중신학자들은 민중의 삶 속에 참여할 수 있는 길을 모색해야 한다. 그리하여 민중의 마음과 감정을 느낄 수 있고 가질 수 있어야 한다. 이것을 위해서 감정의 동화(empathy)의 방법을 모색할 수 있을 것이다. 누군가가 감정의 동화야말로 최고의 지식이라고 했다. 그저 민중은 그러할 것이라고 투사(projection)를 해서는 안 된다. 민중신학이 민중을 위할 뿐만 아니라, 민중의 것이 되어야 한다. 민중을 위한다고 민중신학자 자신의 생각을 민중의 것으로 투영하는 우를 범하지 않아야 한다. 이것이 민중신학이 당면한 항상적이고 근본적인 문제가 아닐까 생각한다.

나 가 며

신학적 언어의 종말적인 재해석 작업

지금까지 신학적으로 먼 길을 걸어 왔다. 이제 일단 여기에서 마무리해
야겠다. 그러나 아쉽고 부족한 마음 가득하다. 민중신학적 조직신학이 바
로 이것이라는 확실한 대답을 주지 못한 것 같다. 나는 이 책에서 조직신학
적인 주제들 중에서 필요하고 긴급한 주제라고 보았던 것들을 선택하여
토론해 보았다. 더 중요한 주제들을 발견하게 되면 개정판에서 더 다루려
고 한다. 프롤로그에서도 밝혔지만 되도록 1세대 민중신학자들 특히 서남
동, 안병무의 통찰들을 충실히 따르려고 노력하였다. 이 분들은 나에게 신
학을 소개한 분들이다. 지금으로부터 약 30년 전 나는 이 분들이 가르치고,
운영하던 한국기독교 장로회 선교교육원에서 처음으로 정규 신학교육을 받
았다. 이분들은 나에게 지울 수 없는 민중신학의 도장을 찍어놓았다. 여기에
서 교수로 가르쳤던 문동환 박사는 나에게 미국 유학의 길을 열어주었다. 박
사 학위 논문으로 민중신학을 썼다. 그 논문에 기초하여 새로 쓴 책이『성령
과 민중』(1993)이다. 그 후 몇 권의 민중신학 책을 썼다. 그리고 성공회대학
교에서 최근 몇 년 동안 매학기 계속해서 민중신학 수업을 열었다. 『예수,
민중의 상징 · 민중, 예수의 상징』은 대학수업으로부터 나온 소산물이다.
나에게 이 수업들은 신학공부를 위한 훈련장이었다. 나의 부족한 민중신

학 수업에 적극적으로 호응해 준 학생들에게 감사한다.

민중신학적인 조직신학을 개론적으로 서술하는 과정에서 각각의 주제들이 많은 공부와 깊이 있는 사고를 요구한다는 것을 다시 확인하면서 지금보다 더 험난한 신학자의 길이 펼쳐질 것으로 예상한다. 나는 비록 부족한 능력이지만, 앞으로 민중의 입장에서 성령론, 그리스도론, 신론, 삼위일체론 등을 주제로 조직적·형성적 저서를 내려고 계획하고 있다. 그러나 서양신학자들과 같이 추상적이고 이론적인 글을 쓰지 않을 것이다. 되도록 민중의 입장에서 가슴에 공감될 수 있는 이야기와 언어로 성령을 이야기하고, 예수 그리스도, 신을 이야기해 보려고 한다. 지금까지 지혜의 성령이 함께 하여 주셨듯이 앞으로도 계속 함께 해주실 것을 바라고 있다.

한국교회에 대해서 절망의 소리가 높다. 이 책도 한국교회의 근본주의, 보수주의에 날카로운 비판의 비수를 던지고 있다. 이럴 때일수록 대안교회인 민중의 교회가 더욱 요청된다. 오늘의 제도교회들은 "민중의 교회"의 모습을 띠어야 한다는 것이 본 필자의 신념이다. 즉 교회 안의 민중은 평신도들이며, 그중에서도 힘이 없는 평신도들이 민중이다. 이들이 교회의 주인이 되어 능동적으로 교회의 일에 참여할 수 있다면 그것은 교회 안에 민중성을 회복하는 것이라고 믿는다. 이 책이 기독교 민중운동과 민중교회의 발전과 연대를 위해 작은 공헌을 할 뿐 아니라, 제도교회가 민중성을 갖게 하는 일에도 공헌할 수 있게 되기를 희망한다.

마무리하는 단계에서, 지금까지 여러 장들에서 내가 무엇을 말하고자 했었는지를 되돌아보고자 한다. 독자들은 자기의 상황과 관심에 따라서 이 책의 내용에 대해 다른 결론에 도달했을지 모른다. 그것은 당연하고 매우 바람직하다. 다음의 요약이 독자들에게 도움이 될 것으로 보고 그동안의 논의를 몇 가지로 정리해 보겠다.

첫째, 무엇이나 흑백과 선악으로 나누는 이분법적인 사고와 판단이 가장 위험하다는 것을 이 책에서 확인하였다. 모든 현실의 색깔은 흑과 백 사이의 회색이다. 무엇이 더 흑에 가깝고 무엇이 더 백에 가까운지의 차이만 있을 뿐이다. 그러므로 모든 현실에 흑백과 선악이 다 함께 존재한다는 것을 잊지 말아야 하며, 그렇기 때문에 우리는 선을 확대하고 악을 줄이는 일에 최선을 다해야 한다. 어떤 것을 악으로 규정짓고, 그것을 폭력으로 말살시키려는 것은 근본주의적 발상에서 비롯된다. 민중신학은 내 안에 들어와 있는 근본주의와 바깥에 존재하는 근본주의의 누룩을 조심하도록 경종을 발해야 한다.

둘째로, 우리의 구원은 성령에 의해서 이루어질 것이라는 점이다. 성령은 예수 그리스도를 기억하게 하며, 그와 합일하게 하며, 그를 따르도록 고취시켜 준다. 예수 그리스도와 함께 의를 위하여 자신을 희생할 수 있는 자기 비움으로 인도한다. 성령은 사람들을 영적으로 고취시켜 줌으로써 하나님의 나라를 위한 집단적이고 사회적인 운동을 시작하도록 한다. 성령은 이 세상의 권세를 이기고 진정한 평화와 정의의 세계를 세우는 일에 동참하도록 인도한다. 나아가서 성령은 억울하게 고난당하는 모든 이들에게 위로자가 되신다. 특히 날 때부터 고생하는 가난한 사람들의 운명에 함께 하시고 같이 고통당하시며, 이들에게 희망의 원천이 되어 주신다.

셋째로, 예수는 민중의 상징이 된다. 이것은 민중이 예수의 상징이라는 것을 완성시켜 준다. 후자는 예수의 속성들이 민중 속에 반영된다는 것을 의미한다. 그렇기 때문에 우리는 고난받고, 투쟁하는 민중들 속에서 예수를 발견하게 된다. 그러나 전자는 민중의 속성이 예수 안에 반영되고 참여한다는 것을 말한다. 즉, 예수의 운명 속에 민중의 운명이 상징적으로 참여한다는 것을 말한다. 이것은 예수 그리스도의 죽음과 부활의 승리에 민중이 참여하여 민중도 결국은 승리한다는 것을 말한다. 민중신학은 결국 민중이 역사의 주체가 됨을 확신하며, 이것을 역사 속에서 실현시키기 위해 노력하는 신학이다. 예수는 민중의 원형이요, 민중보다 앞서간 민중의 모범이다. 따라서 민중신학은 "○○되기" 운동이다. 즉 민중이 "예수되기", 민중이 "역사의 주체되기", "하나님의 나라의 주인되기", "하나님의 상속자되기", "하나님의 아들딸되기", "예수의 형제자매되기" 운동이다. 이렇게 되게 하는 분은 우리와 함께 하시는, 생명과 희망의 원천인 성령이다. 이러한 "되기"는 예수와 약자들 (민중) 사이의 유기적 관계 속에서 신학적 당위, 신앙의 정언명령이 된다. 교회는 이렇게 민중의 "되기"가 실현되는 하나님 나라의 연장이다. 한 마디로, 민중신학은 하나님의 나라를 지향하며, 그것의 현실적인 표현인 실질적 민주주의를 쟁취하기 위한 그리스도인들의 노력이라고 하겠다. 마지막으로, 신학적인 언어는 상징적 언어들이며 일상적인 눈으로 볼 때 "낯선" 언어들이며, 따라서 우리에게 일상성을 벗어나게 하는 고통을 안겨준다. 그러나 그것은 희망의 언어이기도 하다. 성서에 나오는 모든 이야기들, 사건들, 담론적인 언어들은 모두 상징언어들이다. 이것들은 현실의 대상을 가리키지 않는다. 이것들은 문자 그대로 어떤 신비적인 현실을 가리키는 것이 아니다. 만약 그렇다면 이 언어들은 불완전한 언어들이 아닐 것이다. 축자영감적인 언어들일 것이다. 그러나 성서의 언어들은 문학적인 언어일 뿐이다. 성서의 언어들을 상대화시킬 필요가 있다. 그것 자체가 신의 말씀이 아니다. 그러나 자신을 뛰어넘어 궁극적인 현실을 가리키는 상징성을 가진 언어들이다. 이 언어들은 현실의 대상을 뛰어넘어 보다 궁극적인 현실을 가리킨다. 예를 들어, 영이라는 "낯선" 언어는 현실의 어떤 대상을 가리키지 않는다. 그것은 현실의 깊이, 지향성, 중심을 가리킨다. 그러므로 상징언어로서의 신학적 언어는 해석을 요구한다. 상징언어들은 현실의 대상을 지칭하는 직접적인 언어가 아니기 때문이다. 그것은 현실의 깊이, 방향성을 나타내 주기 때문에 우리의 현실 속에서 해석되어야 한다. 신학적 언어들은 신앙의 언어이며, 희망의 언어이기도 하다. 무엇보다도 신학적인 언어는 종말적인 언어이다. 신학적인 언어들은 궁극적인 미래를 지향하는 역동성을 가지므로, 현실을 변화시키는 힘을 가진다. 그러므로 신학적인 개념과 언어들은 역동적인 종말적인 차원을 가진 언어들로 이해되어야 한다. 신학은 신학적 언어들을 일정한 방향으로 엮는 것을 말한다. 신학의 엮음 즉 구성은 신학적 언어들이 종말적 역동성을 띨 수 있는 방향으로 나아가야 한다.

신학적인 언어가 역동적이며 종말적인 언어가 되기 위해서는 그 신학이 정치신학적인 틀을 가져야 한다. 동시에 성서를 완성되고 고정된 계시로 보는 것을 극복하고, 성서의 언어들을 절대화하지 말고, 상대화하여야 한다. 그리고 성서의 언어들과 신학적 언어들을 상징적인 것으로 보아야 하고, 해석을 기다리는 언어들이라고 보아야 한다. 이러한 상징적인 언어들을 정치적이고 사회적으로 해석하게 되면, 변혁적이고 종말적인 담론에 이르게 된다. 나는 이 책에서 이러한 작업을 시도했다. 즉 성서적이고 신학적인 언어들을 종말적이고, 사회변혁적인 언어들로 재해석하는 작업을 시도했다.

덧붙임

기독교 사회 운동, 1970~80년대 산업선교를 중심으로
과정 사상으로부터 무엇을 배울 수 있나?

덧 붙 임 1

기독교 사회 운동, 1970~80년대 산업선교를 중심으로

1. 산업선교 운동의 위상

1970~80년대의 기독교의 산업선교(산선)는 한국사회의 중요한 사회 운동이었으며 대표적인 민중운동이었다. 한 사회 운동의 가치는 그것이 해당 사회의 미래를 위해 얼마나 긍정적인 효과를 남겨 놓았는가로 판단된다. 그것은 사회의 민주적인 발전에 얼마나 공헌했는가에 따라 판단된다. 산업선교와 같은 사회 운동의 내재적인 가치는 그 운동에 참여했던 사람들이 어떤 보편적이고 현실적인 이념과 가치관을 품게 되었는가에 따라 결정된다. 그리고 그 이념과 가치관은 사회 운동 안에서의 배움의 과정에 의해서 성원들 안에 체현된다. 이런 면에서 사회 운동은 하나의 배움의 과정이라고 말할 수 있다. 위르겐 하버마스는 사회 운동은 집단적 배움의 과정이 될 수 있음을 지적한 바 있다. 그는 새로운 사회 운동은 체제와 생활세계의 연결부분에서 특히 자본주의적, 국가적 체제가 생활세계를 침범하여 생활세계를 왜곡시킬 때 이것을 극복하기 위해 생활세계 속에서 일어나며, 이 사회 운동 과정 중에 이중적인 배움의 과정이 일어난다고 했다. 하나는 생활세계를 보호하고 건설하기 위한 적극적인 가치와 이상 및 신념들의 보급 및 수용이라고 하는 긍정적인 집단적 배움의 과정(collective learning process)과 다른 하나는 체제의 왜곡이 생활세계 안으로 침범해 들어오는 것에 대한 해체의 반(反) 배움의 과정(collective unlearning process)이라고 보았다.[1]

---

[1] 모든 사회 운동이 일정한 배움의 과정이 포함된다는 것은 상식적인 일이다. 그리하여 집단적인 배움의 과정으로서의 사회 운동 (Social Movements as Collective Learning Processes)이라는 말은 쉽게 이해될 수 있다. Jürgen Habermas, *The Theory of Communicative Action*, Vol. 2: Life World and System: A Critique of Functional Reason (Boston, Mass.: Beacon Press, 1987) pp. 392~93. 또, Raymond A. Morrow

이 글에서는 1960년~80년대의 산업선교가 어떻게 진행되었는가에 대해서 간략하게 살펴본 다음에 그 중요한 측면인 집단적 배움의 과정이라는 관점에서 산업선교를 이해해 보려고 한다. 배움의 과정의 성격, 배움의 매체들(소그룹, 노동조합, 투쟁) 그리고 배움을 통한 새로운 정체성의 형성을 논의하고, 마지막으로, 사회 운동으로서의 산업선교로부터 배울 수 있는 것들이 무엇인가를 알아보려고 한다. 이제 논의에 들어가기에 앞서 산업선교 운동을 간략히 서술하고자한다.

2. 산업선교 운동의 전개 과정

산업선교는 1950년대 말에 산업전도라고 하는 이름으로 미국과 유럽의 교회로부터 들어왔다. 산업전도는 공장의 노동자들에게 기독교 복음을 전하는 순수한 복음주의적 종교운동으로 출발했다. 특히 한국에서 제일 큰 교단인 예수교장로회는 보수적인 복음주의적 산업전도를 하는 분위기였다. 그러나 진보적인 신앙노선을 가진 외국 산업전도 선교사들의 영향으로 한국의 산업전도가 일찍부터 보다 진보적인 색채를 띠는 경우도 있었다. 진보적인 신앙노선은 유럽 가톨릭의 노동사제 운동의 전통을 이은 것으로 사제들은 노동자들의 노동과 삶에 동참하면서 그들이 가진 어려운 문제들의 해결에 참여하는 것이 그리스도를 따르는 길이라고 생각했다.

미국 감리교회 목사 조지 오글(George Ogle)은 이러한 노동사제 전통을 시카고에서 경험하고 6·25 직후 한국에 들어와 1962년부터 산업전도활동을 시작했

---

and Carlos Aberto Torres, *Reading Freire and Habermas* (N.Y.: Teachers College Press, 2002) pp. 139~40. 사회 운동을 배움의 과정(collective learning process)으로 본 좋은 논문으로 Paulo J. Krischke, "Final Comments: Challenges to Cultural Studies in Latin America", in S.E. Alvarez and A. Escobar, eds., *Cultures of Politics/Politics of Cultures: Revisioning Latin American Social Movements* (Boulder, CO: Westview, 1998), pp. 415~421가 있다. 우리나라의 역사를 돌아볼 때, 동학(東學)운동과 같은 주요한 민중운동 안에는 동학(東學)의 가치관과 그 이념들에 대한 보급과 수용의 배움의 과정이 있었다.

다. 이러한 노동사제의 전통에 섰다고 할 수 있는 대표적인 한국인 사제는 조지송, 조승혁, 조화순 목사 등이다. 한국의 노동사제 운동은 유럽의 노동사제 운동과는 달리 6개월 내지 1년간이라는 비교적 단기간의 공장노동 체험을 한 후 곧바로 노동자들을 조직하는 방식을 택했는데 처음에는 일부 복음주의적이면서 (예, 예수교 장로교회) 일부 진보적인(예, 기독교 감리교회) 종교운동으로 시작했다가 점점 노동운동과 사회 운동으로 발전된다. 이들은 1960년대에 노동자들의 삶을 체험한 후 산업전도회(1970년대 이후에는 도시산업선교회)의 센터 중심으로 노동자들을 소그룹으로 조직하기 시작했다.

1968년 이후에 산업전도(Industrial Evangelism)는 도시산업선교(Urban Industrial Mission)로 명칭이 바뀌었다. 이렇게 바뀌는 배경에는 당시 세계교회의 산업 노동문제에 대한 인식의 변화가 있었다. 세계교회협의회(World Council of Churches)와 아시아기독교협의회(Christian Conference of Asia) 등 세계교회기구는 자본주의 사회에서의 도시 노동문제는 사회구조적인 문제로서 단순히 시혜적인 방식이나 인간 내면의 변화를 통해 해결될 수 있는 성질의 것이 아니기 때문에 사회구조적이고 사회 운동적으로 접근하지 않으면 안 된다고 판단하였다. 이러한 판단하에 개인적인 "전도" 대신에 사회적 해방을 지향하는 "선교"라는 말을 쓰게 된 것이다. 하나님의 선교의 신학(Theology of Missio Dei)은 산업선교의 신학적 배경을 이루고 있다. 이 신학은 하나님이 비인간적인 사회구조 속에 참여하여 인간화를 불러일으키는 선교사업을 우리에 앞서서 하고 있으며, 우리는 그 하나님의 선교사업에 동참해야 한다는 것이다.

도시산업선교는 전태일 분신자살 사건 이후(1970년 11월)에 더욱 진보성을 띠게 되었다. 당시 도시산업선교회는 노동자들을 소그룹으로 조직하여 성경공부, 노동법 특히 근로기준법 강의 등을 통해 노동자들의 권리의식을 높였다. 1970년대 초에는 한국의 산업화가 상당히 진전되어 수많은 농촌의 젊은이들이 농촌을 뒤로 하고 인천, 구로, 영등포 등 공업도시지역으로 대거 이주하여 저임금 산업노동자가 되었던 시기였다. 이에 맞추어 도시산업선교회는 주로 인천, 영등포 등 경인지방에 센터를 설립하였다. 인천 도시산업선교회의 경우 1960년대에

카플링이라고 하는 클럽을 만들어 각 공장 1명씩 12개의 공장으로부터 12명이 모여 주 1회 6개월 동안 성경공부와 노동법 문제 등을 공부하였다. 그리고 인천 지역 전체 모임으로 느헤미야 모임을 하여 노동조합과 노동법에 관한 강의를 했다. 이러한 것이 밑거름이 되어 소그룹 하나에 10여 명을 구성원으로 하는 소그룹활동이 활성화되어 1970년대 중반 이후에는 인천 도시산업선교회가 100여 개의 소그룹을 조직하였고, 영등포 도시산업선교회는 150여 개의 소그룹을 조직할 수 있었다. 다음은 영등포 산업선교회의 "소나무"(원풍모방 노동자들의 모임)라고 하는 소그룹의 일면을 보여주는 인터뷰 내용이다.

문: 소나무는 무슨 일을 하는 그룹이었어요?
답: 특별히 다른 게 없었구요. 산업선교회에 속해 있는 그룹 중에 하나였는데 노동조합을 통해서 〔만들어진 거지요.: 필자의 첨가〕 말하자면 산업선교회 그때 빵빵했어요. 산업선교회 속해 있었는데 만나서 맛있는 거 만들어 먹기도 하고 또 만들고 싶은 거 만들기도 하고 뭐 어디 가자면 그룹이 어디 움직여서 가기도 하고 뭐 이런 거예요. 일종의 그룹이에요.
문: 뭐 그룹을 만들 때 어떤 그룹을 만드는 게 원칙이니까 그냥 마음 맞는.
답: 그냥 또래끼리. 그리고 만나서 그냥 노는 그룹이었지. 말하자면 일종의.
문: 그리고 노조라든지 거기서는 우리는 이 그룹의 회원이다. 이렇게.
답: 노동조합은 거기는 뭐고 누가 속해 있는지 아는 거고. 그룹 안에 춤 잘 추는 애도 있었고 잘 노는 애도 있었고 그러고서는 친하게 지내고 그런 영역이 있으니까 친해지더라구요. 그렇게 지내기도 하고 그랬죠.
문: 그 인원이 어느 정도 됐습니까?
답: 여덟 명이요.2)

---

2) 성공회대 사회문화원 노동사연구소, www.laborhistory.or.kr, 노동사구술자료 58번. 양승화 (원풍모방) 녹취록, 대담 류제철. 인명진 목사는 소그룹의 중요성에 대해서 다음과 같이 말하고 있다. "예를 들면 그때 생각했던 이 소그룹운동이란 것은 70년대에 산업선교를, 그 노동운동을 이끌어왔던 데가 소그룹 운동인데, 이거는 우리가 독창적으로 — 독창적으로 만들어냈고, 독창적으로 운영을 — 해왔던, 그것이 현장의, 여러 현실의 상황과 노동자들의 현장의

산업선교회의 소그룹 조직운동이 활성화되면서 이 조직들은 자기들이 속해 있는 공장에서 민주적인 노동조합을 조직하거나 기존의 어용노조를 민주적인 것으로 바꾸는 일을 추진하였다. 이리하여 1970년대에 삼원섬유, 동일방직, 반도상사, YH무역, 콘트롤 데이타, 원풍모방, 해태제과 등에서 노동조합이 새롭게 결성되거나 개혁되었다. 이 민주적이고 참여적인 노동조합들은 곧바로 정부와 기업의 탄압에 직면하게 되었다. 1978년 동일방직 노조를 와해시키기 위한 똥물사건, 1979년의 YH무역의 철수와 이에 저항하는 노동자들의 투쟁, 삼원섬유의 폐업, 반도상사 민주노조의 와해 등은 이러한 탄압의 결과였다. 이러한 탄압에 직면하여 노동자들과 산업선교는 힘을 합해 맞섰다. 정부와 기업은 산업선교는 공산주의이며, 도산(도시산업선교의 약자)이 들어오면 기업은 도산(倒産)한다고 몰아붙였고 산선에 가입한 노동자들을 투옥, 고문, 밀착감시, 블랙리스트 등으로 탄압했다. 산업선교회가 직간접적으로 관여하여 결성한 참여적이며 민주적인 노동조합들은 1982년 원풍모방 노동조합이 탄압에 의해 폐쇄되는 것을 마지막으로 거의 모두 약화되거나 해산되었다. 1983년을 전후로 하여 1970년대 산업선교회를 이끌었던 주요한 지도자들과 성직자들이 산업선교회를 떠나고 그 다음 세대의 지도부가 들어서면서 산업선교는 더욱 약화되었다. 1983년으로부터 1987년 7월의 "노동자 대투쟁" 사이의 4년 동안 산업선교는 약화되고, 대신 많은 진보적 노동자들과 "학출"들이 진보적 노동운동을 이끌어 갔다.3) 이 기간에 산업선교회는 노동운동을 측면에서 지원하였다.

위에서 약술한 산업선교회의 활동을 볼 때, 산업선교 운동은 1970~80년대에 전형적인 민중적 사회 운동의 모습을 띠고 있었음을 알 수 있다. 1970~80년대에는 민주주의의 건설을 위한 두 가지의 주요 과제가 있었다. 첫째는 군사독재국가로부터 민주화해야 할 정치적 과제가 있었고, 둘째는 산업화에 따른 사회적 불균등의 시정, 특히 노동자들의 생존권과 인권의 보장이라고 하는 사회적 과제가 해결을 기다리고 있었다. 그러나 1970~80년대는 이 두 가지 과제를 해

상황과 너무 적합하게 맞았던 거고…." 위의 노동사구술자료 자료 98번.
3) 대학생 출신의 청년들이 노동운동을 목적으로 공장현장에 들어간 경우를 학출이라고 불렀음.

결하지 못한 채, 다만 민주화운동과 노동운동을 통해 문제를 부각시켰던 시기였으며, 다음 세대로 그 해결의 과제를 넘겨주었던 시기였다고 요약할 수 있다.

3. 배움의 과정으로서의 산업선교

산업선교회 노동자들의 노동운동의 성격이 항상 의사소통적 행동이었던 것은 아니다. 거기에는 분명 전략적 행동의 성격도 있었다. 1970~80년대 산업선교의 노동운동은 분명한 목적의식을 가진 전략적 행동이었다. 예를 들어, 민주적 노동조합의 건설, 8시간 노동쟁취, 임금인상, 노동조건 개선, 의식화, 해고자의 복직 등 구체적인 목표를 걸고 행동하였던 것은 틀림없다. 그러나 산업선교를 서로배움의 과정으로 보았을 때, 산업선교는 의사소통의 행동의 장이었고, 의사소통적 행동을 통해서 참가자들은 피동적으로가 아니라, 주체적으로 서로 배우고 가르쳤다. 산업선교 노동자들 사이에 일어났던 행동 패턴을 이해하는 데에 하버마스의 "의사소통적 행동"과 이에 대비되는 "전략적 행동"의 개념이 유용하다.

1) 의사소통적 행동과 전략적 행동

의사소통적 행동이란 참여자들이 상황을 어떻게 해석하고 어떤 목표를 갖고 어떻게 그 목표를 성취할 것인가를 상호적이면서 공동적인 방식으로 논의하며 결정하는 과정을 지칭한다.[4] 여기에는 모든 참여자들의 주체적인 참여가 장려된다. 외부인은 이 참여자들의 결정에 도움이 될 정보를 제공해 주는 사람들이지 결정권을 행사할 수는 없다. 외부인에는 외부의 지식인, 종교인뿐만 아니라, 엄밀하게 말하여 산업선교의 실무 목사 그리고 학출 실무자들도 포함된다. 이들

---

4) 의사소통적 행동과 전략적 행동에 대한 설명은 다음 논문을 참조했다. Anita Kihlström and Joakim Israel, "Communicative or Strategic Action - An Examination of Fundamental Issues in the Theory of Communicative Action", *Int J Soc Welfare 2002*: 11: pp.210~218.

은 산업선교 노동자들이 벌이는 노동운동에의 직접적 참가자는 아닌 것이다. 목사나 학출들은 노동자들의 사회적 신분과는 전연 다른 신분을 가진 사람들이다. 따라서 노동자들과는 다른 정서와 사회적 목표를 가지고 있었다. 이들은 자신들의 정서에 따라, 자신들이 세운 목표를 노동자들에게 부과하려는 유혹 아래 있었다. 그리하여 혼돈이 일어날 때가 많았다. 이들은 가끔 전략적인 행동에 치중했으며 노동자들을 피동적인 객체로 취급할 때가 있었다.

전략적 행동은 한 쪽이 다른 쪽을 자신의 힘과 위치를 활용하여 일방적으로 영향을 끼치거나 조작하여 목적을 성취하고자 하는 행동양식을 말한다. 여기에는 일방적인 지시 혹은 조작이 개입될 수 있다. 이러한 성공지향적인 행동은 타자와 함께 이해하기보다는 타자와의 긴밀한 관계없이 자기 목적을 위하여 타자를 활용한다.5)

이 두 가지 유형의 행동들은 모두 목표지향적인 행동을 할 수 있다. 다만 그 목표를 성취하는 과정이 다르다는 데에 차이가 있다. 의사소통적 행동에서는 참여자들이 충분히 대화하여 가장 적절한 이해 속에서 목표를 정하고 그 목표를 성취하기 위해 힘을 합한다. 전략적 행동에서는 한 사람 혹은 소수의 사람들이 목표를 정하고 그 목표를 성취하기 위해 다른 참가자들을 동원한다. 전략적 행동 패턴에는 상호배움의 과정이 생략된다.

산업선교를 살펴보면 이 두 가지 유형의 행동이 공존했음을 알 수 있다. 그리고 산업선교 노동자들은 이 유형 중에서 전략적 행동을 누르고 의사소통적인 행동을 강화하려는 노력이 있었음이 엿보인다. 이것을 보여주는 것으로서 인터뷰의 내용을 일부 소개하고자 한다.

목사님들이 항상 노동자보다는 의식이 월등하니까. 항상 위에서 이렇게 끌어가는

---

5) Habermas, *Theory of Communicative Action* Vol. 1 (Boston: Beacon Press, 1984) p. 286. Anita Kihlström and Joakim Israel, "Communicative or Strategic Action—An Examination of Fundamental Issues in the Theory of Communicative Action", *Int J Soc Welfare 2002:* 11: p. 211 참조.

식이었고 우리는 노동자들이 주체적으로, 주체적으로 자발적으로 하는 운동이었어. 그래서 그런 갈등이 좀 많이 있었어. 보이지 않게. 나중에 그런 것도 사실은 평가해야 되는데. 우리는 하여튼 제일 중요한 거를 항상 노동자들이 스스로 참여하는 것이 굉장히 중요하다. 그래야 실패해도 이걸 내가 선택한 거기 때문에 누구 원망하지도 않고 그 실패 자체도 자기한테 큰 교훈이 되는 거예요. 내가 선택한 거기 때문에 감옥을 가도 더 커질 수가 있어 … 그래서 노조하면서도 노조간부들이 일방적으로 그냥 무조건 끌어가는 거는 위험한 거다. 조합원들이 민주적으로 자기들이 능동적으로 참여할 수 있는 그런 항상 그런 훈련이 필요한 거를 우리가 굉장히 많이 했죠. 그래야 그게 민주노조가 진짜 되는 거지. 요즘 민주노조도 엉터리야. 왜냐하면은 활동가 몇 사람들만 의식이 돼가지고 대체로 끌어가는 거예요. 진짜 조합에서 민주노조로 진짜 만들려면, 교육비에 거의 다 투자해야 돼요. 계속 교육해서 하고, 조합원들이 스스로 진짜 참여하고 행동하고 하게 할래면요, … 그리고 노동운동을 올바른 사람으로 정말 인간화 운동으로 생각하고 해야 되는데, 요즘은 노조다 관계하는 사람들이요 조합원들이, 조건 개선하고 임금 인상하고 나의 이익을 위해서 하는 거예요. 그것만 주는 거야. 그럼 안 되거든? 그니까 정말 이게 노동운동이 하기 전에 인간화 운동이 먼저 되고, 정말 나보다 못한 사람, 또는 우리 전체 사회에서 이렇게 불평등하게 살아가는 사람 없게, 이런 어떤 큰 꿈을 가지고 운동을 해야 되는데, 자기네 이익만 생각하고…[6]

위의 인터뷰 내용에서 노동자들은 자체 안에 의사소통적인 대화와 교육과정을 추구했음을 볼 수 있다. 이에 비해서 산업선교 목사들은 앞으로 이끌고 가는 행동 패턴을 보였다고 한다. 노동자들은 산업선교 목사나 지식인 실무자들에 대해서 이율배반적인 생각을 가지고 있었다. 한편으로는 자신들이 닮아야 할 이상형의 인간으로 보기도 하고 다른 한편으로는 자신들을 이해하지 못하는 사람들

6) 성공회대 사회문화원 노동사연구소, www.laborhistory.or.kr, 2004년, 노동사구술자료 319번, 안재성, "정인숙 구술 녹취록." (청계노조)

이라고 생각하기도 했다. 다음 두 개의 인터뷰에서 이것을 볼 수 있다.

목사님이 헌신적으로 도와주시지만 애들이 굶고 지낸 날들이 너무 많아요. 그래서 애들이 안내양을 갔었다고요. 그런데 목사님은 그때 '너희들은 돈 벌기 위해서 어떤 일을 선택해서는 안 돼', '너희들은 활동가이기 때문에 현장에 가서 활동을 해야 돼'였어요. 그런데 우리한테는 생존 그 자체가 절박했거든요. 쌀도 없어, 라면 없이 두 달을 살았어, 팬티가 있어?, 신발 떨어져, 돈 떨어져 … 걔들이 안내양을 하는데 버스 타는 데까지 보따리 들고서 같이 가는데 목사님을 만났어요. 목사님이 예뻐하는 애들이 다 안내양으로 가는 거야. … 〔목사님은〕 밥을 사주면서 '너희들이 어떻게 안내양을 갈 수가 있냐? 현장활동을 해야지' 그러시는 거야. 그러니까 돈 벌러 간다 이거예요. 안내양이 월급이 굉장히 많거든. 그러니까 내가 화가 나는 거야. 목사님이 우리를 위해서 희생하고 목사님의 많은 것들을 버리고 고생하시지만 우리가 정말 어렵고 힘든 걸 저렇게 모르실까, 지금 그걸 야단쳐야겠는가, 지금 너무 절박한데 나중에 말씀하셔도 될 텐데. 그날 한 잠도 못 잤어요. 그래서 다음날 일찍 목사님을 찾아갔어요. 막 따졌죠. 목사님 우리가 생존을 위해 돈을 벌어야 된다는 걸 그렇게 모르겠느냐고 … 그때 당신은 외부의 그런 것들을 받았겠죠. 현장활동가 출신들로 현장에 배치해야 한다는 것들이 사명이었겠지. 그런데 난, 목사님은 편하시다. 목사님은 노동이 신성하다고 하셨지만 노동했냐, 사람은 똑같다고 했지만 자본주의에서는 사람은 똑같지 않다. 우리가 라면도 없이 두 달 석 달을 살고 옥상에서 울고 그러는 것을 목사님은 아냐 … 해고당하고 해고당해서 갈 때 없어 갔는데 … 그런데 목사님한테는 아무도 안 덤벼요. 그런데 난 잘 덤벼요. 따지고. 그래서 목사님한테 맘잡고 찾아가서 싸운 적 있어요 … 실제로 목사님은 부평에 교회도 있었지 아파트도 있었지, 목사님이 차비가 없어서 어디를 못가요? 어디가면 훌륭하신 분으로 대접받고 그러지만 우린 아니거든. 당장 동생 학교 보내야 되고, 집에 월급타면 보내줘야 되고, 이런 게 한 달 두 달, 일 년 이 년 가는데. 난 집이 있으니까 괜찮은데 시골에서 올라온 애들은 정말 힘들었거든.[7]

70년대에 생각해 보면, 그 지식인들하고 우리 같은 사람이 안 맞는 게, 우리는 회사에서 쫓겨나면 막말로 그냥 다 먹고 살어… 가족들하고 먹고 살아야 되는데, 당장 굶는 거잖아요. 그래서 파업을 주도 한다고, 사실은. 해야 된다고 그러고, 하라고 그러는데, 그러면은 난 성질이 나갖고 "야, 너 그러면 니가 직접 취업해. 회사 들어와 갖고." 이런 식이지. 안 하지 해?[8]

위의 인터뷰를 읽어보면, 목사나 지식인 실무자들은 일정한 목적의식적이고 전략적인 행동의 패턴을 가지고 있음을 알 수 있다. 노동자들은 지식인들이 자주 목적지향적인 행동, 정치지향적 행동으로 노동자들을 이끌어 갔다고 평가하고 있다. 노동자 출신의 산선 실무자였던 황영환은 노동자들의 입장에서 현실을 이해하고 있었다. 그는 당시에 노동문제가 일어나면 외부의 지식인, 종교인들이 몰려와서 운동을 자기들의 입장으로 끌고 가려고 했다고 비판했다. 그의 말을 인용해 보자. "그분들 시각에서는 단위노조의 분쟁이라는 것은 아니거든. 사회 전체를 보시는 분인데, 그분들이 와서 얘기하면 기존의 것이 확확 바뀌는 거야."[9] 노동자들을 정치 세력화하려는 의도를 지식인들이 가졌었다고 본 것이다. 여기에서 분명한 것은 노동자들의 행동에는 일정한 그래머(문법)가 있었다는 것이다. 그것은 당시의 정치지향적인 지식인들과 달랐다. 노동자들은 자신들의 비인간적인 대우를 받는 사태를 노동조합을 조직하여 극복하려고 했었던 것이지, 혁명을 하려고 했던 것이 아니었다. 거기까지 의식이 갈 형편이 되지 못하였다. 노동자들의 "현장 중심"과 지식인들의 "정치 세력화"라고 하는 행동을 규정하는 두 개의 문법이 산업선교를 둘러싸고 존재했다. 이들 노동자들은 노동문제의 해결 없이 진정한 민주화는 없다고 생각했다. 정치적 민주화로 실제로 이득

7) 성공회대 사회문화원 노동사연구소, www.laborhistory.or.kr, 2003년, 노동사구술자료 57번, 강남식, "안순애 녹취록." (동일방직)
8) 성공회대 사회문화원 노동사연구소, www.laborhistory.or.kr, 노동사구술자료 276번, 김귀옥, 권진관, "황영환, 허성례 구술 녹취록." (반도상사)
9) 성공회대 사회문화원 노동사연구소, www.laborhistory.or.kr, 2005년, 노동사구술자료 276번, 김귀옥, 권진관, "황영환 구술 녹취록".

을 본 사람들은 지식인들이었지 노동자들은 아니었다고 보았다.

2) 산업선교 노동자들의 의식의 변화 - 배움의 과정

산업선교 노동자들의 행동의 문법은 어디까지나 노동조합을 통한 자신들의
인간성의 회복을 중심으로 이루어졌음을 많은 노동자들과의 인터뷰를 통해서
알 수 있었다. 이러한 문제의식에 이르기까지에는 노동투쟁이나 소그룹에서의
대화와 교육이라는 배움의 과정이 있었다. 이러한 노동자들의 행동의 문법은 노
동자들과 함께 했던 지식인들의 그것과 달랐음을 위에서 이미 지적한 바 있다.

노동자들은 우선 자신들의 "노예와 같은" 노동현장에서 도피하는 길을 찾았
다. 그리하여 검정고시를 패스하거나 돈을 벌어서 노예적인 노동으로부터 탈피
하려고 했다. 그리고 다른 한편으로는 자신이 노동자라는 사실이 부끄러워 대학
생 흉내를 내기도 했다. 그러나 자신의 형편을 극복할 수 있는 길이 보이지 않음
을 절감하게 된다. 산업선교의 노동자들은 자신이 배운 것이 없고 가진 것이 없
다는 것을 절감하고 여기에서 탈출하여 다방이나 유흥업소, 혹은 결혼 등 도피
적인 방법으로 해결해 보려고 하지만, 결국은 노동운동 외에는 이 억압된 노예
와 같은 노동생활을 해결할 수 없다고 판단하기에 이른다. 그리고 노동운동을
위해 자신을 헌신할 것을 결심한다. 노동자들은 이러한 과정을 산업선교회 활동
에 참여하면서 자연스럽게 거친다.

노동자들은 그동안 기성 사회에 의해서 주입되었던 여러 가지의 이데올로
기나 왜곡된 세계관 등을 청산하여 없애는 과정을 거친다. 당시에는 노동조합
을 만드는 것 자체가 공산주의로 이해되었던 시기였다.[10] 특히 가진 것이 없
는 노동자들에게는 이러한 낙인은 매우 두렵고 치명적인 것이었다. 노동자들
은 노동조합을 만드는 일이나 노동쟁의 하는 것만으로도 매우 위험한 지경에
처할 수 있었다. 또 자신들이 벌어야만 식구들이 살 수 있는 노동자들에게는

---

10) 성공회대 사회문화원 노동사연구소, www.laborhistory.or.kr, 2003년, 노동사구술자료 27
번, 강남식, "김지선 구술 녹취록." (삼원섬유).

직장을 쉽게 그만둘 형편이 아니었다.

따라서 노동자들은 자신들이 노예적 예속 상태에서 해방되고 인간적인 대접을 받을 수 있으려면 노동조합을 조직하여 지금의 열악한 노동조건을 바꿔야 한다고 판단했다. 노동조합은 이들에게 구원을 실현시켜 주는 성소였다. 근로기준법이 형식적으로나마 노동자의 인권을 보장하고 있다는 것 그리고 노동조합을 조직할 수 있다는 것은 70년대의 노동자들에게는 그야말로 희망의 원천이었다. 그리하여 노동자들은 노동관계법 특히 근로기준법에 대해서 배웠고, 이에 의거하여 노동조합을 조직하고, 노동조건을 개선하려 하였다. 노동법을 배운다는 것은 투쟁을 하게 된다는 것을 의미했다. 노동조합을 조직하는 과정 속에서 그리고 근로조건을 개선하는 과정 속에서 노동자들은 엄혹한 현실의 진실을 알게 되었다.

1970~80년대 산업선교 노동자들은 민주적인 노동조합을 만들고 그것을 지켜내는 일 자체가 매우 힘들다는 것을 경험했다. 노동조합은 노동자들에게 많은 성과와 혜택을 가져다주었다. 노동자들은 무엇보다도 인간으로서의 대접을 받게 되었고, 그동안 불가능하게 보였던 일들이 뭉쳐서 싸우면 가능해진다는 것을 경험하였다. 그러나 70년대 후반에 대부분의 민주적 노동조합이 국가와 기업의 조직적이고 폭력적인 탄압으로 와해된다.

하지만 1970~80년대의 산업선교의 노동운동은 노동자들에게 비판적이고 민주적인 의식을 불어넣어 주어 건강한 시민사회의 일원으로 성장하는 데에 크게 공헌하였다. 새롭게 의식화된 노동계층의 탄생은 그 후 민주화된 사회의 밑거름이 되었다. 이들이 민주적인 노동조합을 건설하고 그것을 지키는 과정은 민주시민의 양성을 위한 사회교육의 기능을 가졌었다.[11]

---

11) 당시 동일방직의 노동자였던 정명자는 인터뷰에서 이렇게 말했다. "좋지 않은 사업장에 들어가서 노동조합을 열심히 하는 것이 그 당시에 우리나라 민주화운동을 하는 지름길이라는 생각을 했었어요. 그게 제 생활에 기본이 되면서, 거기에 접목해서 신앙적인 부분까지 같이 갔거든요. 살아오면서 저희들은 블랙리스트로 고통당하고 해고당하고 집에 형사들 매일 찾아오고 동생들 취업 안 되고 이랬는데 우린 당당했어요. 굉장히 역사적인 의무감, 이런 것들이 있었습니다. 지금도 가슴이 막 벅차오르거든요."

노동자들은 산업선교를 통해서 즉자적 계급(class in itself)으로부터 대자적 계급(class for itself)으로 성장할 수 있었다. 노동자들의 내면적인 의식이 변화되는 근저에는 산업선교가 가지고 있는 교육적인 역할이 있었다. 산업선교는 민중을 위한, 민중의 그리고 특히 민중에 의한 교육의 장이었다. 산업선교가 매개가 되어, 민중들은 서로 연대하며 배웠다. 앞서 나간 노동자들은 뒤에 따르는 노동자들과 그리고 앞서 나간 노동조합은 후발 노동조합과 함께 의사소통하면서 자신들이 당면한 문제들이 무엇인지 조심스럽게 질문해 보고 함께 대답하면서, 동료들과의 친밀한 대화와 유대 속에서 그리고 무엇보다도 정부와 기업과의 긴장된 관계 속에서 그리고 투쟁 속에서 서로 배우는 과정을 갖게 되었다. 이 속에서 노동자들은 자아에 대한 새로운 이해와 새로운 의식을 가지게 되었다.

3) 민중의 교육의 장(場)인 산업선교

산업선교 대부분의 과정은 배움의 과정이었다고 이해할 수 있다고 하였다. 그렇다면 산업선교에는 어떠한 배움의 과정들이 있었는가? 다음의 산업선교의 활동들은 배움으로도 이해할 수 있다. 먼저, 소그룹에서의 다양한 활동, 즉, 소그룹에서의 삶의 이야기 나눔, 공장에서 노동조합에서 일어났던 이야기, 자신들이 거쳐 온 삶의 이야기의 나눔, 성경 이야기의 나눔, 성(性)에 관한 이야기와 교육, 도넛 등 음식 만들어 나누어 먹기, 꽃꽂이 활동 등을 비롯하여, 소그룹과 단위 공장과 단위 노동조합을 넘어서 전체 모임에서의 놀이와 연대의식을 높이는 다양한 활동, 시사적인 공부, 신문읽기 등 다양한 사회공부, 코스교육, 노동문제와 노동법에 관한 특강, 노동조합 건설 및 개혁을 위한 활동 등은 모두 교육적이었다. 가장 치열한 교육과정은 노동자들의 요구쟁취를 위한 투쟁의 과정이었다고 할 수 있을 것이다.

산업선교에 대항한 당시의 교육과정들은 주로 새마을교육, 반공교육 등이 있었다. 국가적으로 이루어진 새마을교육은 1970년대에 크게 육성되어 전국적으로 마을과 공장 단위와 지역 및 전국단위로 새마을 운동이 조직되었다. 이밖에 당시의 중앙정보부는 홍지영과 같은 가상 인물을 내세워 조직적으로 산업선교를 공격하는 문서들을 만들어 보급하였다. 이에 저항하여 산업선교 측에서는 산업선교의 정당성을 알리는 홍보작업을 벌이기도 했다. 산업선교를 반대하는 책이나 자료들이 보급되면서 회사나 공장들은 노동자들을 대상으로 산업선교를 공격하는 교육을 강화한다. 이러한 정신적인 교육은 국가의 물리적인 힘을 동반하면서 산업선교 노동자들을 억압하는 데에 사용되었다. 국가와 기업에 의한 반공교육, 산업선교를 반대하는 교육은 산업선교에 동조하지 않는 노동자들에게 효과적으로 주입되었다고 보인다. 그리하여 남자 노동자들을 동원하여 여성 노동자들을 탄압하는 데에 활용하였다. 구사대(소위, 회사를 구원하려 하는 사람들의 조직)라고 하는 반 노동조합, 반 산업선교 조직들은 남자들로 구성되었다. 이들은 산업선교를 용공단체로 믿고 "도산이 들어오면 도산한다"는 입장에서 산업선교 노동자들을 물리적으로 탄압하였다.

어떤 면에서 정부와 기업이 했던 산업선교에 대한 탄압은 성공적으로 수행되어 산업선교는 결국 무력화되었다고 볼 수 있다. 그러나 산업선교가 노동자들에게 남겨놓았던 교육적인 효과, 즉 노동자들의 새로운 의식의 형성과 정체성의 변화를 없앨 수는 없었다. 산업선교는 외형에 있어 패배한 것처럼 보이지만, 배움의 과정으로서의 산업선교는 노동자들 안에 살아남아 다음 단계의 사회 운동을 위한 초석이 되었다고 평가할 수 있다.

4) 노동자들의 새로운 자기 정체성의 형성

인간 자아의 정체성은 무엇보다도 사회적인 산물로서 타자와의 관계 속에서 형성된다. 자신을 둘러싼 사회(국가와 기업을 포함한 넓은 의미의 사회)와 집단과 가족이 어떤 성격을 가졌느냐에 그리고 그것들과의 관계성에 따라 그 성원의 정체성이 결정된다. 1970~80년대의 노동자들의 가족은 가난했고, 덜 교육을 받은 하층 계급의 가족이었다. 가족의 정체성은 그 사회의 성격에 의해서 크게 결정된다. 산업선교에 참여한 노동자들은 대체로 농촌가족 출신으로 강한 가족연대의식을 가지고 있었다. 그리고 가족의 연대를 통해서 당시의 가난과 사회적 모순들을 대처해 나가고 있었다. 그러나 시간이 지나면서 노동자들(특히 여성노동자들)

이 아무리 많은 노력으로 가족에게 돈을 부치고, 특히 남동생들을 교육시켜 봐도 그 사회적 모순을 극복해 나가기에는 역부족이라는 것 그리고 자신의 작은 노력에는 한계가 있으며, 이 사회는 가난하게 태어난 운명을 돌이키기가 어려운 사회의 장벽을 한층 강하게 경험하게 된다. 여러 도피적인 방법을 생각해 보지만, 산업선교가 지향하는 윤리적 기준이나 개인들의 도덕적 지향성에 맞지 않았다.12) 자신들이 아무리 희생한다 하더라도 가족의 가난의 사태를 변화시킬 수 없음을 깨달으면서, 이들은 노동운동을 하면서 가족들 간의 작은 연대보다는 노동자들 간의 계급적 연대가 더 중요함을 깨닫는다. 이들은 전통적인 가족 간의 유대의 끈이 질곡으로 작용하는 것을 경험하고 이 질곡의 끈을 끊고 보다 자유로운 입장에서 노동운동과 사회 운동에 헌신했다.

　　다른 주요한 타자로서 국가가 있다. 국가는 이들에게 짧은 기간이지만 공교육을 시켰다. 공교육은 피교육자들의 지위상승을 위한 방편이기도 했지만, 노동자들은 가정형편으로 공교육의 혜택을 누릴 수 없었다. 많은 경우 국민학교(초등학교)만 졸업하고 집안일 돕다가 돈 벌러 도시로 나와 노동자가 되었다. 이들의 정규학교 재학시절에는 반공교육과 유신교육이 주어졌다. 또, 국가는 공장 새마을운동이나 언론 홍보를 통해 이들을 "근로자"라고 부르면서 국가의 근대화 사업에 앞장서는 "근대화의 역군"이라는 정체성을 불어넣었다. 이렇게 반공주의를 기초로 한 근대화를 추진하는 과정 안으로 노동자를 편입시켜 이들을 사회에 통합시키는바, 이 속에서 노동자들은 국가가 부과한 정체성을 내면화시켰다.13) 이것은 산업선교에서 노동자들이 해체하고 벗어나야 할(unlearning) 요소가 되었다. 국가는 노사분규 배후에 언제나 친북적 불온세력이 있다고 하면서 노동자들을 반민족적, 친북적이라고 위협했다. 실제로 1970~80년대에는 지식인들보다 노동자들이 국가로부터 더 많은 위협을 느꼈다. 노동자들은 정부로부터 한번

---

12) 특히 여성 노동자들의 경우, 다방에 가서 일하든가, 남자와 동거한다든가, 도피성 결혼을 하는 경우를 산선 노동자들은 금기시한 것으로 보인다.
13) 조희연, "한국자본주의의 발전과 노동자 계급의 구성적 출현", http://dsnm.skhu.ac.kr, 조희연의 홈페이지, 논문편.

낙인찍히면 치명적이었다. 이러한 상황 속에서 의식화된 노동자들이 생각할 수 있고 내걸 수 있는 이념과 목표의 반경은 매우 제한적이지 않을 수 없었다. 즉, 노동조합의 건설, 기존의 비민주적 어용노조의 개혁, 노동자들에 대한 인간적 대우, 노동조건 개선, 임금 인상 등일 수밖에 없었다. 노동자들은 이것만으로도 쉽게 "빨갱이"로 몰릴 수 있었다. 노동자들은 이러한 이념과 목표의 추구를 통하여 민주화에 기여할 수 있다고 생각했고, 당당한 시민이자 노동자로서 자신의 사회적 정체성을 형성했다.

또 다른 타자는 지식인들이었다. 이들은 노동자들에게 이중적인 기능을 했다. 첫째는 긍정적인 기능으로서, 노동자들의 주장과 요구를 옹호해 주고 노동자들의 행동을 도덕적으로나 사회적으로 정당화시켜 주었다. 당시의 민중신학자들은 특별히 이에 공헌해 주었다. 어떤 면에서 민중신학은 지식인들을 위한, 지식인에 의한 신학이었다. 지식인들을 설득하여 노동자, 농민 등 민중들을 이해하고 지원하도록 안내하는 신학이었다. 당시의 민중신학 서적은 매우 정교하고 학문적으로 높은 수준이었기 때문에, 독자들은 지식인들일 수밖에 없었다.[14] 노동자들과의 인터뷰 과정에서 이들이 민중신학 서적을 읽었고 그것으로부터 영향을 받았다는 증언이 한 번도 나오지 않은 것을 볼 때 민중신학의 독자와 청중이 누구였는가를 알 수 있다. 또 민중사회학자 한완상은 『저 낮은 곳을 향하여』란 책을 써서 산업선교 노동자들을 옹호하였다.[15] 종교인들(산업선교 목사, 진보적 종교인들 특히 한국기독교교회협의회 KNCC, 한국기독학생총연맹 KSCF 등)과 지식인들(대학생, 교수, 정치인, 문인, 언론인, 사회 운동가 등)은 노동자들의 운동을 적극 지원했고, 사건이 터질 때마다 참여했고 여론화해 주었다. 이들의 지원은 노동자들의 활동을 사회 운동의 성격을 갖게 만들어 사회전반에 지대한 영향을 줄 수 있게 하였다. 1970년대 후반에 들어가면 산업선교가 자주 TV와 신문의 전면에

---

14) 대표적인 민중신학 저서로서 한국기독교교회협의회 신학위원회 간행, 『민중과 한국신학』(한 국신학연구소, 1979)이 있다.

15) 서울: 展望社, 1984.

보도될 정도로 국민적인 관심사가 되었다. 1978년도의 똥물사건이라고 하는 동일방직사건은 지식인들의 많은 관심과 참여 속에서 일어났으며, YH 노동자들의 신민당사 농성 사건은 부마사태로 이어졌고 10·26 박대통령 시해사건으로 이어졌다. 이처럼 노동운동이 사회적인 영향을 가질 수 있었던 것은 종교인과 지식인들의 참여 없이는 불가능했을 것이다. 그러나 이러한 긍정적인 측면은 부정적인 측면을 함께 가지고 있었다.

부정적인 측면으로서, 이들은 노동자들의 실정과 열망을 정확하게 이해하지 못한 채 자신들의 관심사와 전략적 생각을 노동자들에게 부과하려고 하였다. 특히 노동자들을 성급하게 독재타도와 정치민주화를 위한 "정치세력"으로 편입시키려고 하였다. 또, 노동자들에게 소위 "운동적 마인드(mind)"를 요구하기도 했는데, 이것의 근저에는 독재적인 유신체제의 전복을 위해서는 노동자들이 참여해야 한다는 지식인들의 요청이 있었다. 지식인들은 노동자들을 정치민주화를 위해 동원하려고 하였다. 이러한 지식인들의 요구는 노동자들에게 자신을 들여다보게 하는 기회를 제공하였다. 노동자들은 1970년대 유신시대에 자신들의 한계가 무엇이고, 무엇을 할 수 있는지 그리고 자신들이 다른 집단들과 관계를 맺지만 상대적으로 독립적인 계급일 수밖에 없다는 것을 생각하였다. 즉 자신의 정체성 그리고 자신의 이념들이 무엇인지 생각하게 된 것이다. 지식인들이 노동자들 편에 선다고 말하면서도 실제로는 지식인들의 프로그램에 노동자들을 편입시키려 했다는 비판에서 노동자들의 주체의식을 발견할 수 있었다.[16]

이러한 노동자 중심주의는 영등포 산업선교회 총무였던 조지송 목사에게서도 나타난다. 그는 오해를 받아가면서도 다른 실무자들의 정치화와 정치운동에의 참여에 대해서 경계했다. 조지송 목사는 노동조합을 "노동자들의 교회"라고 보았고, 산업선교 실무자들의 "목회현장"이며, "노동자 구원의 도구"로 보았다.[17] 우리는 이러한 조지송 목사의 시종일관된 노선, 즉 노동자와 노동조합

16) 성공회대 사회문화원 노동사연구소, www.laborhistory.or.kr, 2005년, 노동사구술자료 276번, 김귀옥, 권진관, "황영환 구술 녹취록" 참조.
17) 예장 영등포산업선교회, 『영등포산업선교회 40년사』(영등포산선, 1998), 112쪽.

중심의 노선 즉 정치민주화 운동에 참여하지 않고, 결국 그를 감옥에 한 번도 가지 않게 한 노선에 대해서 일정하게 이해할 수 있게 된다. 다른 산업선교 목사들도 노동자들이 지식인의 민주세력화를 위한 전략적 행동으로부터 거리를 두도록 권유했다. 이러한 입장은 감옥에 여러번 다녀온 영등포 산선의 인명진 목사에게서도 발견된다.[18]

위에서 보듯이 노동자들은 지식인들의 노선 즉 정치투쟁을 통한 직접적인 민주화의 길을 택하지 않았음을 알 수 있다. 노동자들은 산업민주화를 먼저 이루려고 했고 정치적인 민주화는 차후 혹은 동시적인 일이었다. 이것은 당시의 지식인과 노동자들의 사회 운동의 분화로 이해할 수도 있을 것이다. 서로 다른 영역에서의 사회 운동들이 한 쪽을 종속시키지 않고 서로 존중해 주어야 했다. 이러한 존중을 노동자들은 지식인과 종교인들에게 요구했다고 보여진다. 우리는 노동자들이 당시 운동권 지식인들의 입장에 기본적으로 동조하지마는 그러나 다른 길을 걸을 수밖에 없었던 것에 대해서 주목해야 한다. 지식인들의 정치 세력화 혹은 정치화의 성향에 비해서 노동자들은 우선 자신들의 문제해결을 최우선시하였다. 그리고 그것이 결국은 민주화에의 실질적인 기여가 될 것이라고 이해했다. 그러므로 노동자들은 단기적인 정치 세력화에 편입되면 자신들이 추구하는 것이 방해받을 것이라는 것을 두려워했다고 보여진다.

그렇다면 산업선교에 참여했던 노동자들이 추구하는 이상적 사회상은 어떤 것이었는가? 그들은 자신과 가족이 아무리 성실하게 살아도 변함없이 가난하게 살 수밖에 없음에 대해 문제의식을 가졌다. 당시 삼원섬유의 노동자였던 김지선은 "부두 노동자이신 우리 아버님하고 어머님은 새벽부터 밤늦게까지 중노동을 하고 계시는데, 우리는 왜 가난할까 하는 것이 어렸을 때부터의 질문"이었다고 한다. 그리고 나중에 노동조합을 만들고 공부하면서, "그 가난이 결국은 구조적으로 오는 가난"이라고 판단했고 노동운동에 뛰어든 것은 부모님의 삶을 답습하

---

18) 성공회대 사회문화원 노동사연구소, www.laborhistory.or.kr, 2002년, 노동사구술자료 96번, 김준, 심상완, "인명진 구술 녹취록."

지 않기 위해서였다고 회고하고 있다.[19] 노동자들은 더 이상 구조적인 가난이 없는 사회, "노예와 같은" 노동자의 삶이 없는 사회를 갈구했다. 이러한 사회에 가깝게 가기 위해서는 노동조합을 조직하고 광범위한 노동조합들의 연대를 통해 노동자들의 발언권을 높이고 나아가서는 노동자들이 정치에 구체적으로 참여할 수 있기를 소망했다. 간단히 말해서, 노동자들은 노동자와 그들의 가족들인 농민들이 잘살 수 있는 나라를 추구했다고 볼 수 있다.[20] 당시의 엄혹한 반공주의적 체제하에서 노동자들은 프롤레타리아 혁명이념이나 마르크스적인 이념을 가질 수 없었고 그럴 여건도 아니었다. 노동자들은 혁명노선을 택하지 않았다. 그들은 노동조합의 조직을 통하여 복지국가적인 사회민주화를 추구했다. 이들은 복지국가 안에서 참여적인 시민으로 성장하기를 원했지 사회주의적인 혁명노선을 택하지 않았다. 이들의 열망은 아직도 미해결로 남아 있다.

어쨌든, 노동자들에게 급선무는 노동조합을 건설하고 보호하고 유지-발전시키는 것이었다. 노동조합을 통해서만이 노동자들을 단결시킬 수 있고, 그것으로 기업과 교섭할 수 있는 힘을 가질 수 있다고 판단했기 때문이다. 이들은 노조를 통해서 자신들이 인간다운 대접을 받을 수 있기 때문에 노조 건설과 그 보호에 총력을 기울였다. 이리하여 노조가 이들의 삶의 중심을 이루게 된다. 산업선교와 노조 사이에는 유기적인 상호관계가 형성되어 있었다. 그러나 산업선교에 참여했던 노동자들 사이에 산선에 더 기울어지느냐 노동조합 즉 노동자들에 더 자신을 일치시키느냐(identify)로 긴장이 있기도 했다. 특히 위기의 국면에서는 이러한 긴장이 수면 위로 떠올랐다. 산업선교의 목적과 노동조합의 목적이 다를 수 있었고 이것은 위기의 상황 속에서 더욱 선명하게 나타날 수 있었다. 또 어느 시점에서 산업선교는 종교적인 영역으로 되돌아가고자 하는 힘이 작용하여 노동조합으로부터 멀어지기도 했다.[21] 원래 산업선교 목사들은 노동조합이 교회

---

19) 성공회대 사회문화원 노동사연구소, www.laborhistory.or.kr, 노동사구술자료 27번, 강남식, "김지선 구술 녹취록" (삼원섬유).
20) 당시 청계노조의 노동자였던 정인숙 등이 이러한 비전을 표현하고 있다.
21) 이것은 산업선교의 모체인 교단으로부터 오는 압력에 의해서 더 가속화되기도 했다. 영등포 산업선교회는 예수교장로회(예장)에 소속되어 있었다. 예장 총회는 1970년대 후반부터 영등

요, 노동은 기도이며, 노동자들은 예수와 같은 사람들이라고 볼 정도로 노동자
들과 밀착해 있었다.[22] 그러나 안 좋은 상황 속에서 산업선교와 노동조합 사이
에 균열이 생기고, 이것으로 산업선교 노동자들의 정체성 균열을 초래하기도
했다.[23] 그러나 이러한 균열은 노동자 자신의 진정한 정체성을 찾아가는 길에
선 하나의 장애물에 지나지 않았다. 결국 노동자들은 자기의 주체성과 정체성
을 가지고 자신의 목소리를 내며 고유의 행동 전략을 구사해야 했다.

　원풍모방의 경우 산업선교와의 관계에서 자기 주체성을 치열하게 고민한 예
라고 하겠다. 원풍모방 노조와 영등포 산선은 매우 친밀한 관계 속에서 함께 발
전하였다. 그러나 양쪽의 지도노선의 차이 때문에 소원한 관계가 되었다. 원풍
모방 노조가 산선의 지도노선을 거부하고 독자노선을 택했기 때문이다. 이런 상
황 속에서 영등포 산선은 원풍 노조원들이 와서 기식(寄食)하는 것을 싫어했고,
급기야 1983년에 10월에 노조는 산선과 결별하여 나온다. 원풍모방 노조는 영
등포 산선에서 나간다면 비록 갑작스럽게 보호막을 잃는 것이 되어 대단히 어려
워졌겠지만, 그러나 산선 없이 노조 스스로 설 수 있는 기회였다. 실제로 원풍모
방노조는 노조가 가지고 있던 기금으로 사무실을 사서 나갔고 이 사무실은
1984년 3월에 한국노동자복지회를 만드는 기틀이 되었다. 당시 영등포 산선의
실무자였던 신철영은 원풍 사태를 노동운동이 이와 같은 균열 속에서 자기 발전
을 하게 된 계기를 맞은 것으로 볼 수 있다고 했다.[24] 다만 갈라선 것이 너무

　포 산업선교회(산선)가 용공 시비에 말려들고, 과격한 노동운동을 하는 것에 대해서 반대하여
　산선을 폐쇄하려는 움직임을 보였다. 이에 영등포 산선은 큰 압력을 느껴 종교성 회복의 필요
　성을 절감했던 것으로 판단된다.
22) 조지송 목사는 목사나 실무자들은 오히려 노동자들로부터 배워야 한다고 주장하면서 노동운
　동에 헌신적인 노동자들이 바로 "예수"라고 했다. 그리하여, 조 목사는 기도할 때에 "예수의
　이름으로 기도합니다"로 마치지 않고, "노동자의 이름으로 기도합니다"로 마쳤다고 할 정도였
　다. 민주화운동기념사업회에서 녹취한 "조지송 목사 구술녹취록"(2003년) 참조.
23) 산업선교와의 사이에 균열을 보였던 노조는 원풍모방이었다. 이에 대해서는 양승화 녹취록
　참조. 또한, 『민주노조10년: 원풍모방 노동조합활동과 투쟁』, 원풍모방해고노동자복직투쟁
　위원회 엮음(풀빛, 1988) 339~343쪽.
24) 성공회대 사회문화원 노동사연구소, www.laborhistory.or.kr, 노동사구술자료 2004년,
　214번 권진관, "신철영 구술녹취록"

급작스럽고 갈등 속에서 이루어졌다는 것은 양쪽에게 불행한 일이 아닐 수 없었다. 그러나 이런 어려움 속에서 노동자들은 자신의 독자적인 정체성을 획득해 나갔고, 이러한 전통의 영향으로 1987년 7, 8, 9월의 노동자 대투쟁 때 분명한 정체성을 가지고 사회의 실질적인 세력으로 등장할 수 있었다.

4. 사회 운동으로서의 산업선교

희생당하는 사람들이 없는 사회를 만드는 것이 사회 운동의 목표라고 한다면 오늘날과 같이 척박한 시대에 사회 운동은 더더욱 필요하다. 그리고 그러한 사회 운동은 현재 가장 희생당하고 있는 사람들이 자신의 정체성을 가지고 스스로 중심에 선 사회 운동이어야 한다. 이러한 시대에 우리는 전형적인 사회 운동이었던 산업선교로부터 무엇을 배울 수 있는가? 사회학자 조희연은 오늘날 민중(혹은, 집단)에 대한 자본과 국가의 "탈주체화적 해체전략"이 한층 강화되고 있다고 지적하고 있다. 그는 이에 대응하여 필요한 것은 "집단적 정체성", "대자적 정체성", "저항적 주체성"의 형성이라고 보았다.[25] 이러한 정체성은 사회 운동을 통해서 획득될 수 있다.

문제는 어떤 정체성을 형성하느냐는 것인데, 사회 운동 속에서 일어나는 다양한 배움의 과정 속에서 형성될 것이라는 것을 산업선교의 경험에서 배울 수 있다. 사회 운동은 상호배움을 가능하게 하는 의사소통적 행동양식이 필요하며, 동시에 전략적 행동을 제어하는 것이 요구된다는 것도 사회 운동에서 중요하다. 산업선교는 한국사회에서 가장 희생당하고 있는 사람들이 연대한 사회 운동이었다. 그리고 그 속에는 의사소통적인 행동 양식이 지배하였고, 이것으로 정체성의 해체상태 혹은 주입된 정체성이 극복되고, 주체적인 정체성이 형성되었다. 이러한 주체적인 정체성의 형성은 배움의 과정이 충분히 주어질 때 가능했다. 이익집단적인 전략적 행동만 있는 곳에는 이러한 배움의 과정이 축소된다. 배움

---

25) 조희연의 위의 논문.

의 과정이 최대화될 때, 즉 사회 운동의 과정 전체가 배움의 과정으로 작용할 때 그 성원들은 건강한 주체성과 정체성을 가질 수 있는 것이다. 이 글에서 강조한 것은 산업선교 운동을 배움의 과정으로 보자는 것이다. 그 배움의 과정의 목표는 새로운 정체성의 탄생, 즉 인간의 내면의 변화이다.

산업선교는 사회 운동이었으며 각 과정 속에서 노동자들의 배움의 사건이 일어났다. 그동안 산업선교를 다양하게 해석하여 왔다. 부정적인 견해는 산업선교를 낭만적이고 비과학적인 노동운동의 전형으로 해석했다. 그리하여 산업선교는 극복되어야 할 낮은 단계의 노동운동이라고 보았다. 적극적인 견해는 산업선교는 진보적 노동운동의 출발이라고 해석했다. 그리고 산업선교는 1980년대 후반부터 올라온 진보적 노동운동을 예비한 운동이라고 보았다. 이러한 긍정적, 부정적 해석에는 모두 일리가 있다. 그러나 본 연구자는 산업선교는 배움의 과정을 중요한 요소로 한 사회 운동이었고, 그 성공은 그 속에 참여했던 노동자들의 자기 정체성의 형성에 의해서 확보되었다고 해석했다.

산업선교 운동의 공헌을 노동운동의 측면에서만이 아니라 시민사회 발전의 측면에서도 조명해 볼 수 있다. 산업선교 운동의 과정 속에서 노동자들의 정체성은 근대화의 역군, 근로자로서의 주입된 정체성으로부터 노동자 의식으로 그리고 비판적인 시민의식을 가진 정체성으로 발전해 갔다. 실제로 산업선교에 참가했던 많은 노동자들이 30여 년이 지난 지금 우리 사회 곳곳에서 시민사회의 역군으로서 훌륭하게 활동하고 있다. 오늘의 이들의 모습은 산업선교가 없었다면 가능하지 않았을 것이다.

덧붙임 2

과정 사상으로부터 무엇을 배울 수 있나?

1. 민중신학과 과정 사상의 관계

민중신학과 과정 사상은 전연 다른 관심의 영역을 가지고 있을 뿐 아니라, 출발의 동기도 다르다. 그러나 왜 민중신학이 과정 사상과 대화해야 하는가? 민중신학의 핵심사상 중에 몇은 화이트헤드의 과정철학의 주요 사상과 매우 비슷하며, 과정철학은 이 부분에 대해서 철저한 사고를 전개하기 때문에 우리 민중신학이 이로부터 무엇인가를 배울 수 있을 것이라고 보기 때문이다. 이러한 대화는 민중신학을 보다 풍부하게 만들 수 있는 계기가 될 수 있으며, 민중신학의 보편화에도 도움이 될 수 있다고 본다. 본 연구자는 다음의 주제들을 중심으로 민중신학과 화이트헤드의 과정 사상 사이의 대화를 시도해 보려고 한다. 즉, 민중을 화이트헤드의 초월체(superject, 주체이면서 동시에 객체인 민중)로 볼 수 있는가 하는 문제, 화이트헤드의 "사건"과 민중신학에서의 "사건"(예, 예수사건)이 유사한 것인가 하는 문제, 화이트헤드와 민중신학에 있어서의 신관(그리고 이와 연결된 인간관)에서의 비교 등이 이 장에서 관심갖는 영역이다.

화이트헤드의 사상 속에 중요한 것이라고 생각되는 것은 '과거의 일들의 불멸성'이라는 개념이다. 과거의 일들, 업적들, 활동들은 영원히 존재하고 남아 있다는 것이다.[1] 우리의 인격이 남는 것이 아니라, 우리가 행한 모든 일들이 남아

---

1) 이 점에 대해서 화이트헤드 철학의 좋은 해석서인 토마스 호진스키, 『화이트헤드 철학 풀어 읽기』(이문출판사, 2003), 장왕식·이경호 옮김, 59쪽에 잘 설명해 주고 있다. "만약 당신이 2초 전에 호수에서 수영을 할 것을 결정했다면, 당신의 현재 경험 순간(수영에 골몰하는)은 과거의 결정을 수용함으로써 시작되어야 한다. 따라서 모든 과거의 현실적 존재의 〈있음〉은 화이트헤드의 용어로 말하자면 〈객체적으로 불멸하는 것〉(objectively immortal)이다. 객체적 불멸성이란 과거의 순간들이 이제 더 이상 생성으로서 〈활동하고〉 있지는 않지만, 그럼

다음 세대로 이어진다. 우리가 행한 모든 일들 — 못난 일들, 잘한 일들을 막론하고 — 은 이 세상 안에 남아 있어 우리의 현재의 모습을 규정한다. 그리고 이것은 곧 사라져 없어지면서 동시에 불멸하게 된다. 그리고 우리 경험의 다음 단계에 참여하게 된다. 과거의 되살아남이 없이 새로운 현재는 존재할 수 없다. 동시에 과거의 일들만이 그대로 현재에 전달된다면 새로운 창조의 과정은 없을 것이다. 그러나 주체들은 새로운 것을 형성하여 가장 가치 있는 자신을 실현시키고자 한다. 이렇게 새로움을 창조시키는 요인인 가능성은, 화이트헤드의 개념을 빌리면, 영원한 객체들(eternal objects)이다.

우리 민중은 우리를 둘러싼 세상과 환경 속에 수많은 가능성들(영원한 객체, eternal objects)들과 여건(derived data)이 주어져 있기 때문에 언제든지 선택하고 새롭게 합생(合生)함으로써 새로움(보다 나아간 해방의 단계)을 창조해 나갈 수 있는 것이다. 화이트헤드의 사상에 의존하여 생각해 보면, 민중들이 놓여 있는 환경 속에는 민중들에게 항상 불리하고 억압적인 것들만으로 가득 차 있는 것은 아니라는 것이다. 민중들이 활용할 수 있는 온갖 종류의 해방의 전통, 사회경제적으로 스스로 타개할 수 있는 조직적 역량, 생산적, 기술적 능력 등을 활용하여 높은 가치를 가진 일들을 실현할 수 있고, 현재의 억압의 여건들을 타개할 수 있다. 이것을 통하여 민중은 새 역사를 창조해 내는 것이다. 이러한 이야기는 화이트헤드 없이도 가능하겠지만, 그러나 적어도 화이트헤드는 과거의 일들의 불멸성(immortality), 선택과 합생 등의 응용할 만한 언어들을 제공해 주고 있다고 본다.

2. 민중은 주체이며 초월체(subject-superject)이다

화이트헤드의 유기체 철학은 칸트의 철학을 뒤집은 것이라고 한다. 즉 칸트는 주관적 데이터가 객관적 세계 속에 진입해 들어가서 세계를 이해하는 방식,

---

에도 불구하고 과거의 순간들은 미래의 순간들에 지속적으로 영향을 끼치면서 살아 있다는 것을 의미한다." Alfred Whitehead, *Process and Reality*, p. 29, 60, 81~82쪽 등에서 이러한 생각을 확인할 수 있다.

즉 객관적 세계는 알 수 없으므로 주관적 정신 속에서 객관의 세계를 이해할 수 밖에 없다고 함으로써, 객관을 주관 속에 소멸시켰다고 한다면, 화이트헤드의 유기체 철학은 객관적인 세상으로부터 주체가 형성되는 과정을 포착하였다.2) 이 주체는 느끼며 파악하는 존재로서, 신적인 요소가 있는 해방적인 새로움을 내포하고 있는 영원한 객체들을 선택하고 받아들이되, 자신이 선택하는 과거로부터 내려오는 데이터들에 관련된(relevant) 영원한 객체들을 선택한다. 이것은 과거에 실현되지 않은 것들로서 우리를 이끌어 가는 객관적 유혹을 구성한다.3) 화이트헤드는 초월체라는 말을 이렇게 설명하였다. "현실적 존재는 경험하고 있는 주체인 동시에 그 경험의 자기 초월체superject이기도 하다"(오영환 역, 91쪽). 그리고 이어서 이렇게 말한다. "현실적 존재는 주체적으로는 〈끊임없이 소멸〉되지만 객체적으로는 불멸(immortal)한다. 현실태는 소멸될 때 주체성적 직접성을 상실하는 반면 객체성을 획득한다. 그것은 그 불안정의 내적 원리인 목적인을 상실하지만 작용인을 획득한다. 이 작용인으로 말미암아 그것은 창조성을 특징짓는 제약(obligation)의 근거가 된다"(오영환, 92쪽; Process and Reality, 29쪽). 따라서 모든 주체는 직접적 경험을 하는 주체이면서, 동시에 자신의 경험이 만든 객관으로서의 초월체이다. 초월체는 이미 과거화된 객체를 말하는데, 모든 과거화된 객체가 불멸하듯이, 초월체도 객체로서 살아남아 다음 주체에게 전달

---

2) Alfred North Whitehead, *Process and Reality* (New York, N.Y.: Free Press, 1978), 88. "For Kant, the world emerges from the subject; for the philosophy of organism, the subject emerges from the world – a 'superject' rather than a 'subject'."같은 쪽에 신의 세 가지 차원, 즉 the primordial nature of God, the consequent nature of God 그리고 the superjective nature of God에 대한 설명이 나오는 것도 유의해야 한다. 이것을 어떤 학자는 성부, 성자, 성령으로 보기도 하지만, 그것은 잘못이라고 생각한다.

3) eternal objects를 다음과 같이 보는 것이 적절할 것 같다. 즉, "relevant potentials, unre-alized in the datum and yet constituent of an 'objective lure' by proximity to the datum." *Process and Reality*, 86쪽. 여기에서 영원적 객체는 아직 현실 속에서 실현되지 않은 잠재적인 것으로서 창조적 새로움을 향하게 하는 객체적 유혹이라고 보고 있다. 이것은 마치 "실현되지 않은 과거 속에 있는 미래"와 같은 것으로서 우리를 새로운 미래를 향하게 이끄는 유혹(lure)이며, 우리로 하여금 계속적으로 주체적 합생(concrescence)을 하도록 하게 하는 느낌에의 유혹(lure for feeling)이다.

되거나 선택적으로 수용된다. 여기에서 초월체란 말은 영어로 superject인데, super라는 말은 넘는다 즉 beyond라는 의미를 가진다. 그리하여 화이트헤드는 "각각의 현실적 계기가 현재의 결정을 이룩함으로써 미래로 자신을 던지고 있다는 뜻을 주려고" 이 용어를 만들어 사용하였다.[4]

민중도 마찬가지이다. 민중은 주체이면서 동시에 자신을 객관화하여 다음 단계를 위한 자료가 되어 준다는 면에서 사라지지 않고 불멸한다. 여기에서 민중 경험의 불멸성과 카르마(Karma)는 서로 연결된다고 생각된다. 우리들의 모든 행위들은 카르마 속으로 편입되어 우리들에게 지속적으로 영향을 미친다. 카르마의 기능과 유사하게, 민중들의 자기 경험들은 다른 민중과의 관계 속에서 지속적으로 존재하여, 새로운 민중을 창조하는 데에 밑거름 혹은 여건(data)이 된다. 이 데이터들은 새로운 경험(해방된 삶)을 추구하는 민중들의 주체적 판단(prehension, feeling)에 의해 수용되며, 이러한 과거로부터 오는 데이터의 수용과정 속에서 민중은 자신에게 적합한, 그러나 아직 실현되지 않은, 이상(ideals, eternal objects)을 선택하고 추구하면서 신이 원하는 목적을 향해 끊임없이 열망하며 나아가는 것이다. 이것을 이제 다음에서 보듯이 민중의 역사적 전개과정을 통해서 설명해 볼 수 있겠다. 화이트헤드는 그의 형이상학의 기본전제로 형성(becoming) 즉 과정을 설정하였고, 이것은 곧 새로움을 향한 창조적 진전(becoming is a creative advance into novelty)이라고 하였는데, 이러한 생각은 다음에서도 볼 수 있듯이 화이트헤드를 몰랐던 민중신학자들이 이미 같은 생각을 품고 있었다고 말해야 한다.

민중신학에서는 역사 속에서 민중이 자기 변화를 시도해 왔던 것에 주목한다. 민중은 주체로서 자기 자신을 스스로 형성하고 규정해 나가는 성질을 가지고 있다. 한국 민중은 오랫동안 봉건제도하에서 신음했다. 봉건제하에서 한국 민중은 불의한 지배세력에 저항하였다. 자기규정하는 경험을 통해서 볼 때 이 시기의 민중은 "백성"으로서의 민중이었다. 본 필자는 "백성"을 하나의 민중 초

---

4) 호진스키, 163쪽.

월체(superject)로 본다. 심지어 동학농민전쟁에 이르기까지 민중의 자기규정은 백성이었다. 민중은 군왕적 지배질서를 부정하기보다는 잘못된 지배자들, 관리들에 저항하여 싸웠으며, 자신들을 선한 왕의 백성으로 생각하였다. 이 시대의 민중저항의 이념은 민본사상이라고 할 수 있다. 민본사상은 근왕적(勤王的) 봉건사상으로서 "백성을 하늘처럼 섬기는"(그러나 실제로는 백성을 어버이가 자식을 다스리듯이 하는) 어진 임금의 나라를 이상으로 삼았다. 홍길동전과 같이 간혹 체제 밑뿌리로부터의 혁명을 이상으로 삼는 민중사상이 나타나고 있지만, 그러나 그러한 급진적 사상들도 민중을 "백성"의 차원에서 이해하는 범위를 크게 벗어나지 못하였다. 이러한 급진적 변혁사상은 민중의 역사 속에서 지속적으로 남아 민중들을 새로운 해방의 단계로 넘어갈 수 있게 하는 "느낌에의 유혹"의 역할을 한다.

"백성" 다음으로 민중이 스스로 규정한 초월체(superject)는 "민족"이었다. "민족"은 과정적 존재인 민중의 어떤 특정한 시기의 경험을 가장 잘 표현할 수 있는 타이틀이었다. 19세기 말엽에서부터 20세기 초엽 특히 서양과 일본 침입의 시기에 우리 민중은 "민족"적 성격을 가지게 된다. "민족"은 독립협회, 만민공동회 등으로 민족정신이 민중 속에 확장되다가 1919년 3·1독립운동에서 피크를 이룬다. 그런데 이 "민족"으로서의 민중은 1920년대에 들어서 다시 "계급"적 존재로도 자신을 규정하기 시작한다. 레닌의 러시아혁명의 영향이 한반도에도 밀려들어오던 시기가 1920년대였다. 이 시기 동안에 "민족"과 "계급"이라고 하는 이중적 자기규정은 역동적으로 서로 상호작용하면서 1940년대 해방과 1950년대 초반의 한국전쟁시기까지의 민중의 모습을 규정하였다. 1950년대 이후 60년대 특히 4·19에서 민중은 "민족", "계급"의 성격을 가지면서도 동시에 "시민"으로서의 자기 위치를 갖는다. 1970년대는 시민, 민족, 계급으로서의 민중이 함께 작용하여 민중운동의 성격을 형성하였다. 인권운동, 민주화운동 등은 시민적인 운동이라고 하겠고, 노동자들의 자기 권리를 위한 싸움은 다분히 계급적인 투쟁의 성격을 가졌다고 하겠다. 노동자들과 시민들, 지식인들이 합세하여 민중운동을 형성하였다. 광주대학살에 맞선 민주화운동을 시작으로 열린 1980년대에 들어 한국의 민주화에 커다란 장애가 되는 미국의 간섭과 지배에 민중운동의 초점이 맞추어졌다. 동시에 통일운동이 지속적으로 성장하였으며, 이에 동반하여 이 시기에 가장 괄목할 것은 노동운동의 급성장이었다. 민중신학을 비롯한 민중세력은 1980년대 동안에 민중의 상황을 이해하기 위해서 계급분석을 정밀하게 하였다. 1987년에는 노동자들의 대투쟁이 일어났고, 노동운동이 획기적으로 강화되었다. 1980년대는 "민족"과 "계급"이라고 하는 민중의 자기규정이 우세하였다고 하겠다. 이 시대의 민중을 초월체로 본다면 민족과 계급이라고 할 수 있을 것이다. 1990년대 이후 2000년대에 들어와 민중은 이전의 자기모습을 잠재적으로 가지고 있으면서 "시민"으로 잠시 등장하였다고 하겠다. 그러나 이 "시민"으로서의 민중은 오래 가지 못하고 "시민"과 시민운동의 주체는 중간층 혹은 중산층에 의해서 주도되고 말았다. 오늘날 민중은 시민으로서 분명한 위치에 서지 못하고 다시금 억압받고 고통당하는 계급과 소수자 집단들의 모습으로 나타나고 있다. 2000년대에 들어서 특별히 대두되고 있는 문제는 외국인 노동자문제이다. 오늘날 한국에 들어와 있는 외국인 노동자의 수가 40만 명이나 된다. 남한에 이렇게 많은 외국인 민중이 우리 민중의 일원으로 자리 잡고 있다는 현실을 중시해야 한다. 기독교 운동의 많은 조직들이 외국인 노동자 문제에 집중되고 있다. 이렇게 되다 보니 민중의 정체성이 이전의 민족과 시민을 뛰어넘게 된다. 지구화 시대에 이르러 민중은 새롭게 이해되어야 할 필요가 생겼다. 이것은 민중의 역사적 과정 속에서 진정 중요한 의미를 지닌다. 민중은 이제 시민과 민족 혹은 종족과 국경을 넘어 모든 억압받는 계층들을 지칭하게 되었다. 따라서 오늘날의 민중의 입장에서 볼 때 민족의 개념은 새롭게 이해되어야 한다. 계급도 마찬가지이다. 변화된 상황 속에서 시민을 민중으로 대체할 수도 없다. 왜냐하면, 시민은 시민권을 갖고 있다는 점에서 이 땅에 들어와 있는 외국인 민중과 다르기 때문이다. 민중은 적어도 시민을 포용하지만, 시민을 넘어 다른 종족의 민중을 포함한다. 이렇게 민중은 변화된 상황 속에서 새롭게 이해되어야 한다. 포스트모던 시대의 민중은 다양한 소집단과 계층들의 연대로 구성된 다중의 모습으로 인간과 자연의 온생명을 지키기 위한 정의로운 지구적·지역적(glocal) 공동체를 형성해 나가고 있다. 그런 면에서 오늘날 민중의 자기규정은 다중(multitude)이라고 할 수 있을 것이다. 이러한 시대와 환경의 변화 속에서, 민중은 자신의 정체성을 새롭게 규정하여 나가고 있다는 것을 잘 보여 준다. 화이트헤드의 관점에서 말한다면, 민중은 항상 이전과는 다른 새로움을 실현한다. 물론 민중은 시대에 따라서 퇴보할 수도 있다. 그러나 이전의 모든 경험들은 새로운 단계의 새로움으로 종합될 수 있는 가능성이 있는 것이며, 설득하고 유혹하는 신은 민중을 이러한 길로 이끌어 내고자 한다. 신의 초대와 유혹에 민중이 응답할 것이라는 신념이 화이트헤드에게 있다.

이렇게 민중은 자기 변화하면서 창조적인 자기 진화를 해 나가고 있는데, 그 과정의 목표는 무엇인가? 민중은 살려고 이 세상에 태어났으며, 그것도 잘 살고, 더 잘 살기 위하여 자기 창조를 계속한다.5) 여기에서 더 잘 산다는 것은 보다 풍부한 경험을 하는 삶을 말한다. 이것은 해방된 삶이며, 그것은 진선미가 있는 삶이다.

결론적으로, 민중을 주체라고만 한다면, 민중을 객관적으로 말하기 어려워 진다. 그리하여 민중은 역사의 시점마다 자신을 객관화한다. 민중은 크게 보아 역사 속에서 민족, 계급, 시민, 소수자 집단 등으로 자신의 모습을 객관화하면서, 그러나 늘 주체로서 새롭게 자신을 규정해 나간다. 이렇게 스스로를 객관화하면 서 동시에 주관적인 존재라는 것을 통틀어 화이트헤드의 말을 빌어 주체-초월 체(subject-superject)라고 불러도 무방할 것이다.

---

5) Whitehead, *The Function of Reason* (Princeton Univ Press, 1929), p. 8. 이것은 Charles Birch and John B. Cobb, Jr, The Liberation of Life (Denton, TX: Environ- mental Ethics Books, 1990) p. 106에서 재인용. 이 책에서 화이트헤드는 다음과 같이 주장하였다: "All living things have threefold urge (i) to live, (ii) to live well, (iii) to live better. In fact the art of life is first to be alive, secondly, to be alive in a satisfactory way, and thirdly, to acquire an increase in satisfaction." 이것에 이어서 Cobb은 같은 페이지 에서 다음과 같이 말했다. "that is, life is bound up with an urge to live. It is not a mere fact; it is a value. That is, being alive is valuable in itself. If life were not prized by those who live, death would soon triumph."

3. 사건에 관하여

화이트헤드는 모든 현실적 존재 혹은 현실재들은 경험 즉 사건의 집합체라고 보았다. 모든 사물들은 사건으로 구성되어 있을 뿐이지, 불변하는 실체적 존재(substance)가 아니라는 것이다. 따라서 현실재들은 어느 정도 하나의 질서를 갖춘 사회(society)이다. 현실 속에 존재하고 있는 가장 기본적인 단위들을 포함하여 모든 현실재들은 경험들의 집합체라고 할 수 있다. 그러나 이 현실재들은 주변과의 즉각적인 관계 속에서 주체(subject)가 되어 주변의 여건들을 수용하며, 새롭고도 영원한 객체들을 안으로 끌어들여 창조적이며 전진적인과정을 형성한다.

민중신학에서도 사건을 매우 중시한다. 예수 그리스도는 신적 실체와 인간적 실체에 의해서 구성된 실체적 위격이 아니라는 것이다. 예수는 하나의 역사적 사건이었다. 예수의 인격이 독특한 것은 그 인격 속에 들어와 그를 형성해준 사건들이 독특하기 때문이다. 그는 유대관헌들과 투쟁했으며, 로마압제에도 저항하면서, 민중의 해방된 하나님의 나라("가난한 자에게 복음을, 눌린 자에게 해방을…")를 추구하는 삶을 살았으며, 이것에 관련된 사건 속에서 "그"가 형성된 것이다. 그는 지속적으로 하나님의 영의 인도를 받았는데, 이것을 화이트헤드의 말로 표현한다면, 예수는 하나님이 주신 모든 가능성의 세계(eternal objects가 모여 있는 reality, which is not yet actuality) 속에서 그것을 의식하며, 최선의 선택을 하였던 것이다. 이 속에서 예수의 삶에는 새로운 사건으로 꼬리를 물었으며, 그를 십자가로 인도했던 것이다. 안병무는 우리에게 있어서 예수는 "사건으로서의 예수"이지, 실체적인 인격으로서의 예수로 이해되는 것은 아니라고 설파하고, 또 태초에 사건이 있었다고 하면서 사건을 모든 사물의 근거 혹은 원천이라고 하는 화이트헤드의 형이상학적 입장과 비슷한 견해를 밝혔던 것이다.

사건을 기본개념으로 하는 민중신학은 사건의 교회를 지향한다. 사건이 있는 곳에 교회가 있다. 말씀의 교회가 아니라, 사건의 교회이다. 말씀이 좋아 그 교회를 가는 것이 아니라, 그 교회 안에서 벌어지며, 그 교회에 의해 일어나고 있는 사건들이 좋아 그 교회에 산다고 하는 것이 더 정확할 것이다. 그 교회가 일으키는 사건들이 그 교회가 무엇인지를 보여주는 것이지, 그 교회의 목사의 설교, 즉 말의 잔치가 그 교회가 어떤 교회인가를 말해주지 않는다. 안병무는 이것을 이렇게 이야기하고 있다: "하나님은 사건으로 말씀하신다. … 하나님은 말씀/설교에서만 활동하며 현존하는 것이 아니라 역사의 사건으로서 활동한다. 즉 역사적 사건에서 하나님의 활동을 보는 것이 본래적인 성서적 입장이다. 이 점에서 사건의 신학은 하나님의 선교를 하는 측면을 강조한 것이며, 동시에 민중신학의 기초이기도 하다."6) 더 나아가서, 안병무는 "모든 사물의 사건성을 중요시하기에" 이르렀다고 고백한다.7)

사건이 있는 곳에 "성령의" 교회가 있으므로 1970년대 산업선교가 한참 진행될 때에는 노동운동이 일어나는 곳, 특히 투쟁하는 노동조합을 교회라고 보았던 것이다.8) 서남동은 교회는 기존의 교회 형태의 건물이나 제도가 아니라, "성령의 인도에 따라 사건으로 발생하고 일어날 때 일어나고 꺼질 때 꺼지며 보이는 형태가 없고 자발적으로 명멸하면서 이 속(續) 그리스도교 시대에 '하나님의 선교'를 수행할 것"이라고 하였다. 서남동은 도시산업선교회, 금요기도회, 목요기도회, 갈릴리교회, 기독교사회문제연구원, NCC 인권위원회, KSCF와 같은 것들도 현장교회로서 교회의 제3의 형태인 '성령의 교회' '민중의 교회'라고 했다. 민중신학에서 사건이 갖는 의미가 매우 큼을 알 수 있는 대목들이다. 그렇다면 민중신학에 있어서 사건은 무엇인가?

첫째로, 사건이란 주체를 전제한다. 민중신학의 특징은 모든 민중 그리고 모든 인간은 주체적인 존재라고 보는 점이다. 주체적인 존재이므로 사건을 일으킨다. 그들은 자신의 이야기를 한다. 그 이야기에서는 민중 자신이 주인공이 된다. "나에게 이런 일이 있었다. 우리들은 이런 일을 했다" 등등과 같이 사건은 이야기되어진다.

---

6) 안병무, 『민중과 성서』, 327쪽.
7) 위의 같은 책, 222쪽.
8) 본 필자와 조지송 목사와의 면담에서 밝혀짐.

둘째로, 사건은 관계 속에서 이루어진다. 사건은 나만의 일이 아니다. 다른 주체와의 맞부딪침이 있는 것이 사건이다. 사회를 구성하는 다양한 세력과 집단 그리고 자연 환경과의 상극적이건 상생적이건 역동적 관계 속에서 사건은 일어난다. "예수가 사건"이라고 했을 때, 그것은 예수가 그 당시 팔레스타인의 정치경제적 역학 관계 속에서, 특히 민중과의 관계 속에서 행동과 말을 했다는 것을 의미한다.

셋째로, 사건은 수평적인 관계만이 아니라, 수직적인 관계를 포함한다. 수직적인 관계란 신적인 관계를 말한다. 사건은 이미 있는 현실재들과의 관계만이 아니라, 이미 실현된 현실재(the actual entity)가 아닌 실재적인 것(the real)과의 관계에 있다. 이것을 은유적으로 "수직적"이라고 부르자. 이것은 그 사건이 신적인 연관성과 의미를 갖는다는 것을 나타낸다.9) 이것을 화이트헤드의 방식으로 말해 본다면, 모든 사건에는 이미 있었던 과거의 요소들이 개입해 들어올 뿐 아니라(이것을 "수평적"이라고 부르자), 새로움(이것을 안병무는 기적이 일어나는 것과 같다고 했다10))을 가져오는 신적인 요소들 특히 영원한 객체들이 선택되어 들어오는 것(이것을 "수직적"이라고 부르자)이라고 할 수 있을 것이다.

넷째로, 민중신학에 있어서 사건은 특별히 운동(movement)과 직결되어 있다.11) 운동은 이슈의 사건화를 추구한다. 또한, 사건으로서의 민중운동은 민중의 언어인 이야기로 전해진다. 민중의 언어인 이야기는 사건과 직결되어 있다고 안병무는 말한다.12) 사건은 기본적으로 이야기적이라고 한다면, 이야기적 언어가 민중의 사건을 담는 가장 좋은 그릇이 된다고 하겠다. 예수의 생애는 기본적으로 "운동적인" 것이었다. 그리고 그는 이야기를 사용했고, 그의 삶을 기록한 복음서도 이야기체로 쓰였다. 이야기는 사건의 전개과정을 잘 설명해 줄 뿐 아니라, 사건의 참여자들의 느낌, 신념 등을 드러내는 데에 적절한 언어였기 때

9) 안병무, "사건을 통한 구원" (1976) 『구걸하는 초월자』(충남 천안: 한국신학연구소, 1998), 232쪽.
10) 위의 같은 책, 233쪽.
11) 안병무, "민중신학의 어제와 오늘", 『민중과 성서』, 안병무 전집 5(한길사, 1993), 222쪽.
12) 위의 같은 책, 222쪽.

문이라고 생각된다.

　다섯째로, 민중신학에서는 사건은 민중운동의 사건이며, 민중운동은 곧 예수의 사건이며, 예수 사건은 예수의 삶에 참여함을 통해서 일어난다고 본다. 현재(와 과거와 미래)의 민중운동은 곧 예수의 사건이라고 하는 민중신학은 역사적 예수에 대한 추구를 마치 역사학자나 고고학자들이 하듯이 과거의 예수를 발굴하고자 하는 것과는 다르게 이해한다. 과거의 역사 그 자체가 중요한 것이 아니라, 그것의 구체적 실천이 중요하다. 역사적 예수의 발견은 우리 시대 속에서 예수의 삶에의 참여로 나아가야 한다. 이것이 사건으로서의 예수와 단순한 역사적 예수 사이의 차이이다.13) 이렇게 함으로써 다음에 말하고 있는 틸리히, 불트만과 같은 서양의 신정통주의자들과 분명한 획을 그을 뿐만 아니라, 오늘날 역사적 예수를 새롭게 추구하고 있는 예수 세미나 그룹들과도 다른 해방적이며 실천적인 입장에 민중신학이 분명히 서 있음을 볼 수 있다.

　여섯째로, 민중의 사건, 특별히 민중운동의 사건은 예수의 사건이고, 예수의 사건은 곧 민중의 사건이었다. 우선 민중운동의 사건이 예수의 사건이라고 한 것은 민중운동 자체에 수직적인 차원, 즉 깊이와 의미의 차원이 있다는 것을 말하며, 그 속에 우리의 구원이 있다는 것을 가리킨다. 또 예수의 사건이 곧 민중의 사건이라는 것의 본뜻은 예수 자신이 민중의 일원이기 때문이 아니라, 예수의 사건은 민중과의 관계 속에서 이루어진 것이며, 민중이 작용인이며 예수의 행위는 결과라는 점을 강조하는 데에 있다. 그리고 예수가 민중인 이유는 단순히 예수 자신이 민중이기 때문일 뿐 아니라, 예수에게 영향을 주고, 예수를 움직이고, 설득하는 세력이 민중이기 때문이다. 그런 면에서 예수 안에 이미 집단이 있다. 예수라는 개인은 민중집단이었다. 이점에 대해서 안병무는 다음과 같이 좋은 통찰을 하였다.

　예수는 갈릴래아에서 그의 공생애를 시작하자마자 민중(오클로스)에게 둘러싸여

---

13) 위의 같은 책, 223쪽.

서 그들에게 거의 파동적으로 움직인 것이 그의 짧은 생애의 모습이지 군림하는 생과는 너무도 거리가 멉니다. 그의 생애에서 중요한 것으로 서술된 많은 양을 차지한 병 고치는 이야기, 즉 치유하는 이야기를 보면 놀랄 것입니다. 그것은 결코 예수가 초능력자로 군림하거나 시혜자로 군림하는 것이 아니라 아래로부터 올라오는 혹은 옆에서부터, 민중에게서 나오는, 민중과 만남으로써 스파크가 일어나듯이 일어나는 사건이 바로 치유사건입니다. 그가 능동적으로 계획성을 가지고 일으킨 것이 아닙니다.14)

안병무는 폴 틸리히를 비롯한 대부분의 서양신학자들이 말하는 상징, 유비, 혹은 은유를 대신해서 사건이라는 말을 사용했다. 폴 틸리히는 사건(event)은 사실(fact)과 그에 대한 해석(interpretation)의 합이라고 하면서 사건의 실제적 사회 · 정치적인 측면을 간과하였다. 실존주의 신학자 루돌프 불트만도 사건이라는 말을 사용하였는데, 여기에서 사건은 설교하는 현장 속에만 이른바 그리스도의 사건이 일어난다고 말했다. 이러한 실존주의 신학은 하나님의 말씀 선포, 설교 현장의 좁은 공간 안에 그리스도의 사건을 가두어 놓았다. 이에 반하여, 안병무는 성서가 말하고 있는 모든 일들이 사건이라고 말했다. 나아가서 사건들은 성서 안에만 보도되지 않고 성서 밖에서도 계속 일어나고 있다고 말한다. 그리하여, "하나님은 바로 이 역사적인 사건들을 통해서 그의 일을 하고 계신다"고 하였다.15) 여기에서 알 수 있는 것은 사건은 교회 안팎, 성서의 안팎에서 일어나고 있으며, 성속(聖俗)의 구별 없이 예수 그리스도의 사건이 일어나고 있다고 하겠으며, 특별히 민중운동 속에 예수의 사건들이 일어나고 있다고 보았다는 점에 안병무 신학의 특징이 있다.

이제 민중신학의 사건 이해와 비교하여 화이트헤드가 보는 사건은 무엇인가를 알아보자. 화이트헤드에게 있어서 사건과 대비되는 말은 실체(substance)이다. 이것은 안병무가 사건과 실체의 인격화인 페르조나와 비교한 것과 같다고

---

14) 위의 같은 책, 227~228쪽.
15) 위의 같은 책, 230쪽.

하겠다. 화이트헤드는 사물의 근본적인 근거는 실체가 아니라, 사건으로 보았다고 한다면, 안병무도 모든 사물 안에 사건적인 것이 있다고 보았다는 점에서 둘은 상통한다고 하겠다. 실체 즉 substance의 의미는 그것이 변화에 영향을 입지 않는다는 것이다. 실체론자들은 예수의 인격(페르조나, persona)은 주변의 어떠한 관계의 변화와 무관하게 항상 같은 실체와 본질을 갖는다고 본다. 자기 충족적(self-sufficient), 자기 완결적(self-contained)인 실체와는 다르게, 사건은 복잡한 상호관련 속에서 일어난다. 사건은 항상 변화하는 과정적 존재로서의 현실재들의 존재방식이다. 모든 현실재들은 사건이며, 현실재들은 다른 현실재들과의 관계에서뿐만 아니라, 현실재들을 구성하고 있는 현실적 계기들이 내적인 관계(internal relations) 속에서 역동적으로 상호작용을 하므로, 이 현실적 존재는 변화할 수밖에 없다. 표피적인 외면적인 관계(external relations)는 상호 간의 변화를 유발하지 않는 관계를 말하는데, 화이트헤드는 이러한 외적인 관계는 현실재의 세상 속에는 없다고 한다.

사건에 관하여 화이트헤드의 사상과 민중신학의 차이점은 어디에 있는가? 예수의 메시아성을 예수의 실체 혹은 본질에서 찾은 것이 아니라, 민중과의 역동적인 관계와 사건 속에서 보았다는 것은 민중신학의 공헌이었으며 이것은 과정 사상의 중심개념에서 동일하며 과정 사상에서 그 정교한 분석을 배울 수 있을 것이다. 다만 화이트헤드는 모든 사물들의 역동적인 관계성을 강조했지만, 민중신학은 그 역동적 관점을 수용하면서도 관계 속의 정치적인 측면에 특별한 관심을 기울인다는 점에서 다르다고 하겠다.

4. 신과 민중의 관계에 대하여

신과 민중과의 관계에 대해서는 이미 6장 피조 세계와 신과의 관계에서 논의한 바 있다. 민중신학에서는 신에 대한 질문이 그리 중요하게 대두되지 않았다. 그러나 다음의 물음은 신과 관련된 물음이다. 즉, 민중이 끊임없이 자신을 초월하고, 현재 상황에 적응하고 극복하는 힘을 어디에서 얻는가? 민중의 자기 초월에 있어서 신의 역할은 무엇이며, 그렇다면 민중 자신의 역할은 무엇인가? 이 질문은 다시 화이트헤드에 적용된다. 화이트헤드의 신 이해가 한국 민중의 역사적 전개 과정을 보다 풍부하고 창조적으로 설명해 줄 수 있는가? 화이트헤드가 긍정적인 대답을 줄 수 있다고 제안하고자 한다.

그런데 민중신학은 역사의 주체를 민중이라고 하였다. 따라서 상대적으로 민중과 민중예수가 전면에 부각되었고, 신은 배경으로 밀려났었던 것이 사실이다. 민중신학은 "신"학적이기보다는 민중론적이었다. 신에 대한 논의라기보다 민중에 더 관심을 가졌다. 민중의 사회적 조건의 이해, 민중의 정의(定義), 민중의 자력적 구원 등을 논의하는 데에 더 많은 노력을 기울였으며, 상대적으로 신에 대한 이해는 긴급하고도 필요한 것으로 고려하지 않았고, 신과 민중과의 관계설정을 시도하지 않았다. 민중신학에서는 민중이 주체가 되어야 한다는 기본 명제 때문에, 신의 역사 안에서의 주체성이 상대적으로 약화되었다. 전통적인 토마스주의나 (신)정통주의 신학에서는 창조주 신에 대한 피조물의 절대적인 의존을 기본 전제로 하므로, 민중신학은 이러한 신학을 부정하였다. 그리하여 반(反)-신학이라는 말도 사용하였다. 신학(theology)이라는 말 자체에 대해 불편해하기도 하였다.

그러나, 민중신학에 신론적인 요소가 없다면, 그것은 하나의 인문학, 인간학, 민중학, 혹은 정책학으로 끝날 가능성이 높다. 민중신학 안에 신적, 초월적 요소가 살아 있어야 할 뿐 아니라, 그것이 유기적이고 필연적 요소로 자리 잡을 때에 민중신학이 가능해질 수 있을 것이다. 서양의 신학은 견고한 유일신론에 기초하여 구성되어지는 것에 반하여, 민중신학은 민중의 보다 열린 신적 체험을 존중한다. (신)정통주의에서는 이것을 인간의 교만, 무지로 간주할지 모른다. 그러나 민중신학은 정통주의 신학이 오히려 비지성적이고, 현실에 적합하지 않다고 본다.

과정철학에 의하면, 신은 통전(Whole)을 의미하며, 이것은 개체들의 합이 아니라, 그 이상으로서 개체들을 이끌어 가는 힘이며 궁극적인 목표이다. 그런데 모든 개체들은 자기 독자성을 가지고 자기 판단 아래 자신에 관하여 결정한다.

신은 이것에 대해서 관여하지 않는다. 다만 개체들이 최선의 선택을 할 수 있도록 여건을 마련해 준다. 이것은 신과 민중과의 관계에서도 마찬가지이다. 그런 면에서 세상(민중)은 신을 넘어선다. 화이트헤드는 다음과 같이 선언하였다. "신이 세상을 초월한다는 말도, 세상이 신을 초월한다는 말도 옳다. 신이 세상을 창조한다는 것도, 세상이 신을 창조한다는 것도 옳다."16)

화이트헤드는 신에는 원초적 본성과 결과적 본성이라고 하는 두 가지 측면이 있다고 했다. 하나 더 추가한다면, 화이트헤드는 신의 초월체적(superjective) 본성도 얘기하고 있다. 원초적 본성은 결과적 본성의 방향성을 말하며, 결과적 본성은 신이 세상을 느끼며 함께 고통당하기도 하면서 이 세상 속에서 신의 원초적 목적을 실현해 나가는 구체적이고 움직이는 신을 나타낸다. 초월체적 본성은 신이 자신의 모습을 어느 문화와 인간의 시간 속에서 나타내 보여주는 상태를 말한다.17) 결과적 본성은 오늘 우리 상황에 적합한 것이 많다고 본다. 신은 인간세계에 참여하며, 인간세계에 영향받으며, 함께 고통당하며, 그러나 원초적 본성에 있는 신의 목적을 이 땅에 실현하기 위하여 민중을 설득하고 유혹한다. 본 연구자는 결과적 본성이 기독교의 성령 혹은 동학의 至氣(지기)에 해당한다고 본다. 이 지기는 항상 원초적 본성의 방향에 자신을 맡기면서 세상과 함께 하며, 세상을 변혁하고, 화해와 평화의 방향으로 이끌어 간다. 이것을 동학의 기화(氣化)라고 부를 수 있을 것이다. 결과적 본성은 민중신학적 신 이해 특히 성령의 이해 혹은 지기(至氣)의 이해를 위해 풍부한 내용을 제공해 줄 것이라고 본다.

신의 결과적 본성은 인간과 자연을 모두 포괄하는 신의 사랑의 포용이요 쉐키나이며, 신의 내주하심이며, 피조 세계를 완성으로 이끌기 위해서 안내하고 설득하는 사랑의 힘이라고 하겠다. 이와 비슷하게 민중신학에서는 氣(기)를 말해 왔다. 안병무는 기의 민중신학적 의미를 다음과 같이 말했다.18)

---

16) Whiteahead, *Process and Reality*, p. 348.
17) *Process and Reality*, p. 88.
18) 안병무, 『민중과 성서』, 235~36쪽.

기는 바람, 숨, 힘이라는 뜻으로 우주의 막힌 것을 통하게 하는 기운을 뜻합니다. 그러나 놀라운 것은 기가 구약과 신약을 통한다는 사실입니다. 예를 들면, 구약의 '루아하', '하나님의 숨을 불어넣었다' 할 때의 '루아하'는 숨, 바람, 에너지, 힘 등으로 번역될 수 있는데 이것은 기와 똑같은 의미를 지니고 있습니다. 신약의 '성령(프뉴마)이라는 것도 원래 기로 번역을 해야 맞습니다.

… 저는 민중이라는 것은 바로 이 기의 담지자라는 가설을 갖고 … 관심을 집중시키고 있습니다. 기는 결코 어떤 상에 비끄러매이지 않는 것입니다. 그런데 언제나 기를 막고, 기를 꺾으려는 것은 늘 권력입니다. 민중신학도 권력과의 투쟁 속에서 형성되었지만, 민중의 기도 그것과의 투쟁과정에서 그 참모습이 드러납니다. 성서나 역사에서 언제나 권력과의 투쟁으로 민중이 질식 상태에서 탈출한 것이 그 '기'가 분출한 모습이었는데, 사회주의에서마저도 프롤레타리아가 프롤레타리아의 이름으로 권력화된 체제에 눌려서 신음하다가 폭발한 것이 요새 소련이나 동유럽의 모습인데 그게 바로 '기'의 작용입니다.

… 성령은 바로 '기'입니다. 그러므로 민중운동과 성령운동, 즉 '기'는 같은 맥에 속합니다.

기(氣)는 인격적이면서 동시에 자연적이다. 동양사상에서의 자연 자체와 인간 사이의 미분리는 기를 인격적이면서 동시에 자연적인 것으로 이해하게 만들어 준다. 구약도 이와 마찬가지이다. 이것을 신약에서 둘로 나눈 것은 아닌가? 신약에서는 영을 성령으로 인격적인 것으로만 본 것은 아닌가? 구약이나 동양사상에서는 자연은 모두 인격적이고 정신적이다. 왜냐하면 그 속에 영(생명의 기운)이 있기 때문이다. 따라서 기는 자연적·신체적인 것과 정신적인 것을 이어주는 것이라고 할 것이다. 즉 우주는 유기체들로 구성되어 있으며 우주 자체가 유기체이다. 유기체 안에는 정신적인 것이 깃들어 있으며 서로 소통한다. 이 소통의 매개는 기이며 영이며, 인간의 수심정기에 의한 집단적 움직임에 의해서 기와 영은 설득되고 영향받는다. 즉 인간의 전체적 움직임에 의해서 우주, 역사, 사회의 변화가 결정된다는 것이다.

이렇게 되면 동학의 시천주, 양천주, 체천주의 사상이 다시 민중신학 안에 들어올 수 있지 않을까 하는 제안을 하고자 한다. 그것은 특히 서남동의 신학 그리고 안병무의 사건의 신학에서 볼 수 있다. 서남동의 성령론적 신학에서는 "내가 예수를 재연하는 것이고, 지금 예수 사건이 다시 발생"하는데 그것은 바로 민중인 나를 통해서 일어난다고 본다.[19] 서남동은 민중신학의 주제는 예수가 아니라 민중이라고 했고, 예수는 민중을 이해하기 위한 전거의 역할을 한다고 하였다. 역사의 주인은 민중이라고 했다. 역사의 주인은 예수를 재연하고 있는 오늘날의 민중이다. 예수의 재연이란 무엇을 의미하는가? 그것은 민중이 예수와 똑같아진다는 것이 아니라, 예수의 메시아성을 재연한다는 것을 말하는 것이 아닌가? 즉 민중은 예수의 해방자적인 요소를 재연함으로써 이 사회에서 예수를 대신하여 구원과 해방하는 일을 담당한다. 민중의 활동은 곧 신에 의해서 받아들여지고, 수용되며, 민중의 고통에 신이 동참한다. 민중은 역사적 과제에 충실하면서 신을 체현한다. 이것이 체천주이다. 위에서 이미 지적되었듯이, 안병무는 민중운동을 예수의 사건이라고 보았다. 민중운동과 예수운동은 사건(화산의 맥)으로 연결되어 있다. 민중과 예수의 관계는 실체적 동일성(identity, the sameness)이 아니라, 기능적 유비(the likeness, 상징)에 가깝다.

민중신학을 반성해 보면, 민중의 예수와의 관계가 민중의 신과의 관계를 대신하였다. 민중신학에서의 민중의 예수화는 다름 아닌 민중의 신화(theosis)라고 해도 크게 틀리지 않는다. 화이트헤드도 이 신화의 개념을 세상에 적용했지만(그는 apotheosis라는 단어를 썼다), 민중과 세상이 신화화(deification, divinization)된다는 면에서 민중신학과 과정 사상은 만난다. 여기에서도 화이트헤드의 神(신) 사상이 민중신학에 일정하게 도움을 줄 수 있는 자리를 찾을 수 있다.

---

19) 서남동, "두 이야기의 합류", 『민중신학의 탐구』(한길사, 1983), 79쪽.

5. 서로 공헌할 수 있음을 확인하며

지금까지 보았듯이 과정 사상은 민중신학에 많은 통찰력을 던져주고 있다. 무엇보다 신론에서 과정 사상이 민중신학을 위해 공헌을 할 수 있다. 화이트헤드의 "함께 고난당하는 위대한 동반자", "설득하는 신", 세상의 모든 일들을 기억하는 신, 세상에 의존하는 신이면서 세상을 설득하여 이끄는 "유혹자" 등의 개념은 민중신학의 신론을 생각하는 데에 도움을 준다. 화이트헤드의 신 개념으로 동학의 신관(天主, 至氣)을 해석하면 동양적 신관이 더욱 풍성해질 수 있다. 전통신학이 제공하지 못하는 신, 세상, 인간의 유기적 관계성을 과정 사상에서는 탁월하게 설명해 주고 있다. 민중신학은 전통신학의 이러한 미비점에 대해서 비판적이었다. 그리하여 민중신학을 반-신학이라고까지 불렀던 것이다. 과정 사상의 민중신학을 위한 가치는 신론 외에도 사물들이 원초적으로 유기적인 관계 속에 있다는 사상, 사물은 사건이며, 변화하는 과정 중에 있으며, 신적인 힘에 의해서 이끌린다는 사상 등에서 발견된다.